Von Hans-Otto Meissner sind als Goldmann-Taschenbücher
außerdem erschienen:

Im Eismeer verschollen. Roman (2923)
Versprechen im Schnee. Roman (3719)

Hans-Otto
Meissner

Wildes rauhes Land

Reisen und Jagen im Norden Kanadas

Mit 10 Farbfotos

Wilhelm Goldmann Verlag

Made in Germany · 7/79 · 1. Auflage · 1115
Genehmigte Taschenbuchausgabe

Umschlagentwurf: Creativ Shop, A. + A. Bachmann, München
Umschlagfoto: Four by Five, New York
Fotos im Textteil: Hans-Otto Meissner
Gesamtherstellung: Mohndruck Reinhard Mohn GmbH, Gütersloh
Verlagsnummer: 3760
Lektorat: Martin Vosseler · Herstellung: Peter Papenbrok
ISBN 3-442-03760-3

Ein Land, das keiner kennt

Das unbekannte Land ist fünfzehnmal größer als die Bundesrepublik, über 3,3 Millionen Quadratkilometer dehnt es sich aus. Aber nur 28000 Menschen bewohnen das endlos weite Gebiet. So könnte jeder von ihnen, Säuglinge und Großmütter eingeschlossen, 120 Quadratkilometer für sich allein in Anspruch nehmen. So phantastisch ist die Platzverschwendung, daß sie der Mitteleuropäer kaum begreift. In unserem Land müssen sich fast 30000 Bundesbürger auf den gleichen Raum zusammendrängen, der dort einer Person zur Verfügung steht. Bedenkt man noch, daß etwa ein Drittel der Bevölkerung in den vier bedeutendsten Ortschaften wohnt, entfallen auf den Rest mehr als 200 Quadratkilometer pro Kopf. Der Fürst von Liechtenstein, samt seinen Untertanen, muß sich mit weniger begnügen.

Jenes Land, das keiner kennt, gehört zu Kanada. Doch bleiben viele Kanadier die Antwort schuldig, wenn man wissen möchte, wo es liegt. Dabei sagt es schon der Name, die Northwest-Territories.

Aber das prägt sich nicht ein, das ist leicht zu vergessen. Man vernimmt eine Himmelsrichtung, aber keinen deutlichen Namen. Von Alaska hat wohl jeder gehört, auch von Yukon, von Ontario, von Labrador und Neufundland, obwohl all diese Länder viel kleiner sind als die Nordwest-Territorien. Weil der Name für den Sprachgebrauch zu lang erschien, wurde er auf drei Buchstaben verkürzt: NWT. Darunter können sich die meisten Menschen erst recht nichts vorstellen.

Die NWT sind wirklich ein Land, das keiner kennt, weil selbst jene Nordwester, die am weitesten herumkamen, noch lange nicht alles sahen. Das Land ist viel zu groß dafür. Es fehlen Straßen und Bahnen, man muß durch die Luft reisen oder Wasserwege befahren. Aber dabei ist man an bestimmte Linien gebunden.

Man kann nicht jeden Punkt, nicht einmal jedes Gebiet erreichen. Auch der Hundeschlitten, selbst das beste Kettenfahrzeug muß schroffe Berge, hochgetürmtes Eis und sperriges Dickicht vermeiden. Alle Verkehrsmittel zu Wasser, zu Land und auf dem Schnee brauchen Stützpunkte, um sich dort zu versorgen. Die sind aber dünn gesät und liegen sehr weit auseinander. Noch nie hat ein Mensch die ganze Breite der NWT zu Fuß durchquert.

Wie ein Blick auf die Karte zeigt, liegt Yellowknife, die kleine Hauptstadt der Nordwest-Territorien, nicht etwa in der Mitte des Landes, sondern dicht an dessen südlicher Grenze. Dafür genießen die 5000 Bewohner Yellowknifes den Vorzug einer Straßenverbindung nach Edmonton und somit überhaupt einer Landverbindung zur Außenwelt. Sonst gibt es nur einige wenige Nebenstraßen, von denen noch keine mehr als hundert Kilometer über den Großen Sklavensee hinausreicht. Wie wenig das bedeutet, zeigt wiederum ein Blick auf die Karte. Auch die einzige Bahnlinie endet in Pine-Point am Sklavensee. Sie dient nur dem Güterverkehr, Passagiere werden nicht befördert.

Wer reisen will, muß fliegen. Es geht nicht anders. Weiße, Indianer und Eskimo steigen mit der gleichen Selbstverständlichkeit in Flugzeuge wie unsereins in die Straßenbahn. Nur die großen Ortschaften mit einer Bevölkerung über 200 werden regelmäßig angeflogen. Wer Zielen zustrebt, die abseits liegen, muß eine Maschine chartern. Das kostet dreißig bis hundertfünfzig Dollar pro Stunde, je nach Größe und Fassungsvermögen des Flugzeugs.

Wer ein Ferienland mit Sonne sucht, findet es in den NWT bei Tag und bei Nacht. Von Anfang Juni bis Ende August braucht niemand eine Lampe oder sonst eine Quelle künstlichen Lichtes. Mag auch die Sonne, je nach dem Breitengrad, für mehr oder weniger kurze Zeit vom Horizont verschwinden, ihre Strahlen leuchten noch und erhellen die Welt zur mitternächtlichen Stunde. Das gute Wetter, man glaubt es kaum, regiert fast ohne Unterbrechung den ganzen Sommer hindurch. So viele sonnige Tage wie die Nordwest-Territorien haben weder die Riviera noch die Costa Brava zu bieten. Bei uns wissen nur wenige Leute, daß Niederschläge im hohen Norden relativ selten sind. Wäre nicht der Boden in unterschiedlicher Tiefe permanent gefroren, weshalb kein Wassertropfen verlorengeht, müßte das Land eine trostlose Wüste sein. Ebenso gering wie die Regenfälle im relativ kurzen Sommer sind auch die Schneefälle während des langen Winters. Die gefürchteten Stürme mit ihrer verheerenden Gewalt sind meist auf das Frühjahr und den späten Herbst beschränkt. Während der vier Monate meines Aufenthalts in den NWT hat es alles in allem nur an sieben Tagen geregnet. Das mag ein besonders trockener Sommer und Herbst gewesen sein, aber die meteorologischen Beobachtungen über sechzig Jahre beweisen, daß man sich besseres Ferienwetter kaum wünschen kann.

Oft war es in meinem Zelt so heiß, daß ich lieber draußen schlief. An der Mündung des Mackenzie, knapp nördlich des Polarkreises, stieg mein Thermometer bis auf 30 Grad Celsius. Im Winter allerdings fällt es bis auf 50 Grad unter Null und bei passender Gelegenheit noch tiefer.

Dennoch lebt man in den NWT so kerngesund wie kaum in einem anderen Land. Weder sind Schlangen noch Käfer, noch Skorpione zu fürchten, auch sonst ist kein giftiges Tier vorhanden. Wenn mir Landeskenner immer die volle Wahrheit sagten, gedeiht in den Northwest-Territories auch keine giftige Pflanze. Wo Wasser fließt, kann der Mensch getrost davon trinken. Die Waldläufer schöpfen aus Sümpfen und behaupten, es habe ihnen niemals geschadet.

Das Gerede vom bösen Wolf ist ein uraltes Märchen. In Wahrheit wurde in keinem Fall bewiesen, daß Wölfe über lebende Menschen herfallen, und sollte es doch geschehen sein, war es eine äußerst seltene Ausnahme. Bären sind zwar neugierig von Natur, aber ohne Provokation greifen die braunen Brummer nicht an. Sie können gelegentlich ein Zelt inspizieren, doch gehen sie kopfschüttelnd bald wieder hinaus. Man sollte aber niemals einem Bärenkind zu nahe treten, sondern sich rasch entfernen. Seine Mutter versteht absolut keinen Spaß.

»Die armen Eskimo sterben aus . . . die Indianer werden bald verschwinden!« Man hat es oft gehört und gelesen, aber zum Glück sind das völlig falsche Informationen. Tatsächlich gibt es keine andere Bevölkerungsgruppe in Nordamerika, die sich so rasch vermehrt wie die Ureinwohner der USA und Kanadas. Sie haben während des letzten Vierteljahrhunderts ihre Zahl verdoppelt und nehmen jetzt noch schneller zu. In den so dünn besiedelten Nordwest-Territorien stellen etwa 6000 Indianer und 11000 Eskimo über die Hälfte der Bevölkerung. Da sich die Weißen zum größten Teil in Yellowknife, Hay River, Fort Smith und Inuvik aufhalten, gehört der Rest des riesigen Landes fast ganz den Eskimo und Indianern. Es gibt kein anderes Territorium, auch keinen anderen Staat in Nordamerika, wo die Ureinwohner zahlreicher sind als ihre weißen Mitbürger. Einzig die Northwest-Territories sind noch richtiges Indianerland oder ein Land der Eskimo im hohen Norden.

Nur an 53 Punkten der Northwest-Territories bestehen Siedlungen, die während des ganzen Jahres bewohnt sind. Die Radarstationen und Wetterstationen habe ich dabei nicht mitgezählt. Das weite und breite Land, fünfzehnmal größer als die Bundesrepublik, ist nach wie vor eine unberührte, menschenleere Wildnis. So wird es auch bleiben, da sich nur einige Orte allmählich vergrößern, während das Hinterland seine letzten Bewohner verliert.

Es ist nicht einfach, die Nordwest-Territorien kennenzulernen. Nur zu wenigen Stellen gelangt man auf einfache Weise, nur auf wenigen Linien kann sich ein Besucher bewegen. Für den Fremdenverkehr fehlt es an vielem, da bleibt noch fast alles zu tun. Aber gerade deshalb sind die NWT ein Paradies, wenn auch ein rauhes Paradies, für die Freunde der freien Natur. Die Liebhaber des Ungewöhnlichen, die Sucher nach der Unberührtheit großartiger Weite, finden dort die Erfüllung ihrer Wünsche. Abseits der wenigen Ortschaften wandert man durch Täler und steigt über Höhen, die noch nie ein weißer Mann betrat. Man wirft die Angel in Bäche und Seen, wo es noch kein anderer getan hat. Flüsse ohne Namen, Gipfel ohne Bezwinger und viele tausend Inseln, die keine Karte nennt. Der Wanderer in der Wildnis kann nicht wissen, was ihn jenseits des nächsten Hügels erwartet.

Wer die Flugplätze und Siedlungen verläßt, kann nur durch seltenen Zufall einem anderen Touristen begegnen. Viele der Eingeborenen haben keine Ahnung, was das für Leute sind.

»Wer bist du, Fremder«, fragte mich ein älterer Indianer, »was machst du hier, was ist deine Arbeit?«

»Hier habe ich keine Arbeit, ich will mir nur die Gegend anschauen.«

»Aber du mußt doch etwas sein, was bist du denn?«

»Hier bin ich ein Tourist . . .«

»Tourist . . .«, wiederholte er kopfschüttelnd, »okay, aber ich bin katholisch.«

Straße der Bären und Bisons

Drückende Hitze und schimmerndes Eis, die Sonne strahlt auf gefrorenes Wasser. Wie ist das möglich, wie kann das sein? Mitte Juni ist bald vorüber, Tannenduft zieht aus den Wäldern, und die Wildrosen stehen in schönster Blüte. Staubtrocken der Sand zu meinen Füßen und so warm wie an den Ufern des Nils. Aber draußen bedeckt noch glänzendes Eis den Großen Sklavensee.

Nur sein Rand ist geschmolzen, nur etwa hundert Meter weit ist das Wasser lebendig geworden. Kleine, glucksende Wellen spülen Eiskristalle ans Ufer, wo sie bald vergehen. Zwar reicht die erstarrte Fläche nicht mehr aus, den gesamten See zu bedecken, doch sie verbietet die Schiffahrt und behindert den Fischfang. Über allem Land liegt der Sommer, auf dem See aber regiert der Winter.

»Wir haben's Ihnen gesagt, doch Sie wollten's nicht glauben!«

Nur ein Nordwester hätte es geglaubt, aber niemand, der an normale Verhältnisse gewöhnt ist. Entweder Sommer oder Winter, aber nicht beides zugleich. Wenn das Thermometer 27 Grad Celsius im Schatten erreicht, wenn Blumen blühen und Schmetterlinge flattern, weiß doch jeder, woran man ist. Jetzt gehört Eis an den Nordpol und freies Wasser auf den Sklavensee.

»Also aus der Traum von unserer Bootsfahrt den mächtigen Mackenzie hinunter . . .?« meinte ich mit tiefem Bedauern. Dreitausend Kilometer auf dem Wasser durch unberührtes Land zu reisen, ich hatte es mir herrlich vorgestellt. Bis zur Mündung des Mackenzie sollte es gehen, bis zum Rand des Arktischen Ozeans. Aber nun war schon hier der Weg vom Eis blockiert. Wir konnten nicht warten, bis es von einem starken Sturm gebrochen wurde oder bis die sengende Sonne ihre Pflicht getan hatte.

»Gar nichts ist aus und vorbei«, sagte Russ, ohne nachzudenken, »auf dem

Mackenzie haben wir freie Fahrt. Da ist alles in Ordnung, bis hinauf ins Delta. Wozu hat denn ein Strom seine Strömung, wenn sie nicht das Eis zerbricht und rasch aus dem Wege räumt?«

Aber der gefrorene See lag dazwischen. 150 Kilometer Luftlinie trennten uns vom Beginn des Mackenzie, der bei Fort Providence den Großen Sklavensee verläßt. Also mußten wir fliegen bis zu dem angeblich freien Wasser und dafür eine Maschine chartern. Mit dem vielen Gepäck ein teurer Spaß bei den hiesigen Preisen. Verdammtes Eis, trügerische Sonne.

»Wir werden hier übernachten«, erklärte mir der Vizechef des Game-Department, »morgen früh geht's weiter im Wagen nach Providence. Dort steigen wir in unser Boot.«

»Mit was wollen Sie fahren . . . mit einem Kettenfahrzeug quer durch die Wildnis?«

»Auf der Straße natürlich und mit demselben Wagen wie bisher.«

Meine Karte war die neueste, erst im vorigen Jahr erschienen. Aber von Hay River nach Fort Providence konnte ich darauf keine Straße entdecken. Allerdings hatte mir das Blatt schon jene andere Straße verschwiegen, die Hay River mit Fort Smith verbindet.

»Ist erst vor kurzem fertig geworden«, sagte mir Russ Hale, »da kommen die Karten nicht mit. Aber andere Straßen, die draufstehen, gibt's gar nicht mehr. Da sehen Sie zum Beispiel die sogenannte Canol-Road, angeblich führt sie von Norman Wells am Mackenzie zum Alcan Highway. Wer dran glaubt, wird sich wundern, wenn er dort ist. Es ist nämlich von der ehemaligen Straße so gut wie nichts mehr zu sehen. Die Pflege war zu teuer und der Verkehr zu gering. Da ließ man den weiten Weg verfallen, die Wildnis bekam ihn wieder. Aber jetzt brauchen wir ein Nachtquartier, sonst ist alles besetzt.«

Wäre es nach mir gegangen, ich hätte gern im Zelt geschlafen. Eine waldumsäumte Bucht, mit wunderschönem Blick auf See und Strand, schien mir dafür ideal geeignet. Klares Wasser murmelte in einem Bächlein zur linken Hand, und überall lag trockenes Holz für ein romantisches Lagerfeuer.

Alles, was man zum Schlafen und Essen brauchte, lag im Wagen. Meine eigene Ausrüstung hatte ich aus München mitgebracht, auch während dieser Reise wollte ich sie so oft wie nur möglich benützen. Es geht ja nichts über Campingfreuden in freier Natur. Aber leider ist man heutzutage in den Nordwest-Territorien gegenteiliger Ansicht.

»Warum denn im Freien übernachten«, belehrte mich der Wildschutzbeamte, »wenn sich in erreichbarer Nähe ein Haus befindet, und hier sogar ein gutes Hotel?« Also wieder zurück nach Hay River, wo man wesentliche Fortschritte der Zivilisation genießt. Mit fast dreitausend Einwohnern, davon über die Hälfte In-

dianer, ist Hay River eine der größten Ortschaften in den NWT und so weit ausgedehnt, daß ein Fußgänger mehrere Stunden marschieren müßte, um vom ersten bis ans letzte Haus zu gelangen. Bruchbuden und Brachland im Hafengelände, daneben neue Büros, Banken und Geschäftshäuser. Windschiefe Bretterbuden in unmittelbarer Nachbarschaft von Stadtbücherei und Hospital, Einfamilienhäuser bestehen aus Fertigteilen in bunten Farben. Zum Anlegen von hübschen Gärten hatte man noch keine Zeit. Wohnwagen jeder Größe und Klasse stehen herum, als erste Behausung für Arbeiter und Angestellte, die aus dem Süden kamen. Dahinter und daneben die Blockhütten der Indianer, mit Wäsche und Fischnetzen an durchhängenden Leinen. Grelle Reklame, bewimpelte Tankstellen, dröhnende Traktoren. Wohin man schaut, Flaschen und Scherben, weggeworfene Blechbüchsen, alte Benzintonnen, rostender Schrott. Um Haus und Hof verstreut liegen Kisten, Schachteln, Abfall und sonstiges Dreckzeug.
Heute ist kaum noch zu glauben, daß diese Niederlassung weißer Männer schon seit anderthalb Jahrhunderten besteht. Wo der Hay River in den Großen Sklavensee mündet, hatte die Hudson-Bay-Company, das älteste und noch immer größte Handelsunternehmen Amerikas, eine der wichtigsten Stationen im Nordwesten. In Hay River wurden die Pelze sortiert, von dort aus wurden alle Stationen am Sklavensee und Mackenzie-River versorgt. Reisende, die viele Wochen, ja sogar Monate in schmalen Kanus aus Birkenrinde oder in den breitgebauten Yorkbooten hinter sich hatten, fanden in Hay River die lang vermißte Erholung. Wie man aus alten Berichten weiß, war es damals in Hay River bequem und gemütlich. Man wurde tadellos verpflegt und freundlich bedient. Eine gutgelaunte Gesellschaft von Pelzjägern und Waldläufern war immer zu finden. Der kleine Ort am großen See war eine Wohltat in der Wildnis.
Heute würde ich niemandem raten, dort länger zu verweilen als unbedingt nötig. Man zahlt horrende Preise für miserable Kost, und von Service ist kaum etwas zu merken. Musikautomaten sind bei voll entfachter Lautstärke pausenlos in Betrieb. Von außen wie von innen besehen war unser Hotel gar nicht so übel, es wirkte modern und war relativ sauber. Jedoch schockierte rauhes Volk mit rohen Redensarten die ruhigen Leute. Schmierige Gestalten schoben sich durch Halle und Restaurant. Neben Gästen in ordentlicher Kleidung saßen staubige Männer, die zwar von ehrlicher Arbeit kamen, aber nicht gewohnt waren, danach die Kluft zu wechseln oder sich auch nur die Hände zu waschen. Locker saß ihnen das Geld im Beutel, leicht und lustig wurde es rasch verschwendet. Hoch ging es her an dicht umdrängter Bar, wo der Whisky zwei Dollar kostet. Ein betrunkener Kerl, von Schmieröl berieselt und die Hände schwarz wie zwei Ofenrohre, hatte keinen Zaster mehr. So schwankte er nun von Tisch zu Tisch, um nüchterne Gäste anzuschnorren.

»Buy me a drink . . . besorg mir was zu saufen«, richtete er die gleiche Bitte auch an mich, »her mit 'nem Whisky, oder ich hau' dir in die Fresse!«
Aber es war so böse nicht gemeint, und er stand nicht mehr fest auf den Beinen. Es gelang sogar einer kleinen Kellnerin, den Säufer abzuschieben. Dafür kniff er sie kräftig in den Hintern.
Die Wände waren hellhörig in unserem Hotel. Auch in der ersten und zweiten Etage blieb der fröhliche Lärm aus den unteren Räumen gut vernehmbar. Erst gegen Mitternacht, als die streng verordnete Polizeistunde begann, wurde es ruhiger im Erdgeschoß. Doch polterten statt dessen angetrunkene Gäste durch die Gänge und soffen noch weiter in den Räumen rechts, links und gegenüber. Als wenige Stunden später auch dort wohltuende Stille einkehrte, erwachten alle Baustellen der Nachbarschaft zu emsiger Tätigkeit. Da knirschten die Kräne, Zementmischer quietschten, und Preßlufthämmer bohrten sich in Granit.
Wir saßen bald wieder im Wagen und rollten durch endlose Einsamkeit. Vor uns ein gerader, grauer Strich, den Wald zerschneidend. Hinter uns eine Staubwolke, die sich mehrere Meilen in die Länge zog. Wenn sich zwei Fahrzeuge begegnen, was nur selten geschieht, gehen beide mit der Geschwindigkeit so weit herunter, daß sie nur noch schleichen. Man schließt die Fenster und fährt mit Vorsicht, bis der Staub sich legt. Dann wieder Gas und drauflos, daß die Fahne weht. Hundertzwanzig Stundenkilometer im Schnitt sind für die gesamte Tagesstrecke nichts Besonderes. Wo man so gut wie nie einen Ort durchfährt, wo andere Verkehrsteilnehmer nur sehr selten auftauchen und wo die Landschaft vollkommen flach ist, läßt sich das machen.
Der Wagen fraß die Meilen, und die Stunden vergingen. Ort und Zeit verloren ihre Bedeutung. Es machte keinen Unterschied, ob wir standen oder fuhren, denn alles war gleich. Immer derselbe Wald auf beiden Seiten. Nur Stangenholz, nicht stärker als Männerarme und nicht höher als die Masten einer Telefonleitung. Dennoch sollen die mageren Fichten hundert Jahre alt sein und noch mehr. Der sandige Boden enthält nur wenig Nährstoffe, außerdem ist er nach einer Tiefe von etwa dreiviertel Meter ewig gefroren. Droben ahnt man nichts von der vereisten Erde, so relativ nahe der Oberfläche. Ein watteweicher Teppich aus grünem und grauem Moos bedeckt den Boden. Er hat kein Loch und keine Lücke, sondern umgibt jeden Baum mit dichtanliegender Krause. Wenn man in den lockeren Fichtenwald hineinginge, würde man sein Ende auch nach vielen Wochen nicht erreichen. Die menschenleere Ausdehnung der Landschaft ist unvorstellbar.
Unser Wagen ist gelb wie alle Fahrzeuge des Game-Departments und überhaupt der Territorial-Regierung. Vorne drei bequeme Sitze, hinten ein offener Laderaum für das umfangreiche Gepäck. Alles sehr solide und robust, denn viel muß so ein Fahrzeug aushalten, im Winter noch mehr als im Sommer. Geschwindigkeiten

bis 150 Stundenkilometer, bei erschreckend hohem Brennstoffverbrauch! Nur wenige Jahre leben diese Wagen, dann nehmen die Reparaturen überhand. Wir daheim sind von Asphalt verwöhnt, in den NWT rollt man fast nur über Schotter, Sand und Steine.

Erst vorgestern, am späten Nachmittag, bin ich angekommen. Von München über Frankfurt nach Montreal reist man in zehn bis zwölf Stunden. Wer immer nur fliegen will, der fliegt dann weiter nach Edmonton, Hauptstadt der Provinz Alberta. Ich hatte mich jedoch zur Bahn entschlossen, um drei Viertel des Kontinents auf Schienen zu durchqueren, eine Erfahrung, die mir noch fehlte. Dabei vergingen drei Tage und drei Nächte. Im bequemen, blitzschnellen Zug hatte ich gut geschlafen, und man hatte die Passagiere auch relativ gut verpflegt. Nur entsprach die Wirklichkeit nicht der Werbung, die allenthalben verkündet, wie wunderbar schön es sei, während der langen Fahrt die kanadische Landschaft zu genießen. Leider waren die Fenster meines Zuges so sehr mit Schmutz beschmiert, daß man gar nichts sah.

In Edmonton hatte ich einen Tag verloren, um mein großes Gepäck aus dem Zollschuppen zu befreien. Es war seit Wochen dort liegengeblieben, weil in den NWT keine Zöllner vorhanden sind. Als ich dann mit den Schlüsseln erschien, legte man freundlicherweise keinen Wert auf Kontrolle. Der Oberzöllner hatte noch die Güte, mich und mein Gepäck ins Hotel zu fahren. Bei uns tut man so etwas nicht.

Nur in Edmonton selbst, wo schon ein Hauch der weiten Freiheit zu spüren ist, wird man zuverlässig in Erfahrung bringen, wann die nächste Maschine nach Norden fliegt. Sie startet von einem besonderen Flugplatz, der sich unpassenderweise Industrial-Airport nennt. Indianer waren mit dabei und manche Gestalten, die aussahen wie Goldgräber und Fallensteller. Die Fenster waren blank geputzt, man konnte die Landschaft gut übersehen. Es zeigte sich schon nach etwa einer Stunde, daß die Beweise menschlichen Wirkens immer weniger wurden. Keine Ortschaften mehr, nur einzelne Farmen. Die Straßen hörten auf, die angebauten Flächen blieben zurück. Noch ein paar Schuppen auf weiter Flur, dann war es auch damit vorbei. Die endlose Wildnis hatte begonnen. Endlos darf man sie wirklich nennen, weil diese rauhe Welt über das Eismeer und den Nordpol hinweg bis nach Sibirien reicht und auch dort so bald kein Ende findet.

Knappe vier Stunden nach dem Abflug von Edmonton schwebte die Maschine über dem Slave-River, um gleich danach in Fort Smith zu landen.

Nun hing alles davon ab, wie denn Paul Kwaterowski eigentlich war. Ich hatte ihn nie gesehen, nur mit ihm korrespondiert. Gute Freunde, vor allem der vielfach preisgekrönte Tierfilmer Heinz Sielmann, hatten die Verbindung hergestellt und mir versichert, dieser Mann könne Wunder vollbringen. Es war schon wunderbar, daß er mir Hoffnungen auf eine Reise gemacht hatte, wie sie nur wenige Menschen jemals erleben. Was wirklich daraus werden sollte, konnte ich vorerst nicht wissen. Kwaterowski hatte nur geheimnisvolle Andeutungen gemacht und mir in seinen knappen Briefen gesagt, ich solle alles Weitere ihm überlassen.

An der Waterkant war er geboren, hatte Biologie studiert und sich vor zwölf Jahren entschlossen, nach Kanada auszuwandern. Man wußte ihn dort zu schätzen, und so dauerte es gar nicht lange, da übertrug man ihm die Leitung des Game-Department der Northwest-Territories. Als Chef dieser Behörde war er gleicherweise für den Wildschutz und das Jagdwesen zuständig. Niemand sonst auf der Welt trägt die Verantwortung für so viele Tiere in einem so weiten Land wie Paul Kwaterowski. Auf dem Schlachtschiff »Prinz Eugen«, während des Krieges, hat er gewiß nicht gedacht, daß so etwas möglich sei.

Da mir niemand entgegenkam, fragte ich einen gepflegt aussehenden Offizier in olivgrüner Uniform nach dem Superintendent of Game. Es war Kwaterowski selbst.

Ohne die unerwartete, mir unbekannte Montur hätte ich es gleich gemerkt. Das flachsblonde Haar, die wasserhellen Augen und die frische Gesichtsfarbe waren norddeutschen Ursprungs. So sehen die Friesen aus, selbst wenn irgendein ferner Vorfahr aus dem Osten stammt.

Ohne viele Worte zu machen, verlud er mich und mein Gepäck in seinen Dienstwagen. Von der Ortschaft war nicht viel zu sehen, weil sie meist aus Wald und Wiesen bestand. Wir hielten vor einem hübschen Haus, und ich wurde von einer deutschen Hausfrau herzlich begrüßt. Sie hatte eine prachtvolle Schokoladentorte gebacken, auf der in Zuckerguß zu lesen stand: »Willkommen im Nordwesten«.

Solche Frauen muß man haben, aber nicht jeder kann sie finden. Ein Haushalt, so gemütlich und gepflegt, wie es der Gatte und die Gäste nur wünschen können. Kochkünste und Tischkultur auf höchster Ebene, liebenswürdige Atmosphäre, anregende Gespräche.

»Aber kommen wir zur Sache«, meinte Kwaterowski, als die Höflichkeiten ausgetauscht waren, »morgen früh um neun fahren Sie mit meinem Stellvertreter an den Großen Sklavensee. Dort erwartet Sie ein Boot des Game-Department. Mit dem können Sie . . . falls es Ihnen Spaß macht, den Mackenzie in ganzer Länge hinauffahren.«

»Hinauf . . . werden wir fahren? Aber wie ist das möglich, der Mackenzie fängt doch erst in Providence an . . .«

»Ja, natürlich, und von dort werden Sie mit Russ Hale, meinem Vertreter, bis zur Mündung hinauffahren.«

Nur eine verschiedene Ausdrucksweise, an die man sich in den NWT gewöhnen muß. Wir fahren die Donau oder den Rhein hinunter, die Nordwester fahren

ihren Mackenzie, ihren Coppermine und so weiter hinauf. Einfach deshalb, weil diese Ströme zum Nördlichen Eismeer führen, also nach oben zum Dach der Welt.
»Gefällt Ihnen mein Vorschlag?« fragte Kwaterowski.
»Ich bin Feuer und Flamme, Sie übertreffen meine kühnsten Erwartungen.«
»Fast habe ich mir's gedacht. Es ist aber nur die erste Etappe, wir haben anschließend noch größere Pläne mit Ihnen vor. Am besten, Sie lassen sich überraschen.«
Natürlich konnte er nicht für mich allein Motorboote, Flugzeuge und Fahrzeuge in Bewegung setzen. Aber Dienstreisen verschiedenster Art und mit weitgesteckten Zielen standen ohnehin auf dem Programm des Superintendenten. Es kam nur darauf an, sie so zu organisieren, daß mein Mitkommen möglich war. Es würde Tage, vielleicht auch Wochen geben, in denen nichts geschah. Dann sollte ich irgendwo abwarten, bis das nächste Unternehmen anlief.
»Diese Lücken kann ich nicht schließen, Sie bleiben solange sich selbst überlassen. Aber das sind gute Gelegenheiten, sich mit den Leuten im Land vertraut zu machen. Wir haben überall Diensthütten und Transithäuser. Dort können Sie wohnen, wenn nicht gerade andere Leute drinsitzen. Die Verpflegung und so weiter ist Ihre Sache. Sie haben genug Erfahrung, Sie werden schon überall zurechtkommen. Im übrigen sind die Nordwester sehr hilfsbereit.«
Er war das beste Beispiel dafür und nicht minder seine Frau. Nur schade, daß ich schon morgen in der Frühe wieder von diesen gastlichen Leuten fort mußte.
Wir fuhren noch am gleichen Nachmittag zu den »Stromschnellen der Verdammten und Ertrunkenen«, ganz in der Nähe von Fort Smith. Sie boten ein phantastisches Schauspiel und hatten ihren furchterregenden Namen durchaus verdient. Schon Alexander Mackenzie, der größte Entdecker des Nordwestens, war hier dem Tod des Ertrinkens nur mit knapper Not entkommen. Dort hatten viele andere in den schäumenden Strudeln ihr Leben verloren. Zur großen Zeit des Pelzhandels waren sie das lästige Hindernis auf der Reise in den Norden. Bis zu den »Damned and Drowned« konnten die Kanubrigaden auf schiffbaren Wasserwegen gelangen. Sie kamen auf dem Athabaska von Süden, fuhren durch den See gleichen Namens und bogen dann in den Slave-River ein. Aber vor den »Verdammten und Ertrunkenen« mußten die Paddler ihre Boote entladen und alles auf mehreren Gängen an den Stromschnellen vorbeitragen. Danach hatten sie wieder freie Fahrt zum Großen Sklavensee und zum Mackenzie-River, sogar bis zur Küste des Eismeers, wenn es unbedingt sein mußte. Dieser *Portage,* wie man solche Tragestrecken nennt, hatte Fort Smith seine Entstehung zu verdanken. Es war damals ein wirkliches Fort gewesen, eine hölzerne Festung mit Türmen, Toren und Palisaden . . .
»Sehen Sie mal dort vorn«, rief mich Russ Hale aus dem Rückfall ins achtzehnte Jahrhundert, »da liegt ein Bison im Straßengraben!«

Aus dem Staub erhob sich ein gewaltiges Tier mit dunkelbraunem Fell, mächtigem Schädel und kurzen, spitzen, aufwärts gebogenen Hörnern. Es war einer von den ungefähr zwanzigtausend Wildbüffeln, die noch in Kanada existieren oder, besser gesagt, sich wieder so zahlreich vermehrt haben, seitdem sie streng geschützt werden.
Der Bulle blieb stehen, als wir rasch an ihm vorüberrollten. Er wußte, daß fahrende Wagen so gut wie nichts bedeuten. Nur wenn so ein stinkendes Vehikel anhält, machen die Bisons kehrt und verschwinden im Wald.
Bald war noch einer zu sehen, dann eine Mutter mit Kind und schließlich eine Gruppe von sieben Tieren.
»Warum sind die ausgerechnet an der Straße?« wollte ich wissen.
»Weil sie gerne im lockeren Sand liegen und sich darin wälzen. Das ist gut gegen Ungeziefer.«
Tatsächlich sahen wir bald darauf einen Bisonbullen, der im staubigen Sand herumrollte wie ein junger Hund in Hühnermist. Es schien dem Riesentier recht wohlige Gefühle zu bereiten. Ich bat Russ Hale, ganz langsam zu fahren. Aber bevor ich die Kamera richten konnte, sprang der Wildbüffel blitzschnell auf und galoppierte ins Stangenholz. Wir hörten ihn noch poltern, konnten jedoch nichts mehr sehen. Er hatte keine Furcht vor dem Fahrzeug, aber vor uns. Sobald die mächtigen Tiere einen Menschen erkennen oder dessen Witterung wahrnehmen, geht es davon in wilder Flucht.
Die Heimat der kanadischen Waldbisons ist das Woodbuffalo-Naturschutzgebiet, eines der größten Tierreservate auf Erden. Davon liegen vier Fünftel in der Provinz Alberta, der Rest reicht südlich des Großen Sklavensees in die NWT hinein. Vor wenigen Jahren wurden etwa dreihundert Tiere aus dem schon bestehenden Schutzgebiet in ein neues getrieben, das sich in der Umgebung von Providence ausdehnt.
Wir sahen noch mehr Tiere der Wildnis auf unserer raschen Fahrt. Ein gutgenährter Schwarzbär mit dichtem, glänzendem Fell trollte vor unserem Wagen über den Weg. Drei Weißwedel-Hirsche traten aus dem Holz, als wir um die erste Kurve bogen. Fuchs und Luchs leben in den Wäldern, zahlreiche Hasen, Erdhörnchen und Stachelschweine. Im Herbst kommen die Elche und im Winter die Karibu. Dann dürfen auch die Wölfe nicht fehlen.
Wir hielten kurze Mittagsrast neben einem wildromantischen Wasserfall abseits der Straße. Wer ihn nicht kannte, konnte ihn nicht finden. Nur fünf Minuten muß man gehen, doch es führt kein Weg dorthin. Bei uns wäre der schäumende Fall in felsiger Schlucht eine Attraktion des Fremdenverkehrs, dort hat er noch nicht mal einen Namen. Es gibt ja so viele Wasserfälle im Nordwesten, aber nur verschwindend wenig Touristen.

Dann besuchten wir den alten Billy Park, der schon seit vielen Jahren in einer kleinen Hütte am Fuß seines Feuerturms lebte, ungefähr sechs Kilometer von der Durchgangsstraße entfernt. Er ist Brandmelder von Beruf und mußte während des trockenen Sommers sechsmal täglich auf schwankender Eisenleiter ins Kabinchen des hohen Stahlgerüstes hinaufsteigen. Er spähte von dort oben nach Rauchwolken, die einen Waldbrand verrieten. Wenn Bill irgendwo am Horizont ein Wölkchen entdeckte, erfolgte sogleich die Meldung per Funk an die fliegende Feuerwehr. Aus der Luft wurden Löschbomben abgeworfen und Schaumstrahlen auf die Brandstelle gerichtet. Wenn das nicht genügte, segelten kühne Männer am Fallschirm hinunter, die dem flackernden Übel mit modernsten Mitteln begegneten. Aber oft kommt die Feuerwehr zu spät, weil die Entfernungen so weit sind und die Feuertürme zu selten. Dann ist nichts mehr zu machen, dann entfaltet sich der Brand zu flammender Gewalt und vernichtet viele hundert Quadratmeilen ausgedörrten Waldes. Nur breite Flüsse, Sümpfe oder Seen können das Unheil aufhalten, nur strömender Regen kann die qualmenden Brände löschen.

Ich ließ es mir nicht nehmen, in den Ausguck zu klettern. Von droben sah ich unendlich weit, aber nur dasselbe auf allen Seiten: Wald und Wald und nichts als Wald. Tischflach die Landschaft bis zum fernen Horizont, nur hier und dort von blanken Wasserflächen unterbrochen. Keine Wolken am hellblauen Himmel, nirgendwo die geringste Bewegung. Beim Hinabsteigen wagte ich keinen Blick nach unten. Die schmale Leiter hing frei in der Luft, mit fingerdünnen Sprossen und gerade noch handbreiten Holmen. Aber nun war es zu spät, meinen Ausflug nach oben zu bedauern, wohl oder übel mußte ich wieder herunter.

Der alte Bill konnte viel erzählen, denn er lebte auch im Winter hier, obwohl das niemand von ihm verlangte. Er besaß viele hundert Bücher zum Zeitvertreib, mußte sich aber selbst versorgen.

»Bekommen Sie keinen Besuch während des langen Winters?« fragte ich.

»Nein, die Zufahrt von der Hauptstraße wird nicht geräumt. Von Anfang November bis Ende April seh' ich hier keinen Menschen.«

»Fast sechs Monate ohne Gesellschaft, wie hält man das aus!«

»Ich bin ja nicht allein, die Bären leisten mir Gesellschaft. Die kommen wegen der Küchenabfälle und weil ich so sympathisch bin. Sie unterbrechen sogar ihren Winterschlaf, um mir einen Besuch zu machen. Nur der eine im letzten Jahr, bei dem ging mir die Freundschaft zu weit. Er wollte unbedingt in der Hütte hausen, der warme Ofen und mein weiches Bett hatten's ihm angetan. Kaum war ich mal draußen, war er schon drin. Und ich hatte hinterher die Arbeit, alles auszuräumen. So leid es mir tat, ich mußte energische Maßnahmen ergreifen. Eines Abends, als er wieder mein Bett besetzt hielt, hab' ich den zudringlichen Kerl erschossen. Hier liegt sein Fell zur bleibenden Erinnerung.«

Es gibt viele von solch kuriosen Bärengeschichten in den Northwest-Territories, aber nur wenige entsprechen der Wahrheit. Die besten Erzähler sind die alten Leute, die ehemaligen Trapper und Waldläufer. Sie lügen mit so ernsthaftem Gesicht, daß ein Greenhorn nicht wagt, an ihren Worten zu zweifeln.
Wir dankten Billy Park für seinen starken Kaffee sowie die gute Unterhaltung. Wir fuhren noch etwa zwei Stunden und erreichten am frühen Nachmittag den mächtigen Mackenzie.
Schon bei Fort Providence ist der Strom zwei Kilometer breit. Fotos zu machen hatte keinen Zweck, es wäre nur viel Wasser und im Hintergrund ein Waldstreifen darauf zu sehen gewesen. Das vermittelt nicht den wirklichen Eindruck. Man muß dazu noch wissen, was das Gewässer bedeutet, um es voll zu würdigen. Mit 1180 Kilometern ist dieser River nach dem Mississippi der zweitlängste in Nordamerika. Kein anderer Strom auf der Welt wird so selten befahren, und an keinem leben so wenige Menschen wie am Mackenzie.
Ginge es mit rechten Dingen zu, wie sonst in der Geographie, dürfte man nicht behaupten, daß der Mackenzie erst hier beginnt. Denn seine gewaltige Wassermenge hat bis nach Providence schon weite Wege zurückgelegt. Wohl der größte Teil stammt aus dem Athabasca-River, dessen Quellen in den kanadischen Rocky Mountains entspringen. Er fließt am Ende in den riesengroßen Athabasca-See. Aber dort endet nur sein Name, nicht sein Lauf. Als Slave-River strömt er wieder aus und erreicht durch die Engpässe der »Verdammten und Ertrunkenen« den Großen Sklavensee. Noch breiter geworden durch viele Zuflüsse, verläßt er auch diesen See, wobei sich sein Name zum drittenmal ändert. Von nun an bis zum Arktischen Ozean wird er Mackenzie genannt, um Sir Alexander Mackenzie zu ehren, der ihn als erster weißer Mann von Anfang bis Ende befuhr. Rechnet man den Athabasca und den Slave-River hinzu, was man eigentlich sollte, dann beträgt die Länge des Mackenzie von der Athabasca-Quelle bis zum Arktischen Ozean 4000 Kilometer. Es sind anderthalb Millionen Quadratkilometer, die sein Stromsystem bewässert.
Als man sonst vom nordwestlichen Kanada so gut wie noch gar nichts wußte, war der mächtige Mackenzie schon längst bekannt. Er war ein Strom der Pelzhändler, der beste Weg durch die grenzenlose Wildnis und eine relativ rasche Verbindung zum Eismeer. Die Handelsposten der Hudson-Bay-Company an seinen Ufern bestehen seit über hundert Jahren, einige gab es schon gegen Ende des achtzehnten Jahrhunderts. Da lebte noch George Washington in Washington, als erster Präsident der USA. Doch hat sich beiderseits des Mackenzie-Rivers seitdem nicht viel geändert. Er ist noch immer der einsamste von allen Strömen der Welt. Nur wenige Besucher aus Europa haben den Mackenzie in ganzer Länge befahren. Mir sollte es vergönnt sein.

Fort Providence lag am jenseitigen Ufer, eine Fähre brachte uns gratis hinüber. Gestern noch hatten hochgetürmte Eisschollen die Überfahrt blockiert, doch war jetzt keine Spur mehr davon zu sehen.
»Wenn der richtige Wind weht, ist gleich alles weg«, erklärte mir Russ Hale, »das Eis kam aus dem Sklavensee, und dorthin hat's der Nordwind zurückgejagt.«
Besten Dank, lieber Nordwind!
In Fort Providence zählt man knapp fünfhundert Einwohner, dreihundert davon sind Slavey-Indianer. Es gibt nur eine Straße, nämlich die Uferstraße. Da liegen im Abstand von dreißig bis vierzig Schritt nebeneinander Post, Polizei, Hotel, Motel, Schule, Kirche, Kindergarten, Kaufladen, Cafeteria und die katholische Mission. Deren dreistöckiges Haus war das älteste und interessanteste. Schon 1852 aus rohbehauenem Rundholz aufgebaut, ist auch drinnen der ursprüngliche Zustand weitgehend erhalten. Pater Lenort zeigte mir die Räume und erklärte mir alles. Inmitten der Diele stand ein riesiger eiserner Ofen, der seit Bestehen des Hauses nur mit Holz gefüttert wird. Davon brauchte er gewiß unglaubliche Mengen, beheizt aber das ganze Haus, wenn man im Winter alle Türen offenläßt. Daneben erhob sich ein noch viel größerer Kessel aus Kupfer, dessen Zweck es ist, während der kalten Monate die Eisblöcke aus dem Mackenzie in kochendes Wasser zu verwandeln.
»Wir sind hier an sparsame Wirtschaft gewöhnt«, meinte der würdige Hausherr, »so ein Ofen wie der hält viel länger als hundert Jahre, und für billiges Holz sorgt der Wald. Aber man muß die Stämme schlagen, zerteilen und den Vorrat beizeiten heranschaffen. Deswegen heizen die Indianer lieber mit Öl und brauchen dazu die entsprechenden Öfen. Und es dauert nicht lange, da brauchen sie neue. Wenn sie kein Geld haben, um Öl zu kaufen, schenkt's ihnen die Regierung, damit die armen Leute und ihre Kinder nicht frieren. Welch eine Verschwendung inmitten der Wälder, wo doch Heizmaterial in unerschöpflicher Menge zur Verfügung steht. Ja, das sind Probleme, Monsieur, wir haben davon mehr als genug. In längst vergangenen Zeiten waren alle Indianer komplette Selbstversorger, nun hängen sie ab von fremder Hilfe. Der Strom wimmelt von Fischen, in den Wäldern läuft genügend Wild herum, damit alle satt werden. Aber der Inhalt von Konserven schmeckt ihnen besser. Dafür arbeiten sie sogar, wenn's unbedingt sein muß.«
Neben dem Pfarrhaus gedeihen Tomaten, Bohnen, Kartoffeln, Kürbisse, Radieschen und noch manches mehr. Es wäre vieles möglich, auch die Haltung von Geflügel, Kühen und Schweinen. Schon seit drei und vier Generationen hat man in Providence versucht, die Eingeborenen vom Segen der Landwirtschaft zu überzeugen. Aber sie wollen davon nichts wissen, obwohl sie doch bei den Missionaren und Pelzhändlern gesehen haben, was dabei alles herauskommt. Die Indianer

waren eben gewohnt, vom Land zu leben, ohne ihm irgend etwas dafür zu geben. Seit Anbeginn der Zeit haben sie gejagt, gefischt und wilde Pflanzen gesammelt, die man essen kann. Eine destruktive Kultur, wie der französische Priester sagt, und deshalb scheint ihnen der Gedanke widersinnig, etwas in den Boden hineinzustecken oder Tiere zu züchten.

Auch die Weißen haben den Gemüsebau und die Weidewirtschaft wieder eingestellt. Nicht einmal Hühner sind mehr vorhanden, auch nicht eine Kuh an den Ufern des Mackenzie. Die Mühe mit Vieh und Feld hat ihren Sinn verloren, seitdem sich jede Familie aus dem Laden versorgen kann. Dort ist in handlichen Büchsen und Plastikbeuteln alles zu haben.

Das Restaurant hat Räder, weil es auf diese Weise am einfachsten zu transportieren war. Darin sechs kleine Tische, eine winzige Küche und die Anrichte. Als ich nach Fischen aus dem Mackenzie frage, schüttelt die Köchin den Kopf. So was ißt man doch nur, wenn es nichts anderes gibt. Da erhebt sich ein junger Mann vom Nachbartisch, geht hinaus und kommt mit einem taufrischen Hecht zurück.

»Gefällt Ihnen der? Dann wird er gleich gebraten.«

So geschah es auch, und ich bedankte mich sehr. Ein Dollar für die Zubereitung, mehr wurde nicht verlangt.

Erst später, als der freundliche Flußfischer nicht mehr zu sehen war, hörte ich von seiner Herkunft. Er war aus dem Berliner Ostsektor bei Nacht und Nebel durch die Spree geschwommen. Er wanderte dann nach Kanada aus, kam als Bautischler in den Nordwesten, beteiligte sich am Zusammensetzen des Motels in Providence und heiratete die Tochter des Besitzers. Keiner von uns hatte gemerkt, daß wir beide aus Deutschland waren.

Unser Boot sah aus wie ein nettes Spielzeug, nur sechs Meter lang – nach meiner Schätzung – und anderthalb Meter breit. Aber zwei schwere Außenbordmotoren, jeder von 33 PS, trieben es an. Sie verbrauchten gemeinsam hundert Liter pro Stunde. Sechs Fässer Sprit wurden deshalb hineingestellt. Mit unserem Gepäck, den Zelten und Schlafsäcken lag das kleine Ding erschreckend tief im kalten Wasser. Aber Russ Hale und der Gamewarden aus Fort Simpson mußten ja wissen, was sie taten.

Die Sitzplätze vorn waren durch ein Verdeck aus Segeltuch gegen Spritzwasser und etwaigen Regen geschützt. Hinten, wo wir Gepäck und Brennstoff verstauten, war das Bötchen offen. An den Motoren selbst brauchte man nicht zu manipulieren. Starter und Gashebel befanden sich neben dem Flußfahrer. Ein Mann im Heck war daher überflüssig.

»Eines der modernsten und schnellsten Boote, das wir haben«, versicherte Russ, »aber es bleibt dann in Fort Simpson. Wir bekommen dort ein anderes. Wahrscheinlich wird's nicht so gut sein wie das hier.«

Auch Hugh Monaghan, der mit dem Boot nach Providence gekommen war, uns abzuholen, reiste nur bis Simpson mit. Jeder Gamewarden hatte seine Strecke, über die Russ Hale und ich befördert wurden, bis schließlich der Mackenzie zu Ende war. So hatte es Paul Kwaterowski organisiert, und so wurde es durchgeführt.

Als nichts mehr übrig war, das man ins Boot verladen konnte, fuhren wir noch lange nicht ab. Vielmehr gingen nun die beiden Gamewarden in die Schule von Providence, so gegen zehn Uhr abends. Was sie dort wollten, sagte weder der eine noch der andere. Meine Begleitung schien sie aber nicht zu stören.

Im Klassenzimmer der kleinsten Schüler, wohl der größte Raum des Hauses, saßen auf Kinderbänken und an Kindertischen zweiundzwanzig erwachsene Indianer. Manche sahen mit ihren Mokassins, ihren Lederjacken und den struppigen Haaren fast so aus, wie man sich die angeblichen Rothäute* für gewöhnlich vorstellt. Sie waren allesamt Jäger und Fallensteller, wenn sie vielleicht auch noch anderen Beschäftigungen nachgingen. Das Game-Department hatte die Versammlung einberufen, um Beschwerden zu prüfen sowie neue Bestimmungen zu verkünden. Alles mußte durch einen Dolmetscher geschehen, weil kaum einer der Slaveys die englische Sprache verstand. In der Hauptsache ging es um die Trapping-Erlaubnis für weiße Bewerber. Den indianischen Trappern paßte es nicht, daß ihnen Blaßgesichter mehr und mehr Konkurrenz machten. Denn es ist ja so, daß jeder Trapper mindestens eine Traplinie von vierzig bis fünfzig Kilometer Länge hat, wo er seine Fallen stellen darf. Das geschieht meist entlang den Bächen und Flußläufen, wo immer nur eine Traplinie möglich ist. Da heute kein Fallensteller mehr weit in die Wildnis hinaus will, waren die Möglichkeiten in der Nähe von Providence allmählich erschöpft.

Paul Kwaterowski hatte sich schon überlegt, was zu machen war. Durch seinen Stellvertreter ließ er den indianischen Trappern vom Stamme der Slaveys vorschlagen, daß sie in Zukunft selbst entscheiden sollten, welcher weiße Mann einer Erlaubnis würdig war und welcher nicht. Damit schienen die Leute sehr zufrieden und lobten die Weisheit des Superintendenten. Ferner wurde ihnen gesagt, es

* Die landläufige Bezeichnung »Rothäute« ist ein uraltes Mißverständnis. Als die ersten Weißen zu Anfang des sechzehnten Jahrhunderts die Insel Neufundland betraten und dort zum erstenmal nordamerikanische Indianer erblickten, begegneten sie dem heute verschwundenen Stamme der Beothuks, deren Gewohnheit es war, sich das Gesicht, die Hände und die Arme mit roter Farbe zu bemalen. Nur wegen dieser Art der Kosmetik nannte man sie Rothäute. Tatsächlich hat aber kein Mensch der »Roten Rasse« eine rötliche Hautfarbe aufzuweisen. Deren Schattierung reicht von dem hellsten Braun über Kupferbraun bis zu Dunkelbraun. Noch größer war das Mißverständnis, diese Leute als Indianer zu bezeichnen, haben sie doch mit Indien überhaupt nichts zu tun. Doch wie man weiß, glaubte Christoph Kolumbus, er habe Indien erreicht, als er in Wirklichkeit vor der Küste Mittelamerikas eintraf. So hielt er die dortigen Einwohner für Inder. Nur die deutsche Sprache macht einen klaren Unterschied zwischen Indern und Indianern, während der Name los Indios, les Indiens, the Indians und so weiter mitunter zu Verwechslungen Anlaß gibt, wenn nicht aus dem Zusammenhang hervorgeht, wer tatsächlich gemeint ist.

gebe nunmehr eine Möglichkeit, indianische Waldläufer als Begleiter für fremde Jäger auszubilden. Dabei konnten sie gutes Geld verdienen. Die Kosten der Kurse würde selbstverständlich die Regierung übernehmen. Auch diese Anregung fiel auf fruchtbaren Boden, drei Slaveys wollten es sich demnächst überlegen. Der älteste Indianer stand auf, um den beiden Gamewarden eine Zigarette anzubieten. Mehr konnte man wirklich nicht verlangen, es war dieselbe freundschaftliche Geste wie seinerzeit das Angebot der Friedenspfeife.

Alles, was verkündet und verhandelt wurde, geschah zugunsten der Eingeborenen. So mußte es vernünftigerweise auch sein, sind doch die Indianer aufs Trappen und Jagen weit mehr angewiesen als ihre weißen Mitbürger. Je weniger sie damit verdienen, desto mehr materielle Hilfe muß ihnen der Staat auf Kosten der Steuerzahler gewähren.

Es folgte noch ein gemütliches Beisammensein, das erst gegen Mitternacht sein Ende nahm. Alkoholische Genüsse fehlten dabei, man trank Coca-Cola und Pepsi-Cola, wie sich das in einem Schulzimmer gehört.

»So, das wäre erledigt«, meinte Russ Hale mit einem Blick auf die Uhr, »jetzt können wir losfahren.«

Abreise um Mitternacht? Das schien mir kaum die passende Tageszeit für eine Fahrt auf dem Fluß. Doch es war draußen so hell wie am lichten Tag. Nur für wenige Minuten hatte sich die Sonne hinter den Wäldern verborgen, jetzt kam sie schon wieder empor.

Mächtiger Mackenzie

Schnell wie ein Pfeil schießt unser Boot in die Mitte des Mackenzie. Die beiden Motoren außenbords entwickeln fast fünfzig Kilometer Geschwindigkeit pro Stunde, wobei ihnen allerdings die Strömung Hilfe leistet. Rasch sind die letzten Hütten und Häuser von Providence verschwunden. An den Ufern ist nichts mehr zu sehen, was an Menschen oder menschliche Werke erinnert. Es gibt nur Wasser und Wälder, mit dem wolkenlosen Himmel darüber. Der Strom ist schon hier so breit, als wäre er nahe dem Meer, doch elf oder zwölf Tage werden vergehen, bis wir die Mündung des Mackenzie erreichen.

Der Bug des Bootes hebt sich aus den Wellen, das Heck drückt sich tief hinein. Hinter den rasant rotierenden Schrauben wölben sich glasklare Buckel über einen Meter hoch. Sie entstehen und vergehen in Sekunden. Es ist eine Lust, in den schäumenden Aufruhr hineinzuschauen. Ich sitze bequem und angenehm zwischen den Säcken im offenen Teil unseres Schnellbootes. Ein Segeltuch, bis unter die Arme hochgezogen, schützt mich vor eiskalten Spritzern. Nach beiden Seiten und zurück auf die eben durchpflügte Wasserstraße habe ich freien Blick. Das Radiogedudel, an dem sich meine Begleiter im Kabinchen erfreuen, kann hier draußen nicht stören. Ich bin so gut wie allein auf dem bewegten Wasser und fühle mich so glücklich wie nur an wenigen Tagen meines Lebens.

Auf das Vergehen der Zeit kommt es nicht an, Tag oder Nacht sind ohnehin kaum zu unterscheiden. Herrlich scheint die helle Sonne auf den smaragdgrünen Strom. Ich brauche meine Dunkelbrille, um nicht geblendet zu werden. Was ich sehe, bleibt immer dasselbe, obwohl wir uns so rasch bewegen. Der Mackenzie hat auf seinem langen Weg noch viel Gelegenheit, diese oder jene Abwechslung zu bieten. Er kann es sich leisten, vorläufig nur weit und breit zu sein. Das genügt, um majestätisch zu wirken. Ungefähr 300 Kilometer sind von Providence zu fahren, bis wir Fort Simpson erreichen. Aber so geschwind wie jetzt wird unser Boot nicht immer sein. Man muß Strudel und Strömung beobachten, auch bei Sandbänken ist Vorsicht geboten. Widrige Winde sind zu befürchten, die uns Wellen entgegenwerfen, denen das Boot nicht gewachsen ist.

Die Ufer des Mackenzie treten weit zurück und sind in der Fahrtrichtung kaum noch zu sehen. Wir haben den Mills-Lake erreicht, eine wildbewegte Ausweitung des Stromes. Schon Alexander Mackenzie hatte hier seine Not, fast wäre eines der schwankenden Kanus versunken. Unser Boot springt über anrollende Wellen wie ein Turnierpferd beim Hindernisrennen. Oft hebt sich der Bug bis zum halben Kiel, während das Heck eine tiefe Furche zieht. Wären wir nicht so schnell, würde das Wasser hineinkippen. Fast in Schulterhöhe rauschen neben mir die glänzenden Wände vorbei. So ähnlich muß es gewesen sein, als Moses die Kinder Israel durch das Schilfmeer führte. Wenn ich meine Hand seitwärts strecke, greift sie in die Wogen des Mackenzie.

Spritzwasser kommt über, und alle Decken werden naß. Zum Glück sind es Gummitücher, dem Gepäck darunter kann nichts geschehen. Der Wald ist nur ein dünner, dunkler Streifen in der Ferne. So ausgedehnt hatte ich mir den See nicht vorgestellt, nach meiner Karte scheint er kaum der Rede wert. Jedoch gelten in den Nordwest-Territorien ganz andere Maßstäbe, da sind eben Seen und Ströme zehnmal größer, als wir es gewohnt sind.

Scharfer Ostwind treibt so starke Wellen gegen unser Steuerbord, daß wir beidrehen müssen. Wie es der Zufall will, machen wir gerade dort am Ufer fest, wo sich in der Nähe ein Blockhaus befindet. Doch es ist nicht leicht, durchs Gebüsch zu dringen, und ich vermisse meine Schmiere gegen die Mücken. Sie umschwirren mich in Myriaden, sie kriechen in Augen, Nase und Ohren. Aber die Neugier siegt, das verlassene Holzhaus muß ich sehen. Weiden wachsen ringsumher, Wildrosen wuchern bis zum Dach hinauf. Als ich kräftig gegen die Bohlentür stoße, gibt sie knarrend nach.

Ein Marder, der wohl hier zu Hause ist, entflieht durch Lücken im Gebälk. Tische und Regale bestehen aus Kistenbrettern, das Bettgestell wurde aus Stangenholz zusammengefügt. Eine Kommode mit stark beschädigtem Aufbau hat sich der verschwundene Trapper aus zivilisierter Gegend mitgebracht. Von Pflöcken an der Wand hängen völlig verrostete Fallen, vermoderte Fischnetze und die Reste von Schneereifen. Rostzerfressene Eisenplatten umgeben den gemauerten Ofen. An der Bank unter dem zerbrochenen Fenster lehnt ein Ladestock. So muß die Jagdbüchse des Trappers ein Vorderlader gewesen sein. Schon zur Jahrhundertwende war das eine veraltete Waffe, die nur auf kurze Distanz sichere Schüsse erlaubt hat. Scherben von Geschirr und verbogene Blechlöffel liegen neben dem

Ofen. In der Schublade eine vergilbte, kaum noch erkennbare Fotografie des längst verstorbenen Königs Haakon von Norwegen in jungen Jahren. Mehr ist in der Hütte nicht vorhanden, doch hat das solide Bauwerk mindestens sechzig, vielleicht auch siebzig Jahre gut überstanden. Nach gründlicher Reinigung und Reparatur am Dach könnte man wieder einziehen.
In Alaska hatte ich Blockhäuser der Goldgräberzeit gesehen, die gewiß noch älter waren, aber ebenfalls relativ gut erhalten. Was wieder beweist, daß nordische Tannen, Fichten und Lärchen als Baumaterial sehr dauerhaft sind. Man muß sie nur durch Unterlagen aus Stein, Schotter oder Kies vor der Bodenfeuchte schützen. Als man noch keine Fertighäuser in die Wildnis brachte, haben alle Trapper die Kunst verstanden, sich mit einfachstem Werkzeug eine behagliche Unterkunft aufzubauen. Manche benutzten dazu nur ihre Axt*.
Von Mücken und Moskitos eingehüllt, laufe ich zurück ans Boot, um mir Gesicht und Hände mit schützender Salbe einzureiben.
»War kein Beutel mit Gold in der Hütte?« fragte Monaghan.
»Nein, nur die bleichen Knochen des Hausherrn, der Schädel von einem Axthieb gespalten.«
»Dann erfinden Sie dazu eine schöne Geschichte«, rät mir Russ Hale, »so ein Mord am Mackenzie macht jedem Spaß!«
Der Wind hat sich gelegt, wir können die Fahrt wiederaufnehmen. Eine Wildente möchte uns zeigen, daß sie schneller ist. Flatternd fliegt sie voran, läßt sich auf den Wellen nieder und streicht wieder ab, sobald wir näher kommen. Das muntere Spiel wiederholt sich viele Male. Die Ente huscht so nahe an uns vorbei, daß man sie greifen könnte.
Bald danach zieht über uns ein Adler seine Kreise. Dann stößt er steil herunter, holt sich mit blitzschnellem Krallengriff einen Fisch aus der Flut und schwebt fast ohne Flügelschlag seinem Horst entgegen. Ein Kaiseradler ist das, wie mir die Gamewarden erklären. Jetzt im Juni hat er die vordringliche Aufgabe, seine Jungen zu füttern. Im Fernglas kann ich seinen Flug verfolgen und schließlich den Horst entdecken. Das wagenradgroße Gebilde aus weißbetupftem Reisig hängt in einer hohen, kahlen Birke. Wir steuern darauf zu und stoppen die Motoren. Der Adler vom Strom steht auf einem Ast und hat offenbar seinen Fisch schon abgeliefert. Im Horst sitzt der andere Elternteil und bemüht sich ohne Erfolg, den Futterstreit der Jungvögel zu schlichten. Wegen des Gekreischs und Geflatters können wir nicht sehen, ob sich zwei oder drei Adlerchen um die Beute balgen. Das Boot am Ufer, mit den Menschen darin, findet keine Beachtung. Nach ein

* In meinem Buch »Die überlistete Wildnis«, Leben und Überleben in freier Natur (Bertelsmann Sachbuchverlag), habe ich erklärt, wie man nur mit der Axt binnen acht Tagen ein gemütliches Blockhaus errichten kann.

paar Minuten wechselt die Aufsicht im Horst. Der eben heimgekehrte Adler übernimmt die Jungen, während sich der andere rauschend entfernt, um weiteres Futter zu beschaffen.

Immer und überall bietet die Landschaft das gleiche Bild. Der breite Strom bewegt sich in Windungen, die nur wenig von der Nordrichtung abweichen. Aber die weitgeschwungenen Bögen behindern den Blick in die Ferne. Man hofft, nach der nächsten Biegung eine Überraschung zu erleben, aber nichts Neues tritt in Erscheinung. Nur ein paar helle Wolken beleben jetzt den blaßblauen Himmel. Doch sie können die Sonne nicht stören, ihre Strahlung spielt weiter auf den Wellen. Das graugrüne Wasser schimmert und glänzt, als habe es sein eigenes Licht. Man kann sich nichts denken, das schöner, freier ist als Seine Majestät der Mackenzie.

Die vermeintlichen Blöcke aus grauem Granit, deren Sammlung sich hier und da am Ufer auftürmt, sind in Wahrheit die Überbleibsel von altem Eis. Sand und Staub haben sie dunkel gefärbt. Wo der Schatten des Waldes sie schützt, werden die Eisblöcke auch während des Sommers nicht schmelzen. Seit der Abfahrt aus Providence haben wir keinen Menschen gesehen und sind keinem Boot begegnet. Ein Land ohne Leute, eine verlassene, vergessene Welt.

»Gleich wird eine Siedlung auftauchen«, ruft Monaghan aus der Kabine, »dort bleiben wir ein paar Stunden.«

Auf meiner Karte ist davon nichts zu sehen, jedoch sind andere Wohnplätze vermerkt, die schon längst verschwanden oder nur als Fischcamps gedient haben. Hier mündet der Jean-Marie-Fluß in den Mackenzie, und Jean-Marie hat man die Siedlung nach ihm genannt. So, wie sie ist, habe ich mir eine echt indianische Siedlung vorgestellt. Schon von weitem sieht man Gerüste, an denen Fleisch und Fisch von der Luft getrocknet werden. Auf anderen Gestellen liegen kieloben die Kajaks, die Paddel und die Außenbordmotoren.

Die Hunde wissen, was sich gehört. Sie grüßen mit Gebell und Gejaule. Jeder versucht mit anschwellender Lautstärke die anderen zu übertönen. Es sind starke, stämmige Spitze mit dichtem und struppigem Pelz. Seine Verwandtschaft mit wilden Wölfen kann wohl keiner bestreiten. Schon die Art des Geheuls läßt darauf schließen. Alle hängen an einer relativ kurzen Kette, um sie am Raufen zu verhindern. Nur den Jungen erlaubt man, herumzustrolchen. Die erwachsenen Hunde kennen ihr Leben lang keine Freiheit, haben sich jedoch angeblich so an die Kette gewöhnt, daß sie ohne ständige Bindung nicht zufrieden wären. Ihre Aufgabe und alleiniger Zweck des Daseins ist der Schlittenzug. Im Sommer haben sie nichts zu tun. Zwei bis drei Meter rund um den Pflock ist vom Frühjahr bis zum Spätherbst der knappe Raum, in dem sie leben. Als Schlafstätte dient eine Grube im Boden, die sich jeder Hund selbst scharrt. Darin liegen sie auch im tiefsten Winter und bei schärfstem Frost. Nie dürfen sie ein Haus oder eine Hütte betreten. Fische sind ihre Nahrung, gelegentlich auch Abfälle der Jagd. Im allgemeinen werden sie ausreichend verpflegt und einigermaßen gut behandelt. Aber mit Tierliebe hat die Hundehaltung der Indianer und Eskimo nichts zu tun. Die Huskies werden gebraucht wie Werkzeuge und erhalten ihr Futter wie der Motor seinen Brennstoff. Aber die Hunde fressen auch, wenn keine Leistung von ihnen verlangt wird. Da überlegt sich nun mancher Indianer, ob nicht ein Motorschlitten besser wäre. Die Skidoos, wie man leichte Ausführungen nennt, tragen den Jäger und ziehen den Schlitten. Doch sind diese Fahrzeuge in den Wäldern nicht so wendig und zuverlässig wie guternährte Hunde.

Die gesamte Bevölkerung, nicht mehr als sechzig Menschen, eilt uns entgegen. Die Frauen tragen ihre kleinen Kinder auf dem Rücken, in bunte Wolldecken gehüllt. Die Männer drücken uns die Hände, junges Volk drängt von allen Seiten heran. Besuch ist selten in Jean-Marie. Die großen wie die kleinen Leute scheinen sich darüber zu freuen. Der grauhaarige Häuptling bittet um den Besuch des Gemeindehauses. Sein gewinnendes Lächeln muß die Kenntnis der englischen Sprache ersetzen. Zwei Buben von elf bis zwölf Jahren lassen uns wissen, was der Chief gerne sagen will.

Jean-Marie-River besteht nur aus einem Dutzend Wohnhäusern. Obwohl sie neu gebaut sind, hat man die altgewohnte Art der Blockhütten beibehalten. Zu jedem Haus gehört ein Geräteschuppen und eine sogenannte »Cache«.*

Diese Häuslein aus Rundbalken stehen auf zwei bis drei Meter hohen Pfählen. Nur über eine Leiter kann der Besitzer hineinkommen. Es ist Sinn der Sache, den Inhalt der Caches vor vierbeinigen Räubern zu schützen, einschließlich der Ratten und Marder. Deshalb sind die Pfähle mit glattem Blech beschlagen. Auch die weißen Trapper brauchen eine Cache, worin sie außer ihren eßbaren Vorräten noch Waffen, warme Kleider, Munition und die notwendigsten Geräte aufbewahren. Man muß ja stets mit der Möglichkeit rechnen, daß die Wohnhütte niederbrennt. Dann bleibt aber verschont, was sich in der Cache befindet, und mit geretteter Habe kann der Fallensteller aufs neue beginnen. Auch in Jean-Marie hat man Brände in Betracht gezogen und die hohen Hütten in sicherer Entfernung von den Wohnhäusern aufgestellt.

Die planlos verteilte Siedlung reicht über eine Halbinsel, die auf drei Seiten vom Mackenzie und dem Jean-Marie umspült wird. In der Mitte liegt die Schule, eine Schule für nur dreizehn Kinder. Sie enthält auch den Gemeinschaftssaal, die Funkbude und die Poststelle, eine Küche, ein Krankenzimmer nebst Apotheke und die Wohnung des weißen Lehrers. Alles unter ein und demselben Dach. Gut und

* Von dem französischen Wort »cacher« (verstecken) abgeleitet, jedoch nach englischer Art »keesch« gesprochen.

geschmackvoll hat man den einstöckigen Bau dem Bild der Ortschaft angepaßt. In dunklem Rot bemalte Rundhölzer formen die Wände, meterweit ragt das grüngestrichene Blechdach darüber hinaus. An dem hohen Mast vor dem Eingang weht die kanadische Fahne, das grellrote Ahornblatt auf weißem Grund zwischen roten Randstreifen.*

Es gibt keinen Schulhof, aber Turngeräte, Schaukel und Rutschbahn im Freien, die jedes Kind zu jeder Zeit benutzen darf.

Die Schule ist so modern, so praktisch und hygienisch ausgestattet, wie es besser kaum möglich ist. Aber wie man uns bald zu verstehen gibt, läßt der Lehrer zu wünschen übrig. Fremde Besucher scheint er wenig zu schätzen. Vielleicht liegt es aber nur an der Uniform meiner Begleiter. Sie verleiht ihnen offiziellen Anstrich und läßt amtliche Kontrolle befürchten. Doch die Gamewarden können den wohlgenährten Mann beruhigen, nur eine Konferenz mit den Jägern und Trappern haben sie im Sinn. Während das Palaver allmählich in Gang kommt, mit zehn bis zwölf Teilnehmern insgesamt, kann ich mich draußen noch weiter umschauen. Alle Jungen und Mädel von Jean-Marie, soweit sie schon gelernt haben zu laufen, begleiten mich auf meinem Rundgang. Nur selten findet man so höfliche, hilfsbereite und immer lachende Kinder wie die kleinen Slavey-Indianer. Sie tragen mein Fernglas, das Tonbandgerät, die Kameras und die Filmtasche. So gut es geht, antworten sie freundlich auf alle Fragen. Sie bringen mich zu ihren Eltern und zeigen mir jede Kleinigkeit, die es hier gibt.

Da ist eine katholische Kapelle am Rand des Dorfes, aber nur einmal in vier Wochen kommt der Geistliche aus Fort Simpson, um Gottesdienst abzuhalten. In einer schilfumsäumten Bucht am Jean-Marie-River schwimmen drei große, breitgebaute Barken. Die Indianer selbst haben sie hergestellt, ohne Hilfe eines weißen Mannes. Zu diesem und für andere Zwecke hat ihnen die Regierung einen Dieselmotor und die Ausrüstung für ein kleines Sägewerk gestiftet. Zwei Männer und zwei Lehrbuben sind mit eifriger Arbeit beschäftigt. Ein solides Unternehmen, wie mir scheint, denn sie erklären mit berechtigtem Stolz, daß sie eine neue Motorsäge auf eigene Kosten bestellt haben. Das Geld dafür liegt schon in der Gemeindekasse. Deshalb gibt es hier keine Fertighäuser, die Slaveys von Jean-Marie bauen alles in eigener Regie. Die Barken und Boote, erstklassig hergestellt, werden sogar an Weiße verkauft. Der kleine Ort ist eine Mustersiedlung mit betriebsamen Leuten und kann beweisen, daß auch die heutigen Indianer sehr wohl in der Lage sind, auf eigenen Füßen zu stehen. Es liegt wohl in erster Linie am Führer der

* Erst 1967 wurde diese Fahne nach langjährigen, oft sehr heftigen Auseinandersetzungen durch Volksabstimmung eingeführt. Bis dahin galt der Union Jack, die britische Fahne, mit einem besonderen, nur für Kanada bestimmten Wappenschmuck.

Gemeinschaft, an seiner Intelligenz und seiner Energie. Er muß das Vorbild abgeben und noch starken persönlichen Einfluß ausüben, denn verbriefte Machtbefugnisse hat er nicht.
Auf der Treppe vor dem Schulhaus möchte ich den Kindern eine Überraschung bieten. Das Mikrophon in der Jacke versteckt, lasse ich das Tonbandgerät laufen. Als sich die Rolle dem Ende nähert, schalte ich auf Wiedergabe. Zu meiner Enttäuschung zeigen aber die Naturkinder gar kein Erstaunen. So ein »talkie« kennen sie schon lange, das haben sie auch in der Schule. Um heute einem Indianerkind zu imponieren, dafür muß man schon ganz andere Sachen mitbringen. Was sie mehr erfreut, sind Süßigkeiten, die ich verteile. Die bekommen sie nur selten, weil ihre Eltern sparsame Leute sind und es hier auch keinen Kaufladen gibt. Dennoch scheint jedes Kind mit seinen Bonbons zufrieden, kein Bub oder Mädchen verlangt nach mehr.
Mit dem Häuptling komme ich später ins Gespräch, wobei ein zwölfjähriger Junge den Dolmetscher macht. Der Chief beantwortet meine Glückwünsche zum Gedeihen von Jean-Marie mit betrübtem Gesicht:
»Die Verhältnisse sind nicht so gut, wie sie auf den ersten Blick erscheinen. Den jungen Leuten ist Jean-Marie zu klein und zu ruhig, sie wollen in die Stadt. Da ist mehr los, da können sie mehr unternehmen. Sie verschwenden dort ihr Geld für Kino und für verwöhnte Mädchen. Sie gehen tanzen, betrinken sich manchmal und wollen vom Fischen und Fallenstellen bald nichts mehr wissen. Die Stadt stiehlt unseren Nachwuchs, so ist das leider.«
Mit der gefährlichen Stadt hat er Fort Simpson gemeint, für unsere Begriffe nicht mehr als ein Dorf. Aber im Vergleich zu Jean-Marie-River ist Simpson mit knapp 1 000 Einwohnern eben doch eine menschenwimmelnde Metropole. Die Regierung sagt zwar nicht, meint aber wohl, es sei die beste Lösung, wenn alle Slaveys von Jean-Marie nach Fort Simpson umziehen. Für dreizehn Kinder eine Schule, für nur sechzig Menschen Post, Radio und Hospital, das lohnt die Ausgaben nicht. Aber die Indianer sollen das selbst entscheiden.
»Dabei haben wir schon einmal getan, was die Weißen verlangt haben«, meint der Chief und schaut so bekümmert auf sein Dorf, als wäre es schon zum Abbruch verurteilt. »Als ich noch jung war, da sind wir hergekommen, jede Familie von einem anderen Wohnplatz. Dafür bekamen wir vor sieben Jahren die Schule, das Kindergeld, die Altersrenten und regelmäßigen Besuch von einem Doktor. Wir bekamen auch das Sägewerk und verdienen damit gutes Geld. Keiner von den Erwachsenen braucht die Wohlfahrt, denn jeder hat seine Arbeit im Winter und im Sommer. Da seh' ich gar keinen Grund, wieder umzusiedeln. Nur dürften die jungen Männer nicht weggehen, auch die Mädel fangen jetzt damit an. Und einen anderen Lehrer müßten wir haben, weil der jetzige kein gutes Beispiel gibt.

Ja, ich muß gestehen, daß wir zuviel Hunde halten. Die jungen Leute haben keine Lust mehr, in der Hauptsache nur für die Hunde zu fischen.«
Sechs Schlittenhunde mindestens gehören zu jeder Familie, bei manchen sind es zehn und bei zwei Familien sogar zwölf.
»Was fressen die während des Jahres?«
»Im Gewicht kann ich's nicht sagen, aber so ungefähr zwanzigtausend Fische dürften's schon sein.«
Ob ich alles gesehen habe, fragt Russ Hale, dann könnten wir fahren. Von mir aus gerne, ich bin nun auf Fort Simpson gespannt.
»So gegen zwölf werden wir dort sein, wenn weiter alles so glatt geht wie bisher.«
Er meint zwölf Uhr in der Nacht, aber da es jetzt wochenlang nicht mehr dunkel wird, besteht zwischen Mittag und Mitternacht wenig Verschiedenheit. Nur kann sich mein Magen noch nicht daran gewöhnen, daß er so selten eine warme Mahlzeit bekommt. Während der ganzen bisherigen Fahrt haben wir nur Kekse verspeist und Corned beef aus der Büchse gekratzt. Für ein Lagerfeuer am Strand mit Bratspieß oder brodelndem Kochtopf sind meine Begleiter nicht zu haben. Das geschieht nur, wenn es unbedingt sein muß. Ein Happen aus der Dose und gelegentlich etwas Gebäck aus dem Plastikbeutel machen viel weniger Mühe. Weil ich aber den Gamewarden mit meinen romantischen Vorstellungen gar keine Ruhe lasse, legen sie während der Weiterfahrt doch eine Pause ein und erlauben mir, aus Treibholz ein Feuer zu entfachen. Für jeden vier Eier in die Pfanne, dazu ein paar Scheiben Speck und geröstete Zwiebeln.
»Na schön, wenn Ihnen so was Spaß macht«, sagte Russ nach beendeter Mahlzeit, »können wir ja öfter anlegen. Aber in Simpson gibt's ein gutes Hotel mit erstklassiger Küche.«
»Meine Frau kocht besser«, behauptet Monaghan, »bei uns werden wir verpflegt.«
Wieder Stunde um Stunde auf dem mächtigen Mackenzie. Was die Landschaft ein wenig verändert, ist nur die Böschung der Ufer. Sie reicht nun hoch hinauf und ist auf weiten Strecken so steil, daß es kaum möglich wäre hinaufzuklettern. Nach der Schneeschmelze aber steigt die Flut bis über die Kante. Man sieht es an dem vielen Treibholz und entwurzelten Gestrüpp, das sich dort gesammelt hat. Die Rinde aller Bäume, die am Waldrand stehen, wurde von Eisschollen aufgerissen. Manche sind an diesen Verletzungen gestorben. Wahrscheinlich wird sie die Strömung beim nächsten Mal aus dem Boden drücken und mitnehmen. Es muß ein phantastisches Schauspiel sein, wenn der Mackenzie die Eisdecke sprengt und mit Donnergepolter die glitzernden Trümmer übereinanderschiebt. In den ersten Tagen reicht die Gewalt des Wassers nicht aus, um die knirschenden Eishügel wegzuschieben. Sie werden nur gestaut und immer höher gepreßt, bis

endlich die ganze Herrlichkeit auseinanderbricht. Erst dann hat der Mackenzie seine Bewegungsfreiheit wiedergewonnen und führt die schmelzenden Schollen so schnell wie nur möglich zum Arktischen Ozean.

Im Fernglas sind die Dächer von Simpson schon zu sehen, als sich von Westen her der Liard-River in den Strom ergießt. Das bewirkt einen Farbwechsel im Mackenzie. Aus der durchsichtigen graugrünen Flut wird braunes Spülwasser, und mit der gefahrlosen Reise ist es vorläufig vorbei. Der stark bewegte Liard bringt eine Unmenge von Treibholz mit. Entwurzelte Stämme aus den Rocky Mountains schaukeln im Strom. Gebrochene Äste, ein Gewirr von Zweigen und das ganze Wurzelwerk hängen noch daran. Wer da mit seinem Boot hineingerät, kommt so bald nicht mehr heraus. Schlimmer noch sind jene Baumtrümmer, von denen nur ein Stück zu sehen ist, während sich der größte Teil unter Wasser verbirgt. Da halten die Wurzeln noch Steine umklammert, in deren Spalten sie einst gekrochen sind. Es soll auch Treibholz geben, von dem man an der Oberfläche gar nichts bemerkt. In voller Fahrt dagegen zu rennen, kann ein schnelles Ende bedeuten. So rasch, wie dann dringend geboten ist, läßt sich das rettende Ufer nicht immer erreichen.

»Bisher ging uns noch kein Mann auf dem Mackenzie verloren«, sagt Russ, »aber es könnte doch mal geschehen. Wir müssen eben aufpassen wie die Luchse und schnell reagieren. Nachher wird das Holz immer weniger, es bleibt viel am Ufer liegen.«

Mir soll es recht sein, so eine kleine Prise von Gefahr macht die Reise erst interessant. Doch als vorbeugende Maßnahme hole ich mir eine der Schwimmwesten in griffbereite Nähe.

Die rasche, strudelige Strömung des Liard regt auch den Mackenzie an, sich unruhig zu benehmen. Die Wogen wölben sich zu Wasserhügeln, denen Wellentäler folgen. Das Treibholz tanzt auf und nieder. Wurzelballen recken ihre zerschundenen Arme empor, um anschließend zu versinken. In eleganten Kurven, mal links, mal rechts und auch mal rundherum, rauscht unser Boot an den Hindernissen vorbei. Hugh Monaghan hält das Steuer, weil er die Technik des raschen Ausweichens am besten von uns allen beherrscht. So gelingt es ihm, den Landeplatz zu erreichen, ohne daß wir mit treibendem Holz in Berührung kommen. Die Uhr zeigt zehn Minuten vor Mitternacht, aber nur am Rand ist der Himmel grau geworden.

Mit steifen Knien steigen wir aus. Das große Gepäck bleibt ohne Aufsicht im Boot, weil sich die Bewohner Simpsons des Rufs erfreuen, besonders ehrlich zu sein. Wir stapfen den steilen Hang hinauf und stehen gleich vor dem Simpson-Hotel. Drei quietschende Türen muß man passieren, um in den Schankraum zu gelangen, wo trotz der späten Stunde noch einige Gäste die Bar belagern. Doch

kaum hat uns der Manager erblickt, werden wir schon zu einem Umtrunk in seine privaten Räume geladen. Bill Kidd heißt der gastfreie Gastwirt, und schon seit vielen Jahren lebt er am Mackenzie, worüber er gar manches zu erzählen weiß. Bald stellt sich heraus, daß uns gemeinsame Interessen verbinden. Nicht nur die Entdeckungsgeschichte des Nordwestens ist dem Mr. Kidd wohlbekannt, er hat auch den Verlauf aller wichtigen Entdeckungsreisen in der ganzen Welt eingehend studiert. Wir behandeln mit Leidenschaft die alte Streitfrage, ob Peary oder Cook den Nordpol entdeckt hat – oder etwa keiner von beiden. Zu diesem Ergebnis bin ich gekommen und erfreulicherweise auch der Manager des Simpson-Hotels. Nur was die angebliche Rettung Emin-Paschas durch Stanley betrifft, gehen unsere Ansichten weit auseinander. Von den großartigen Leistungen Alexander Mackenzies weiß Bill so lebhaft zu berichten, als sei er selbst dabeigewesen.
»Sie wissen doch«, sagt er anschließend, »daß Fort Simpson im vorigen Jahrhundert eine der wichtigsten Stationen des Pelzhandels war. Hier residierte einer nach dem anderen von den berühmten Postenchefs der Hudson-Bay-Company, zum Beispiel der Simon Fraser . . .«
»Natürlich kenn' ich jeden davon, bis zum alten Camsell, dessen Sohn schließlich das Uranvorkommen am Bärensee entdeckt hat.«
»Ganz recht, er wurde später Bergbauminister in Ottawa. Sein Buch haben Sie bestimmt gelesen?«
»Aber sicher, man kann daraus viel über die alte Zeit entnehmen. Es gab sogar einen Billardtisch im Gästehaus, lange bevor die Dampfschiffe kamen. Drei Jahre soll's gedauert haben, bis das schwere Möbel aus London schließlich in Simpson eintraf. Und nicht zu vergessen, die berühmte Bibliothek . . .«
Wir überraschen uns gegenseitig mit den erstaunlichsten Kenntnissen.
»Dreitausend Bücher sollen's gewesen sein«, ruft Billy Kidd, »die bedeutendste Sammlung wissenschaftlicher und literarischer Werke im ganzen damaligen Kanada, nur Quebec und Montreal ausgenommen. Schon Roderick Mackenzie, der Cousin des berühmten Alexander, hatte damit angefangen, als er Postenchef in Chipewyan war, drunten am Athabasca-See. Dann kam die Bibliothek nach Simpson und wurde hier noch Jahr für Jahr ergänzt.
Was daraus geworden sei, will ich wissen.
»Ein verdammter Ignorant, ein total verblödeter Postenchef, ließ all die wertvollen Bücher verbrennen, weil sie nach seiner hirnverbrannten Meinung zuviel Platz beanspruchten und schimmelig waren. Erst 1930 ist die Untat geschehen, man sollte es nicht für möglich halten! Auch den hundertjährigen Billardtisch hat das Rindvieh hinausgeworfen, wegen der Motten im Tuch. Aber ein Trapper hat ihn gerettet, der Tisch steht noch heute in seinem Schuppen. Er wird eine Zierde unseres Museums sein, das wir demnächst eröffnen.«

Die Gamewarden erheben sich, um vier Uhr früh ist es wirklich Zeit, ins Bett zu gehen. Hell und grell strahlt die Sonne ins Haus.
Außer Bett, Tisch und Stuhl steht kein Mobiliar in meinem Zimmer. Man kann es nicht verdunkeln, aber hier sind eben die Gäste gewohnt, bei Helligkeit zu schlafen. Es gelingt mir nicht, die Fenster zu öffnen, um frische Luft in den stikkigen Raum zu lassen. Alte Farbe hat die Scharniere fest verklebt. So kann schon seit Jahren keine Innenluft entweichen. Viel Schweiß haben meine Vorgänger im Laufe der Zeit ins Zimmer gebracht, aber nur wenig wieder mitgenommen. Gelegentlich scheint man auch gebrauchte Leibwäsche hier zu stapeln, jedenfalls riecht es danach. Der Waschraum liegt gegenüber und erinnert an ein Arbeitslager. Zwar steht eine Badewanne darin, aber wer hineinsteigt, muß die Tür offenlassen. Sonst könnten die übrigen Gäste nicht an die Waschbecken. Vom Anblick des Klos zu sprechen, verbieten mir die Reste meiner guten Erziehung. Unter solchen Verhältnissen sind zehn Dollar pro Nacht und Zimmer eine relativ hohe Vergütung.
Mir kommt es vor, als sei ich gerade eben eingeschlafen, als eine Frauenstimme durch die Gänge ruft, es sei neun Uhr, und das gelte für jeden Gast im Hause. Doch Ausnahmen muß es wohl geben, wenn man erst um vier sein Zimmer bezogen hat. Aber leider ist das nicht der Fall. Von einer vollschlanken Indianerin wird meine Tür aufgestoßen.
»Nine o'clock for everybody . . . jetzt brauch' ich die Bettwäsche und hab' keine Lust, noch länger zu warten.«
Sonst macht Simpson den denkbar besten Eindruck. Müßte ich aus irgendeinem Grunde ständig in den Northwest-Territories leben und könnte mir den Wohnsitz aussuchen, es wäre Fort Simpson. Man hat die Ortschaft planmäßig und praktisch angelegt, mit der Hauptstraße am hohen Ufer des Stromes. Jedes Anwesen hat seinen Garten, der hier sogar von einem Zaun umgeben ist. Keine Schrotthaufen, kein Gerümpel an den Straßen. Belaubte Bäume beschatten die Dächer, bunte Blumen blühen vor den Veranden. Freundlich sind die Menschen, und die Kinder lachen. Wem man begegnet, der grüßt den Fremden. Gutgelaunte Hunde wedeln mit dem Schweif. Nur selten rollt ein Fahrzeug vorüber, weil man ja doch nicht weit damit kommt. Humor hat sogar der Gemeinderat, denn er nannte die beiden Hauptstraßen »Fifth Avenue« und »Park Avenue«. Obwohl nur sechs oder sieben Nebenstraßen vorhanden sind, beginnt ihre Numerierung mit Hundert.
Fort Simpson liegt auf einer Insel. Zwar ist eine Brücke mit zwei Fahrbahnen zum Festland geplant, aber noch nicht gebaut. Während des strengen Frostes soll es möglich sein, auf einer sogenannten Winterstraße, die großenteils über die Eisdecke des Mackenzie führt, mit PKW und sogar LKW bis nach Providence zu gelangen. Aber durch die Wälder geht es nur im ersten Gang, und nicht jeder

beherrscht die dafür notwendige Technik des Fahrens. Mit einer durchschnittlichen Geschwindigkeit von zehn bis zwölf Stundenkilometern auf der weiten Strecke muß man sich begnügen, und das bedeutet mehrere Nächte im Wagen oder Durchhalten bis ans Ziel.

Drei Viertel der fast tausend Bewohner in dem Ort sind Slavey-Indianer. Aber nur wenige leben noch allein von der Jagd, dem Fischfang oder der Fallenstellerei. Dennoch scheint es allen Bewohnern Simpsons recht gut zu gehen. Es müssen genügend Arbeitsplätze vorhanden sein. Die Regierung unterhält eine Musterfarm, um den Indianern wie überhaupt dem Nordwesten aufs neue zu beweisen, was Klima und Boden hervorbringen können, wenn ihn fleißige Leute in der rechten Weise bearbeiten. Wogende Weizenfelder erfreuen das Auge, rotbackige Äpfel reifen im September, Kartoffeln und Kohlrabi sind bald zu erwarten. Viele hundert Meter weit dehnen sich die Gemüsegärten aus. Aber Zuschüsse sind erforderlich, damit die Verkaufspreise lokaler Produkte nicht über den Rahmen des Supermarktes hinausgehen.

Simpson hat wirklich alles, was man von einer fortschrittlichen Siedlung dieser Größenordnung in den NWT erwarten kann. Ein modernes Hospital und eine Funkstation, das E-Werk, das Kino und die überdachte Badeanstalt mit dem gewärmten Schwimmbecken sind selbstverständlich. Die Schule ist bei weitem das größte Gebäude im Ort, man staunt über ihre weitläufige, dreistöckige Anlage. Der Lehrplan reicht bis zur zwölften Klasse, wie Monaghan mir erklärt. Seine junge Frau gehört selbst zu den Lehrkräften. Von den dreihundert Jungen und Mädchen, fast alle Slaveys, stammen mehr als die Hälfte aus anderen Ortschaften. Sie leben in einem Internat, das zur Schule gehört.

Auf der Post möchte ich Tonbänder nach Hause schicken, aber die Indianerin am Schalter will nicht glauben, daß die kleinen Schachteln ebenso zu frankieren sind wie gewöhnliche Briefe. Nun gut, dann schicken wir eben die Schachtel als Päckchen. Zu diesem Zweck muß man sie erst wiegen, und das ist nicht einfach. Mit der postalischen Briefwaage spielt nämlich das dreijährige Kind der jungen Frau, und es läßt die empfindliche Waage nicht los. Am Boden sitzt das Kleine und schlägt mit den Fäustchen munter drauf. Es gibt ein großes Geschrei, als ihm die Mutter das Spielzeug nehmen will.

»Lassen wir ihm doch den Spaß«, lächelt die Postlerin verständnisvoll, »fünfzig Cents werden wohl genug sein für das Päckchen, meinen Sie nicht auch?«

Es war eine der Sendungen, die München tatsächlich erreichte.

Von einem Manne namens Schmidt wurde ich an der nächsten Ecke angesprochen. Er weiß schon, woher ich komme, und möchte gern über die alte Heimat plaudern. Schmidt ist Chef des E-Werks, hat hier eine Familie gegründet und fühlt sich wohl in Fort Simpson. Seinen Eltern gehörte ein Möbelgeschäft in Aachen, gleich gegenüber dem Stadttheater. Da meine Frau aus Aachen stammt, forsche ich weiter, und so stellt sich heraus, daß sein Vater meinen Schwiegervater gut gekannt hat. Später erlebte ich noch mehr solch unglaubliche Zufälle in den Nordwest-Territorien. Ich traf einen Mitschüler aus Berlin, einen Kameraden aus dem Krieg und eine Dame aus Badisch-Rheinfelden, der mein Onkel, Dr. Erich Meissner, zum Eintritt in die Welt verholfen hatte. Wer alte Erinnerungen auffrischen will, findet dazu in den NWT sehr günstige Gelegenheit. Deutsche Einwanderer gibt es fast in jedem Ort, mag er auch noch so klein sein. Fast allen geht es gut bis ausgezeichnet, aber nur wenige wollen für immer bleiben.

Das Mittagessen im Hause des Gamewarden Hugh Monaghan ist eine Wohltat sondergleichen. Die junge Lehrerin versteht sich auf kulinarische Künste fast ebensogut wie die Gattin von Paul Kwaterowski. Doch sind beide Damen seltene Ausnahmen in den NWT. Dort ißt man im allgemeinen nur, um nicht zu verhungern. Dabei noch Genuß zu empfinden, wäre zuviel verlangt.

Von Monaghan mit dem Schlüssel versehen, mache ich mich anschließend auf den Weg zum Museum. Wie schon erwähnt, hat man dessen Eröffnung erst geplant, sicher wird bis dahin noch geraume Zeit vergehen. Aber das Gebäude an sich ist sehenswert genug. Sein Alter beträgt schätzungsweise anderthalb Jahrhunderte. Selbst in den USA gilt diese Epoche als graue Vorzeit. Der ehrwürdigen Faktorei ist das kaum anzusehen. Die Treppen und die Wände, auch Dielen und Regale lassen von Fäulnis oder Altersschwäche nichts erkennen. Solide und kerngesund der ganze Bau, für den man keinen einzigen Nagel verwandte. Bis 50 Grad Kälte im Winter, bis 35 Grad Hitze im Sommer konnten dem festgefügten Holzhaus keinen nennenswerten Schaden zufügen. Stürme von verheerender Gewalt, die Saufgelage in der großen Halle sowie das hundertjährige Hantieren mit Pelzen, Pulver und Feuerwaffen, auch die immerwährende Brandgefahr haben keine Zerstörung angerichtet. Aber sonst ist aus der alten Zeit in Simpson nicht mehr viel übrig. Was die Faktorei vor dem Abbruch gerettet hat, war nur ihre Lage außerhalb der Ortschaft.

Als Fort Simpson noch den Pelzhändlern allein gehörte, sah es hier anders aus. Wer die rauhe Romantik des wilden Nordwesten sucht, muß in jene Zeit zurückkehren.

Pelze, Pulver und Palisaden

Fort Simpson wurde schon 1804 gegründet, als von Chicago, Denver und Kansas noch keine Rede war. Hinter einer hohen Palisade aus zugespitzten Pfählen wohnten zwölf bis zwanzig weiße Männer, denen man die helle Hautfarbe kaum noch ansah. Sonne, Wind und Wetter hatten sie tief gebräunt. Ein wilder Bart umrahmte jedes Gesicht, und man ließ die Haare wachsen, so lang sie wollten. Im heißen Sommer genügten Hemden wie Hosen aus weichgegerbtem Elchleder. Eine große, aus Tannenstämmen errichtete Blockhütte war ihre gemeinsame Wohnung. Der breite, nach vorn offene Kamin diente als Herd, Heizung und Beleuchtung zugleich. Nur der Postenchef und sein Vertreter hatten eine heizbare Hütte für sich, und die war auch das Kontor für den Pelzhandel. Sonst gab es hinter den Palisaden noch die massiv gebauten Holzschuppen zur Aufbewahrung von Fellen, Tauschwaren, Lebensmitteln und Gerätschaften, dazu eine niedere, langgestreckte Halle, wo man die Geschäfte mit den Indianern abwickelte. In keinem dieser Räume wurde eine Feuerstelle geduldet, denn man lebte in ständiger Furcht vor einem vernichtenden Brand.

Die Hütten waren mit Birkenrinde gedeckt, über die man erst Sand und dann Grasplaggen legte. Das Gras wuchs weiter, und im Frühjahr blühte auf jedem Dach eine bunte Wiese. Mit Lehm und Moos waren die Fugen in den Balkenwänden abgedichtet. Für den Bau der Blockhütten hatte man keinen kostbaren Nagel verschwendet, auch die Türen bewegten sich in Scharnieren aus Holz und Leder. Anstelle von Fensterscheiben wurden abgeschabte, eingefettete Tierhäute über die Rahmen gespannt. Sie ließen zwar gedämpftes Licht herein, aber hinausschauen konnte man nicht. Die Männer saßen auf Baumstümpfen an rohbehauenen Tischen, und sie schliefen in einer Art von Holztruhe, die bis obenhin mit Heu und Fichtenzweigen gefüllt war. Mit den Fellen von Karibu oder Braunbär deckte man sich zu. Kerzen gab es nicht.

Neben der Schlafstelle eines jeden Mannes hingen griffbereit seine langläufige Jagdbüchse, das Pulverhorn und die Kugeltasche. Sonst hatten sie fast nichts, das ihnen selbst gehörte, abgesehen von einem Zinnbecher, der Stummelpfeife und dem Tabaksbeutel, sowie eine zweite Garnitur von Kleidern. Alle standen im Dienst der Northwest-Pelzkompanie, die wenig Lohn zahlte, aber viel verlangte. Nur Tee, Tabak, Branntwein und Roggenmehl wurden den Männern geliefert. Sie mußten sich alles, was sonst noch für ihre Ernährung gebraucht wurde, durch Jagd und Fischfang selbst besorgen. Aber das nur nebenbei, denn im Winter war es ihre Hauptbeschäftigung, mit den Indianern zu trappen, und während des Sommers paddelten sie ihre schwerbeladenen Kanus durch die Wildnis, oft Tausende Meilen weit.

Der Tauschhandel mit den Indianern war Sache des Postenchefs und seines Vertreters, des sogenannten Clerks. Dabei ging es in erster Linie um Felle der Biber. Angefangen hatte der gewinnbringende Pelzhandel schon zu den Zeiten Samuel de Champlains, des Gründers von Quebec. Er war um 1610 der erste Gouverneur von Neu-Frankreich, wie Kanada in jener Epoche genannt wurde, und Champlain begann sogleich einen regen Tauschhandel mit den indianischen Jägern. Er lieferte ihnen die eisernen Fallen für den Pelztierfang und versprach fleißigen Fängern wertvollste Geschenke. Auf der Suche nach immer besseren Pelzen, für die eine ständig steigende Nachfrage in Europa bestand, drangen wagemutige Pelzhändler von Jahr zu Jahr weiter in die Wildnis vor. Für Glasperlen, Äxte, Messer und eiserne Kochtöpfe gaben die Indianer alles hin, was man von ihnen verlangte, erst recht für Feuerwaffen, Pulver und Blei. Wem es gelang, neue Handelsgebiete zu erschließen, den belohnte hundertfacher Gewinn für jede Gefahr und die härtesten Strapazen. Auch wenn den meisten Pelzhändlern gar nichts daran lag, Pfadfinder in bisher unbekannten Regionen zu sein, sie wurden doch zu den Entdeckern einer neuen Welt im Hinterland Nordamerikas.*

Als Jean Pierre Radisson mit seinem Schwager Jean Baptiste de Grosseilliers 1665 von den Ufern der Hudson-Bay, die bisher noch kein Europäer auf dem Landweg erreicht hatte, nach Quebec zurückkehrte, konfiszierte der französische Gouverneur unter fadenscheinigen Vorwänden all ihren Reichtum an Pelzen. Man sagt, daß ihnen ein Wert von Millionen auf so schändliche Weise verlorenging. Außerdem wurde den beiden Entdeckern noch verboten, sich weiter mit dem Pelzhandel zu beschäftigen. Völlig verarmt und verbittert segelten sie nach London, um König

* Den kühnen Reisen dieser großartigen Entdecker habe ich bisher zehn Bücher gewidmet, worin jeweils die Leistung eines Mannes geschildert wird (siehe Literaturverzeichnis).

Karl II. von England ihre Dienste anzubieten. Sie erhielten zwei Schiffe und fuhren damit von London auf direktem Seeweg in die Hudson-Bucht, wo es Grosseilliers dank seiner Erfahrung im Umgang mit den Indianern leicht gelang, wiederum Pelze von unermeßlichem Wert zu gewinnen. Dieser Erfolg führte zur Gründung der Hudson-Bay-Company. Der König selbst, zahlreiche Prinzen, Herzöge und Lords waren ihre ersten Teilhaber.

Seit dreihundert Jahren hat nun schon die »Company of Adventures of England trading into Hudson Bay« bestanden, genauer gesagt seit dem 2. Mai 1670. Die Gesellschaft wurde mit Privilegien ausgestattet wie keine andere zuvor. Sie hatte »allein das Recht, in der Bucht Henry Hudsons Handel zu treiben, ebenso in und bei allen Flüssen, Bächen, Strömen und sonstigen Wasserläufen, die sich in die Bucht ergießen. Ebenso hat sie das alleinige Recht, in allen Landschaften Handel zu treiben, welche an die Hudson-Bucht grenzen oder von Gewässern befeuchtet werden, die in die Hudson-Bucht fließen.«

Der HBC wurde Landbesitz zugesprochen, von dessen Ausdehnung man sich keine Vorstellung machte. Wo nur heidnische Indianer lebten, da konnte nach damaliger Auffassung jede europäische Macht tun und lassen, was sie wollte. Ein Federstrich Karls II. übertrug das Eigentum an fremden Ländern und Völkern der Hudson-Bay-Company. Über ihr schwebte nur die englische Krone, sonst war die Gesellschaft einem unabhängigen Staat gleichzusetzen. Sie übte in eigener Verantwortung die Verwaltung aus und ebenso die Rechtsprechung. Sie war Herr über Leben und Tod aller Menschen in ihrem riesigen Reich. Sie konnte sogar Krieg führen nach eigenem Ermessen. Erst dort fand ihre absolute Machtbefugnis ein Ende, wo die Herrschaft eines anderen christlichen Fürsten oder Staates begann. Weil die Franzosen noch keine Stützpunkte in jenen Territorien besaßen, konnten sie gegen die maßlosen Ansprüche der Hudson-Bay-Company nichts unternehmen. Schon bald hatte die HBC einige Handelsposten am südlichen Ende der Hudson-Bucht angelegt. Dorthin kamen nun die Indianer aus dem Innern, um ihre Pelze gegen die Waren der weißen Männer einzutauschen.

Aber es blieb den Franzosen noch mehr als genug von Kanada übrig. Noch nicht der zehnte Teil war zu damaliger Zeit auch nur oberflächlich erforscht. Am weitesten gelangten 1740 ein französischer Offizier und Pelzhändler mit dem langen Namen Sieur Pierre Gaultier de Varennes de la Vérendrye und seine drei Söhne. Sie standen eines Tages am Fuß der Rocky Mountains und hörten von den Indianern, daß hinter den Bergen alles Land zu Ende war. Aber sie konnten die Rockies nicht übersteigen. So blieb es dem Sieur de la Vérendrye versagt, als erster Europäer den Kontinent zu durchqueren. Noch mehr als fünfzig Jahre vergingen, bis der Pelzhändler Alexander Mackenzie diese Leistung vollbrachte.

Als Frankreich im Jahr 1763 seine kanadischen Besitzungen an England verlor,

mußten die französischen Pelzhändler ihre Kontore schließen. Bevor sich jedoch die HBC der Nachfolge bemächtigte, waren tatkräftige Schotten zur Stelle. Fast über Nacht entstanden neue Gesellschaften, die sofort alle Handelsposten sowie die Angestellten ihrer französischen Vorgänger übernahmen.
Davon waren am wichtigsten und tüchtigsten die sogenannten *Voyageurs.* An sich bedeutet das Wort nur »Reisende«, aber im kanadischen Pelzhandel spielten diese Leute eine entscheidende Rolle. Ohne die Voyageurs wäre es den Schotten nicht möglich gewesen, noch weiter als die Franzosen nach allen Seiten vorzudringen. Die Voyageurs waren die besten Kenner des Landes, vor allem waren sie die besten, kräftigsten und ausdauerndsten Paddler, die es wohl jemals gab. Ihre Vorfahren stammten meist aus der Normandie und Bretagne, aber sie selbst hatten von Frankreich nur die Sprache und die Volkslieder behalten. Obwohl viele von einer indianischen Mutter stammten, waren sie alle, fast ohne Ausnahme, viel muskelstärker als echte Indianer.
Die Voyageurs kannten keine Ermüdung. Nur von kurzen Pausen unterbrochen, schwangen sie ihre Paddel vom frühen Morgen bis zum späten Abend, fünfzig und sechzig Tage hintereinander. Sie schleppten Lasten von zweihundert Pfund über meilenweite Portagen und trugen ihre Boote zum nächsten schiffbaren Wasser.
Mit Hilfe der Voyageurs gelangten die schottischen Pelzhändler so weit nach Nordwesten wie kein weißer Mann zuvor. Schon im Jahre 1780 war Peter Pond, ein Mann der Northwest-Company, am Athabasca-See. Drei Jahre später errichtete Cuthbert Grant das erste Handelsfort am Großen Sklavensee. Im Sommer 1789 fuhr Alexander Mackenzie auf seinem Strom bis zum Nördlichen Eismeer und erreichte bald danach, über die Rocky Mountains hinweg, den Pazifischen Ozean.
Die Händler der HBC kamen hundert Jahre lang nicht über ihre Posten an der Hudson-Bucht hinaus. Dort warteten sie auf die Indianer und die Pelze. Die Schotten dagegen fuhren selbst zu ihren Lieferanten, so weit das auch sein mochte. Es fehlte ja nicht an Wasserwegen, und immer neue Stützpunkte entstanden an ihren Ufern. Erst als die Indianer begriffen, daß es für sie viel bequemer war, mit den Schotten zu handeln, mußte auch die HBC ihre Stationen ins Hinterland vorschieben. So begann ein heftiger, oft bis zu Mord und Totschlag geführter Konkurrenzkampf zwischen den Hudsoniern und den schottischen Pelzhändlern. Dabei konnte sich die HBC auf jenes königliche Privileg berufen, das nur ihr erlaubte, im Bereich aller Flüsse und Bäche zu handeln, die sich in die Hudson-Bay ergossen. Aber der riesige Rest des Landes war frei für jedermann, und dazu gehörte auch der gesamte Nordwesten des heutigen Kanada. Wer einen befestigten Handelsposten besaß, wo wichtige Wasserwege zusammentrafen, zu dem kamen die Indianer mit pelzbeladenen Kanus. Die Konkurrenten eilten um die Wette

in die Wildnis, jeder auf Tod und Teufel bestrebt, bessere Positionen zu gewinnen. Was rechts und links der Flüsse lag, interessierte niemanden. Nur so rasch wie möglich nach Norden, darauf kam es an. Dort waren die besten Winterfelle billig zu haben.

Um bei dem mörderischen Wettbewerb zu bestehen, vereinten die schottischen Pelzhändler ihre Kräfte gegen Ende des achtzehnten Jahrhunderts in der Northwest-Company. Das war eine Gesellschaft mit strengen Regeln, aber mit verlokkenden Möglichkeiten des Aufstiegs. Nur Schotten durften sich bei der NWC mit Pelzhandel beschäftigen, und zwar möglichst nur Schotten aus dem Hochland und von den Inselgruppen der Orkney und Hebriden.*

Meist waren diese Männer irgendwie miteinander verwandt, sie hielten wie Pech und Schwefel zusammen. Ohne eigenes Kapital mitzubringen, konnten besonders fähige Leute bis zum Teilhaber des Unternehmens aufsteigen. Doch es war ein langer, harter und gefahrvoller Weg. War der Lehrling ein Junior-Clerk geworden, mußte er als nächstes ein paar Jahre hinaus zu einem der fernen Außenposten. Dort war er Clerk und Vertreter des Postenchefs. Hatte er sich dort hervorragend bewährt, ernannte man ihn zum Chef eines Postens. Wenn es ihm gelang, mit einem hohen Gewinn für die Company abzuschließen, wurde er zum Partner der Firma, also einer der Mitinhaber. Die Voyageurs nannten ihn dann »Bourgeois«, und er durfte einen Biberhut tragen. Aber nur einer von zwanzig oder dreißig Bewerbern erreichte das Ziel. Es war jedoch eine Chance, wie sie zu damaliger Zeit jungen Leuten ohne Vermögen nirgendwo sonst geboten wurde.

Anders die Hudson-Bay-Company, deren Aktionäre meist in London saßen, ohne im geringsten an den Mühen und Gefahren des Pelzhandels teilzunehmen. Die Angestellten, bis hinauf zu den wichtigsten Positionen, bekamen ihr Gehalt und hatten zu tun, was ihnen die Firmenleitung aus London befahl. Kein Wunder also, daß im allgemeinen die Northwester den Hudsoniern an Kühnheit und Geschwindigkeit überlegen waren.

Doch die Zeche bezahlten immer die Indianer. Hatten die Eingeborenen bisher nur für den eigenen Bedarf gejagt, gingen sie nun dazu über, vom Tauschhandel und für den Tauschhandel zu leben. Auf Feuerwaffen und Feuerwasser wollten sie nicht mehr verzichten. Die Messer und Äxte aus Stahl, die eisernen Kochtöpfe, die Nähnadeln, die Wolldecken und Glasperlen nebst vielen anderen Dingen konnten indianische Familien kaum noch entbehren. Sie wurden damit abhängig von den Pelzhändlern. Je weniger Zeit sie auf Fischfang und Fleischjagd verwandten, desto mehr entfremdeten sich die Indianer von ihrer alten Lebensweise.

* Alexander Mackenzie war ein Nachkomme des ersten Lords der Hebriden.

Ganz gleich, um welche Art von Fellen es beim Tauschhandel ging, der Wert wurde stets in Biberfellen berechnet. Wer Nerze, Hermeline, Wolverine und Weißfüchse brachte, der bekam dafür Tauschwaren im Wert von soundso vielen Bibern.
Nach dieser Berechnung erhielten die Indianer im Jahr 1733 für einen Biber:

	1/2	Pfund weiße Glasperlen
oder	1/4	Pfund bunte Glasperlen
oder	1	Pfund Tabak
oder	1	Feile
oder	1	Kochtopf
oder	1	Paar Handschuhe
oder	1	Paar Stiefel
oder	1 1/2	Pfund Pulver
oder	2	Pfund Zucker
oder	2	Kämme
oder	2	Tabaksdosen
oder	2	Äxte
oder	8	Messer
oder	20	Feuersteine

Für eine Pistole oder für eine Gallone Branntwein mußten die Indianer 4 Biber bezahlen, für eine Flinte sogar 12 Biber.

Hundert Jahre später verlangten die Pelzhändler sehr viel mehr:

für eine Flinte	– 20 Biber
für einen Kupferkessel	– 16 Biber
für 1/2 Pfund Glasperlen	– 4 Biber
für eine Axt	– 3 Biber
für 1/4 Pfund Pulver	– 1 Biber
für 1 Hornkamm	– 1 Biber
für 1 Messer	– 1 Biber
für 10 Feuersteine	– 1 Biber
für 100 g Tabak	– 1 Biber

Diese Angaben habe ich mit freundlicher Genehmigung des Verlages »Mensch und Arbeit« dem Pelzbuch von Effie Horn entnommen.

Es bedarf keiner Erwähnung, daß die Felle in Europa den hundertfachen Preis erzielten und manchmal noch mehr. Aber die Kosten für das Personal und für den Unterhalt der Stationen, vor allem die Transportkosten waren so hoch, daß am Ende doch nicht mehr als ein Reingewinn von 10 bis 25 Prozent übrigblieb. Vom Absenden der Tauschwaren aus Europa bis zum Eintreffen der dafür erworbenen Felle vergingen drei bis sechs Jahre. Wenn beispielsweise der Postenchef in Fort Simpson eine bestimmte Lieferung in London bestellte, vielleicht Sachen für den eigenen Haushalt, konnte er sie frühestens im Sommer des übernächsten Jahres erwarten, oft genug erst ein Jahr später. Falls ein junges Mädchen zu ihrem Verlobten an den Mackenzie-River reiste, mußte sie alles, was die künftigen Kinder benötigten, schon in doppelter und dreifacher Ausführung mitbringen.
Montreal am St.-Lorenz-Strom war der Ausgangspunkt für alle Fahrten der NWC ins Hinterland. Bis nach Montreal gelangten die Schiffe aus Europa, dann begann die endlos lange und beschwerliche Reise in den Paddelbooten der Voyageurs. Es waren Kanus, nach indianischer Art aus Birkenrinde gebaut, doch größer und breiter, als sie die Indianer für sich benützten. Zur Zeit Alexander Mackenzies verwandte die Northwest-Company Frachtkanus von 20 Meter Länge. Sie waren 1,60 Meter breit und hatten voll beladen einen Tiefgang von ungefähr 60 Zentimetern. Zwei Mann mußten genügen, um das leere Kanu über jede Portage zu tragen, auch über die längste und schwierigste. Es wog nur 150 Pfund, aber man konnte es mit 3000 Pfund belasten, nicht mitgerechnet die acht bis zehn Voyageurs und zwei Passagiere. Alle Fracht, ganz gleich, um was es sich handelte, wurde in Ballen und Fässer von je 90 Pfund Gewicht wasserdicht verpackt. Kam das Boot zu einer Portage, so war es Sache der Voyageurs, die Lasten Stück für Stück über Land zu schleppen. Viele dieser muskelstrotzenden Männer schafften zwei Lasten, manche sogar drei Lasten auf einmal. Wer diese Leistung vollbrachte, durfte sich am Ende der Portage um so länger ausruhen. Zuletzt trugen zwei Voyageurs das Kanu, mit dem Kiel nach oben, zu jener Stelle, wo man es wieder ins Wasser ließ. Wegen der Menge des Gepäcks mußte der Weg über Landstrecken oft dreimal und viermal zurückgelegt werden. Doch waren Portagen von mehr als sechs Kilometer Länge relativ selten.
Drei Frachtboote bildeten eine Brigade, die unter allen Umständen versuchte, beisammenzubleiben. Strebten mehrere Brigaden dem gleichen Ziel entgegen, dann hatte ein Chefbrigadier den Befehl über alle. Obwohl auch dieser Mann zu den Voyageurs gehörte, hatten die Bourgeois und Postenchefs keinerlei Recht, sich in seine Befugnisse einzumischen. Auch die stolzen Schotten, selbst die Träger der besten Biberhüte, waren unterwegs nichts mehr als Passagiere.
Sobald die Paddel eintauchten, begann einer der Voyageurs zu singen, und gleich stimmten auch die anderen ein. Es waren alte französische Volkslieder, die jeder

seit Jahren auswendig konnte. Dennoch schien die Menge der Lieder unerschöpflich zu sein. Der Rhythmus des rauhen Gesangs bestimmte den Takt und die Geschwindigkeit der Paddelschläge. Je ruhiger das Wasser, desto rascher ging es voran, besonders rasch mit der Strömung. Niemand befahl den Voyageurs das Tempo, sie wußten selbst, was am besten war, und richteten danach ihren weithin schallenden Männergesang. Nach jeder Stunde hörten sie schlagartig auf und holten ihre Tabakspfeife aus der Tasche. Zum Anzünden stand in jedem Boot ein Topf mit glühender Holzkohle. Der eine Mann gab das Feuer an den nächsten weiter, bis auch der letzte bedient war. Die Pfeifenpause dauerte fünf Minuten. Dann griffen die Leute wieder zu den Paddeln, sangen ein neues Lied, und die Fahrt ging weiter. Man berechnete die Entfernung nicht nach Meilen, sondern nach »Piepen«. Das war auch praktischer, weil ja Meilen über die Reisedauer nichts besagten. Vielmehr kam es darauf an, ob man gegen oder mit der Strömung fuhr, ob es Portagen gab oder stehendes Wasser. Vor der Abfahrt und bei der Ankunft wurde gleichfalls geraucht. Achtzehn Piepen war die übliche Tagesleistung der Voyageurs, gleichbedeutend mit achtzehn Stunden harter Arbeit. Unter günstigen Verhältnissen legten die Männer dabei 150 Kilometer, vielleicht sogar 200 Kilometer zurück. Doch es gab auch Tage, an denen man wegen der vielen Hindernisse nur zehn bis zwanzig Kilometer vorankam.
Der Brigadier bestimmte den Platz und den Zeitpunkt fürs Nachtlager. Zelte und Schlafsäcke gab es nur für die Bourgeois, die Postenchefs und Clerks. Die Junior-Clerks und Voyageurs schliefen im Schutz der umgedrehten Kanus oder bei gutem Wetter unter freiem Himmel. Das Abendessen war immer dasselbe, nämlich gepökeltes Schweinefleisch mit viel Rauchspeck in dicker Erbsensuppe. Einer der Voyageurs war abwechselnd Koch für alle Leute aus seinem Boot. Aus dem großen, rußigen Kochkessel, der über dem prasselnden Feuer hing, füllte jeder die eigene Schüssel. Niemand blieb hungrig, die Menge der Mahlzeit reichte auch für den stärksten Esser. Sonst hätten die Herren der Company einiges erleben können. Schon um zwei Uhr früh standen die Voyageurs wieder auf, ohne daß es eines Weckrufs bedurfte. Bald danach war das Frühstück fertig, auch immer wieder dasselbe. Es gab Maisbrei mit Schmalz, Zwiebeln und Zwieback. Bis zum Abend mußte das genügen, für ein Mittagessen hatte man keine Zeit.
So ging es Tag für Tag, bei jedem Wind und Wetter. Ob der Regen strömte, die Sonne brannte oder grimmige Kälte herrschte, war vollkommen gleich. Nur hochgehende Wogen konnten eine Pause am Ufer erzwingen. Hatten die Voyageurs besonders viel geleistet, bekamen sie eine Extraration Tabak und einen Becher hochprozentigen Rum. Am Ende der Reise spendierte ihnen die Northwest-Company ein rauschendes Fest. Da konnte jeder so lange saufen, bis kein Tropfen mehr über seine Lippen ging.

So war das Leben der Voyageurs: hart und herrlich. Sie arbeiteten vom Beginn des Frühjahrs bis zum späten Herbst hundertzwanzig Stunden pro Woche. Dabei legten sie viele tausend Meilen durch die Wildnis zurück und hatten nur ausnahmsweise während der Nacht ein Dach über dem Kopf. Aber danach folgte süßes Nichtstun während des langen Winters. Die Company hatte auch dann für ihre Männer zu sorgen, wenn sie der wohlverdienten Ruhe pflegten. Auf Gedeih und Verderb blieben die Schotten mit den Voyageurs verbunden. Sobald das Eis auf Seen und Strömen zerbrach, setzten sich die Pelzbrigaden wieder in Bewegung.

Wer in den Nordwesten wollte, vielleicht bis nach Simpson oder gar zum Fort Good Hope, nahe der Mündung des Mackenzie, der mußte von Montreal erst nach Grande Portage gelangen, einem großen Fort und Versorgungsdepot der NWC am westlichen Ufer des Lake Superior. Das war eine Reise, die fünfzig bis sechzig Tage in Anspruch nahm. Es mußte so schnell wie möglich gehen, weil sonst die Voyageurs im gleichen Jahr nicht mehr vor Winteranfang nach Montreal zurückkamen.

Bei Grande Portage begann, wie schon der Name sagt, eine beschwerliche Landstrecke. Man mußte etwa zwanzig Kilometer weit die Stromschnellen des Taubenflusses umgehen. Auf Ochsenkarren wurden die Lasten befördert. Dann übernahmen schmale und noch leichtere Kanus als bisher die Fracht und die Passagiere. Nur vier Paddler saßen in jedem Boot und nicht mehr als ein Gast. Aber 1000 Pfund Gepäck kamen noch hinzu.

Was man bisher erlebt hatte, wurde nun weit übertroffen. Denn von Grande Portage führte die Reise durch ein Labyrinth von Seen, Flüssen und Strömen. Fast an jedem Tag eine oder mehrere Portagen. Man glitt durch schäumende Stromschnellen, man schwankte auf schlüpfrigen Felspfaden an Wasserfällen vorbei und schlief mit geladenem Gewehr im Arm. Man war im *Pays-en-haut,* im Land dort oben, wie es die französischen Entdecker genannt hatten, als sie dessen Grenze endlich erreichten. Selbst die Voyageurs wagten sich nicht hinein. Man fuhr durch das Pays-en-haut mit ganz anderen Leuten, die noch härter, noch widerstandsfähiger und noch verwilderter waren als die sturmerprobten Paddler der Montreal-Brigade. »Wintermänner« wurden die zähen Burschen des Pays-en-haut genannt, weil keiner von ihnen den langen, oft barbarisch kalten Winter in einer gemütlichen Ortschaft verbrachte. Mit Verachtung schauten sie auf die Voyageurs herab, die in den weichen Betten von Montreal lagen, während sie selbst durch frostklirrende Urwälder zogen. Die Voyageurs waren in den Augen der Wintermänner stinkfaule »Schweinefresser«, weil sie nicht jagten und nicht fischten. Ihnen wurden die Lebensmittel geliefert, die Wintermänner mußten sich selbst versorgen, und dazu noch ihre Gefährten in den Forts. Aber sie waren die wirklichen Herren der Wildnis! Sie standen den Indianern am nächsten und erst recht den Töchtern des Landes. Sie sprachen noch ein altmodisches, mit vielen indianischen Ausdrücken gespicktes Französisch, waren aber eine Menschensorte ganz eigener Art. Wer höflich sein wollte, nannte sie *Bois Brulés*, die »angebrannten Hölzer«, weil der Rauch vieler tausend Lagerfeuer ihre Haut gedunkelt hatte. Die Voyageurs waren nicht so höflich, sondern sprachen von den »Rattenfressern«. Denn die Wintermänner verspeisten in der Not auch Moschusratten und andere Ratten.

Vom Taubenfluß glitten die Kanus zum Lake-of-the-Woods, von dort über gurgelndes Wasser zum großen Winnipeg-See. Und weiter, immer weiter nach Norden, durch ein Netz verschlungener Wasserwege zum Fort Athabasca am Fluß gleichen Namens, und dann zum Fort Chipewyan am Südufer des Athabasca-Sees. Wer immer noch nicht am Ziel war, wer unbedingt nach Fort Simpson wollte, den brachten die Wintermänner über den Slave-River nach Fort Smith und vorbei an den Stromschnellen der »Verdammten und Ertrunkenen« zum Großen Sklavensee. Dort lagen verschiedene Forts, aber die meisten nicht an der gleichen Stelle, wo sich heute die Siedlungen mit demselben Namen befinden. Man besuchte die Forts Hay River, Resolution und Providence, alles nur kleine Posten mit wenigen Blockhütten. Nach ungefähr einer Woche auf dem mächtigen Mackenzie sah man dann endlich die Palisaden des Fort Simpson. Wer Ende April, gleich nach dem Aufbruch des Eises, von Montreal abgegangen war, konnte sich einer blitzschnellen Reise rühmen, wenn er Mitte September in Simpson eintraf. Aber oft war es in Grande Portage schon zu spät für die Weiterfahrt ins »Land dort oben«. Dann mußte man in Grande Portage überwintern.

Während des Sommers lebten die Wintermänner von Pemmikan. Auch ihre Passagiere mußten sich daran gewöhnen, denn unterwegs verlor man keine kostbare Zeit mit Fischen und Jagen. Dieses Pemmikan bestand aus dem besten Fleisch von Bison, Elch oder Karibu, das erst getrocknet, dann zu Pulver verrieben und im Fell der Tiere gekocht wurde. Waldbeeren und alle möglichen Kräuter kamen hinzu. Das Ergebnis preßte man in Ledersäcke und hatte nun eine Dauerverpflegung, die jahrelang haltbar war. Ein Pfund pro Tag genügt auch dem Schwerarbeiter, um satt zu werden. Man konnte Pemmikan kochen, braten, roh verzehren oder in eine fette Suppe verwandeln. Kein anderer Proviant ließ sich an Nährwert mit Pemmikan vergleichen. Die Sioux-Indianer hatten die Herstellung erfunden, die Franzosen hatten sie ihnen abgeschaut, und dann wurden die Wintermänner zu Meistern in dieser Kunst. Ohne Pemmikan wären rasche Reisen durchs Paysen-haut gar nicht möglich gewesen.

Simpson war noch lange nicht das letzte Fort im Nordwesten. Seit dem Jahr 1810 bestand Fort Liard bei der Mündung des Nahanni River in den Liard-Fluß. Weiter oben am Mackenzie gab es noch die Forts Norman und Good Hope. Dazu kam 1825 das Fort Franklin am Großen Bärensee. Von Good Hope, dem nördlichsten Posten, fuhren die Wintermänner bis in das weitverzweigte, verwirrende Delta zu den Eskimos, um von ihnen die Felle weißer Füchse und Wölfe zu holen. Wenn man bedenkt, daß um die gleiche Zeit der Wilde Westen in den heutigen USA noch unerforscht war und daß in den Vereinigten Staaten noch keine Verbindung durch den Kontinent führte, dann begreift man erst, was die kanadischen Pelzhändler und ihre Voyageurs und was vor allem die Wintermänner geleistet haben. Man konnte von Montreal relativ sicher bis zum Eismeer fahren, als noch kaum ein weißer Mann gewagt hatte, die Prärie jenseits des Mississippi zu betreten.

Als die Teilhaber der Northwest-Company und der Hudson-Bay-Company im Jahr 1824 endlich begriffen, daß der Zusammenschluß beider Gesellschaften die beste Lösung ihrer Probleme war, begann auch für den Pelzhandel im »Land dort oben« eine neue Zeit. Der Konkurrenzkampf hörte auf. Die bisherigen Gegner mußten sich vertragen, so schwer es auch manchen fiel. Von der Northwest war nicht mehr die Rede, über allen Forts wehte die Flagge der HBC. Neue Posten kamen hinzu, bisher nicht bekannte Indianerstämme wurden für den Tauschhandel gewonnen. Auf jede nur mögliche Weise versuchte man den Anbau von Gemüse, Getreide und Feldfrüchten. Rinder, Pferde, Schafe, Schweine und Hühner wurden zu den Forts befördert. Man hoffte, sie würden gedeihen und sich vermehren, um den teuren Transport von Verpflegung einzusparen. Denn nun gab es auch weiße Frauen und Kinder im wilden Nordwesten, und die wollten sich nicht mit der gleichen Nahrung begnügen wie die Wintermänner. Die sogenannten Yorkboote wurden gebaut, für den Verkehr auf den großen Strömen und Seen. Man konnte sie nicht nur rudern, sondern bei günstigem Wind auch segeln. Sie wurden von Menschen, Pferden oder Hunden, die am Ufer liefen, durch stark strömendes Wasser gezogen. Aber für Portagen waren die Yorkboote zu schwer, dort besorgten Ochsenkarren und sogar Seilbahnen den Gütertransport von Wasser zu Wasser.

Die Wintermänner stellten alles her, was nur möglich war. In manchen Forts wurden die Werkstätten auf besondere Arbeiten spezialisiert. Resolution lieferte den anderen Handelsposten Paddel, Ruder, Lederstricke, gegerbte Häute und glattgehobeltes Schnittholz für Möbel. In Fort Liard wurden die besten Schlitten und Kanus gebaut, auch die Mühlsteine kamen von dort. Fort Rae war berühmt für besonders schöne Pelzkleider. Providence konnte die besten Handhölzer für Axt und Spaten anbieten. In Fort Simpson wurden pro Jahr etwa 500 Fallen produziert. Alle Handelsposten im Nordwesten bezogen ihr Salz aus Fort Norman.

Im krassen Gegensatz zu heute wurde nichts weggeworfen, das man auf irgendeine

Weise nochmals verwenden konnte. Um die Nägel zu retten, verbrannte man vermorschte Boote. Was zu Kleidern nicht mehr taugte, wurde in Taschen oder Beutel verwandelt. Kein Faden war überflüssig, für jeden alten Strumpf gab es noch irgendeinen Gebrauch. Spartanische Sparsamkeit beherrschte das tägliche Leben. Aber die Verpflegung war bedeutend besser geworden und bot mehr Abwechslung. Im Herbst 1852 erntete Fort Simpson 360 Zentner weiße Rüben, 500 Zentner Gerste und fast 2000 Zentner Kartoffeln.
Wenn auch die Post nach Montreal sechs bis sieben Monate unterwegs war und die Antwort auf einen Brief von London erst im übernächsten Jahr eintraf, so war demgegenüber die Postverbindung innerhalb des Nordwestens ein wahres Wunder an Geschwindigkeit. Die Pelzhändler-Post wurde im Sommer durch schnelle Paddler befördert und im Winter mit Hundeschlitten. Alles nach Fahrplan, soweit es die Umstände erlaubten. So verließ beispielsweise der mit zwölf Hunden bespannte Postschlitten die Station Simpson am 22. Januar. Er war am 6. Februar in Fort Norman, am 13. Februar in Fort Good Hope und schon am 27. Februar in der Handelsstation Peel River. Der Schlitten erreichte am 3. März La-Pierre-House und am 19. März die Endstation Fort Yukon in Alaska. Ein Blick auf die Karte zeigt, welch riesige Entfernungen das sind, und es ging dabei im Eiltempo über hohe Berge und durch tiefe Schluchten, mitunter bei Kältegraden von 40 bis 50 unter Null. Die Postboten übernachteten in winzigen Hütten, in Erdhöhlen oder Iglus. Nach einer Erholung von nur fünf Tagen begann schon wieder die Rückreise auf der gleichen Tausend-Meilen-Strecke. Meine Briefe aus den NWT wurden weniger schnell befördert, als es vor 130 Jahren mit Schlitten geschah. Sie blieben wochenlang liegen, wo ich sie eingeworfen hatte, denn es wurde ausdauernd gestreikt.
Die Hudson-Bay hat heute ihre Läden in fast jeder Ortschaft der NWT. Aber sie ist schon lange nicht mehr allein. Kein königliches Privileg kann sie mehr vor Konkurrenten beschützen. Die Pelze sind nur noch ein geringer Teil des Umsatzes, doch um so größer wurde das übrige Geschäft. Den Biber hat man deshalb nicht vergessen, er ziert mit vier Exemplaren das jetzt dreihundertjährige Wappen der HBC. Als Wahlspruch darunter kann man lesen: PRO PELLE CUTEM was in freier Übersetzung bedeutet: für Pelze meine Haut. Das scheint mir von den Angestellten zuviel verlangt, aber so wörtlich hat es auch niemand aufgefaßt in neuerer Zeit. Nur die Wintermänner im Pays-en-haut haben vor hundert Jahren und früher ihre Haut oft genug riskiert. Für Pelze taten sie alles oder, besser gesagt, für den Ruhm unter ihresgleichen, den ihnen eine erfolgreiche Fahrt in die Ferne einbrachte. Der Stolz auf eine vollbrachte Leistung ging ihnen über jeden materiellen Gewinn. Doch es wäre unpassend gewesen, hätte sich ein Wintermann selbst gelobt. Das sollten die anderen tun.

Ein romantisches Bild, das winterlich verschneite Fort Simpson, so etwa um das Jahr 1830, mit den roh behauenen Palisaden, den beiden Wachttürmen und zwölf klobig gebauten Blockhäusern. Rauch kräuselt aus den Schornsteinen, vermummte Gestalten stapfen durchs Tor. Ein Jäger mit langläufiger Büchse kehrt auf Schneereifen von einem Pirschgang zurück. Ihm folgt der Hundeschlitten mit dem erlegten Elchkalb. Am Waldrand lagern Indianer, teils in Karibu-Zelten, teilweise in Rundhütten aus Birkenrinde. Ein paar Kinder tummeln sich im Schnee, ein paar Hunde streiten um Knochen. Bei klirrender Kälte wird im ungeheizten Handelsschuppen um Felle gefeilscht. Sechs prächtige Biber für die gebrauchte Flinte sind zuviel, sagt die Rothaut. Nein, umgekehrt, für die gute Flinte sind sechs schäbige Biber nicht genug. Aber man wird sich schon irgendwie einigen.
Da rufen die Kinder, und alle Leute laufen zum Tor. Draußen haben die Indianer das ferne Gebimmel des Postschlittens zuerst gehört. Man sieht schon den heißen Atem der abgehetzten Hunde in der eisigen Luft. Jetzt geht es zum Letzten, jetzt stürmen sie der Belohnung entgegen. Der Schlitten saust pfeilgeschwind über den hartgefrorenen Schnee.
Das kann doch nicht möglich sein, Jean-Pierre Valois schon heute zurück aus Fort Yukon in Alaska! Über alle Berge und Ströme, durch Wälder und Wildnis in nur hundert Tagen. Aber das hat Jean-Pierre tatsächlich geschafft.
Jetzt ist jeder draußen, und alle laufen die letzten Schritte neben dem Schlitten her. Die Hunde sausen mit klingenden Glöckchen japsend durchs Tor. Sie nehmen die Kurve zur Faktorei, bleiben ruckartig stehen, und Jean-Pierre reicht dem Postenchef den Briefbeutel aus Alaska.
Von allen Seiten wird der Rekordbrecher umdrängt, zwanzig oder dreißig Hände strecken sich ihm entgegen. Er hat den Beinamen der Indianer, die ihn Emschi-Emko nennen, den »schnellen Mann«, wirklich verdient. Fabelhaft, Jean-Pierre Valois, der schnellste Fahrer seit Jahren. Sechs Goldstücke gibt es dafür als Prämie und ein Faß Rum. Er wird das Geld verschwenden und den Rum verschenken. Der Jubel bei seiner Ankunft macht keinen Eindruck auf ihn. Aber das scheint nur so, in Wirklichkeit könnte er platzen vor Stolz. Doch ein Wintermann läßt sich nichts davon anmerken.
Jean-Pierre lächelt nur und sagt: »Ich habe eine Reise gemacht, was ist schon dabei?«

Trapper, Jäger und Indianer

Drei, vier oder fünf Tage sind vergangen. Ich weiß es nicht, es ist mir auch gleich. Morgen, Mittag oder Mitternacht, es besteht kaum ein Unterschied. Die Sonne versinkt ja nicht, es ist immer hell genug, um zu sehen und zu lesen. Wir gleiten durch eine Welt ohne Wirklichkeit. Die Einsamkeit ist unvorstellbar, unbegreiflich und ohne Beispiel. So war es schon, als noch kein Mensch auf Erden lebte. Tausend Jahre sind nur ein Tag, spurlos geht die Zeit an Land und Landschaft vorüber. Nichts, aber auch gar nichts wäre anders, hätte gestern der große Alexander den Perserkönig Darius besiegt, oder würde morgen Martin Luther vor dem Reichstag in Worms erscheinen. Damals wie heute das gleiche Bild am Mackenzie.

Wir reisen in einem roten Kanu indianischer Art. Bug und Heck sind hochgezogen, der Bauch des Bootes liegt flach auf dem Wasser. Es ist sieben Meter lang und einen Meter breit. Wir sitzen oder liegen im Freien, denn Regen ist nicht zu befürchten. Ein Motor von 33 PS schiebt uns voran, ein zweiter Außenborder liegt als Reserve vor meinen Füßen. Treibholz und manchmal auch Eis schwimmen mit der Strömung nach Norden.

Wir haben zwei Slaveys an Bord, Vater und Sohn, die für Sicherheit sorgen. Der eine steht vorn und meldet durch Handzeichen die auftauchenden Hindernisse. Der andere am Heck hält den Steuerhebel und folgt den Hinweisen. Elegant schwenkt er um die schaukelnden Stämme. Nur der junge Mann spricht etwas Englisch, während sich sein Vater mit Lächeln begnügt. Jean und Louis Bontemps werden sie genannt.

Viele Indianer am Mackenzie, Athabasca und Slave-River tragen französische Namen. Oft geht das auf französische Missionare zurück, die als erste Retter heidnischer Seelen im Nordwesten auftauchten. Aber noch früher waren die Wintermänner gekommen, denen indianische Mädchen gut gefielen. Andere weibliche Wesen waren nicht zu finden. Da ich keinen weißen Mann mit französischem Namen begegnet bin, der sich rühmen kann, daß schon sein Urgroßvater im Nordwesten geboren war, liegt die Vermutung nahe, daß Indianer wie Bontemps, Regnier, Duval und Leduc von einem der Wintermänner abstammen. Wenn darüber drei, vier oder gar fünf Generationen vergingen, kann von dem weißen Blut nicht mehr viel übrig sein. Nur der Name erinnert noch an den Vorfahren aus Frankreich.*

Wir reisen sehr angenehm in dem roten Kanu. Ich fühle mich so wohl wie in einem weichen Bett. Unter mir Zelte, Schlafsäcke und Wintermäntel, über mir ein Segeltuch, das gegen Spritzwasser schützt. Rechts die Kamera, links das Fernglas und in Reichweite die Bücher zum Zeitvertreib. Ein schwimmendes Erholungsheim, um das Schauspiel vom schönen Mackenzie in bequemster Lage zu genießen. Russ Hale reicht Schokolade, und ich reiche ihm Orangen, Louis Bontemps bietet geräucherten Lachs, sein Sohn offeriert saure Drops. Auch an Feuerwasser fehlt es uns nicht. Hin und wieder ein paar Seiten gelesen, darauf ein Stündchen geschlafen. Dann widmet man sich wieder dem Anblick der vorbeiziehenden Landschaft. Wer sich vor dem Herzinfarkt fürchtet, sollte auf dem Mackenzie fahren.

Er ist nun viel reicher an Abwechslung als während der ersten Tage. Dichtbewaldete Inseln tauchen auf und verschwinden. Staubbedeckte Eisblöcke haben sich am Ufer zu Hügeln gestaut, angeschwemmtes Treibholz liegt massenhaft auf den Sandbänken, und von grauem Gestrüpp sind die Landzungen bedeckt. Wilde Schwäne segeln über stille Buchten. Auf einem schaukelnden Fichtenstamm reiten Wildenten mit ihren Jungenten an uns vorüber. Creeks und rasche Bäche verlassen den Wald, um im mächtigen Mackenzie ihr Ende zu finden.

Im Westen und Osten begrenzen Bergketten den Horizont. Auf ihren Höhen, die bis dreitausend Meter ansteigen, glänzt ewiger Schnee. Auch vor den Bergen ist das Land nicht mehr flach, sondern hebt sich zu gewölbten Rücken. Niemand ist dort zu Hause, keine Menschenseele lebt im Hinterland zu beiden Seiten des Stromes.

Ein unberührtes Reich der Tiere, das auch weiße Jäger nur an wenigen Punkten betreten. Elche, Karibu, Bären, Wölfe und Wolverine leben in den niederen Lagen. An den Berghängen, bis weit über die Grasgrenze hinauf, ziehen schneeweiße

* Als der britische Generalgouverneur, Lord Tweedsmuir, ein typisch englischer Aristokrat, im Jahre 1930 den Nordwesten besuchte, fiel ihm auf, daß so viele Indianer einen französischen, schottischen (Mc. . .) oder irischen (O'. . .) Namen hatten, doch keiner einen englischen. Er fragte den Oberhäuptling der Chipewyan nach dem Grund und erhielt zur Antwort: »Nun ja, irgendwo mußten ja unsere Frauen eine Grenze ziehen, und da wollten sie eben mit den Engländern nichts zu tun haben.«

Bergschafe. Wo es nicht gar so steil ist, leisten ihnen Bighorns und Steinschafe Gesellschaft. Nur wenige Trapper sind in die Schluchten eingedrungen, aber es hat wohl keiner von ihnen die Bergflüsse bis zum Ursprung verfolgt.
Vielleicht kann ich später in diese Berge fliegen, aber bis auf weiteres führt mein Weg zum Arktischen Ozean. Wir haben noch vier Dörfer am Strom besucht, in keinem lebten mehr als zwölf bis zwanzig Personen. Es waren nur Wohnplätze für jeweils eine Familie mit ihrer Verwandtschaft, so wie es in früheren Zeiten immer gewesen ist. Da gab es keine große Siedlung, jede Sippe hatte ihren eigenen Platz, und von dort aus jagten, fischten oder trappten die Männer.
Die Alten und Uralten hielten sich zurück. Wir mußten zu ihnen hingehen, was sie vermutlich als Ehrung empfanden. Dann wagten sich die Kinder heran, und schließlich gaben uns auch die Frauen die Hand. Da sich stets die gleiche Reihenfolge wiederholte, muß sie wohl den guten Sitten entsprechen. Man hatte mir vorher gesagt, ich sollte Bonbons nur an Kinder verteilen, aber wie sich zeigte, hatten Erwachsene die süßen Sachen ebenso gern. Sie sagen »massi« bei jedem Zugriff, und so lernte ich mein erstes indianisches Wort.*
Drei Generationen oder auch vier lebten an jedem Wohnplatz. Großvater und Urgroßvater konnte man kaum unterscheiden. Die Söhne und Schwiegersöhne, Töchter und Schwiegertöchter benahmen sich wie Geschwister. Wem jeweils die Kinder gehörten, war nicht zu erkennen. Sie wurden von allen Frauen liebevoll angelächelt und hörten wohl nie ein strenges Wort. Da sie nicht englisch sprachen, nehme ich an, daß sie keine Schule besuchten. Auch sie hätten die Möglichkeit gehabt, denn für die wenigen Indianer außerhalb einer Ortschaft sind kostenfreie Internate vorgesehen. Doch nicht jede Mutter möchte sich von ihren Kleinen trennen. Erst recht nicht der Vater von halbwüchsigen Söhnen, die ihm beim Fischen, Trappen, Tragen und Jagen zur Hand gehen. Solange diese Leute noch aus dem Lande und dem Wasser leben, ist wohl nichts dagegen einzuwenden. Nur muß eben auch die nächste Generation auf alle Fortschritte der modernen Entwicklung verzichten.
Während des Sommers lebt man im Freien, die Blockhäuser dienen nur zum Schlafen. Deren Einrichtung erinnerte an meine Jagdhütte in den Tiroler Bergen. Schlichtes, abgewetztes Mobiliar, ein alter eiserner Herd, viele Töpfe, Pfannen, Kessel und zerkratztes Geschirr. Im Hintergrund schwere Holzbetten mit Federkissen und bunten Wolldecken. Dazu Kisten und Kästen, Schneereifen, Gummistiefel und allerhand Werkzeug. Eine russische Petroleumlampe hing von der

* Das zweite war si-plü-pläh für »bitte«. Doch echt indianisch war weder das eine noch das andere. Weil Worte der feinen Umgangsart bei den Indianern völlig fehlten, hatten französische Missionare sie ihnen vor bald hundert Jahren beigebracht. Aus »merci« wurde »massi« und aus »s'il vous plaît« siplüpläh.

Holzdecke, Kerzenleuchter standen auf dem Regal. An den Wänden Gewehre, Marderfallen, Biberfallen, Pelzkleider und Mokassins. Als Zimmerschmuck dienten kolorierte Heiligenbilder und Sexbomben in Großaufnahme. So manche Verpackung aus Blech oder Plastik verriet, daß die Familie hin und wieder den Kaufladen in Fort Simpson oder Fort Norman besuchte. Felle von Nerz, Biber, Otter und Moschusratten erbrachten dafür das nötige Kleingeld. Außerdem bekam man ja noch Kindergeld und Altengeld vom kanadischen Steuerzahler.

Neben und hinter den Blockhäusern hatte man Hütten aus Stroh, Birkenrinde und abgeschabten Karibufellen gebaut. Alle zu meiner Freude in der echten, aus zahlreichen Indianerbüchern so wohlvertrauten Form des Wigwams.*

Darin schlafen während des Sommers die größeren Kinder, oder es sind Abstellräume für dies und jenes. Die Vorräte und was man sonst nicht alle Tage braucht werden in der Cache aufgehoben.

Lang ausgespannte Wäscheleinen, mit vielen Dutzend Hemden, Hosen und Rökken im Winde flatternd, bewiesen den Wunsch nach Reinlichkeit. Was die Erwachsenen betraf, war nichts daran auszusetzen, jedoch die Kleinkinder sahen meist sehr schmuddelig aus. Bei denen hatte es wohl keinen Zweck, irgend etwas zu waschen. Sie rollten in Pfützen, tollten mit den jungen Hunden oder wühlten in der Abfallgrube. Was indianischen Kindern gefällt, das dürfen sie tun. Es ist bis zum sechsten oder siebten Jahr der wesentliche Grundsatz ihrer Erziehung. Dafür danken die Kleinen den Eltern mit gewinnender Freundlichkeit. Doch sie laufen herum wie Schnuddelnase, Sabbermund und Stinkefritzchen.

Endlich in »River-between-two-Mountains« ein junger Mann, der fließend Englisch spricht. Er hat in Norman-Wells gelebt und bei Bauarbeiten gutes Geld verdient. Doch eines Tages konnte er das Gewimmel von fast dreihundert Menschen nicht länger ertragen. Nur hier bei seiner Familie, am Rand der menschenleeren Einsamkeit, fühlte er sich als freier Mann.

Ja, es ist richtig, sagt er uns, bei bescheidenen Ansprüchen kann ein Mann noch heute vom Trappen und Jagen ganz gut leben. Nur darf er dann nicht sein sauer verdientes Geld in der Stadt verschwenden. Was man von modernen Sachen wirklich braucht, das soll sich der Trapper kaufen, und das bringen ihm seine Felle auch ein. Doch für unnötigen Krimskrams reicht es nicht, von Gin und Whisky ganz zu schweigen.

Ich frage ihn, wie tief er ins Land hineingeht, um seine Fallen aufzustellen. In Meilen kann er die Entfernung nicht angeben.

»Wenn ich vor Tagesanbruch fortgehe, im Frühjahr und auf Schneereifen, dann bin ich am nächsten Abend bei meiner letzten Falle.«

* In Amerika kennt kein Mensch diesen Ausdruck, selbst die Indianer haben ihn noch nie gehört. Man sagt »Tepeh« (gesprochen Tipieh) und meint das gleiche.

Das kann auch bei gut begehbarem Gelände nicht mehr sein als fünfzig bis sechzig Kilometer. Vergleicht man das auf der Karte mit dem weiten Raum des Landes, ist es so gut wie nichts. So hat der junge Mann auch keine Vorstellung von der Landschaft, die dahinter liegt.
»Was soll ich dort?« meint er gleichgültig. »Da hab' ich nichts zu tun. Meine Trapline ist lang genug, ich könnte auch mit 'ner kürzeren auskommen. Unser Fleisch schieß' ich in der Nähe. Man braucht's dann nicht unnötig weit zu schleppen.«
Und wozu noch die Hunde?
»Für die Trapline natürlich, ich bleib' ja wochenlang draußen und muß meinen ganzen Krempel mitnehmen. Die Fallen aufstellen und kontrollieren ist natürlich was ganz Verschiedenes. Das eine dauert lange, das andere geht schnell. Die Hunde wollen fressen und ich auch, das müssen wir alles mitnehmen.«
»Warum keinen Skidoo oder einen großen Motorschlitten?«
»Erst mal tausend Dollar hinlegen . . . das ist 'ne verdammte Menge von gutem Geld. Man kann zwar Schulden machen oder die Regierung anschnorren, aber dann steht man im Buch und kommt so bald nicht mehr 'raus. Es geht dann immer so weiter . . . man braucht Geld für den Sprit und Geld für Ersatzteile. Hast du schon mal einen Skidoo gesehen, der Junge kriegt? Nein, Mister, so was haben die Eierköpfe noch nicht erfunden. Wär' ja auch ein verdammt schlechtes Geschäft für die Herren. Aber meine Hunde sorgen für junge Hunde, die mich gar nichts kosten. Dafür können sie meinetwegen auch im Sommer fressen, wenn ich sie nicht zur Arbeit brauche.«
Höflich, wie Indianer sind, führt mich der junge Mann zu einer Bank am Ufer. Solche Sitzplätze zur beschaulichen Ruhe gab es auch bei den anderen Wohnplätzen am Strom. Während der milden Jahreszeit versammeln sich dort die Männer, um friedlich ihr Pfeifchen zu rauchen und den Mackenzie zu betrachten. Was man sich zu erzählen hat, ist längst geschehen, so bewahren sie würdevolles Schweigen. Zwei Großväter rücken beiseite, als wir hinzukommen. Doch mir ist nach schweigender Ruhe nicht zumute, da ein intelligenter Mensch neben mir sitzt, mit dem ich reden kann.
»Sicher hat der Mackenzie auch einen indianischen Namen?«
»Nein, den hat er nicht. Wir sagen nur *Desohdösch.*«
Das schreibe ich nach Gehör, weil ich das Wort niemals im Druck sah.
»Nun, das ist doch ein Name?« sage ich dem Indianer.
»Wie man's nimmt, es bedeutet nur *großer Fluß* in der Slavey-Sprache. Den Weißen genügt's aber nicht, es gibt ja noch andere Flüsse, die groß sind.«
Beim Mississippi hat es den Weißen genügt, obwohl der Name nicht mehr besagt als Desohdösch.

Der Ruf eines Jungen regt die Leute auf. Die Alten eilen ans Ufer, auch die kleinsten Kinder kommen herbei. Sogar die Frauen lassen ihre Arbeit im Stich. Sie stehen alle bei der langen Bank und schauen den Strom hinauf (oder vielmehr *hinab*, wie es der hiesigen Ausdrucksweise entspricht).
»Die Barge ...«, sagt neben mir der junge Mann, »die erste Barge in diesem Jahr ... gleich kommt sie um die Ecke!«
Und schon erscheint der Schiebezug. Drei schwimmende Lagerschuppen, fest miteinander verbunden, durchpflügen die Flut. Dicht dahinter noch drei andere. Keiner der Stahlkästen fährt aus eigener Kraft, so groß und mächtig sie auch wirken. Sie werden von dem kleinsten Fahrzeug geschoben, das sich inmitten des dritten Gliedes befindet. Das alles hängt so fest zusammen wie ein Wohnblock aus Blechbaracken. Nur an seinen Aufbauten ist das Schubschiff zu erkennen, vor allem die Kommandobrücke muß höher sein als die Schuppendächer davor und daneben. Es ist ein erstaunliches Gebilde, das relativ rasch an uns vorüberrauscht, doch es paßt nicht in die ausgeglichene Ruhe der Landschaft. Mit den Barges stoßen wirtschaftliche Mächte in die zeitlose Welt hinein. Wo der Schiebezug anlegt, ist es mit der unberührten Wildnis vorbei.
Vorne und hinten sowie neben den Schuppen stehen Autos, Traktoren, Wohnwagen und Baumaschinen. Auf einem der Pontons hat man Teile von Fertighäusern hoch aufgestapelt. Es wurden auch schon Bürohäuser und eine ganze Kirche auf diese Weise in den hohen Norden transportiert. Von Hay-River, wo man die Schiebezüge mit den Frachten füllt, fahren sie bis nach Inuvik im Mackenzie-Delta zwölf bis vierzehn Tage. Sie halten sich nirgendwo auf, es sei denn, um einen Teil ihrer Ladung zu löschen. Nur sieben bis zehn Schleppzüge pro Jahr unternehmen die weite Reise. Das muß genügen, weil die Rückfahrt gegen den Strom mindestens sechzehn Tage beansprucht. Drei oder vier Barges fahren sogar hundert Kilometer durchs Eismeer nach Tuktoyaktuk. Dort wird dann ihre Fracht von Seeschiffen übernommen und zu den entlegenen Siedlungen auf den arktischen Inseln weiterbefördert. Das kann nur einmal im Jahr geschehen, weil die eisfreie Saison hoch droben im Norden kaum sechs bis sieben Wochen andauert.
Noch am gleichen Tag oder am nächsten erreichen wir die Ortschaft Wrigley. Dort leben zweihundert Indianer sowie neun weiße Kanadier. Vor einigen Jahren lag Wrigley noch am Westufer des Mackenzie. Aber weil der Boden dort sumpfig ist und nach dem Eisbruch oft überschwemmt wird, hat die Regierung das Dorf auf die andere Seite verlegt, etwa zwölf Kilometer südlich des ersten Standorts. Da liegt nun Wrigley viel höher und gesünder. Wer die neue Siedlung geplant hat, dem sollte man eine Gedenktafel widmen. Schon weil er den Wald nicht zerstörte, sondern nur Straßen und Bauplätze freilegte. So stehen nun die Block-

häuser der Indianer, jedes für sich, in einem Waldstück von etwa tausend Quadratmetern. Allen Häusern der Eingeborenen ließ man die natürliche Farbe der Balken, was sehr gut zu ihrer Umgebung paßt. Saubere Straßen und gute Ordnung.

Wir zogen in ein Transithaus der Regierung. Jeder durchreisende Beamte, Angestellte oder Beauftragte einer Behörde kann dort wohnen, falls ihm nicht andere Leute zuvorkommen.

Es leben hier überhaupt nette Leute, wie beispielsweise die Lehrersleute. Sie laden uns zum Essen in ihre hübsche Wohnung über dem Schulraum. Beide sind so jung, als hätten sie erst vor wenigen Wochen die Reifeprüfung bestanden. Beide geben Unterricht, beide sind Engländer und wollen wieder nach Hause, wenn sie zwei Jahre hinter sich haben. So knapp sind Lehrkräfte für einsame Ortschaften in den Nordwest-Territorien, daß man auch Briten über den Atlantik holt, um freie Stellen zu besetzen. Wenn Lehrer und Lehrerin miteinander verheiratet sind, kann das Ehepaar gut verdienen, denn jeder bekommt in den NWT neben dem üblichen Gehalt noch eine beachtliche Zulage. Wenn es wirklich der Wahrheit entspricht, was mir zugeflüstert wurde, betragen die Bezüge für ein Lehrerpaar auf hochnordischem Posten bis zu 60000 DM im Jahr.

Während wir bei Tisch sitzen, kommt die Rede auf Wölfe. Unsere Gastgeber sind Freunde der freien Natur und verbringen jedes Wochenende in Wäldern. Dabei haben sie auch Wölfe erlebt, die an ihr Zelt heranschlichen. Wir sprechen davon, wie man schon auf den ersten Blick einen Wolf von einem Wolfshund unterscheidet. Als Objekt der Anschauung sind Hunde im Haus, was sonst im Nordwesten nicht üblich ist. Zwei fabelhaft schöne und kräftige Tiere trollen durch die Räume oder warten auf einen Happen vom Tisch.

»Ist doch ganz einfach«, meint unser Gastgeber, »der echte Wolf hat leicht geschlitzte Augen, einen schmalen Kopf und eine spitzere Schnauze als der Hund. Ihm fehlt auch die Wölbung beim Übergang vom Schädel zur Schnauze. Beim Wolf ist der Schwanz nicht so lang wie beim Hund, aber viel stärker und dichter behaart.«

Ganz recht, so läßt sich das beschreiben, obwohl es die Fachleute vermutlich viel besser definieren. Darauf sehe ich mir die schweifwedelnden Tiere des Hauses genauer an.

»Aber, entschuldigen Sie, das trifft ja ganz auf Ihre Hunde zu.«

»Anders kann es nicht sein«, lachte der Lehrer, »es sind ja Wölfe.«

Bald nach ihrer Geburt hat das Ehepaar die Raubtiere bekommen und mit der Flasche liebevoll aufgezogen. So wurden aus den Welpen einer Wölfin freundliche Hausgenossen. Doch wie lange sie es bleiben, kann wohl niemand sagen.

Drunten im Schulraum haben sich schon die Trapper versammelt. Die Gamewarden veranstalten ihre Konferenz, dann schläft ein jeder, so lange er mag. Schließlich packen wir unsere Sachen zusammen, steigen in einen Dienstwagen, dem nur wenige Straßenkilometer zur Verfügung stehen, und rollen zur Anlegestelle, wo unser Kanu wartet. Dort erfreut uns der Anblick von drei bildhübschen Indianermädchen, die sehr geschickt ihre Angeln auswerfen. Doch nicht in unsere Richtung, sondern nach kaltblütigen Fischen im Strom. Auch beim Après-Ski in Kitzbühel oder St. Moritz würden die reizvollen Geschöpfe Aufsehen erregen. Sie tragen elegante Schaftstiefel aus Seehundfell, hautenge Skihosen und strafffsitzende Pullis. So ist die gewinnend weibliche Form der schlanken Gestalten deutlich erkennbar. Man bewundert auch gern das lange, blauschwarze Haar, die dunklen Augen mit den Mongolenfalten und die glatte, kupferbraune Haut. Leichtsinnige Lockung liegt in der Luft.

»Frische Fische«, rufen die Mädchen und amüsieren sich köstlich, »schaut mal her, Boys, wir haben die schönsten Fische zu bieten!«

Und noch einiges mehr, wie es scheint.

Russ Hale hat erst vor vier Wochen geheiratet. So gibt er das gute Beispiel eines treuen Gatten, steigt ins Boot und ruft zur Abfahrt.

Die Reise wird schöner, interessanter und romantischer als je zuvor. Die Berge rücken näher, der Strom teilt sich in Arme, und viele Inseln tauchen auf. Mit dem Treibholz ist es nicht mehr so schlimm, es wurde auf Sandbänke geschwemmt oder blieb am Ufer liegen. Der Mackenzie ist wieder grün und klar geworden. Über dem fließenden Wasser schweben keine Mücken, während der Fahrt haben wir von den Moskitos nichts zu befürchten.

Als nach vielen Stunden geruhsamer Reise die Sonne ein wenig verblaßt, liegt vor uns, hoch über dem Steilufer, die alte Siedlung Fort Norman. Eine lockere Reihe schneeweißer Holzhäuser mit roten Dächern, das sieht aus wie ein Fischerdorf an der norwegischen Küste. Niemand eilt uns entgegen, die Leute haben anderes zu tun. Drei Helikopter sind gekommen und suchen Freiwillige zur Bekämpfung eines Waldbrandes. Tatsächlich steigen am Rand des Horizonts grauweiße Rauchwolken zum Himmel. Der Brand hat sich schon breit entwickelt, die fliegende Feuerwehr darf keine Zeit mehr verlieren. Auf dreißig Kilometer schätzt man die Entfernung bis zu der Brandstelle. Mit Löschbomben und Schaumspritzen aus der Luft ist nichts mehr zu machen. Man muß möglichst viele beherzte Männer absetzen, um die Flammen am Boden zu bekämpfen.

Ein halbes Hundert Indianer drängen sich um die Hubschrauber. Alle wollen helfen, alle sind freiwillig dabei. Der Eifer dieser braven Leute ist wirklich zu bewundern, denn so ganz ohne Risiko ist der Einsatz nicht.

»Und da sagt man, die Indianer seien faul. Hier beweisen sie das Gegenteil.«

»Ja, das stimmt«, meint auch der Polizeibeamte, der uns eben begrüßt, »fünfzehn

Dollar sind gutes Geld. Das bekommen sie für die Freiwilligkeit, und außerdem noch eine Gefahrenzulage.«
Man diskutiert darüber, wie denn wohl der Brand entstanden sei. Da hat jeder von den Umstehenden eine andere Theorie, nur der Mountie behält seine Meinung für sich.
»Was glauben denn Sie?« fragte ich den Uniformierten.
»Ich sagte schon, daß fünfzehn Dollar gutes Geld sind . . . und die Gefahr wird noch extra bezahlt.«
»Sie meinen also, die Indianer haben das Feuer gelegt . . .?«
»Nichts hab' ich gemeint, nur sind eben fünfzehn Dollar gutes Geld.«
Viele Indianer sind arbeitslos in Fort Norman. Sie werden zwar unterstützt, aber das reicht nur fürs tägliche Leben, nicht für den Schnaps.
Wegen des Waldbrandes sind auch Beamte aus Inuvik gekommen, und die haben sich im Transithaus niedergelassen. Doch es gibt noch ein anderes Haus, das können wir gleich beziehen. Im Wagen des hilfsbereiten Sergeanten fahren wir hin. Aber den Schlüssel haben die rechtmäßigen Bewohner mitgenommen. Wir versuchen es bei allen Fenstern, und schließlich läßt sich eines davon bewegen. Der polizeilichen Körperkraft gelingt es, den Rahmen hochzustemmen. Dann hilft der starke Mann einem nach dem anderen hinein.
»Aber räumt hinterher wieder auf, sonst wär's vielleicht Bob und Mary nicht recht, daß ich euch 'reinlasse.«
Die Eigentümer flogen in die Ferien, von mehreren Kindern begleitet. Sie können nicht ahnen, daß jetzt fremde Leute ihr Heim bevölkern.
»Das geht in Ordnung«, versicherte der Sergeant. »Hier in Norman läßt man niemanden vor der Tür stehen.«
Ungefähr dreihundert Bewohner zählt man im Ort, die zwanzig Weißen mitgerechnet. Vorn am steilen Ufer stehen Blockhütten der Indianer. Sehenswerter als die moderne katholische und anglikanische Kirche ist das altersgraue Kirchlein der ersten Missionare. Schlicht und schmucklos wurde es aus kantig behauenen Stämmen zusammengefügt. Auch hier kein Nagel im Gebälk, alles nur mit der Axt gebaut, dem einzigen Werkzeug, das seinerzeit die Zimmerleute brauchten. Vor mehr als hundertzwanzig Jahren ist der solide Bau entstanden, und er wird noch mindestens ebenso lange weiterbestehen. Von den neuen Hausern ist das kaum zu erwarten.
Im Laden der Hudson-Bay-Company herrscht Gedränge. Es ist Samstag, kurz vor Ladenschluß, aber das kommt mir erst jetzt zu Bewußtsein. Wenn sich die Kundschaft aus den kleinen und kleinsten Wohnplätzen in dieser Menge von Menschen unglücklich fühlt, ist das schon zu begreifen. Sogar ich bin so viele Leute um mich herum nicht mehr gewohnt. Der Fremde kann nicht kaufen, was

er gern möchte, sondern was vorhanden ist. Doch für die normalen Bedürfnisse der Einheimischen wird bestens gesorgt, die HBC hat ja den Werdegang indianischer Wünsche schon seit dem 20. Mai 1670 beobachtet und mitbestimmt. Aber nichts ist zu haben, was über den alltäglichen Bedarf hinausgeht, wie beispielsweise Ansichtspostkarten, Zigarettenspitzen oder Rasierwasser. Auch bei den angebotenen Sachen gibt es nach Form und Farbe nur begrenzte Auswahl. Auf den Gebrauchswert allein kommt es an.

Man zahlt nicht mit barem Geld, sondern läßt die Einkäufe anschreiben. Eine dicke Indianerin neben dem Ausgang prüft die Waren, notiert den Preis und schiebt dem Kunden einen Zettel zu, den er signiert. Fast alle bestätigen den Kauf mit drei Kreuzen, denn weiter haben es die Erwachsenen in der Kunst des Schreibens noch nicht gebracht. Die Frau an der Kasse kennt ihre Kunden, sie vermerkt neben den Kreuzchen, um wen es sich handelt. Wer Hilfsgelder der Regierung bezieht, dem werden sie nicht immer ausgezahlt, sondern er hat bis zur entsprechenden Höhe Kredit im Kaufladen. Die bebrillte Indianerin scheint verwirrt, als ich Dollars hinlege, statt nach dem Zettel zu greifen. Sie muß erst die Kasse aufschließen, um herauszugeben.

Hütten auf Rädern sieht man auch in unserer Straße, nämlich dort, wo gebaut wird. Aber Hütten auf Schlitten, das sehe ich zum erstenmal in Fort Norman. Sie rutschen hinter einem Traktor über Kies und Gras, sind jedoch für das Eis des Mackenzie gedacht, wo sie dem Fischfang dienen. Zu solchem Zweck wird erst eine meterbreite Öffnung in die Eisdecke geschlagen, und darüber zieht man das Schlittenhaus. Dann öffnet der Fischer eine Klappe im Boden, richtet die Deckenbeleuchtung auf das Eisloch und hängt die Angel hinein. Durch das künstliche Licht werden die Opfer zu der Öffnung im Eis gelockt. Die Sache ist ganz einfach und die Beute fast immer sehr groß. Der Angler hat es beim Fang der Fische so bequem wie nur möglich. Er sitzt im Sessel, die Bude ist geheizt, und das Radio sorgt für Unterhaltung.

Als wir Fort Norman wieder verlassen, ist der Waldbrand noch nicht besiegt. Ganz im Gegenteil, er hat viel weiter um sich gegriffen. Im Nordwesten verdunkeln hoch aufgebauschte Rauchwolken den Himmel. Da ist wohl nichts mehr zu machen, viele tausend Quadratmeilen des Waldes werden nun bald von den Flammen verzehrt.

»It's burning nicely«, sagt ein rußgeschwärzter Feuerlöscher, als wir unser Boot besteigen. »Es brennt ganz hübsch, wie man sieht. Jetzt könnte nur strömender Regen helfen, aber danach sieht's leider nicht aus.«

Fünfzehn Dollar sind gutes Geld, aber hundert Jahre müssen vergehen, bis sich die verkohlten Wälder wieder erneuern.

Nach sechs bis sieben Stunden legen wir an. Louis Bontemps hat dafür eine der schönsten Stellen gewählt, die man nur finden kann. Vor langer Zeit lebte hier ein Trapper, nun haben Wildrosen die Ruine seiner Hütte restlos überwuchert. Daneben plätschert ein romantischer Creek über bemoostes Geröll. Aus irgendeinem Grund ist das Gewässer dunkelbraun, sogar die Wellen schäumen wie Coca-Cola. Wie der junge Indianer sagt, sprudeln mehrere Meilen stromauf kochende Quellen aus dem Boden. Dort sollen Blumen und Büsche gedeihen, die es sonst im Lande nicht gibt. Gern würde ich zu dem Naturwunder gehen, aber es ist nicht möglich, auch nur hundert Meter vorzudringen. Gestürzte Stämme, dürre Äste und dorniges Gestrüpp sperren den Urwald. Bei jedem Schritt werden mir Knöpfe von den Kleidern gerissen. Nur wenn der Wildbach einfriert und tief verschneit, wird man in seinem Bett auf Skiern oder Schneereifen vorankommen. Der Lohn für die Mühe ist dann hoffentlich ein heißes Bad im Winterwald. »Früher haben dort viele Hasen gehaust«, sagte Louis Bontemps, »aber das ist schon lange her. Nun geht keiner mehr hin.«

Er meint nicht die Hasen mit langen Ohren, sondern die Indianer vom Stamme der Hasen. Deren Verbreitungsgebiet, wenn man so sagen darf, haben wir jetzt erreicht. Nur ist von Menschen oder menschlichen Spuren nichts mehr zu sehen. Auch die Hasen leben nun vereint in Siedlungen am Strom oder in Fort Franklin am Großen Bärensee. »Hasen« hat man diese Leute genannt, weil sie in vergangener Zeit vor allem den Schneehasen nachstellten und sich mit Hasenfellen bekleideten.

Meist wurden Stammesnamen sehr willkürlich gewählt. Wenn ich bisher von den »Slaveys« sprach, wie alle weißen Nordwester, so einfach deshalb, weil die richtige Bezeichnung »Sklaven« zu häßlich klingt und auch den Tatsachen widerspricht. Zu Anfang des vorigen Jahrhunderts wurden sie zwar von den Hunderippen besiegt und aus ihrem alten Stammesgebiet am Großen Sklavensee nach Norden verjagt, doch zu Sklaven ihrer Feinde sind deshalb die »Slaveys« nicht geworden. Das haben die Hunderippen den Weißen nur so gesagt, um die Besiegten zu verspotten. In Wirklichkeit blieben die Slaveys ein freies Volk, und heute denkt niemand mehr daran, was eigentlich ihr Name bedeutet. Die »Hunderippen« sollen tatsächlich Hunde mit Vorliebe verspeist haben, wobei man die Rippen für den Familienvater reservierte. Wenn man jedoch einen »Hunderippen«-Indianer danach fragt, will er von Hundebraten nichts mehr wissen.

Großes Unrecht wurde den Luchus angetan, als ihnen die Entdecker einen fremden Namen aufdrängten. Nur weil zufällig zwei oder drei Leute des Stammes schielten, nannte man das ganze Volk die Schielenden, auf französisch »Loucheux«. Da aber die Schotten und Engländer das Wort nicht aussprechen konnten, sagten sie »Luchus«.

Die Ufer des Mackenzie werden noch steiler und höher. Dunkle, teilweise auch schwarze Flecken verraten das Vorkommen von Öl. Schon Alexander Mackenzie hat es bemerkt und beschrieben, als er im Jahre 1789 hier vorüberkam. Das Erdöl war nicht zu übersehen, weil es rauchte und flammte. Der Blitz, Indianer oder ein Waldfeuer hatten den Brennstoff entzündet. Erst 1939, also hundertfünfzig Jahre nach der Entdeckung, gelang es amerikanischen Experten, den Dauerbrand zu löschen.

Nach einer Viertelstunde sind wir in Norman-Wells, wo die Ölquellen fließen und Raffinerien die Luft verpesten. Norman-Wells ist eine Gründung der dreißiger Jahre, die während des letzten Krieges ihre Scheinblüte erlebte, aber seit dessen Ende nur noch den Nordwesten versorgt. Als die Japaner auf den Aleuten-Inseln Attu und Kiska gelandet waren, womit sie Alaska direkt bedrohten, zogen die Amerikaner mit bewunderswerter Geschwindigkeit eine Straße durch die bisher weglose Wildnis, um die eigentlichen USA quer durch Kanada hindurch mit Alaska zu verbinden. So entstand binnen sieben Monaten der berühmte Alcan-Highway. Die Northwest-Territories berührt er nicht. Aber man legte eine Pipeline fast tausend Kilometer weit von der Fernstraße bis zu den Ölquellen am Mackenzie. Zu deren Bau und Pflege war auch eine Fahrstraße erforderlich, die schon erwähnte Canol-Road. Doch man hatte noch nicht lange Road und Röhre in Betrieb genommen, da waren die Japaner schon auf dem Rückzug. Das Öl von Norman-Wells wurde zur Verteidigung Alaskas nicht mehr gebraucht. Für den zivilen Bedarf war der Transport zu teuer, außerdem hatte man in Alaska selbst ergiebige Vorkommen entdeckt. So wurde die Pipeline wieder abgebaut, die Straße verfiel, und die kurzlebige Bedeutung von Norman-Wells sank auf einen Tiefpunkt. Doch mit großen Hoffnungen auf die Zukunft trösten sich die Ölbohrer über die Gegenwart hinweg. Was sollten sie auch anderes tun?

Sie könnten immerhin ihre Ortschaft etwas freundlicher gestalten. Denn sie wirkt zur Zeit als Schandfleck am Mackenzie, jedenfalls in der Umgebung des Ölbetriebs. Wer dort an Land geht, hat gleich den Wunsch, möglichst rasch wieder wegzukommen. Jedoch sollte man andererseits nicht verschweigen, daß in Norman-Wells alle arbeitswilligen Indianer gegen gute Bezahlung beschäftigt sind. Neben ungefähr zweihundert Weißen leben dort dreihundert Eingeborene oder Mischlinge. Slavey, Hunderippen, Hasen und Luchus, auch einige Bergindianer und sogar Eskimo müssen sich bei Arbeit wie Freizeit miteinander vertragen.

Der Oberlehrer übt nebenbei noch das Amt des Administrators aus, was etwa dem Bürgermeister eines deutschen Dorfes entspricht. Er kam von Neuseeland in die NWT, gewiß eine kontrastreiche Umstellung. Seine Frau stammt aus München, wo ihre Eltern noch in der Rosenbuschstraße leben, gleich um die Ecke bei uns. So wird auch in Norman-Wells die nachbarliche Verbindung gleich hergestellt. Mr. Cragl zeigt sich meinem Interesse für fortgeschrittene Indianer aufgeschlossen und bringt mich zum tüchtigsten Mann, den er kennt. Musume nennt sich diese Familie, und ihr modernes Fertighaus ist ein Musterbeispiel von Sauberkeit. Polstermöbel und Porzellanfiguren, tiefe Teppiche, Häkeldecken und Zimmerpalmen schaffen eine wohnliche Atmosphäre. Musume leitet die Werkstatt für Dieselmotoren in der Raffinerie. Seine Söhne sind gleichfalls dort tätig und außerdem hervorragende Sportsleute. In einer Glasvitrine sieht man ihre versilberten Wettkampfpreise. Die eine Tochter ist Sekretärin, die andere hat gerade ihr Examen für das Lehramt bestanden. Frau Musume verwaltet mit geschickten Händen das Haus und die Küche.

»Wo haben Sie früher gelebt«, frage ich den vorbildlichen Indianer, »sind Sie Hase oder Slavey?«

»Meine Mutter war nur 'ne Hunderippe«, sagt er bescheiden, »aber mein Vater kam aus Nagasaki.«

»Wie bitte . . .?«

»Ja, ich bin halber Japaner, sonst würde ich doch nicht Musume heißen. Meine Frau ist eine von den Bergindianern oder von den Bibern, wie man auch sagt. Nun ja, unsere Kinder sind gottlob recht gut geworden. Die werden's noch weiter bringen als ihre Eltern.«

Nach diesem Besuch möchte ich nun echte Hasen sehen, solche, die noch rückständig sind. Mr. Cragl nennt mir gleich eine Familie, die solchen Vorstellungen entspricht. Nur darf uns kein Gamewarde begleiten, denn es handelt sich um einen notorischen Wilderer, zu dem wir jetzt gehen. Er haust am Ende des Fahrwegs im Wald, gleich über dem Steilhang des Mackenzie.

Was primitive Lebensweise betrifft, werde ich nicht enttäuscht. Die Eltern, die Großeltern und die Kinder wohnen in einer Kiste. Sie hat vermutlich zum Transport einer Maschine gedient und ist nicht größer als ein halber Möbelwagen. Darin liegen, sitzen, kriechen, essen und schlafen acht bis neun Personen jeder Altersklasse. Dazu hängt noch ein Kleinkind an der Decke, aus dessen Matte gelbliche Tropfen rieseln. Im Hintergrund summt ein Ölofen, im Vordergrund stehen Bierbüchsen und Ginflaschen. Die Anwesenden, mit Ausnahme des Säuglings (will ich hoffen), sind mehr oder minder betrunken.

Wir werden sehr herzlich aufgenommen, und man bietet uns Sitzplätze an der Bettkante. Der Hausherr reicht Getränke, und die Hausfrau holt für uns ein paar Scheiben von hartgesottenem Biberbraten. Ich verteile Bonbons an Kinder wie Erwachsene. Aber lange kann ich es in der überfüllten Bude nicht aushalten, gar zu grausig ist der Gestank.

»Wie war's mit der Jagd in den letzten Tagen?« erkundigt sich gut gelaunt der Bürgermeister. Zwar kann der Wilderer nur wenige Worte der englischen Sprache verstehen, aber sein Blick auf mich sagt schon genug.

»Keine Angst, der fremde Mann hat mit dem Game-Department nichts zu tun«, versichert ihm Mr. Cragl.
Mit Hilfe seiner Finger gibt nun der Hausherr bekannt, was ihm an Elchbullen, Elchkühen und Kälbern unlängst zum Opfer fiel. Er muß ein tüchtiger Jäger sein, daran besteht kein Zweifel. Dankbar begrüße ich seinen Vorschlag, mir die Schaufelgeweihe der Bullen zu zeigen, denn so komme ich aus der Kiste heraus.
Auf einem Hügel von Abfall sind die Hunde angekettet, zwar gut ernährt, aber völlig verdreckt. Im Wald dahinter liegen die Geweihe der Elche zuhauf. Wir schätzen solche Trophäen als weidmännische Kostbarkeit und hängen sie an unsere Wände. Hier werden sie achtlos weggeworfen, zu leeren Flaschen, rostigen Büchsen und alten Lumpen. Zwischen dem Gerümpel sehe ich enorm breite Schaufeln mit zwanzig Enden und mehr. Manche davon würden auf einer Jagdausstellung mit Goldmedaillen ausgezeichnet. Aber was soll schon ein Indianer damit anfangen?
»Sie können mitnehmen, was Sie wollen«, meint Cragl. »Aber was soll ich denn mit Elchgeweihen anfangen, die ein Indianer erlegte. An meinen Wänden ist schon für die eigenen Trophäen kein Platz mehr frei.«
Da ich genug gesehen habe (und auch gerochen), fahren wir zurück in die Ortschaft. In dem kleinen, engen Haus, das wir bewohnen, hat seit Jahr und Tag niemand aufgeräumt. Leere Bierbüchsen rollen über den Boden, verschimmelte Speisereste modern in der Küche, und wer den Lokus betritt, den packt das Grausen. Auch die Gamewarden verspüren keine Lust zu bleiben. Sobald die Besprechung mit den Trappern vorüber ist, hat uns der Mackenzie wieder.
Noch immer sind im Osten die Rauchwolken des Brandes zu sehen. So weit das Feuer wütet, wird nun alles in Asche verwandelt, was brennbar ist. Dazu gehören viele tausend Tiere, denen die rasche Flucht nicht gelingt. Nur die schnellen Geschöpfe können sich retten, aber nicht die kleinen und die langsamen. Ein grausames Sterben, das sich hier oder dort in jedem Jahr wiederholt. Wenn nicht Menschen den Brand verschulden, dann der Blitz oder die Reibung von Bäumen. Wenn sie der Wind gegeneinanderdrückt und lange Zeit schiebend bewegt, kann sich die oft völlig ausgetrocknete Rinde entzünden.
Wir begegnen keinem Boot und keinem Menschen, aber nach ein paar Stunden ruhiger Fahrt erscheint ein großes Warnschild. Die »St.-Sault-Rapids« stehen uns bevor. Louis Bontemps steuert dicht ans Westufer, um dem stärksten Gebrodel auszuweichen. Es ist trotzdem schlimm genug, unser Kanu wird geschüttelt wie noch nie. Es stößt durch anrollende Wasserhügel, steigt über drohende Wogen und fällt platschend in flutende Täler. Wir werden vom Spritzwasser völlig durchnäßt.
Den beiden Indianern macht das nichts aus, sie werden im Gegenteil immer ver-

gnügter. Während perlendes Wasser über ihre Gesichter läuft, lachen sie uns an. Der Sohn steuert, und der Vater hilft mit dem Paddel, das Kanu richtig zu führen. Wenn uns eine hochgetürmte Welle von der Seite erwischt, hilft auch die Schöpfkelle nicht. Dann schlägt das Boot im Augenblick voll, und wir sind geliefert. Nicht besser würde es uns ergehen, wenn jetzt der Motor versagte. Ich nehme an, daß man früher, als es noch keine motorisierten Kanus gab, die Durchfahrt gar nicht versuchte. Da war an den Stromschnellen von St. Sault eine Portage nicht zu vermeiden. Es kostete viel Zeit und Mühe, aber man riskierte nicht Leben und Ladung.

Mir scheint das Geschüttel und Getummel kein Ende zu nehmen, doch in Wirklichkeit sind wir kaum eine Viertelstunde mitten darin, wie man hinterher sagte. Dann werden die Wellen flacher, und bald danach ist alles vorbei.

Es dauert nicht lange, da werden wir für die Sturmfahrt in den Rapids von einem Wunder der Natur aufs schönste entschädigt, denn nun gleitet unser Boot den berühmten Ramparts entgegen. Schon Mackenzie hat sie eingehend beschrieben. Seine Chipewyans glaubten damals, der Strom werde gleich von den Felswänden zerquetscht. Dreißig bis vierzig Meter hoch steigen auf beiden Seiten die senkrechten Wände empor. Sie nehmen den Strom in die Zange, er verliert drei Viertel an Breite, verdoppelt aber seine Geschwindigkeit. Das Ende der Enge ist nicht abzusehen, weil sich die gewaltige Wasserschlucht um vorspringende Felsklippen windet.

Im schrägen Licht der Sonne leuchtet das Gestein rosarot und glühend rot. Bei Anbruch der Nacht, die jetzt nicht stattfindet, sollen hier alle nur möglichen Farben spielen. Auch das rauschende Wasser spielt mit, da es den Glanz der Felsen zurückwirft. Wir brausen mit dem raschen Strom um Kurven und werden bis nahe an die Wand getrieben. Niemand könnte sich dort festkrallen, und kein Grashalm hat sich eingenistet.

Es soll bei Aufbruch der Eisdecke in manchen Jahren geschehen, daß der Mackenzie die Trümmer bis an die Kante der Ramparts hinaufschiebt. Kaum ist es zu glauben, denn die Felswände sind so hoch wie ein siebenstöckiges Haus. Es muß ein phantastisches, atemberaubendes Schauspiel sein, wenn schließlich das Eisgebirge mit Donnergepolter vom Strom gesprengt wird.

Man erwartet einen allmählichen Abfall der Ramparts, doch sie öffnen sich so überraschend wie ein aufgestoßenes Tor. Und gleich danach sieht man auf einer Halbinsel die schön gelegene Siedlung Good Hope.

Wer in den alten Zeiten bis dorthin gelangte, nach den Saint-Sault-Rapids und den Ramparts, hatte wirklich »gute Hoffnung«, auch den Rest der Reise an das Eismeer zu überstehen. Wer dagegen von Norden kam, in einem schwerbeladenen Paddelkanu, mußte sich mit guter Hoffnung stärken, denn nun begann die schwer-

ste Arbeit auf der langen Rückfahrt. So trägt Fort Good Hope seinen hoffnungsvollen Namen ganz mit Recht.
Der Wagemut jener Pelzhändler, die sich schon 1825 hier niederließen, verdient Bewunderung. Kein anderer Vorposten in der Wildnis lag so weit vom Rand der Zivilisation entfernt wie dieser.
Nach der miserablen Unterkunft in Norman-Wells wird uns in Good Hope eine der besten geboten. Schneeweiße Bettbezüge, ein blankpolierter Küchenherd und im Bad ein Waschbecken aus imitiertem Marmor. So nahe dem Polarkreis ein unwahrscheinlicher Luxus. Das Dorf ist sehr weit und sehr breit, man geht eine gute halbe Stunde vom ersten bis zum letzten Holzhaus, obwohl nur vierhundertfünfzig Menschen hier wohnen. Knapp dreißig von ihnen sind weiße Kanadier. Viel freier Platz trennt jedes Haus vom nächsten. Hunde sind zahlreicher als Menschen, aber mehr als vier bis fünf motorisierte Fahrzeuge gibt es hier nicht.
Interessant ist vor allem die katholische Kirche aus dem vorigen Jahrhundert, denn sie wurde von Indianern farbenprächtig ausgemalt. Manche der heidnischen Motive wirken recht unpassend in dem christlichen Haus, doch an biblischen Darstellungen, worauf die Missionare bestanden, herrscht auch kein Mangel. Die bunten Kirchenfenster kamen aus Frankreich, und man sagt, es habe sieben Jahre gedauert, bis sie endlich in Good Hope ihr fernes Ziel erreichten. Auf dem Friedhof die Gräber der ersten Missionare. Père Gralier, der Kirchengründer, hatte schon 1859 mit dem Werk der Bekehrung begonnen. Sein Nachfolger, der Pater Brown, waltete seines Amtes dreiundfünfzig Jahre, ohne den Nordwesten nur einmal zu verlassen. Er hat einen der gefürchteten »weißen Sommer« erlebt, als der Schnee nicht verschwand und die Tage auch im Juli frostig blieben. Das Wild wanderte aus, und viele Menschen mußten verhungern.
In Good Hope bleibt unser Kanu zurück, ich muß mich auf Nimmerwiedersehen von Jean und Louis Bontemps verabschieden. Dafür ist schon ein Boot namens »Otter« aus Fort McPherson angekommen, unter Führung des dortigen Gamewarden. Der noch sehr junge Mann trägt den ungewöhnlichen Namen Don Boxer, ist aber weder stolz wie ein Don noch bissig wie ein Boxer. Seinen indianischen Gehilfen, den sogenannten Patrolman, hat er mitgebracht, und das ist der erste Luchu, den ich zu Gesicht bekam. Der »Otter« besitzt zwei Außenbordmotoren und eine solide Kabine. Sie ist so geräumig, daß ein Mann ganz bequem schlafen kann, während der andere am Steuer sitzt.
Immer noch schönes, sonniges Wetter. Bisher hat es auf der ganzen Fahrt nur zweimal geregnet. Wenn der Permafrost nicht wäre, der wie eine lückenlose Felsplatte unter dem Boden liegt, müßte das ganze Land verdursten. Ein Gedanke, den man sich angesichts der Wassermengen überall kaum vorstellen kann. Aber

es ist so, die Millionen Teiche und Tümpel, die Sümpfe und die meisten Seen sind nur deshalb vorhanden, weil der ewig gefrorene Grund keinen Tropfen versinken läßt.

Wir passieren in der Nähe von Good Hope die Manitu-Insel, früher eine Kultstätte der Hasen-Indianer. Auch heute glauben noch viele, daß sich dort die Geister der Abgeschiedenen versammeln. Bald danach weht ein so scharfer Nordwind, daß die Wellen bedrohlich steigen. Wir halten uns am westlichen Ufer, aber es hilft nicht viel. Wasser schlägt ins Boot, und der linke Motor beginnt zu spucken. Im Schutze einer Halbinsel müssen wir beidrehen. Droben auf der Böschung liegen verlassene Hütten. Aber zeitweise werden sie noch bewohnt, denn neue Schneereifen, frisch geölte Fallen und ein Kalender vom letzten Jahr hängen an der Wand. Über der Sitzecke ein Kruzifix und Rosenkranz.

Auch hier versuche ich in den Wald zu dringen, aber es ist wieder unmöglich. Man müßte jeden Schritt erst mit einem Haumesser freischlagen, so wie im Dschungel der Tropen. Schon nach wenigen Metern kann sich ein unerfahrener Mann verirren. Es ist ja alles gleich, es gibt keinen Anhaltspunkt und nichts, das man sich merken könnte.*

So bleibt nur die Rückkehr auf der eigenen Spur, wenn man sie zu finden weiß. Im Dickicht herrschen die Moskitos auf fürchterliche Weise, sie schlagen mich in die Flucht, als seien tausend Teufel hinter mir her.

Der Wind scheint schwächer zu werden, und wir versuchen die Weiterfahrt. Doch es geht nicht so recht, zu viele Spritzer klatschen aufs Gepäck und bespülen die Windschutzscheibe, daß man fast gar nichts mehr sieht. Also wieder beidrehen und wieder warten. Das geschieht noch mehrere Male. So langsam wie heute kamen wir noch nie voran. Dunkle Wolken segeln aus dem Norden, es beginnt zu regnen. Ich muß in die Kabine, was mir gar nicht gefällt. Der Transistor kreischt so laut wie nur möglich, obwohl keiner hinhört. Es riecht nach Öl, Benzin und Schmierfett, feuchte Lappen und Lumpen überall. Obendrein sitzen vier Menschen dicht gedrängt beisammen.

»Sehen Sie da vorn den Strich auf dem Strom?« fragt mich Russ Hale.

Ich schiebe den Kopf durch die Klappe im Dach, kann aber auch im Fernglas nichts entdecken.

»Dann schauen Sie auf die Karte«, freut sich Don Boxer, »da ist der Strich sehr gut zu sehen . . . wir überqueren gerade den Polarkreis!«

Schon oft bin ich über den Polarkreis gefahren, aber immer war ein Schild an der Straße oder sonst eine Markierung. Nur am Mackenzie wird nicht darauf

* In meinem Buch »Die überlistete Wildnis« wird erklärt, auf welche Weise sich der erfahrene Waldläufer auch in einer ihm völlig unbekannten Gegend zurechtfindet. Wer diese Methode beherrscht, kann sich nie verirren!

hingewiesen. Für gewöhnliche Leute hat es auch keine Bedeutung, wo sich die gedachte Linie von 66,5 Grad nördlicher Breite befindet. Die Arktis kann nicht rings um die Erdenstirn haargenau dort beginnen, wo der willkürlich angenommene Polarkreis verläuft. Nur das jeweils vorherrschende Klima hat zu bestimmen, wo tatsächlich die Arktis anfängt und aufhört. Doch es ist an der Zeit zu beobachten, ob sich die Landschaft allmählich verändert. Vorläufig ist das noch nicht der Fall.

Der Regen hört wieder auf, und die Strömung wird rascher. Sie soll nun acht bis zehn Stundenkilometer betragen, bedeutet also schwere Arbeit für einen Paddler, der sich stromauf bemüht. Wir müssen nochmals anlegen, um in Ruhe das überkommende Wasser auszupumpen. Zu diesem Zweck steuern die Gamewarden nach Little Chicago, wo drei indianische Familien hausen. Sie wollen bei dieser Gelegenheit erfahren, was der Biberfang im letzten Jahr ergab. Aber es ist niemand daheim, obwohl die Hunde heulen und die Holzkohlen noch glimmen. Etwa dreihundert abgezogene Moschusratten hängen über dem Rauch, ein gräßlicher Anblick. Aber den Hasen-Indianern schmecken sie wohl ebensogut wie seinerzeit den Wintermännern. Mit Chicago am Michigan-See hat Klein-Chicago am Mackenzie keine Ähnlichkeit. Wie der einsame Wohnplatz zu dem Namen kam, würde ich gerne wissen, kann es aber nicht erfahren.*

Bei der Abfahrt bumst das Boot gegen ein Hindernis unter Wasser, dreht sich im Kreis und kracht mit dem Heck nochmals dagegen. Die Schraube ist verbogen, und wir müssen den Motor abnehmen. Mit Hammer, Zange und Schraubenzieher machen sich die Gamewarden an die Arbeit. Sie hämmern, schrauben und fluchen eine halbe Stunde lang, dann ist die Sache in Ordnung. Und weiter geht es, als sei nichts geschehen.

Die Schwarzfichten am Ufer sind klein und selten geworden. Birken und Weiden drängen sich vor. Es kann nicht mehr so schwierig sein, in die Wildnis einzudringen. Der Abstand zwischen den Stämmen wird zusehends weiter, und nur wenige wachsen über drei oder vier Meter hoch. Das läßt schon die Nähe der Baumgrenze ahnen. Sie ist natürlich keine Grenze im Sinn einer Linie, sondern ein Gürtel von etwa hundert Kilometer Breite, der sich in unregelmäßigen Bögen durchs Nordland zieht. Aus Bäumen werden Bäumchen, der Wald löst sich auf, bis er am Ende nur aus einzelnen Gruppen besteht. Fichten und Tannen müssen sich in windgeschützte Lagen zurückziehen und werden krüppeliger, je weiter man nach Norden gelangt.

»Land der kleinen Stöcke« sagen die Indianer vom Gebiet der Baumgrenze, und »land of little sticks« nannten es auch die ersten Europäer, die bis dorthin kamen.

* Chicago ist jedoch ein indianisches Wort, das nach Auskunft der Encyclopedia Britannica unter anderem »Stinktier« bedeutet.

Alexander Mackenzie beschreibt sehr anschaulich diese Verwandlung. Seine Chipewyans fürchteten sich vor dem Ende der Welt. Sie glaubten, daß böse Geister hier hausten, die sowohl den Wald wie die Menschen vertilgen. Die Indianer vom Athabasca-See äußerten angstvoll, sie müßten wohl im Land der kleinen Stöcke verhungern. Sie konnten das Wild nicht nach der üblichen Art beschleichen, und dessen Lebensweise richtete sich hier nach anderen Bedingungen. Es kostete Mackenzie viel Mühe, sie an der Umkehr zu hindern. Schließlich mußte er ihnen versprechen, nach spätestens sieben Tagen die Heimreise zu beginnen, auch wenn man das Meer noch nicht erreicht habe.
Meine Uhr läßt Mitternacht vermuten, als auf hohen Hügeln am Westufer wieder eine Siedlung auftaucht. Nach einem breiten Fluß, der hier in den Mackenzie strömt, heißt sie Arctic-Red-River. Ganz anders ist diese Ortschaft als die bisherigen, denn Steine und Steilhänge bestimmen ihr Bild. Kirche und Pfarrhaus stehen auf einem Vorsprung über dem wogenden Wasser. Hütten, Häuser und Schuppen klettern an den Berghängen hinauf. Wir müssen vom Landeplatz auf staubiger Straße hochsteigen, um ins Dorf zu gelangen. Niemand wacht, alles schläft, nicht einmal die Hunde veranstalten ihr übliches Konzert. Die Sonne sendet nur fahles Licht durch die Wolkendecke. Das mag wohl der Grund sein, weshalb sich hier gar nichts rührt. Man genießt die wohltuende Dämmerung als besondere Seltenheit im Sommer.
Die Gamewarden klopfen so lange an eine Tür, bis der verschlafene Hausherr zum Vorschein kommt. Er ist Wortführer der Trapper und begreift allmählich, was die beiden wollen. Nun gut, da sie einmal hier sind, wird er die anderen Leute zusammenrufen. Schon nach einer halben Stunde beginnt im Schulhaus die gutbesuchte Konferenz. Mir dauert es zu lange, ich habe das schon oft genug mit angehört. Ob wir bleiben oder anschließend weiterfahren, scheint noch nicht beschlossen. Aber drunten im Boot kann ich die müden Glieder ausstrecken. Es ist schon lange her, daß wir Good Hope verließen, und die Reise war diesmal recht anstrengend. Ich lege meinen Schlafsack auf die Pritsche und krieche hinein. Die Dämmerung ist fast so gut wie eine echte Nacht, so kann ich schönen Schlaf erwarten.
So kommt es denn, daß ich von der zwölfstündigen Fahrt bis nach Aklavik so gut wie gar nichts miterlebe. Wenn ich aufwache und meine Freunde frage, was es zu sehen gibt, meinen sie immer, daß ich nichts verpaßt hätte. Ich soll mich ruhig wieder hinlegen. Nun ja, sie kennen die Gegend und werden mir schon Bescheid sagen, wenn etwas von Interesse auftaucht. Wir sind schon im ersten Dorf der Eskimo, als ich endlich munter werde.
»Umsteigen ins nächste Boot«, schreit mir ein dicker Kerl in die Ohren, »lang genug haben wir auf euch gewartet!«

Ich begreife gar nichts.
»Wer hat denn gewartet?«
»Wir haben gewartet, mindestens drei Tage lang . . . und ihr habt euch verdammt viel Zeit gelassen. Aber jetzt geht's los, binnen zehn Minuten spätestens!«
Mit einem Mal spielt die Zeit wieder eine Rolle, sogar von Minuten wird hier geredet.
»Wohin soll's denn gehen so plötzlich . . .?«
»Zur Jagd auf weiße Wale . . . sonst gar nichts.«

Jagd auf weiße Wale

Mit der Macht des Mackenzie ist es vorbei. Er hat sich in viele Arme geteilt, und die fließen nur langsam ihrer Auflösung entgegen. Sie winden sich und wenden sich, um noch möglichst lange ihr Ende im Ozean zu verzögern. Oft weist der Bug unseres Bootes nach Süden, obwohl wir nach Norden streben. In der Luftlinie sind es nur 140 Kilometer nach Kittigazuit, aber bis wir auf den verschlungenen Wasserwegen hingelangen, werden es dreihundert Kilometer sein und noch mehr.

Wir schwimmen auf brauner Brühe, und wegen der vielen Schlammbänke bewegt sich die »Arctic Daisy« kaum mit der halben Kraft. Wellen wie Milchkaffee schwappen ans lehmige Ufer. Das Land liegt drei bis vier Meter höher, und darin sind die Flußbetten senkrecht eingeschnitten. Droben stehen die »kleinen Stöcke« der Fichten im Verein mit krummen Birken und wuchernden Weiden. Aber kein menschliches Wesen streift durch diese gottverlassene Gegend.

Das Delta des Mackenzie, ungefähr so groß wie Bayern oder Belgien, ist eine Welt für sich. Fließendes und stehendes Wasser hat ein Labyrinth geschaffen, das wohl niemand wirklich kennt. Es ist auch immerwährendem Wechsel unterworfen. Vom Wind bewegt nagen kleine Wellen unablässig an den steilen Ufern. Langsam, aber sicher höhlen sie das Erdreich aus, bis die überhängende Böschung mit all ihren Büschen und Bäumchen ins Wasser bricht. Was auf der einen Seite abfällt, schwemmt die kaum merkliche Strömung zur anderen. Auf diese Weise verändert jeder Arm des Mackenzie seine Lage um ein bis anderthalb Meter pro Jahr. Wo sich die Schleifen eng berühren, kann ein Durchbruch erfolgen. Dann werden abgeschnittene Teile zu Seen oder Sümpfen, während andererseits neue Arme entstehen. So kann eine Landkarte, die zehn oder gar zwanzig Jahre alt ist, die Wirklichkeit nicht mehr zeigen. Ein Regierungsschiff muß den besten Wasserweg durchs Delta in jedem Frühjahr aufs neue markieren. Es verläßt seinen Winterhafen bei Inuvik, sobald das Eis sich öffnet, prüft die Fahrtstrecke bis zum offenen Meer und legt Bojen aus. Aber Fischer und Trapper, die in den vielen Verzweigungen ihrem Gewerbe nachgehen, müssen sich selbst zurechtfinden.

Das Mackenzie-Delta ist ein Paradies der Moschusratten. Man sieht die fleißigen Nager in jedem Teich und Tümpel, auch in allen Wasserläufen. Sie graben ihre Röhren seitwärts in die Böschungen, womit sie deren Verfall beschleunigen. Alle Jahre wieder erbeuten die Trapper, meist Eskimo und Indianer, bis zu einer halben Million Moschusratten im Delta. Aber unter diesem Namen ist den Damen das Rattentier nicht bekannt. Sie tragen gerne seine hübschen Felle als Mantel, Jacke und Kragen, doch sie sprechen von Bisam. Für das Fell erhält der Fallensteller nur einen halben Dollar pro Stück. Das Gerben allein kostet fast ebensoviel und die weitere Verarbeitung noch bedeutend mehr. Die Masse muß es bringen, und man hört mit Staunen, daß so mancher Rattenfänger im Delta seine sechs- bis siebentausend Dollar alljährlich verdient. Einige sollen gelegentlich auch zehntausend Dollar kassieren.

Die Biber sind weniger zahlreich, aber in stillen Teichen vorhanden. Wilde Schwäne, Gänse und Enten wird man im Delta fast überall sehen. Otter, Fuchs und Wolf verschwinden sogleich, wenn sie die Nähe eines Menschen befürchten, doch man bemerkt ihre Spuren im feuchten Boden.

Ein neues, nun weitverbreitetes Tier ist seit 1935 im Osten des Delta aufgetaucht, nämlich Rentiere sibirischen Ursprungs. Man hat ihre Vorfahren um die Jahrhundertwende nach Alaska gebracht, und zwar mit norwegischen Lappen zu ihrer Betreuung. Es war Sinn der Überführung – Transplant heißt der Fachausdruck–, den Eskimo die Haltung von Rentierherden zu ermöglichen, um die Grundlage ihrer Ernährung zu verbessern und die Bejagung der Karibu einzuschränken. Von Alaska wurden dreißig Jahre später etwa dreitausend Tiere in die Tundra östlich des Mackenzie getrieben, wo jenes Moos in Massen gedeiht, von dem sich die Rene hauptsächlich ernähren. Der berühmte Treck von dreijähriger Dauer war eine Meisterleistung der Lappen. Obwohl über zweitausend Rentiere zugrunde gingen, erreichten fast dreitausend ihr Ziel, da Geburten unterwegs die Verluste ausglichen. Bis auf ungefähr achttausend Köpfe haben sich die Rene inzwischen vermehrt. Aber die Eskimo wußten nichts mit ihnen anzufangen, die Haltung von Herden war ihnen zu unbekannt. Ebenso wie in Alaska war das Rentierprojekt auch in den NWT ein Mißerfolg. Etwa die Hälfte der Tiere werden noch von Angestellten der Regierung betreut und nach Art der Lappen wirtschaftlich genutzt. Die übrigen leben in Freiheit. Viele haben sich den Karibu angeschlossen, ihren größeren Verwandten, doch die Mehrheit blieb unter sich. Ein Rentier zu erlegen ist zwar streng verboten, aber der Himmel ist hoch und der Wildschutz weit weg. Von den Lappen sind einige im Lande geblieben, die sich Töchter der Eskimo zur Frau nahmen. Den Enkeln ist nicht mehr anzusehen, woher die Großväter kamen, denn genaugenommen sind auch die Lappen ein Volk mongolischen Ursprungs.

Das Ziel unserer Deltafahrt ist ein Jagdlager am Eismeer, wo die Eskimo mit Indianern gemeinsam kampieren. Das hat es bisher noch nicht gegeben. Erst in diesem Jahr konnte das Game-Department sechzehn Familienväter beider Rassen zur gemeinsamen Jagd auf Beluga-Wale überreden. Ob der Versuch gelingt, weiß man noch nicht. In den alten Zeiten herrschte immerwährende Feindschaft zwischen Eskimo und Indianern. Wo sich die Wege kreuzten, kam es zu völliger Vernichtung der schwächeren Gruppe. Auch wehrlose Frauen und Kinder wurden erschlagen. Kein Eskimo fand Gnade bei den Indianern, und kein Indianer wurde von den Eskimo verschont, wenn es nur gelang, ihn zu überlisten. Davon berichten alle Entdecker des kanadischen Nordens.*

Um diese immer drohende Gefahr zu vermeiden, entstand im Laufe der Zeit zwischen den Jagdgebieten der Todfeinde ein Niemandsland. Wo die Eskimo jagen und fischen, ist kein Indianer zu sehen. Weil die früheren Gegner nicht in der Wildnis zusammentreffen, kann auch kein Streit entstehen. Wo sie in Ortschaften nebeneinander wohnen, führt jede Gruppe ihr Eigenleben. Als im vergangenen Jahr die angeblich erste Eheschließung eines Eskimo mit einer Indianerin bekannt wurde, erregte das großes Aufsehen.

So war es denn ein gewagtes Experiment, die Indianer aus Fort McPherson mit den Eskimo von Tuktoyaktuk für ein gemeinsames Jagdlager zu gewinnen. Die Eskimo hatten zugestimmt, weil sie die Rolle von Lehrmeistern übernehmen sollten. Das hob ihr Ansehen und gefiel ihnen sehr. Für die Luchus vom Peel-River war die Jagd auf Weißwale und überhaupt die Jagd auf offener See etwas völlig Neues. Aber die Gamewarden hatten ihnen klargemacht, daß ein Beluga-Wal dieselbe Fleischmenge liefert wie zwölf bis zwanzig Karibu, und dazu noch Futter für die Hunde. Das war sogar die Hauptsache bei dem Projekt, denn nicht weniger als 18000 Dollar hatte die Regierung während des letzten Jahres ausgeben müssen, um für die allzu vielen Huskies in McPherson ausreichendes Futter zu beschaffen. Die Besitzer hatten nicht genug oder waren nicht fleißig genug, um selbst für ihre Hunde zu sorgen. Das sollte nun anders werden.

Draußen vor der Küste tummeln sich die weißen Wale in vorerst noch unerschöpflicher Menge. Den Eskimo kann nicht der geringste Nachteil entstehen, wenn

* Zu trauriger Berühmtheit gelangte das Massaker von Bloody Fall am Coppermine-River im Juli 1772. Die indianischen Begleiter Samuel Hearns überfielen trotz seines heftigen Protestes ein Fischlager der Eskimo und ermordeten 24 Personen, einschließlich der Säuglinge und alten Weiber.

sich auch Indianer an der Jagd beteiligen. Nur müssen die erst lernen, wie es gemacht wird. Diskrete Hinweise, es könne sonst sein, daß ihnen nicht mehr so viel Hundefutter wie bisher auf Kosten der kanadischen Steuerzahler geliefert würde, hatte zunächst sechs Familien aus Fort McPherson veranlaßt, bei der diesjährigen Belugajagd mitzumachen. Wenn das Ergebnis günstig ausfiel, so war anzunehmen, daß mehr und mehr Indianer dem Beispiel folgten.

Jener gewandte Diplomat, dem die Überredung der Luchus gelungen war, bringt nach eigenen Angaben ein Lebendgewicht von 275 Pfund auf die Waage. Jimmy Bourque ist sein Name, und vielseitiger Abstammung kann er sich rühmen. In den Adern seines Vaters rollt, wie er mir sagte, französisches wie irokesisches Blut. Die Mutter entstammt den Chipewyans, doch hat auch ein ukrainischer Bauernsohn daran mitgewirkt.*

Dem Jimmy Bourque ist die vielseitige Mischung gut bekommen. In seiner kugeligen Gestalt verbergen sich nicht nur gewaltige Körperkräfte, sondern auch geballte Energie. Er ist außerdem pfiffig, hilfsbereit und immer guter Laune. Die Indianer schwören auf ihn, und er genießt das Wohlwollen der Eskimo. Was diesen Mann so beliebt macht, ist vor allem sein Sinn für Humor.

»Ich bin nur der Rohstoff von 'nem Menschen, ohne die geringste Spur von Bildung«, sagte er mir gleich beim Kennenlernen, »ich war nur drei Jahre in der Schule und hab' dabei meist gefehlt. Was Lesen und Schreiben betrifft, muß ich meine Mary zu Hilfe holen. Das ist 'ne Dänin, und sie kann fabelhaft kochen. Meine vollschlanke Linie ist der beste Beweis. Aber du sollst mal erst mein Frauchen sehen, die braucht zwei Plätze im Kino . . . sie ist nämlich noch schwerer als ich. Wenn wir ein Haus betreten, wackelt die ganze Bude!«

Dabei lachte Jimmy Bourque, daß Bauch und Backen in Wallung gerieten. Was ihm an Bildung fehlte, weiß ich nicht, aber ein besserer Kumpel ist nördlich des Polarkreises kaum zu finden.

»Wo fahren wir denn eigentlich hin, Jimmy?«

»Zu 'ner zerfallenen Hütte an 'nem Fluß ohne Namen. Da treffen wir uns alle, das liegt so in der Nähe von Kittigazuit.«

»Ein Eskimodorf . . .?«

»Mal eins gewesen, mit ungefähr zweihundert Menschen. Die sind im Winter fünfundzwanzig auf sechsundzwanzig fast alle gestorben. Die Diphtherie hat sie hingerafft, es war 'ne furchtbare Geschichte. Weil's damals weit und breit noch keinen Doktor gab, konnt' ihnen niemand helfen. Der Rest von den Leuten ist dann weg und nie wiedergekommen. Ein paar Hütten sind noch zu sehen, und die Gebeine der Toten liegen herum. Bären haben sie aus dem Boden geholt.

* In Kanada leben mehr als 400000 Nachkommen ukrainischer Einwanderer, etwa 500 in den NWT.

Da machen unsere Eskimo lieber einen Umweg . . . wegen der Geister und Gespenster. Da vorn, bei der Sandbank, müssen wir jetzt 'ne Weile warten. Die Luchus aus McPherson kommen so schnell nicht nach.«
Wir legen an, steigen aus und entfachen ein Feuer, um die fliegende Plage zu vertreiben. Der Sand ist warm, die Luft ist milde. Würziger Duft der Weiden und wilden Kräuter weht uns entgegen. Es ist absolut still und wunderbar schön. Nichts läßt vermuten, daß man sich weit nördlich des Polarkreises befindet, es könnte ebensogut an der Küste des Mittelmeeres sein.
Der Jimmy sinkt in Schlaf und schnarcht wie ein Walroß. So vergehen die Stunden, eine nach der anderen. Dann verrät Hundegebell, daß die Indianer herankommen. Bob Billingham, der Gamewarden aus Aklavik, führt den Konvoi. Mit seinem Patrolman, einem Eskimo, tuckert er den Luchus voraus. Die reisen mit Kind und Kegel, mit ihren Huskies und Bergen von Gepäck in sogenannten Scows. Das sind lange Boote mit flachem Kiel und breitem Bug. Sie können nicht so schnell sein wie Kanus, obwohl an jedem ein Motor schnurrt. Der Vater hält das Steuer, die Mutter stillt einen Säugling, die Buben planschen mit dem Paddel, und die Mädel spielen mit Blechgeschirr. Vorn drängen sich die Hunde, in der Mitte wölbt sich die Ladung. Für ein bis zwei Monate wollen die Leute im Jagdlager bleiben, da müssen sie schon eine Menge mitbringen. Der ganze Haushalt geht auf Reisen, ein Zelt wird die Wohnung sein. Alle Hunde der Familie sind dabei, denn wer sonst würde ihnen das tägliche Futter geben? Der Speck von weißen Walen steht ihnen bevor und alles, was die Menschen von der Beute nicht brauchen. Als ob es die Huskies ahnten, so groß ist schon die Vorfreude. Sie balgen nicht, sie knurren nicht, sondern tanzen vor Vergnügen an der kurzen Kette.
»Es hat wieder Stunden gedauert«, stöhnt Bob Billingham, »bis ich meine Leute im Boot hatte. Wenn's losgehen soll, werden und werden sie nicht fertig.«
Er war schon drei Tage unterwegs, alle paar Meilen hatte ein Motor versagt, und Bob mußte die hilflose Scow an sein Dienstboot hängen. Schon jetzt haben die Indianer für heute genug und wollen hier schlafen. Als erstes werden Pfähle in den Sand getrieben, um die Hunde anzubinden. Dann flackern die Feuer, und die Frauen kochen im Kessel die Mahlzeit. Ihre Männer ruhen sich aus, die Kinder springen herum. So hat alles seine Ordnung.
Wir schlafen im Zelt auf der Sandbank, jeder für sich allein, während die Indianer nur ein Segeltuch über ihr Boot spannen. Darunter rollen sich alle Mitglieder der Familie zusammen. Gegen die Mücken und Moskitos hilft ein Topf mit glimmendem Holz, der die Familie ins Boot begleitet. Da wirft man hin und wieder eine Handvoll frisches Moos auf die Glut, um den Rauch zu verdichten. Ein Weißer würde den Qualm nicht aushalten, aber die Eingeborenen sind es seit Generationen so gewohnt. Mein Zelt ist mückendicht, aber ich besprühe noch die Innenwände

aus einer Flitspritze, bevor ich die Unterkunft schließe. Im Schlafsack ist es viel zu warm, ohne Kleider lege ich mich darauf.
Von den Luchus ist noch niemand zu sehen, als die »Arctic Daisy« – auf deutsch »arktisches Gänseblümchen« – die Fahrt wiederaufnimmt. Nur Bob Billingham ist aufgestanden, und die Huskies beginnen sich zu regen. Die Sonne strahlt, kein Windhauch ist zu spüren. Wer die Augen schließt, könnte glauben, in Sizilien oder im südlichen Spanien zu sein. Doch wir sind nur wenige Stunden vom Eismeer entfernt.
Auf diesem Breitengrad ungefähr muß es gewesen sein, als die Indianer Alexander Mackenzies meuterten. Sie hatten die letzten »kleinen Stöcke« hinter sich gelassen und fürchteten, am Ende der Welt auch ihr eigenes Ende zu finden. Schon mehrere Male hatte sich die Expedition im Labyrinth der Wasserwege verirrt. Aber von jenen sieben Tagen, nach deren Ablauf Mackenzie die Umkehr versprochen hatte, waren erst fünf verstrichen. Dennoch wollten seine Begleiter sofort zurück. Um ihre Flucht nach Süden zu verhindern, mußte ihnen Mackenzie die Paddel wegnehmen und in seinem Zelt bewachen. Beim Aufbruch noch weiter nach Norden zwang er die Chipewyans, mit ihren Kanus vor ihm zu fahren. Das Auftauchen weißer Wale löste eine Panik aus, denn solche Ungeheuer hatten die Indianer noch nie gesehen. Die furchterregenden Geschöpfe spritzten Wasserstrahlen in die Luft, sie versanken und tauchten wieder auf. Eines schwamm zwischen die Kanus, daß man glaubte, es wolle sie umwerfen. Aber für Mackenzie waren die Wale ein Beweis, daß der Ozean in greifbarer Nähe lag.
Das Ende des Mackenzie-River bietet keinen überwältigenden Eindruck, auch ist schwer zu sagen, wo das Stromsystem tatsächlich endet. Der Wasserweg, auf dem wir fahren, ist breit und immer breiter geworden. Das flache Land hat sich in große und kleine Inseln geteilt. So geht das noch stundenlang weiter, bis man zu guter Letzt zwischen vorgelagerten Sandbänken das freie Meer entdeckt. Es ist so braun wie die trägen Fluten des Mackenzie, die sich erst viele Meilen vor der Küste mit dem dunkelblauen Salzwasser vereinen.
Von Meereswellen kann nicht die Rede sein, aber wir steigen und sinken mit dem regelmäßigen Atem des Ozeans. Unsere »Daisy« ist nur eine Winzigkeit in der Unendlichkeit, ein fremdes Körnchen am Rand des einsamsten Weltmeers. Jimmy Bourque steuert nach Osten, umrundet eine sandige Insel mit Bergen von Treibholz und fährt danach wieder dem Festland entgegen. Es scheint eine geschlossene Front zu bilden, denn erdbraune Hügel, von niederem Gestrüpp überwuchert, erstrecken sich bis an den Horizont. Aber wider Erwarten öffnet sich hinter der nächsten Biegung ein Tal, aus dem klares, hellgrünes Gewässer ins Meer strömt. Dort gleiten wir hinein.
»Wie heißt der River, wo kommt er her?«

»Hat keinen Namen«, sagt Jimmy, »und ich kenn' keinen Menschen, der sonst was von ihm weiß.«
Hier ist das Land nicht so flach wie im Delta, sondern steigt bis vierzig oder fünfzig Meter auf. Hüfthohe Weidenbüsche und armdicke Zwergbirken säumen das Ufer. Alle Hänge sind mit Schilfkraut, Wollgras und Moosbeeren dicht bewachsen. Man ist versucht, die Landschaft lieblich zu nennen, weil sie sommerlich blüht und aromatischen Duft versendet. Bald weht uns Rauch entgegen, dann sehen wir das Lager der Eskimo.
Auf einer flachen Landzunge, vor dem Hintergrund hoher Hügel, haben sich die Waldjäger niedergelassen. Zelte aus grauer Leinwand, Gestelle für das Fischräuchern, ausgespannte Netze und braunhäutiges Volk, alles in graublauen Rauch gehüllt, bieten einen romantischen Anblick. Auf einer Sandbank im Fluß streifen die Hunde umher. Man hat sie von ihren Ketten befreit, und jeder ist so wohlgenährt, daß er auf Streit mit den Kollegen verzichtet. Leichte Kanus liegen auf dem Land, und ein halbes Dutzend Scows ruhen am flachen Ufer.
Männer, Frauen und Kinder helfen uns beim Ausladen. Viele Worte werden nicht gemacht. Wir sind eben da und werden in die Gemeinschaft aufgenommen. Tom Trasher, drei Viertel Eskimo und ein Viertel Portugiese, ist die führende Persönlichkeit des Lagers. Er spricht begreifbares Englisch und erzählt, wie es bisher gegangen ist. Sieben Wale wurden schon erlegt, sind zerteilt und verteilt. Die Speckschwarten, Blubber genannt, hängen in quadratischen Platten über dem schwelenden Rauch. Jedes Stück ist so groß und dick wie ein Schuhkarton. Sie waren in frischem Zustand weiß wie Schnee, sind aber nun goldbraun geworden. Man hat über die halb zerfallene Trapperhütte ein großes Plastiktuch gezogen und benutzt sie als Räucherkammer. Darin dörrt das dunkelrote Fleisch der Belugas im Verein mit Lachsen, Weißfischen und Seeforellen. Die fünf bis sechs Meter langen Gerippe der Wale liegen drüben auf der Hundeinsel. Die Huskies haben schon so viel Fleisch und Fett der Wale bekommen, daß sie ihr gewöhnliches Fischfutter verschmähen.
Wir beide werden von Toms rundlicher Frau mit Rauchlachs, gebackenem Rogen und starkem Kaffee bewirtet. Als Gastgeschenk gebe ich Tee, Tabak und Zucker, wie es mir Jim geraten hat. So ist das üblich, wenn man die Eskimo besucht. Jede Familie hat einen Herdofen mitgebracht und sich häuslich im Zelt eingerichtet. Obwohl alle Leute mit Fett und Speck hantieren, auch ständig mit Ruß in Berührung kommen, sind ihre Sachen sauber geblieben. Es herrscht eine Atmosphäre sorgloser Zufriedenheit. Freundlich und friedlich ist das allgemeine Verhalten, kameradschaftlich helfen manchmal die Männer den Frauen bei der Arbeit. Alle sind nett zueinander, man hört keine ärgerlichen Stimmen. So leben die Eskimo am liebsten: in der Freiheit ihres Jagdlagers und nach Art ihrer Vorfahren.

Sie haben schon für Jimmy und Bob und wer sonst von den Weißen kommen wird ein Frame-Tent aufgebaut, das heißt ein mit Segeltuch bezogenes Holzgerüst, dessen Boden aus Brettern besteht. Das Material wurde ihnen vom Game-Department zugewiesen. Ich bin lieber allein, schon wegen Jimmys Ausdauer im Schnarchen. Weit genug entfernt, um nichts davon zu hören, stelle ich meine Zeltkugel auf. Kinder jeder Altersklasse wollen mir helfen, doch mit Süßigkeiten kann ich sie besser beschäftigen.

Aber keinen Schritt darf ich gehen, ohne von jungen Begleitern umringt zu sein. Sie führen mich den Hügel hinauf und zeigen mir oben ein uraltes Totenfeld. Nach dem Brauch aus vorchristlicher Zeit hat man die Schlitten, die Waffen und die Gerätschaften der Verstorbenen auf die Gräber gelegt und mit Steinen beschwert. Nur Reste der Schlitten sind noch zu sehen, außerdem Knochen und Totenschädel, von den Bären zutage gefördert. Der traurige Anblick kann die Kinder nicht stören. Ein Mädel von sechs oder sieben Jahren steckt Wollgras in die Augenhöhlen eines Schädels.

»Now he looks nice, the old man«, lacht die Kleine vergnügt, »jetzt sieht er nett aus, der alte Mann.«

Als die Sonne wieder hoch am Himmel steht, kommen die Indianer. Sie werden nicht gleich mit offenen Armen aufgenommen, doch man hilft ihnen, die Benzinfässer an Land zu rollen. Dann macht Jimmy Bourque, so selbstsicher wie ein Chef des Protokolls, die Herrschaften miteinander bekannt. Zunächst bleibt es noch bei kühler Distanz, schon die verschiedene Sprache macht es ja schwer, sich näherzukommen. Nur Jim Witrekwa, aus einer alten Häuptlingsfamilie der Luchu, kann sich auf englisch mit Tom Trasher verständigen. So ergibt sich von selbst, daß die beiden Anführer alles weitere besprechen. Jim und Bob lassen die Männer allein, denn nach einer Bevormundung durch das Game-Department soll es nicht aussehen.

Die Kinder verstehen sich besser, im wahrsten Sinne des Wortes. Junge Eskimo schleppen Fische für die Hunde der Luchu herbei, und indianische Kinder kramen Spielsachen aus dem Gapäck, um sie zu zeigen. Wo gerade eine Mutter das Essen fertig hat, werden kleine Gäste dazu geladen.

»Es geht besser, als ich dachte«, meint der dicke Jimmy, »von den Kindern über die Mütter zu den Männern, so lernt man sich kennen. Wenn sie alle ihre Siebensachen an Ort und Stelle haben, brausen wir ab zu den Walen!«

Das windstille Wetter muß ausgenutzt werden, es hält bestimmt nicht lange an. Schon bei geringem Wellengang können die Scows nicht aufs offene Meer hinaus. Aber nur mit den Scows, die glatt und ganz flach auf dem Wasser liegen, gleitet man gefahrlos über die Untiefen hinweg. Ein Kielboot würde dort unweigerlich festsitzen.

Meine Uhr zeigt halb sechs, ob sie den Morgen oder Nachmittag meint, hat keine Bedeutung. Mit vier Booten fahren wir hinaus, deren Auswahl und Besatzung von Tom Trasher bestimmt wurde. Ein Mann bedient den Außenborder und steuert damit. Ein zweiter ist der Schütze und ein dritter der Harpunier. Als vierter Mann sitzt ein Indianer in jeder Scow. Er soll zuschauen und lernen, wie man die fette Beute fängt. Beim nächsten Mal, so hat man beschlossen, werden ein paar Boote mitfahren, die nur von Luchus besetzt sind. Ich bin als Schütze der Scow Tom Trashers zugeteilt. Wie so ein Unternehmen verläuft, hat mir Jim Bourque dann noch eingehend erklärt.

Die Belugas, vier bis sechs Meter lang und anderthalb Tonnen schwer, halten sich gern in Küstennähe auf und besonders vor der Mündung des Mackenzie. In dem schlammigen Süßwasser, das aus dem Hinterland strömt, wimmelt es von Plankton. Das ist ein Sammelbegriff für kleinste Lebewesen der verschiedensten Art, teilweise noch kaum dem Pflanzenstadium entwachsen. Von diesen Winzigkeiten leben die weißen Wale, ja sogar die riesigen Blauwale. Ungefähr alle zehn Minuten müssen die Belugas auftauchen, um Luft zu schöpfen. Dafür reichen wenige Sekunden. Man sieht jedoch bei klarem Wetter aus kilometerweiter Entfernung, wo sich die Wale tummeln, weil sie die verbrauchte Luft mit einem Wasserstrahl ausstoßen. Dann kommt es darauf an, die Richtung zu erraten, wo sie vermutlich das nächste oder übernächste Mal auftauchen. Viel Erfahrung gehört dazu und gespannte Aufmerksamkeit. Sind die Belugas auf Futtersuche, was meistens der Fall ist, so bleiben sie stundenlang in der gleichen Gegend. Jedoch ist kein gewöhnliches Boot in der Lage, mit einer wandernden oder gar flüchtenden Herde Schritt zu halten.

Nur die Riesenwale werden von großen, schnellen Schiffen gejagt und aus einer Bordkanone mit Harpunen beschossen, die zum Teil einen Sprengkopf tragen, der beim Aufschlag explodiert. Das würde die relativ kleinen Belugas zerreißen und ist im übrigen streng verboten. Statt dessen versucht ein Gewehrschütze den Weißwal zu treffen. Das verletzte Tier verschwindet, muß aber bald wieder auftauchen und bleibt länger als sonst an der Oberfläche. Es ist dann Sache des Steuermanns, sein Boot so schnell und geschickt an den Wal zu bringen, daß der Harpunier seine Stange schleudern kann. Sie trägt an der Spitze gräßliche Widerhaken, und so ist der Wal nicht imstande, die Harpune abzuschütteln. Sie muß nur tief genug in seinem Körper stecken. Eine Leine aus Hanf oder Nylon, zwanzig bis dreißig Meter lang, folgt der ausgeworfenen Harpune. Der Beluga nimmt auch diese Leine mit, wenn er versucht, sich zu retten. Das Ende hängt an einer leeren Bezintonne im Boot. Die muß man nun blitzschnell über Bord werfen. Geschieht das zu spät, könnte entweder die Leine zerreißen, oder die Bootswand wird von der Tonne in Stücke geschlagen.

Der harpunierte Wal geht gleich wieder auf Tauchstation und schwimmt mit schwindender Kraft davon. Die Tonne schwimmt mit und bezeichnet die Stelle, wo sich das sterbende Tier befindet. Außerdem verhindert sie, daß es nach seinem Tode in der Tiefe versinkt.
Eine grausame Jagd, die jeden Tierfreund erschüttert. Aber nicht grausamer als jene Jagd auf Riesenwale, wie sie die Weißen in viel größerem Umfang betreiben. Den Eskimo geht es nicht um gewinnbringende Geschäfte, sondern um ihre Ernährung sowie ums Futter für ihre lebenswichtigen Hunde. Während Blauwale und Pottwale vom Aussterben bedroht sind, scheint die Menge der Weißwale unermeßlich zu sein. Die Jagd nach Art der Eskimo ist nicht ohne Risiko für die Jäger, ein unversehens auftauchender Beluga kann das Boot umkippen oder rammen. Die zu spät ausgeworfene Tonne kann es zertrümmern. Hinzu kommen noch die allgemeinen Gefahren von Wellen, Wind und Wetter, die ein so leichtes und zerbrechliches Schifflein bedrohen. In dem eiskalten Wasser wäre jeder Mensch verloren, den man nicht binnen fünf Minuten herausholt. Auch wenn ihn die Schwimmweste hält, stirbt er an Unterkühlung. Kein Jahr verläuft ohne Verluste, im letzten sind zwei Boote mit sieben Mann spurlos verschwunden.
Wir verlassen den namenlosen Fluß, die Atmung des Meeres hebt und senkt das leichte Boot. Wasser sickert durch die Ritzen, aber das sind die Männer gewohnt. Vorläufig gibt sich niemand die Mühe, es auszuschöpfen. In höchst unvorsichtiger Weise haben die Eskimo ihre Gewehre, Harpunen und Bootshaken, auch die breiten, scharfen Messer für das Abspecken auf den Boden geworfen. Nichts davon ist gepflegt, sondern alles vom Rost angefressen. Das Zeug liegt in einer Pfütze, die sich allmählich vergrößert. Wer auf dem glitschigen Boden ausrutscht, fällt in Haken und Widerhaken. Mir ist unbegreiflich, warum die Männer ihre Waffen und wichtigsten Werkzeuge so schandbar vernachlässigen. Aber dagegen ist wohl nichts zu machen, und später habe ich weiße Jäger gesehen, die womöglich noch schlampiger waren.
Am Horizont ein paar flache Inseln, aber nirgends eine Fontäne, die Belugas verrät. In Abständen von etwa hundert Metern fahren die anderen Boote seitlich von uns. Der Wind frischt auf, und die Wogen heben sich höher. Die Scow erhält von anrollenden Wellen heftige Stöße. Die Küste ist als dunkler Strich gerade noch zu sehen.
»There he blows . . . he blows«, ruft plötzlich Tom Trasher. »Da bläst er . . . bläst er!«
Nicht nur einer, sondern viele, sehr viele. Allenthalben spritzen dünne Strahlen in die Luft. Die lehmbraune Wasserfarbe ist schneeweiß betupft. Belugas in unglaublicher Menge, denn was wir sehen, kann nur ein geringer Teil jener Herde sein, die unter Wasser schwimmt.

Das Jagdfieber hat meine Gefährten gepackt, auch den Indianer aus McPherson. Der Mann am Motor gibt Vollgas, in den anderen Booten geschieht das gleiche. Die Scows prasseln über die kurzen, harten Wellen, daß sich die Planken biegen. Tom prüft die Leine und vergewissert sich, daß nichts ihren Ablauf behindert. Ich soll durchladen und entsichern, er greift zur Harpune. Der Luchu zittert vor Angst oder Aufregung.

Wir machen schnelle Fahrt und sind bald in der Nähe der Wale. Ich weiß nicht, ob sie das Motorengeräusch vernehmen. Die Vibration im Wasser müssen sie spüren. Aber welche Gefahr das für sie bedeutet, wissen die Belugas nicht. Sie bleiben im ungefähr gleichen Gebiet, und so halte ich die Jagd für relativ leicht. Aber das ist sie nicht.

Etwa zwanzig Meter neben uns taucht ein Tier empor. Der Strahl sprüht aus seinem Blasloch. Ich ziele über Kimme und Korn eine Handbreit tiefer. Da ist der Wal schon weg. Vor der Scow kommt ein anderer hoch, aber Tom steht vor meiner Mündung. Der nächste Beluga hebt sich dicht am Boot aus dem Wasser. Bis ich den Lauf dorthin gerichtet habe, ist er verschwunden. Der Steuermann zeigt nach hinten, wo nichts zu sehen ist. Aber er ahnt, daß gleich einer zum Vorschein kommt. So rasch kann ich das nicht begreifen, also wieder zu spät. Ich bin ein Versager, ein Stümper und Spätzünder.

Von den anderen Booten hallt Schuß auf Schuß zu uns herüber. Ob sie Erfolg haben, geht mich nichts an. Hier muß etwas geschehen, hier schwimmen unsere Belugas. Wir sind mittendrin, aber man muß erkennen, zielen, schießen und treffen im gleichen Augenblick. Da sehe ich einen hellen Schatten und halte hin. Wie sich der Wal aus dem Wasser wölbt, mache ich den Finger krumm.

»Viel zu weit«, ruft Tom, »drei Schritte drüber 'raus.«

Wir sind alle sehr aufgeregt, rufen durcheinander, behindern uns gegenseitig, werden von den Wellen geschüttelt und naßgespritzt. Ein anderes Boot rauscht haarscharf an Backbord vorüber, fast hätte es uns gerammt. Wir rufen Flüche nach, werden aber nur ausgelacht. Jede Ordnung hat sich aufgelöst, alles kurvt kreuz und quer. Drüben haben sie schon einen Wal an der Harpune, bei uns hat noch gar nichts geklappt.

Beim nächsten Mal zischt meine Kugel zu knapp ins Wasser, doch es war immerhin während der richtigen Sekunde. Unser Mann am Steuer zieht so enge Kreise, daß wir über den Boden rutschen. Wie soll da einer im Schuß gut abkommen! Man muß schußbereit dem Schatten folgen, auch wenn er kaum zu ahnen ist. Ein Gekräusel an der bewegten Oberfläche kann den hochkommenden Wal verraten. Fast habe ich es diesmal geschafft, nur eine Handbreit neben dem kegelförmigen Kopf mit den winzigen Augen schlägt die Kugel ein. Auch an die Schaukelbewegung des Bootes muß ich denken. Drüber halten, wenn wir 'runtergehen,

tiefer zielen, wenn wir uns heben. Alles in Gedankenschnelle, oder besser gar nicht denken. Das richtige Gefühl muß man haben, sonst ist nichts zu machen.
»You got him . . . got him«, schlägt mir Tom auf die Schulter, »den hat's erwischt.«
Ein blutroter Quirl steigt nach oben. Der Steuermann starrt auf den zerfließenden Fleck und jagt dann einem dünnen roten Streifen hinterher. Tom Trasher greift zur rostigen Harpune, hält sie federnd in der Hand und beugt sich zurück.
Der Indianer sieht zuerst, wo der Wal wieder hochkommt, nämlich auf der anderen Seite vom Boot. Der knallrote Einschuß im weißen Körper ist gut zu sehen, aber nicht im Kopf, sondern drei Handbreit dahinter. So schnell kann sich Tom nicht umdrehen. Das schwerverletzte Tier verschwindet, ist aber schon in der nächsten Minute wieder oben, fast an der gleichen Stelle. Und da saust die Harpune.
Mit dem tödlichen Stahl im Leib stößt der Wal hinunter. Die Leine rollt raschelnd ab, Tom und ich packen die Tonne zur gleichen Zeit. Sie wird uns aus den Händen gerissen, bevor wir werfen. Dann hüpft das rotbemalte Ding über die Wellen, und wir tuckern hinterher.
Der Beluga muß nun sterben, in wenigen Minuten oder in einer halben Stunde. Das hängt davon ab, wo die Kugel eindrang und wie die Harpune verankert ist. Wenn beide nur die Speckschicht verwunden, macht es dem Wal nicht viel aus. Aber wenn Blut fließt, ist er meist verloren. Ein Schuß in den Hirnschädel tötet ihn sofort, doch er sinkt dann wie ein Erdklumpen tief hinab, also hat der Harpunier keine Chance mehr. Auch sonst gelingt es nicht immer, die Stange in den getroffenen Wal zu stoßen. Dann wurde das Tier umsonst geopfert.
Wir haben die Tonne eingeholt und die Scow daran festgemacht. Das braune Wasser färbt sich dunkelrot, und bald schaukeln wir im Blut des Beluga. Mir wird fast übel davon, aber es stört die anderen Männer nicht im geringsten. Die Leute in einem Schlachthaus haben sich auch daran gewöhnt, in Tierblut zu waten. Es gehört zu ihrem Beruf wie die Waljagd zu den Eskimo.
Das Zucken am Harpunenseil hört endlich auf. Alle vier Männer fassen an und ziehen den weißen Leib aus der Tiefe. Er ist im Wasser nicht schwer, aber nur zwanzig Armen würde es gelingen, die anderthalb Tonnen herauszuheben. Der fachkundige Tom stößt sein Messer durch den Unterkiefer der Beute. Ein Strick wird durch den Schnitt gezogen und damit der Wal hinten am Boot befestigt. Wir starten wieder den Motor, und damit beginnt die langwierige Mühe, den toten Weißwal abzuschleppen. Zur doppelten Sicherheit bleibt dabei die Harpune im Körper.
Zwei andere Boote haben auch ihre Belugas. Das dritte muß gleichfalls zurück, weil es für die Männer an Bord zu riskant wäre, allein draußen zu bleiben.
Mit dem schweren Wal hinter uns machen wir nur langsame Fahrt. Der Ostwind

ist stärker geworden, auch die Wellen machen uns schwer zu schaffen. Nur mit Mühe kommt der Motor dagegen an. Zuviel muß er ziehen, für so schwere Arbeit ist der Außenborder nicht geschaffen. Der tote Wal hängt an unserer Scow wie ein Schleppanker. Den anderen Booten mit ihrer Beute geht es nicht besser. Wir sehen, daß die Männer pausenlos schöpfen, weil Wasser hineinklatscht. Bald muß auch bei uns dasselbe geschehen. Aber der glänzenden Stimmung an Bord kann es nicht schaden. Wir haben unseren Beluga, eine Tonne Fett und Fleisch bringen wir mit. Doch vier oder fünf Stunden vergehen, bis wir endlich in die Flußmündung einbiegen.

Im Lager herrscht große Freude über den dreifachen Fang, aber die drei Belugas machen auch allerhand Arbeit. Sie werden von sämtlichen Leuten, die vorhanden sind, auch mit Hilfe der Kinder, auf der Hundeinsel an Land gezogen. Dann beginnen die Eskimo mit dem Abspecken, von Jimmy Bourque tatkräftig unterstützt. Die weiße Fettschicht unter der schneeweißen Haut ist etwa zwanzig Zentimeter dick. Sind erst die Einschnitte gemacht, ist es relativ leicht, den »Blubber« in breiten Streifen abzuschälen. Ströme von Blut quellen aus dem klaffenden Leib. Sie verwandeln den hellen Sand in braunroten Schlamm. Männer, Frauen und Kinder stehen bis zur halben Wade in der scheußlichen Brühe. Die Hunde drängen sich dazwischen, werden fluchend weggejagt und kommen gleich wieder. Schnell und sicher erledigen die Eskimo ihre Arbeit. Die Messer blitzen, über die Gesichter rinnt perlender Schweiß. Von den Indianern, die zum erstenmal das Zerwirken eines Beluga miterleben, kann man nicht mehr als Dienste von Handlangern erwarten. Sie befördern die Fleischklumpen, den Blubber und die schmackhafte Haut hinüber ins Lager.

Dort wird später der Walspeck auf langen Brettern kunstgerecht in handliche Stücke geteilt, aber immer so, daß sie an einer Ecke zusammenhängen. So pendeln sie danach von den Stangen über dem aufsteigenden Rauch. Je nach Bedarf wird ein Teil des Blubber ausgekocht und das flüssige Fett in Fässer gefüllt. Man hebt es auf zum eigenen Gebrauch, oder man verkauft es an weiße Interessenten. Das dunkelrote Fleisch wird in der Räucherkammer haltbar gemacht und dient als Vorrat für den Winter. Der Rest mit dem Gerippe bleibt den Hunden überlassen, die aber nur gelangweilt daran herumkauen.

Allein die Arbeit des Zerwirkens dauert viele Stunden. Es ist auch für die Kinder ein interessantes Schauspiel. Jimmy Bourque ist wieder ein Vorbild an Tüchtigkeit und merkt nicht, wie auf seinem breitgewölbten Hintern die Hose reißt. Während die Frauen kichern und sich die Kinder amüsieren, wird der Riß immer größer. Wie man nunmehr feststellen kann, trägt Jimmy keine Unterhose. So glänzt nun seine Kehrseite im Sonnenlicht, und darüber lachen die Leute so laut, daß er sich aufrichtet.

»Was ist denn los mit euch?«
Sie sagen es nicht, und Jimmy macht weiter. Erst viel später spürt er die frische Luft am Gesäß. Aber Jimmy hat Sinn für Humor und macht das Gelächter fröhlich mit.
Muktuk nennt man die Außenhaut des Beluga und weiß sie zu schätzen. Frisch vom Wal geschnitten, schmecken die Muktuk-Würfel nach Nuß und Butter. Ich mag sie recht gern, wenn es bei kleinen Portionen bleibt. Die Eskimo aber können den delikaten Muktuk pfundweise verzehren. Er wird neuerdings auch, in luftdichte Büchsen verpackt, den Feinschmeckerlokalen von London, Paris und New York geliefert. Immer mal was Neues und daher Muktuk als Vorspeise.
Die Eskimo laden zum Jagdessen. Man serviert Beluga-Leber in Blutsuppe, gegrillte Weißfische mit feinen Kräutern und Räucherlachs auf Zwieback. Da trieft das Fett von den Fingern, die als Gabel dienen, und jeder schmatzt bei vergnügtem Verzehr. Mit Bier, aus Blechbüchsen geschlürft, wird alles heruntergespült. Danach trollen sich die randvollen Gäste in ihre Zelte und rollen sich in die Schlafsäcke. Wie drohender Donner tönt das Schnarchen aus der Richtung Jim Bourques.
Als ich hinaus muß, der Erleichterung wegen, sehe ich drüben die Hunde bei ihrem Verdauungsschlaf. Nur einer sitzt noch am blutigen Kadaver des größten Wals, um sich Fetzen davon abzureißen. Nur dieser eine hat noch Hunger, man merkt es an seiner Freßgier. Ein plumper Kerl mit rundem Kopf und kleinen Ohren. Das Fell ist zottig und dunkel, die Pfoten sind breit mit langen Krallen. Das ist doch nicht möglich . . . das ist ja ein Bär!
Ich laufe nach meinem Fernglas, werfe mich hinter einen Birkenbusch und schaue mir den braunen Burschen genauer an. Wirklich ein starker Bär, einer von den berühmten, doch recht seltenen Tundra-Grizzlys. Die sollen besonders scheu sein und Menschenduft wie den Pesthauch der Hölle meiden. Aber dem hier ist das egal, oder der Wal riecht stärker als wir. Zu faul und vollgefressen sind die Hunde, um Alarm zu schlagen. Sie schenken dem Raubtier überhaupt keine Beachtung. Den Bären könnte ich erbeuten, es wäre ein sicherer Schuß auf relativ kurze Entfernung. Aber die Bären haben Schonzeit im Sommer, und ein Fell der warmen Jahreszeit ist nicht das beste. So bleibt es beim Betrachten, eine gute Stunde und noch mehr, bis der Grizzly schaukelnd den Schauplatz verläßt. Als die Eskimo und Indianer wieder zum Vorschein kommen, wollen sie mir den Bären nicht glauben. Aber sie sehen dann die Abdrücke seiner Tatzen und staunen darüber, daß er weder die Menschen noch die Hunde gefürchtet hat.
An eine neue Jagdfahrt ins Eismeer können wir heute nicht denken, hoher Wellengang wurde von einem Kundschafter gemeldet. Da kämen die Scows nicht weit genug hinaus und erst recht nicht mit der schweren Beute zurück. So überrede

ich Jimmy zu einem Ausflug ins geheimnisvolle Hinterland. Der junge Jim Witrekwa aus McPherson möchte mit, denn er hat in einem See nahe beim Lager seine Netze ausgelegt und will die Fische herausholen. Er kommt gar nicht auf den Gedanken, es könnten keine darin sein. Und als wir das zwölf Meter lange, an Treibholz hängende Netz mit vereinten Kräften hochziehen, hängen darin sage und schreibe sechsunddreißig glitzernde Geschöpfe. Weder Jim noch Jimmy sind erstaunt, denn so ist eben der übliche Fischzug in nordischen Gewässern. Welch unerschöpflicher Reichtum wird hier so gut wie gar nicht genutzt!
Wir sind meiner Schätzung nach sieben bis acht Stunden weit vom Lager entfernt, als es nach der nächsten Biegung überraschend vor uns erscheint. Aber nicht im Kreis sind wir durch das Labyrinth gefahren, sondern auf dem gleichen Weg zurück. Das kann nur erkennen, wer in der subarktischen Wasserwildnis so gut wie zu Hause ist, denn überall scheint das Landschaftsbild täuschend ähnlich zu sein.
Die Tage vergehen einer wie der andere. Das windige Wetter erlaubt keine Jagd auf Belugas. Ich bewundere den Gleichmut der Eingeborenen, die weder Ungeduld zeigen noch Enttäuschung verraten. Sie brauchen noch sehr viel mehr von der fetten Beute, um für den Winter versorgt zu sein. Aber so, wie es kommt, nehmen sie es hin. Sie fischen mit Netzen, sie angeln mit Leinen oder tun auch gar nichts. Wir Weiße gehören ganz selbstverständlich zu ihrer Jagdgruppe. Auch ich bin aufgenommen, als wäre es der Zweck meines Hierseins, für die Familie daheim und für meine Hunde den Wintervorrat zu beschaffen. Ein bestimmter Anteil steht mir zu, der aber nicht nach dem individuellen Erfolg bei der Jagd bestimmt wird, sondern nach Anzahl der Beteiligten. Und es hängt davon ab, wie viele Menschen und Hunde der Mann ernähren muß. Auch wenn eine Bootsbesatzung gar nichts einbringt, bekommt sie doch ihren Anteil von der gesamten Beute. So großzügig sind die »Primitiven«.
Furchtbar ist die Plage der Mücken und Moskitos, sobald man den Schutz eines rauchenden Feuers verläßt. Die Salbe auf Gesicht und Händen verhindert zwar, daß sich die summende Pest auf der freiliegenden Haut versammelt, aber man wird von den Wolken eingehüllt wie ein Bienenstock beim Schwärmen. Auf meinem Anorak sitzen die winzigen Biester so dicht beisammen, daß man kaum den Stoff erkennt. Wer ein Moskitonetz trägt, das von der Hutkrempe hängt und fest mit dem hochgeschlagenen Kragen verschnürt ist, muß immer wieder das Gekribbel mit den Händen fortwischen, damit er noch sehen kann.
Nach einer Schätzung kanadischer Insektenforscher sollen ungefähr 1000 Mücken und Moskitos an warmen, feuchten und windstillen Tagen einen Kubikmeter des Luftraums bevölkern, bis etwa zur Höhe von drei Metern über dem Boden. Das ergibt für einen Hektar des Nordwestens rund 90 Millionen. Wenn auch das Kopf-

rechnen stets meine Schwäche war, komme ich doch auf 9 Milliarden aggressiver Minibestien pro Quadratkilometer. Diese mit den 3,3 Millionen Quadratkilometern der NWT multipliziert, ergibt für das gesamte Territorium die phantastische Zahl von 30000000000000000 Mücken und Moskitos. Ich hoffe, so ungefähr ist das richtig, wenn auch kein Computer imstande ist, sie wirklich zu zählen. Würden sich solche Tage zu Wochen ausdehnen, wäre es für Warmblüter ganz unmöglich, in den Northwest-Territories zu leben. Aber nur dreimal während der sechzehn Sommerwochen meines Aufenthaltes war das Gesumme so schlimm.

Endlich ist es wieder soweit, mit sieben Booten und achtundzwanzig Mann fahren wir hinaus. Aber es wird eine wilde, windige Fahrt über schäumende Wellenkämme. Die Scows krachen in allen Fugen, ein Mann zumindest ist immer beschäftigt, Wasser aus dem Boot zu schöpfen. Keine Belugas sind zu sehen, es wäre auch nicht möglich, sie in der bewegten See mit Erfolg zu bejagen. Im Windschatten einer Insel der Hendrikson-Gruppe müssen wir beidrehen. Aus Treibholz werden lodernde Feuer entfacht, um Tee zu kochen. Sonst kann weiter nichts getan werden, als Geduld zu üben.

Auf der einsamen Insel leben Rentiere, die während des Winters vom Festland herüberkamen. Sie betrachten uns aus der Ferne, so als hätten sie menschliche Wesen noch nie gesehen.

»Wenn Jimmy Bourque nicht hier wäre«, sagt mir unser Steuermann, »könnte man sich ein paar von den Tieren holen. Sie schmecken noch besser als Karibu oder junge Elche.«

Zwei Boote sind angeschlagen, werden an Land gezogen und mit behelfsmäßigen Mitteln repariert. Wir haben nicht genug Verpflegung für mehrere Tage, aber Eskimo und Indianer sind es gewohnt, den Gürtel zeitweise enger zu schnallen. Wenn es zum Schlimmsten kommt, müssen eben doch die Rentiere dem Hunger abhelfen. In der Not darf jeder jagen, was er unbedingt braucht.

Als sich der Wind gedreht hat, nach ungefähr achtzehn Stunden, geht es wieder auf die Suche nach Belugas. Diesmal haben wir Glück und entdecken schon bald ein Gewimmel der weißen Wale. Einer, den ich zu gut getroffen habe, vermutlich ins Rückgrat, taucht nicht wieder auf. Aber zwei andere kann Tom blitzschnell harpunieren. Bis zum Lager an unserem Fluß ist es zu weit, so schleppen nun alle Boote ihre Beute zur mittleren Hendrikson-Insel. Dort werden nacheinander dreizehn Wale abgespeckt und zerteilt. Nur den Blubber und die besten Fleischpartien verladen wir in die Scows. Damit liegen die gebrechlichen Fahrzeuge schon so tief im Wasser, daß wir die lange Heimfahrt nur wagen können, wenn sich die See beruhigt hat.

Während die Eingeborenen darauf warten, durchquere ich die Insel. Sie ist eine

der wenigen, die ansteigt und teilweise von Geröll bedeckt ist. An einer Bucht am Südrand türmen sich glattpolierte Steinblöcke zu einem hohen Hügel. Von dort oben kann ich ein paar Mündungsarme des Mackenzie deutlich erkennen.
Alexander Mackenzie beschreibt in seinem Tagebuch, daß er bei der Ankunft am Arktischen Ozean vom Delta bis zu einer felsigen Insel hinausfuhr. Sie lag zwischen drei anderen, völlig flachen Inseln. So könnte es hier gewesen sein, wo der Entdecker landete und seinen nördlichsten Punkt erreichte. Man weiß es nicht genau, weil Mackenzie nur den Breitengrad bestimmte, aber nicht imstande war, den Längengrad festzustellen. Er nannte das Eiland die Walfischinsel, wegen der vielen Belugas in der Umgebung. Eine Stange wurde zwischen den Steinen aufgerichtet. Sie trug auf einer Holztafel Mackenzies Namen und das Datum: 14. Juli 1789.
Nur zu gern hätte ich einen Rest der Stange gefunden. Aber wenn sie Mackenzie wirklich auf diesem Felshügel aufgestellt hatte, was mehr als fraglich ist, war sie längst vom Winde verweht worden.
Man sollte meinen, daß der große Entdecker an jenem Tag glückselig seinen Triumph genoß. Vor ihm war noch kein weißer Mann, aus dem Innern Nordamerikas kommend, bis an das Eismeer gelangt. Er hatte auf dieser Reise den größten Strom Kanadas erstmals in ganzer Länge befahren. Aber Mackenzie war niedergeschlagen und tief enttäuscht. Er hatte vom Athabasca-See ja nicht den Weg zum Arktischen Ozean gesucht, sondern wollte an die Küste des Pazifik gelangen. Auf einen Wasserweg nach Westen kam es damals an, um dem Pelzhandel auf direkter Route den Absatz nach Ostasien zu ermöglichen. Doch entgegen allen Hoffnungen hatte ihn der große Strom in eine ganz andere Richtung geführt. Alexander Mackenzie hatte seine selbstgewählte Aufgabe nicht erfüllt, sondern er stand nach allen Mühen und Gefahren hier am falschen Platz, sogar am falschen Ozean. Es war sicher, daß ihn die leitenden Herren der Northwest-Company nach seiner Rückkehr mit dem Vorwurf empfingen, daß er Zeit und Geld nutzlos verschwendet hatte. Eine Degradierung konnte die Folge sein, und die Kosten mußte er aus seiner Tasche ersetzen. Das waren trübe Gedanken, und aus Mackenzies Tagebuch geht deutlich hervor, daß er sich an diesem denkwüdigen Tag der Entdeckungsgeschichte als Versager fühlte, statt auf seine Leistung stolz zu sein.
Er nannte den Strom, der ihn zum Eismeer geführt hatte, »Disappointment-River«, Strom der Enttäuschung. Aber die Königliche Geographische Gesellschaft in London wußte seine Entdeckung besser zu würdigen. Nach Mackenzie wurde der Fluß genannt.
Drei Jahre später gelang dem unermüdlichen Mann, über die Rocky Mountains hinweg, der Durchbruch zum Pazifischen Ozean. Damit hatte Mackenzie als erster Europäer den nordamerikanischen Kontinent in ganzer Breite durchquert. Vom

König geadelt, hieß er fortan Sir Alexander Mackenzie. Er wurde Chef der Northwest-Company, wo er im Alter von 16 Jahren als Lehrling begonnen hatte.*

Unsere Rückfahrt zum Jagdlager dauerte fast zwanzig Stunden. Immer wieder gab es Motorpannen, und dann mußte man den Havaristen so lange mitschleppen, bis der Schaden behoben war. Um sich gegenseitig zu helfen, blieb die Flotte dicht beisammen. Jeder war müde und von den vielen Aufregungen erschöpft, aber es war die erfolgreichste Waljagd der Saison.

Bis Mitte September, das heißt bis zum Beginn der kalten Herbststürme, wurden insgesamt dreiundfünfzig Belugas erbeutet. Die erstrebte Kameradschaft zwischen Eskimo und Indianern war hergestellt.

Sie werden auch in kommenden Jahren gemeinsam kampieren und ins Eismeer hinausfahren. Wenn sich das weiterhin bewährt, ist vorauszusehen, daß andere Gruppen dem Beispiel folgen.

Für mich gab es gleich nach Rückkehr von den Hendrikson-Inseln gute Gelegenheit, mit dem Dienstboot des Game-Department nach der Eskimo-Siedlung Tuktoyaktuk zu fahren. Von dort flog ich über Inuvik nach Aklavik. Mit Paul Kwaterowski war vereinbart, daß ich in Aklavik abwarten sollte, was weiter geschah. Ein langweiliges Nest sollte es sein, wo man gar nichts tun konnte und keine interessanten Leute traf. Aber gerade in Aklavik hat es mir gut gefallen, trotz der grünen Beutel und anderer Schmutzereien.

* Über das Leben und die Leistungen Alexander Mackenzies berichtet mein Buch »... immer noch 1000 Meilen zum Pazifik« (Cotta-Verlag, Stuttgart).

Aklavik und McPherson

Bisher hatte ich noch nicht das Vergnügen, mich in einem Drecknest wohl zu fühlen. Aber in Aklavik trug es sich zu. Mit dürren Worten zu erklären, wie das möglich war, fällt mir schwer. Keinen besonderen Anreiz hat die Ortschaft zu bieten, ihr fehlt jede Art von Attraktion. Und ich wüßte nicht, was ein Fremder besichtigen sollte.

Es genügt zu wissen, falls man überhaupt solche Angaben zu wissen wünscht, daß in Aklavik 613 Menschen leben oder gelebt haben, als ich dort eine Woche verbrachte. Dieser Bestand setzte sich zusammen aus 282 Eskimo, 160 Indianern, 129 Mischlingen und 42 Weißen. Ferner sind vorhanden: 11 Autos und Lkw, 39 Motorschlitten (die meisten stark angerostet), 28 Telefone sowie ein Hotel, das kaum zu empfehlen ist. Eine anglikanische und eine katholische Kirche sind um das Seelenheil der Bevölkerung besorgt, während zwei Polizeibeamte die Ordnung aufrechterhalten. Man hat sein Hospital, die Post, eine Funkstation, das kleine E-Werk und den Laden der Hudson-Bay-Company. In die Schule gehen 131 Kinder, etwa ein Drittel von ihnen lebt im dazugehörigen Internat. An jedem Wochentag kommt ein Flugzeug älteren Jahrgangs aus Inuvik, das entweder auf dem Mackenzie wassert oder daneben auf einem Rollfeld landet. Seine Fracht besteht zu beachtlichem Teil aus Whisky, Wodka, Gin und Büchsenbier. So ist also, wie gesagt, Aklavik ein ganz gewöhnlicher Ort im Nordwesten. Es könnte vielleicht bemerkenswert sein, daß sich zu den ursprünglich allein hier lebenden Eskimo auch dreißig bis vierzig Familien der Luchu gesellten. Zwar halten sie auf Abstand und wohnen in ihrem besonderen Teil des Dorfes. Aber schon längst wurde vergessen, wo das Kriegsbeil begraben liegt. Nur wenn der Alkohol zu reichlich strömt, gibt es Schlägereien. Dann kommt auch die Polizei und führt

die schlimmsten Schläger ins Kittchen. Da bleiben sie bis zur Ernüchterung, länger aber nicht.
Die Landschaft ist flach, sumpfig und struppig. Kein fahrbarer Weg reicht über den Rand des Ortes hinaus. Wann Aklavik entstand, weiß niemand zu sagen. Schon seit uralten Zeiten haben wohl einige Eskimofamilien dort gewohnt. Zu ihnen kamen vor etwa siebzig Jahren die Pelzhändler und Missionare. Übrigens erschienen die Konkurrenten, der katholische und der anglikanische, im gleichen Boot. Die HBC entwickelte ihre übliche Aktivität, mehr und noch mehr Eskimo fanden es bequem, sich in der Nähe des Ladens niederzulassen. Auch von den Luchu kamen in jedem Jahr ein paar Familien hinzu. Schon mehrfach hat die Regierung beschlossen, aus zweckmäßigen Gründen die ganze Ortschaft zu verlegen. Sie soll mit Inuvik vereint werden, einer vollkommen neuen und modernen Siedlung auf der Ostseite des Deltas, wo die Verbindungen zu Wasser und in der Luft viel besser sind. Aber die Aklaviker wollen das nicht. Sie bleiben lieber dort, wo es gemütlich ist und niemand ihren beschaulichen Lebensstil verwirrt.
Schon nach wenigen Tagen teilte ich ihre Meinung, denn Aklavik hat jenen eigenartigen Charme von Schlamperei, der so anheimelnd wirkt. Niemand bewegt sich mit eiligen Schritten, und schon gar nicht zur Arbeit. Man bummelt, man steht herum oder plaudert mit Freunden, die gleichfalls eine Rente beziehen. Weil die Behörden immer noch hoffen, sie könnten Aklavik eines Tages auflösen, blieb die alte Siedlung von Neubauten weitgehend verschont. Nur die Schule mußte man großzügig erweitern, damit die kommende Generation mehr Bildung erwirbt als die Erwachsenen der Gegenwart. Auch bei den Weißen läßt das Wissen viel zu wünschen übrig, selbst wenn man die Maßstäbe noch so niedrig ansetzt. Das ergaben schon die ersten Gespräche. Keiner konnte begreifen, was ich denn in Aklavik wollte oder überhaupt in den Nordwest-Territorien. Ich wäre in den »üblen« Verdacht geraten, ein Intellektueller zu sein, hätte man nur geahnt, daß ich Bücher schreibe. Die Leute lesen, sofern sie dazu fähig sind, nur Krimis und Pornos sowie jene gräßlichen Groschenhefte, worin in erster Linie die Grausamkeiten deutscher Untermenschen geschildert werden, denen amerikanische Heldenfiguren das schändliche Handwerk versalzen.
»Also, was treibst du hier«, wurde ich wieder einmal auf der Straße gefragt, »für welche Firma bist du in Aklavik, und was sollst du hier machen?«
»Ich gehöre zu keiner Firma, ich will mir nur die NWT genauer ansehen . . . das ist doch ein schönes Land mit so liebenswürdigen Menschen. Ich reise eben zu meinem Vergnügen.«
»Jetzt begreife ich«, sagte der Mann und nickte mir zu, »du bist also bei der Regierung.«
Von den Pflichten im Staatsdienst schien er nicht viel zu halten. Bis zu einem

gewissen Grade ist das zu verstehen, wenn man Andy Russel – Name geändert, auch ist er seit kurzem verzogen – kennt, einen der freundlichsten Faulpelze, dem ich je begegnet bin. An ihn hatte mich der Freund eines Freundes empfohlen, weil Andy ein großes Haus ganz allein bewohnte und gern einen Gast bei sich aufnahm. So war es wirklich, und Andy hatte gleich gesagt, ich sollte mich bei ihm wie zu Hause fühlen.

»Mach, was du willst, nimm, was du brauchst, bleib von mir aus bis Neujahr ... aber laß mich in Ruh'.«

So habe ich das gern, wenn einer den anderen nicht immer zum Zeitvertreib drängt.

Das Haus mit fünf Räumen nebst Diele, Bad und Küche war eine Dienstwohnung des treusorgenden Staates, vollständig möbliert und eigentlich für ein Ehepaar mit mehreren Kindern bestimmt. Alles, was ein solcher Haushalt braucht, wird den verwöhnten Beamten von der herzensguten Behörde zur Verfügung gestellt, sogar Bettwäsche, Geschirr, Waschmaschine, Eisschrank und der elektrische Toaströster. Wenn das nicht so wäre, würde es kaum möglich sein, die Beamten und Angestellten vom milden Süden in den rauhen Norden zu versetzen. Mancher, vielleicht sogar die meisten, behandeln das Eigentum der Steuerzahler, wie es sich gehört, andere tun es nicht. So war es bei Andy, dem dauernden Strohwitwer. Seine Gattin und Kinder hatten es vorgezogen, in der Großstadt zu bleiben. Deshalb konnte Andy in Aklavik leben, ganz wie es ihm gefiel.

Er ging nicht gerne ins Bett, sondern warf sich mit Jacke und Stiefeln auf die Couch im Wohnzimmer. Den ausgefransten Hut auf dem Gesicht, verbrachte er dort die hellen Nächte. Hatte der Hausherr genug geschlafen, lag er meist in einem Sessel, streckte die Beine weit von sich und schaute zur Zimmerdecke. Weil die Aschenbecher überquollen, drückte er seine Stummel in die Polstermöbel oder schnippte die noch glimmenden Reste auf den teppichbelegten Fußboden. Ausgetrunkene Bottles und Büchsen sandte mein Gastgeber mit lässigem Fußtritt unters Sofa. Weil sich um den Mülleimer im Hausflur schon ein Gebirge von Abfall erhob, schleuderte er lästigen Kram vor die Tür des Hauses. Geschirr zu spülen, behagte ihm nicht, und so hatte sich auf dem Küchentisch ein Stapel verdreckter Tassen und Teller einen halben Meter hoch angesammelt. Der Inhalt angebrochener Konserven mit Corned beef, Bratwürsten und Fischpastete war völlig verschimmelt.

Ich machte Ordnung, so gut es ging, holte frische Lebensmittel aus dem HBC-Laden und bat meinen Gastgeber zu einer ordentlichen Mahlzeit. Andy lehnte lachend ab, weil es ihm lästig war, an einem sauber gedeckten Tisch zu sitzen.

»Da müßte ich ja die Hände waschen ...«, sagte er kopfschüttelnd und begab sich in das unappetitliche Lokal nebenan; wo keine Ansprüche dieser oder ähnlicher

Art gestellt wurden. Andy hatte auch ein Büro, das er hin und wieder aufsuchte. Welche Arbeit er zu erledigen hatte, weiß ich nicht. Er sagte mir nur, sein Chef amtiere tausend Meilen von hier und habe sich in Aklavik schon lange nicht mehr gezeigt. Ein unausstehlicher Pedant, dieser Mann, hatte er doch beim letzten Besuch dem Andy dringend geraten, die fehlenden Knöpfe an seiner Hose zu ersetzen. Das war jedoch eine private Angelegenheit, die Vorgesetzte gar nichts anging, weshalb dem Hosenlatz des Hausherrn noch immer einiges fehlte. Auch die Schnürsenkel waren ihm abhanden gekommen, so daß er mit offenen Stiefeln durch die Gegend latschte. Nun ja, das war Sitte bei vielen Männern in Aklavik wie auch sonst in den NWT. Wer sich der Stiefel entledigen wollte, konnte sie ganz einfach von sich schleudern.

Wenn sich Andy im Hause befand, war er durch alle Wände deutlich zu hören. Selten bin ich einem Mann begegnet, der im Schlaf oder beim Wachen so viele ganz verschiedene Geräusche von sich gab. Er röhrte wie ein Brunfthirsch, stöhnte wie ein Opfer der Inquisition und rülpste wie ein Elefant mit verdorbenem Magen. Seine Blähungen ließen oft vermuten, daß ein donnerndes Gewitter heranzog. Aber sonst war Andy Russel ein hochanständiger Mensch, den man allgemein schätzte. Gern erfüllte er anderen Leuten jeden Wunsch, sofern es ihm keine Mühe machte. Wenn Andy mit seinem Kanu einen Ausflug unternahm, fragte er stets, ob ich mitkommen wolle. Einmal ergab es sich, daß bei unserer Heimkehr gerade die Maschine aus Inuvik über das Wasser glitt. Der Pilot hatte Post für Andy, winkte ihn herbei und übergab ihm einen großen, hellbraunen Umschlag mit amtlichem Stempel. Andy warf ihn auf den Deckel seiner Benzintonne, doch beim raschen Abdrehen rutschte die Post über Bord.

»Andy . . . der Brief schwimmt davon!«

Der ging zum Glück nicht gleich unter, man konnte ihn wieder herausfischen.

»Laß ihn absaufen . . . I couldn't care less.«*

»Aber das ist sicher deine Dienstpost . . . wir kriegen sie noch . . .!«

»Bullshit«**, sagte er, »nur blöde Bullshit vom Chef. I couldn't care less . . .«

So schwammen die Dokumente oder was es sein mochte dem Arktischen Ozean entgegen.

»Aber was passiert, wenn du nicht drauf antwortest?«

»Bei der Post geht viel verloren . . . daran muß sich mein Chef gewöhnen.«

Bei der Post sind die Schalter auch während der Dienststunden oft geschlossen,

* wörtlich: »Nichts könnte mich weniger bekümmern«, dem Sinn gemäß »Ist mir doch gleich«. Die Redensart ist weit verbreitet und auch die übliche Antwort auf Fragen, die ein geistig unterbelichteter Mensch nicht beantworten kann oder will.

** wörtlich »Bullenscheiße« oder auch Kuhfladen. Der Ausdruck ist weit verbreitet und betrifft im allgemeinen jede Art von bedrucktem Papier, besonders amtliche Verlautbarungen.

weil die vorwiegend weiblichen Postler noch anderes zu tun haben. In Aklavik amtierte eine ältere Dame, die ihre Kaffeepause bei sich daheim stundenlang ausdehnte. Wer das wußte, konnte bei ihr anfragen, wann sie wieder einmal das Büro betrat. Meist stand die freundliche Frau dann auch bald zur Verfügung.

In der Snackbar, die zum Hotel gehörte, war es schmuddelig und gemütlich. Nette, wenn auch meist primitive Kerle saßen dort beisammen, alle drei Rassen und ihre Mischlinge in guter Freundschaft vereint. Mich hatte man gleich so kameradschaftlich hinzugenommen, als wäre ich ein geborener Aklaviker. Von den lieben Mitbürgern war meist die Rede, auch von lokalen Ereignissen und den jungen Leuten, die nur wenig taugten. Neuigkeiten aus der übrigen Welt standen nicht zur Debatte, *one couldn't care less.* Die Leute mochten einander recht gern. Sie stritten nur selten und beklagten sich kaum über die Widrigkeiten des Lebens. Weder an den gesalzenen Preisen in dem Stammlokal noch an den minderwertigen Speisen hatten sie etwas auszusetzen. So war das eben, es ließ sich nicht ändern.

Einmal oder zweimal in der Woche können die Aklaviker ins Kino gehen, was nur einen Dollar kostet. Die Vorstellung findet in einer Baracke statt, die sonst den Gebetsstunden einer religiösen Sekte gewidmet ist. Den Holzbänken fehlen die Lehnen, und die Bretter am Boden haben sich gelockert. Ein Mädel von etwa vierzehn Jahren bedient den Projektor. Der Apparat steht im gleichen Raum, und wenn er gelegentlich versagt, so muß ihn einer der Zuschauer wieder in Ordnung bringen. Für kleine Kinder ist der Eintritt frei, weshalb sie in Scharen erscheinen. Das ist ein Kommen und Gehen, ein lustiges Treiben und fröhliches Jagen im Saal wie auf dem Spielplatz vor der Schule. Man sieht Gangsterfilme aus den USA, bestaunt das Liebesleben leichtsinniger Damen und bewundert kühne Draufgänger im Kreis der Spione. So erhalten Eskimo und Indianer einen vielseitigen Anschauungsunterricht über die Zivilisation der weißen Völker. Wenn ein Filmhund aus dem Lautsprecher bellt, antworten ihm alle Huskies der Ortschaft mit empörtem Gejaule.

Auch ein Affe lebt in Aklavik, vermutlich der einzige in den Nordwest-Territorien. Sein Freund und Besitzer ist Rudi Tornow aus Berlin-Zehlendorf, nunmehr Leiter staatlicher Bauvorhaben im Ort. Im Hause wohnt außerdem ein hinterindischer Beo-Vogel, der Fragen nach seinem Befinden auf eskimoisch beantwortet.

Was die hygienischen Verhältnisse betrifft, so muß man wissen, daß es wegen des Dauerfrosts im Boden außerordentlich schwierig ist, eine Kanalisation anzulegen. So müssen sich die Bewohner kleiner und älterer Ortschaften mit einer Chemical-Toilette begnügen. Das ist ein Kübel mit Brille und Deckel, worin sich ein weitgeöffneter Beutel aus grünem Plastik befindet. Er wird vor Gebrauch etwa drei Finger hoch mit einer chemischen Flüssigkeit gefüllt, die jeden Geruch absorbiert und die Fäkalien auflöst. Nähert sich der Inhalt dem Rande, hebt man

den Beutel aus dem Klo und schnürt ihn zu. Eigentlich sollte er dann in einer Abfalltonne am Straßenrand verschwinden, die bei passender Gelegenheit von der Müllabfuhr ausgeräumt wird. Aber nicht überall wurde bisher die Abfuhr entsprechend geregelt, auch bringen nicht alle Familien den Unrat bis zur Tonne. In Aklavik zum Beispiel liegt in der Umgebung so mancher Häuser eine stattliche Anzahl der grünen Beutel, gefüllt mit chemischer Scheiße.
Am Ende des Ortes besuchte ich das Ehepaar Rivet in einer Wohnbaracke. Der stoppelbärtige Mann war früher als Goldsucher tätig und dürfte französischer Abstammung sein, während die Frau zum Volk der Luchu gehört. Eine Tochter dieses Ehepaars hat in Aklavik einen deutschen Mechaniker geheiratet und ging mit dem Gatten nach München in die Terofalstraße. Ich sollte ihr Grüße ausrichten, doch leider vergaßen die Eltern mir den neuen Namen ihrer Tochter zu nennen. Aus Buchloe in Bayern war Fred Wittlinger gekommen, der allgemein beliebte Leiter der Aklaviker Stromversorgung. Sechs Eskimo hören auf sein Kommando und pflegen die Maschinen, wie es besser nicht sein könnte. In Wittlingers Büro, ebenso in seinem Wohnhaus regiert vorbildliche Ordnung, doch ihm fehlt die Lebensgefährtin.
»Wissen Sie nicht 'ne Frau für mich?« fragte er schon bei unserer ersten Begegnung. Sein gutes Aussehen, sein strebsames Wesen, auch sein hohes Einkommen empfehlen den Mann. Aber nicht jedem Mädchen bei uns daheim möchte ich Aklavik für langjährigen Aufenthalt vorschlagen.
Andy brachte mich zum ältesten Bewohner des Ortes, einem ehemaligen Prospektor. Seine Hütte war seit Jahrzehnten nicht mehr entrümpelt worden, und jedesmal, wenn sich der Oldtimer bewegte, wirbelten Staubwolken durch die Bude. Der lebhafte Greis zeigte mir Steinproben aus seiner reichhaltigen Sammlung, wobei er mit Flüsterstimme erklärte, daß ihm Goldvorkommen unschätzbaren Wertes bekannt seien. Dort wollte er demnächst mit dem Abbau beginnen.
»Ich bin zwar sechsundachtzig, aber das macht überhaupt nichts. Hier können gesunde Leute auch das doppelte Alter erreichen.«
Ein betagter Eskimo, der zu Besuch bei ihm weilte, ließ mir übersetzen, daß seine Großmutter hundertvierzig und sein Großvater sogar hundertsechzig Jahre gelebt hatten. Es sind der Phantasie keine Grenzen gesetzt, wo die Beweise fehlen.
An vielen Orten der Arktis bin ich den Söhnen und Töchtern des berühmten Polarforschers Vilhjalmur Stefansson begegnet, der seine jahrelangen Forschungsreisen von 1910 bis 1930 unternahm. Seine intime Kenntnis der Eskimo fand ihren Niederschlag in einer Reihe hochinteressanter Bücher, und sie wird auch durch zahlreiche Nachkommen bewiesen, die Stefansson bei den Eskimo hinterließ. In Aklavik behaupten nicht weniger als sieben Personen, daß der beliebte Forscher ihr Vater sei.

Wer die katholische Kirche besucht, kann dort einen handgeschnitzten Altar bewundern und darüber staunen, wie vor bald sechzig Jahren ein schlichter Trapper dieses Kunstwerk schaffen konnte. Er hieß Bockwaechter, kam angeblich aus Schwaben und verstarb hochbetagt 1940 in Aklavik. Wer an dem anglikanischen Friedhof vorübergeht, dem wird ein Grab gleich neben dem Zaun schon deshalb auffallen, weil es nicht mit dem üblichen Kreuz versehen ist, sondern mit einem knorrigen Stamm aus Treibholz. Nur »John« hat man daraufgemalt, sonst gar nichts. Jener Mann, dessen Gebeine darunterliegen, hat kein Kreuz verdient. Und seinen wirklichen Namen kennt man nicht. Ein hinterlistiger Mord und zwei Mordversuche, vermutlich auch noch andere Verbrechen, gehen zu seinen Lasten. Doch am Ende traf ihn die Kugel eines Verfolgers, der gleich gegenüber der Grabstelle wohnt. Von diesem Mann, der sich Karl Garlund nennt und aus Schweden stammt, hörte ich die ganze, noch immer geheimnisvolle Geschichte.

Im Jahre 1930 war der »Trapper John« zum erstenmal in Aklavik aufgetaucht. Den freundlichen Fragen nach seiner Herkunft blieb er die Antwort schuldig, auch sonst sagte er so gut wie nichts. Im Laden der HBC kaufte der schweigsame Mann neben vielen Kleinigkeiten auch Proviant, Patronen und Biberfallen, die er bar bezahlte. Schon das erregte Verdacht, denn jeder anständige Mensch verlangt Kredit und läßt seine Einkäufe anschreiben. Dann hörte man von Indianern, daß er am Fuße der Richardson-Berge hauste. Dort jagte der Trapper John und legte seine Fallen aus. Mit den Eingeborenen wollte er nichts zu tun haben. Als sie ihn nach Landesbrauch besuchten, um nachbarliche Verbindung aufzunehmen, jagte er sie mit groben Worten davon. Schon bald danach bemerkten die indianischen Trapper, daß ihre Fallen von fremder Hand geplündert waren, und beschwerten sich bei der Polizei in Aklavik.

Am 27. Dezember 1931, im strengsten und dunkelsten Winter also, machten sich zwei Beamte auf, um zu kontrollieren, ob dieser John überhaupt eine Lizenz besaß. Außerdem wollten Corporal King und Constable Macdowell feststellen, wer dieser Mann eigentlich war. Die Leute von Aklavik hatten ihn nur deshalb »John« genannt, weil ihnen nichts Besseres einfiel.

Als jedoch die beiden Polizisten, nach einer Schlittenreise von 130 Kilometern, bei der tiefverschneiten Blockhütte anlangten, ließ sie der Trapper nicht hinein. An seinem schlechten Gewissen bestand kein Zweifel, denn er hatte sich hier eingenistet wie ein Mann, der mit Feinden rechnen muß. Seine Hütte lag auf dem Vorsprung eines Berges, über dem Rat-River, mit freiem Schußfeld nach allen Seiten. Wie eine kleine Festung war sie gebaut. Kein ehrlicher Trapper hatte das nötig.

Der Korporal King konnte noch so friedlich auf Trapper John einreden, er bekam doch nur gemeine Flüche zur Antwort. Der ungebetene Besuch sollte machen, daß er wegkäme. Die Hüter des Gesetzes kehrten zurück nach Aklavik und holten sich vom Friedensrichter einen Befehl zur Hausdurchsuchung, denn Ordnung mußte sein. Mit zwei indianischen Hilfsbeamten, sogenannten Special Constables, eilten sie abermals zur Hütte des Trappers, und zwar bei 38 Grad Celsius grimmiger Kälte. Rauch stieg aus dem Dach, also war John zu Hause. Der Korporal King klopfte gebieterisch an die Bohlentür und rief auch, daß er Vollmacht habe, sich Einlaß zu verschaffen. Da krachte ein Schuß, und schwer verletzt brach der Korporal zusammen.

Die furchtbare Kälte mußte ihn töten, wenn er nicht sofort in ein Hospital gebracht wurde. So jagte der Schlitten mit dem Verwundeten so schnell wie möglich nach Aklavik, und tatsächlich gelang es, den Korporal zu retten. Bis aber der Bericht über das Geschehene die vorgesetzte Stelle erreichte und Verstärkung eintraf, vergingen drei Wochen.

Sodann organisierte der aus Fort Norman herbeigeholte Inspektor Eamans mit den Constables Millen und Macdowell einen neuen Vorstoß. Die Trapper Lang, Sutherland und Garlund stellten sich als freiwillige Hilfskräfte zur Verfügung, ebenso zwei tapfere Indianer vom Stamme der Luchu. Inzwischen hatte der schießwütige John seine Hütte noch besser ausgebaut. Doppelt stark waren nun die Wände, und auf sein Dach hatte er Steine und Baumwurzeln gewälzt. Schmale Schießscharten drohten aus dem Gebälk. Die Aufforderung, sich zu ergeben, lehnte der Verbrecher ab.

Eine Bombe aus Dynamitpatronen wurde gegen die Tür geschleudert, aber ihre Wirkung verpuffte im Schnee. Trapper John antwortete mit scharfgezielten Schüssen, die zum Glück nur Ärmel und Hosen der draußen stehenden Männer zerfetzten. Unter diesen Umständen war es nicht möglich, die Festung zu stürmen. Der Inspektor dachte daran, den rabiaten Kerl geduldig zu belagern und allmählich auszuhungern, aber inzwischen war die Temperatur auf 46 Grad Kälte gefallen. Es gab nicht genug Verpflegung, auch kein Hundefutter, um lange zu verweilen. Also wieder ein Rückzug der Polizei und ihrer Hilfskräfte.

So konnte es nicht weitergehen, jetzt mußte ein Flugzeug mithelfen. Der erste Pilot so hoch im Nordwesten war Captain Wop May, und er flog eine deutsche Junkers-Maschine, die schon längst nicht mehr neu war. Er sollte die Bodentruppe aus der Luft versorgen. Wenn er landen konnte, war es gut, sonst mußte er die Sachen in den Schnee werfen. Nur anderthalb Stunden schwaches Tageslicht standen im Januar zur Verfügung, was natürlich die Aufgabe des Piloten wesentlich erschwerte. Noch zwei Polizeibeamte hatte man geholt, und noch drei Trapper hatten sich gemeldet, um endlich mit dem Schurken fertig zu werden. Damit es diesmal gelang, die befestigte Hütte zu sprengen, wurden wirkungsvolle Bomben aus Motorenzylindern hergestellt und mit modernstem Dynamit gefüllt.

Der vierte Vormarsch gegen den Trapper John begann am 21. Januar 1932. Aber der Unhold war nicht mehr daheim, sondern hatte das Weite gesucht. So kam es zu der letzten männermordenden Menschenjagd im Nordwesten, und zweifellos war sie auch eine der längsten. Man folgte der Spur des Flüchtigen tagelang und am Ende sogar vier Wochen lang. Captain May warf die Verpflegung ab, flog zurück und erschien aufs neue. Er mußte bei Dunkelheit starten, und meist war es schon bedenklich dunkel, wenn er wieder in Aklavik landete. Die Bodentruppe suchte sich ihren Weg mit Hilfe lodernder Fackeln. Man war dem Verbrecher dicht auf den Fersen, als ein Schneesturm seine Spur verwischte. Doch es gelang dem Ahnungsvermögen eines Indianers, nach längerem Herumsuchen die Fährte wieder zu entdecken. Sie war nur zwei Tage alt, und es zeigte sich, daß der schlaue John im Kreis gelaufen war, um seine Verfolger zu verwirren. Schon zuvor hatte er sich zwei Depots angelegt, die ihm jetzt zur Versorgung dienten. Aber lange konnte der Vorrat nicht reichen, zumal der Flüchtige keinen Schlitten hatte, um die Sachen hinter sich herzuziehen. Was ihm noch geblieben war, mußte er tragen.

Die Kälte sank auf 48 Grad unter Null, doch weiter ging die Menschenjagd, immer tiefer hinein in die unerforschte Wildnis. Es war eine Verfolgung meist bei Dunkelheit, an der sich vierzehn Mann, vier Schlitten und vierunddreißig Hunde beteiligten. Der Trapper John verfügte über enorme Ausdauer und erstaunliche Talente. Er lief über blankes Eis, wo die Fährtensuche äußerst schwierig war. Dann ließ er seine Skier liegen, um sich statt dessen Fichtenzweige unter die Füße zu binden. So stapfte er durch weichen Schnee, wo die Hundeschlitten versanken. Er benutzte seinen Vorsprung, um Schneehühner oder Schneehasen in Schlingen zu fangen. Er mußte lautlos jagen, weil er durch Schüsse seinen Standort verraten hätte. Neben einem kleingehaltenen Feuer gönnte sich der gehetzte Mann nur wenige Stunden Schlaf, dann lief er weiter. Niemand ahnte, wohin er wollte.

»Wir mußten den Kerl aufrichtig bewundern«, sagte mir Karl Garlund, »er war schlauer als ein Fuchs und zäh wie des Teufels Katze. Aber er war ein kaltblütiger Killer, das werden sie gleich begreifen. Dann auf einmal wittern unsere Luchus den Rauch von 'nem Feuer. Aber Vorsicht jetzt, verdammte Vorsicht. Wir schleichen uns ganz leise 'ran, immer gut gedeckt und auf dem Bauch durch'n Schnee. Es ist grad dämmrig geworden, und da sehen wir den John im dichten Gebüsch, ganz tief über ein winziges Feuer gebückt. Er hat keine Ahnung von uns ... aber das war nur sein verdammter Trick! Schnell wie der Blitz drehte er sich 'rum, reißt die Knarre hoch und knallte Freddy Millen übern Haufen. Den armen Constable müssen wir erst in Deckung ziehen, dann beballern wir den John nach allen Regeln der Kunst. Der kriecht an 'nem gestürzten Baumstamm entlang, und ich denk', jetzt kommt er mir gelegen, der Schuft. Als ich abzieh', da kracht's auch bei ihm. Der hat vielleicht scharfe Augen im Kopf, dem kann überhaupt nichts entgehen. Aber keiner kriegt was ab. Noch mal und dann noch mal geht's hin und her. Wir stecken beide tief im Schnee, so kann eben einer den anderen nicht so richtig fassen. Und schon ist wieder dunkle Nacht, und keiner kann was sehen. Aber mit 'ner Fackel hinter ihm her, das wär' wohl der helle Wahnsinn. Selbstmörder sind wir ja nicht gewesen.«

Der Trapper John verschwand im Schutze der Dunkelheit, und Constable Millen war tödlich getroffen. Die erschöpften Verfolger mußten ihre Menschenjagd vorläufig aufgeben.

Aber Captain May, der todesmutige Pilot, gönnte sich keinen Tag der Erholung. Während der kurzen Zeit, da es hell wurde, flog er über die weiße, wilde Landschaft in der Hoffnung, aufs neue eine Spur des Mörders zu entdecken. Es gab damals noch keine Karten von dieser großenteils unbekannten Gegend. Wenn die Maschine notlanden mußte, war Wop May so gut wie verloren. Aber eines Tages sah er die Fährte, bis über den Barrier-Fluß hinaus war der eisenharte Verbrecher gelaufen. Nur von ihm konnte diese Spur gezogen sein, denn sonst gab es niemanden in der grenzenlosen Einsamkeit. Der Pilot informierte die Polizei, und zum fünften Mal begann die zermürbende Jagd. Captain May lenkte die Verfolger zum Fundort der Fährte. Bei grausiger Kälte marschierten die Männer mit den Hundeschlitten fast zweihundert Kilometer durch Wald und Wildnis. John hatte inzwischen den Bell-River überquert und zog in die baumlose Tundra. Vermutlich hoffte er auf einen Sturm, der allen Schnee vom Boden fegte. Dann war auf der steinharten Tundra seine Spur nicht mehr zu erkennen. Wenn John die Verfolger los wurde, konnte er an windgeschützter Stelle ein Iglu bauen, in der Nähe auf Karibu jagen und sich mit ihren Fellen warm halten. Aber welch ein Leben würde das sein?

Die Spur ging verloren, wurde wieder entdeckt, verschwand aufs neue und kam abermals zum Vorschein.

»Wir hatten den Peel erreicht und die Nase restlos voll«, berichtete Garlund, während er den Ofen noch etwas näher rückte, weil ihm die Erinnerung an jene Tage noch jetzt einen Kälteschauer über den Rücken jagte. »Der Kerl war zehnmal besser als wir . . . nicht mit dem Charakter, mein' ich, sondern mit dem Kopf, mit der Lunge und mit seinen langen Beinen, damit war er wirklich besser. Wir schliddern grad übers blanke Eis vom Peel, da sagt ein Luchu, er riecht nasses Leder, das im Rauch hing. Die Roten haben ja 'nen Riecher wie der beste Jagdhund. Also hat hier ein Mensch geschwitzt, der Leder anhat und vorher am Feuer saß. Das weiß jeder Waldläufer, oder damals wußten's alle. Heute sind ja die jungen Leute nicht mehr so pfiffig. Und was soll ich sagen, im gleichen Augenblick kommt der John um die Ecke. Der wollte wieder im Kreis gehen, und so steht er plötzlich vor uns . . . so auf dreißig Schritt ungefähr. Bei mir und dem Trapper Riedl . . . übrigens kam der von Germany, also bei mir und Riedl ist nur der Sergeant Hersey. Die anderen sind noch weit hinten und wissen von gar nichts. Der Sergeant Hersey will sagen, der John soll sich ergeben . . . da hat's bei dem Teufel schon gekracht. Hersey liegt am Boden. Ich und der Trapper Riedl . . . also wir beide schießen auf den Kerl. Vorbei geht's, warum, weiß ich nicht, wohl wegen der Aufregung. Der John rennt den Hang 'rauf, so schnell, wie man's gar nicht sagen kann. Ich knall' ihm hinterher, und er wirft sich hin. Erst denk' ich, er hat's . . . aber das war 'n Irrtum. Er reißt den Packsack vor sich, haut's Gewehr drüber und knallt wieder los. Aber es muß ihn doch was erwischt haben, weil die Kugeln weit von uns weg aufs Eis klimpern. Ich geb's ihm noch mal, und ich glaub' sogar noch 'n drittes Mal. Danach bleibt er still, und jetzt kommen auch die anderen gelaufen. Der Inspektor meint, wir müssen noch vorsichtig sein. Bei dem Teufel ist ja alles möglich, der kann sich auch verstellen. Der Inspektor also nimmt seine Knarre hoch und ballert das ganze Magazin 'raus, immer auf den John da oben. Dann gehen wir hin, und mit dem John ist es restlos vorbei . . . sieben Kugeln hat er im Leib, wie sich später 'rausstellt. In seiner Tasche stecken fast dreitausend Dollar, und einen Beutel mit Zahngold hat er auch noch.«

Der Sergeant Hersey lag mit durchschossener Brust am Boden. Dicht am Herzen war die Kugel eingeschlagen und bei der achten Rippe wieder ausgetreten. Aber er lebte noch, trotz starken Blutverlusts. Als der Captain May erschien und zwei hingestreckte Männer sah, wagte er die Landung auf glattem Eis. Die Maschine rutschte eine halbe Meile weit, bevor sie zum Stillstand kam. Hersey wurde verladen und nach sehr schwierigem Start binnen einer Stunde nach Aklavik geflogen. Wäre nicht zufällig ein hervorragender Chirurg im Hospital gewesen, aus ganz anderem Anlaß natürlich, hätte es für den Sergeanten keine Rettung gegeben. Aber so kam er mit dem Leben davon.*

Allen Bemühungen der kanadischen und amerikanischen Polizei gelang es nicht, herauszufinden, wer »Trapper John« gewesen war. Die hohe Geldsumme, vor allem das Zahngold in seiner Tasche, lassen die Vermutung zu, daß er schon vor seinem Auftauchen in Aklavik ein Verbrechen begangen hatte. Dafür spricht auch

* Hersey ging später zur kanadischen Armee, wurde während des Zweiten Weltkriegs Major und hatte später das seltene Glück, im Rugby-Toto zweimal den Haupttreffer zu gewinnen, insgesamt eine Million D-Mark.
Der offizielle Bericht über den Fall des Trappers John läßt nicht erkennen, wer ihn erschossen hat. Nach der amtlichen Darstellung war es Inspektor Eamans, der nach Riedl und Garlund die tödlichen Schüsse abgab. Aber diese Version soll nur deshalb bestehen, weil man vergessen hatte – was auch Karl Garlund bestätigt –, die Freiwilligen als Hilfskräfte der Polizei zu vereidigen. So hätte erst ein umständliches Gerichtsverfahren feststellen müssen, daß sie den Mann in Notwehr umlegten. Der Inspektor aber war berechtigt, den bewaffneten Mörder auf der Flucht zu erschießen. Er hat jedenfalls den beiden Trappern, und vor allem Karl Garlund die Verantwortung für den Tod des Verbrechers abgenommen. (Der amtliche Bericht der Royal Canadian Mounted Police in Aklavik an den Secretary des Department National Defence vom 21. Februar 1932 trägt das Aktenzeichen 1–2–1).

jener Schuß durch die Tür, als die Polizei vor seiner Hütte erschien. Er glaubte, man wolle ihn verhaften, was gar nicht der Fall war, und führte damit sein Ende herbei.
»Wie wär's mit 'ner Fahrt nach Pherson?« fragte mich Andy nach ungefähr einer Woche meines Aufenthalts.
»Wo's etwas zu sehen gibt, bin ich dabei, und besten Dank im voraus.«
»Zu sehen gibt's gar nichts, nur trübes Wasser und struppigen Wald.«
Ich sorgte für die Lebensmittel und Getränke. Andy legte sich mit Hut und Stiefeln ausnahmsweise ins Bett, um erst die nötige Kraft zu sammeln. Als er ausreichend geschlafen hatte, bestiegen wir sein Boot. Aber die Fahrt konnte nicht beginnen, weil der Keilriemen gerissen war. Dafür gab es keinen Ersatz an Bord und ebensowenig in Aklavik. So begab sich Andy zur Administration, um per Funk und Flugzeug einen neuen Riemen anzufordern. Der Eile wegen brachte ihn eine Sondermaschine noch am gleichen Tag. Doch leider hatte der gute Andy nicht die richtigen Maße angegeben. Also noch ein Flug nach Inuvik und zurück, dann hatten wir den passenden Riemen und fuhren davon.
Es war die gleiche Landschaft des Deltas wie schon auf der Reise zum Jagdlager bei Kittigazuit, nur glitten wir diesmal der Strömung entgegen, und aus den »kleinen Stöcken« wurde allmählich bescheidener Wald.
»Achtung . . . dickes Treibholz da vorn«, rief ich Andy zu, weil er einen so verschlafenen Eindruck machte.
»Ist kein Holz«, meinte er müde, »nur 'ne Elchkuh schwimmt im Wasser . . . mit 'nem Kleinen hinterher.«
Tatsächlich, Mutter und Kind durchquerten den Kanal. Sie hörten den Motor, beschleunigten ihr Tempo und waren schneller als wir. Mit erstaunlicher Gewandtheit eilten sie drüben aus der Flut, schüttelten die Nässe aus dem Fell und brachen polternd durchs Gestrüpp. Wie Andy meinte, sah man schwimmende Elche alle Tage. Es sind ja wirklich wasserliebende Tiere, nur gab es hier keine Schlinggewächse im trüben Mackenzie, von denen sich Elche gern ernähren.
Der Arm, dem wir bisher gefolgt waren, teilte sich, und Andy ließ den Gashebel los.
»Wo müssen wir 'rein, hast du 'ne Ahnung?« Nicht die geringste natürlich.
»Versuchen wir's mal mit der Karte vom Delta«, schlug ich vor.
Aber Karten hatten wir nicht, die waren doch nur Bullshit.
»Wer sich hier auf 'ne Karte verläßt, geht verloren«, war Andys vielleicht zutreffende Ansicht. »Na schön, ich fahr' eben in den linken Arm.« Das war insofern richtig, weil sich beide Kanäle wieder vereinten. So geschah es zu unserem Glück auch beim nächsten und übernächsten Scheideweg. Aber es könnte gelegentlich auch anders kommen.

»Man muß eben Glück haben«, grinste Andy zufrieden, »und meistens hab' ich das.«
Nach einer Weile fing der Motor an zu spucken. Die Kerzen waren wohl verrußt oder naß geworden. Wir mußten sie herausnehmen und reinigen. Nichts einfacher als das, wenn man einen Kerzenschlüssel besitzt. Doch wir hatten keinen, und auch sonst war kein Werkzeug vorhanden. Dafür saßen beide Kerzen so locker, daß die Finger genügten, um sie herauszunehmen. Gleich war der Schaden behoben, und die Fahrt ging weiter. Leute wie Andy haben einen Schutzengel, der sich um alles kümmert.
»Was würde geschehen«, gab ich zu bedenken, »falls uns wirklich eine Panne überrascht, wenn wir irgendwo in der menschenleeren Wasserwildnis liegenbleiben?«
Wegen der vielen Kanäle konnte man auch zu Fuß nicht hoffen, eine der weit entfernten Siedlungen zu erreichen. Wir hatten keine Angel und kein Fischnetz mitgenommen, erst recht kein Funkgerät. Ebensowenig hatte mein leichtsinniger Freund an Verpflegung gedacht, und ich bezweifle, daß er Streichhölzer bei sich hatte. Mir war es auf Grund so manch riskanter Erlebnisse zur Gewohnheit geworden, reichlich Proviant und eine vollständige Campingausrüstung mitzunehmen, wenn die Reise aus zivilisierten Gegenden hinausging.
»Deine Sorgen möcht' ich haben«, beruhigte mich der Bootsfahrer, »wenn der Motor nicht mehr will oder sonst was passiert, wird's schon irgend jemandem auffallen, daß ich im Kreis meiner Freunde fehle, und dann schicken die eine Maschine los. Bis man verhungert, dauert's ein paar Wochen. Vorher haben sie einen gefunden!«
Als er dies gesagt hatte, übergab er mir das Steuer und legte sich schlafen. Auf seinen Engel, vielleicht auf meinen auch, konnte man wirklich vertrauen. Der Motor, obwohl in verwahrlostem Zustand, erfüllte geduldig seine Pflicht, und welchen Kanal ich auch ansteuerte, es schien der richtige zu sein. Nach mehreren Stunden gelangte unser Boot in eine raschere Strömung mit hellem Wasser. Ich hoffte, es sei der Peel-River, an dessen Ufer sich McPherson irgendwo befand. Also mehr Gas und dieses Gewässer hinauf.
Als sich Andy erhob und wieder ans Steuer setzte, war er recht zufrieden.
»Wie du siehst, kann ein halbwegs vernünftiger Mensch den Weg nicht verfehlen. Da vorn heulen schon die Hunde, wir sind gleich da.«
Fort McPherson, schon 1840 von der HBC gegründet, ist heute mit ungefähr 600 Eingeborenen die größte Siedlung der Luchu-Indianer. Außerdem leben etwa 70 Weiße ständig in der Ortschaft. Zur Zeit waren es deren doppelt so viele, da man mehrere Neubauten begonnen hatte. Fort McPherson soll eine Mustersiedlung werden, so ähnlich wie Inuvik, und man plant den Bau einer Straße

von Dawson am Yukon bis McPherson am Peel. Darüber werden aber noch mindestens zehn bis zwölf Jahre vergehen, denn viele Berge, Flüsse und Schluchten versperren den Weg. Fertig ist vorläufig nur der Name: Dempster Highway. Sollte das Werk eines Tages gelingen, dann läßt sich wohl kaum eine interessantere Autofahrt denken als über diese wildromantische Strecke.
In McPherson ist zur Zeit nur einer von zehn Familienvätern noch hauptberuflich mit Jagen, Fischen und Trappen beschäftigt. Fast neunzig Prozent der eingeborenen Bevölkerung lebt von Kindergeld, von der Altersrente, der Fürsorge und der sonstigen Wohlfahrt. Auch tausend Hunde oder mehr erhalten einen Teil ihres Futters auf Staatskosten. Eben deshalb ist das Game-Department, wie schon gesagt, so eifrig bemüht, die Indianer vom Peel-River an die Waljagd im Eismeer zu gewöhnen.
Von meinen Freunden aus dem Jagdlager war noch keiner zurückgekommen. Aber es genügte schon, daß ich sie kannte, um auch hier lächelnd begrüßt zu werden. Mein Gepäck wurde wie selbstverständlich ins Haus des Gamewarden Don Boxer gebracht, und abends war ich zu Gast bei seinem besten Freund. Dieser hatte eine Luchu zur Frau genommen und die Bevölkerung McPhersons um sechs bis sieben Kinder vermehrt. Als die Uhr auf Mitternacht rückte, begaben wir uns mit den Gastgebern in den Festsaal der Gemeinde, wo ein Ball der Indianer begann.
Dort herrschte ausgelassenes Treiben mit periodisch ansteigendem und abfallendem Lärm. Jede Altersklasse war zugelassen. Kinder tollten mit den Tanzenden, während das ehrwürdige Alter längs der Wand am Boden saß und scherzhafte Bemerkungen in das Gewühl der Tanzenden rief. Die Musik bestand aus Stehgeigern vom Stamme der Luchu. Wenn ich anfangs geglaubt hatte, es handele sich um echt indianische Reigentänze, die den Wandel der Zeit überlebten, so war das ein Irrtum. Die Luchus wußten nichts mehr davon, und man sagt auch, daß sie kultische oder sonstige Tänze eigener Art niemals erfanden. Dafür haben sie angenommen und bewahrt, was man in Europa schon längst vergaß, nämlich die Scottish Reels und Square-Dances. Beide haben entfernte Ähnlichkeit mit der Quadrille unserer Großeltern oder Urgroßeltern. Man tanzt im Kreis und tanzt in Gruppen, man wechselt die Partner und wirbelt durcheinander. Von den Pelzhändlern, den Voyageurs und den Wintermännern wurde dieser Zeitvertreib vor mehr als hundert Jahren eingeführt und hat den Indianern so gut gefallen, daß sie nicht mehr davon abließen. Auf kunstvolle Figuren kommt es nicht an, die Freude am Spaß ist die Hauptsache.
Das war ein Gestampfe und Gehüpfe, ein drolliges Drehen und wildes Gewoge, noch turbulenter als im Beatschuppen bei uns. Der Schweiß floß in Strömen, und die Haare flatterten. Andy Russel, Don Boxer und ich, wir waren mittendrin.

Mal griff nach mir ein nettes Mädel, mal hielt ich eine rundliche Matrone im Arm. Schwere Stiefel traten auf meine Füße, weiche Wangen schmiegten sich an, doch leider nur vorübergehend. Die Geiger spielten so falsch wie die Sünde, doch hörten sie so bald nicht mehr auf. Wenn endlich eine Pause kam, sanken die erschöpften Tänzer zu Boden, denn es gab in der Festhalle weder Tische noch Stühle.

Der Ausschank alkoholischer Getränke war polizeilich verboten, aber trinkfrohe Männer hatten sich ihr Feuerwasser mitgebracht. Sie gingen großzügig damit um, auch die Frauen und Mädchen bekamen so manchen Schluck aus der Pulle. Als das Fest allmählich seinen Höhepunkt erreichte, gab es die schönsten Keilereien. In keinem Kino könnte man bessere sehen. Man schlug sich zu zweit, zu dritt und in größeren Gruppen. Doch es war nicht so schlimm, wie es aussah, sondern mehr ein Geprügel unter Freunden. Die Beamten von der RCMP kamen herein und rieten zur Mäßigung, aber sonst störten sie nicht. Der Kampf zwischen zwei Damen wurde als besondere Leistung gewürdigt, denn es kamen Griffe zur Anwendung, die bei den meisten Männern nicht möglich sind. Die eine Amazone hatte sich in die Haare der anderen verkrallt und versuchte sie auf den Boden zu reißen. Schon hing die Bluse in Fetzen, der Busen war freigelegt, und beide hatten ihre Schuhe verloren. Soviel ich aus den Zurufen der Menge entnahm, war glühende Eifersucht der Anlaß ihres Streites. Die Gattin verteidigte ihr Alleinrecht auf den Gemahl, den ihre Rivalin zu leidenschaftlich umarmt hatte. Der Mann, um den es ging, stand lachend dabei und freute sich über den Kampf um seine Gunst. Wie es gerade aussah, als müsse nun Blut fließen, war plötzlich alles vorbei. Die wütenden Weiber ließen ab voneinander, jede übel zerzaust und nicht wenig zerkratzt. Liebevoll nahm der Ehemann den Arm seiner Frau, lobte ihren Löwenmut und führte sie geschmeichelt nach Hause. Wie jeder sagte, war es ein schönes Fest. Als die Luchus wieder nüchtern waren, konnte ich einen Mann mittleren Alters zu einem Ausflug an den Travaillant-See überreden. Herbert Secondchief stand im Ruf, noch ein echter Waldläufer und Kenner der Wildnis zu sein. Alles weitere, so sagte er, sollte ich getrost ihm überlassen. Zweimal gedachten wir im Zelt zu übernachten, wir wollten fischen und die Beute am Weidenspieß braten. So richtig romantisch würde es sein. Mein Luchu liebte diese Art des Lebens, wie er sagte, und besaß die notwendige Ausrüstung. Herbert Secondchief mahnte mich daher, gar nichts mitzunehmen, doch, wie gesagt, habe ich aus mancher Erfahrung gelernt, notfalls Selbstversorger zu sein.

Mein Begleiter war pünktlich zur Stelle, was sehr für ihn sprach. In seiner Scow stand das Wasser nicht höher als zehn bis zwanzig Zentimeter. Bald hatten wir es ausgeschöpft und tuckerten guter Dinge stromauf. Zu beiden Seiten dichter Wald und hügeliges Land. Der Peel-River bot reichliche Abwechslung. Wir mußten Strudel und Sandbänke umschiffen, passierten viele Inseln und folgten so mancher Windung. Ein steil aufragender Fels zur Linken mit dem englischen Namen Shelty-Rock soll früher der Sammelpunkt von bösen Geistern gewesen sein. Einige der alten Luchu können sich noch erinnern, daß sie als Kinder ihre Eltern begleitet hatten, um Opfergaben am Fuß des Felsens niederzulegen. Bei guten Geistern war das nicht nötig, denn sie helfen den Menschen auch ohne Geschenke. Aber die bösen mußte man milde stimmen, weshalb man die besten Stücke der Jagdbeute ihnen überließ. Vor allem Elchzungen wurden den Geistern gespendet, und weil die Leckerbissen über Nacht verschwanden, war erwiesen, daß sie den Dämonen gemundet hatten. Bald danach kamen wir zum Wohnplatz der Witrekwa-Familie, der so mancher Luchu-Häuptling entstammt. Herbert stellte mich vor, und zu meiner Überraschung beherrschte der alte William Witrekwa die englische Sprache. Sein indianischer Charakterkopf mit dem langen, grauen Haar, dem scharfen Profil und tiefen Furchen hätte jedem Porträtmaler gut gefallen. Er konnte aus vergangenen Zeiten so gut erzählen, wie ich es bisher noch von keinem Indianer gehört hatte. Die Veränderung von siebzig Jahren hatte er miterlebt, auch die eigene Taufe vom Heiden zum Christen.

»Mein Vater war der erste Indianer am Peel-River, der ein Gewehr besaß und ein Zelt aus Leinwand«, berichtete William mit stolzem Lächeln, »in seiner Hütte stand ein Ofen aus Eisen. Ein großer Häuptling ist er gewesen, von der Queen Victoria hat er sogar einen Orden bekommen . . . einen richtigen Orden mit blauem Band.«

Ich fragte natürlich, welch kühne Tat die Majestät so huldvoll belohnt hatte.

»Ja, mein Vater war doch Kundschafter der Königin auf dem Nil . . . das weiß doch jeder!«

»Gibt's denn auch hier einen Nil-River, das wußte ich noch nicht?«

William Witrekwa zweifelte an meiner Bildung, es war ihm deutlich anzumerken.

»Der Nil fließt durch Afrika und kommt aus dem Sudan«, belehrte mich der alte Luchu, »mit dem Lord Kitchener fuhr mein Vater den Nil hinauf. So ist das gewesen, aber der General saß auf einem Dampfschiff mit Kanonen . . . mein Vater in seinem Kanu. Und er fuhr ganz vorne, um den Feind aufzuspüren. So ist das gewesen!«

Das klang wie ein phantastisches Märchen und ist dennoch die reine Wahrheit. Zwar hatte ich von einem Kundschafter namens Witrekwa nie gehört, doch als ich unlängst die Geschichte Emin Paschas schrieb, der eigentlich Eduard Schnitzer hieß und aus Schlesien stammte, bin ich beim Studium historischer Quellen auf kanadische Indianer gestoßen, die als geschickte Paddler und zuverlässige Aufklärer den Kanonenbooten Lord Kitcheners vorausfuhren, als er 1896 den Auf-

stand des Mahdi niederschlug. Man hatte die Kundschafter zwei Jahre vor der militärischen Expedition gegen die Rebellen des Sudan in Kanada angeworben. Es gibt schon seltsame Randerscheinungen in der Weltgeschichte.
William Witrekwa war es gewesen, der mit den anderen Luchus im Jahr 1911 die »verlorene Patrouille« entdeckte. Ein Sergeant und zwei Korporäle der Royal Canadian Mounted Police waren von ihrer Schlittenreise an den Yukon nicht wiedergekehrt. Furchtbare Schneestürme hatten ihre Spuren verwischt, und es herrschte eine so barbarische Kälte, daß viele Bäume im Wald zersprangen. Das knallt wie Kanonenschüsse, und wer bei solchen Zeiten draußen ist, dem friert der Atem, und Eis lähmt ihm die Lunge. Erst zu Beginn des Frühjahrs wurden die drei Mounties gefunden, noch aufrecht sitzend neben dem längst erloschenen Feuer. Der Frost hatte sie zur gleichen Zeit getötet, als der Brand nicht mehr wärmte. Auf dem anglikanischen Friedhof sind die Gräber der »Lost Patrol« zu sehen, und jene Stelle, wo William die Toten im Frühjahr 1911 gefunden hatte, ist durch eine Balkenpyramide mit Holztafel markiert.
Als wir nach acht oder zehn Stunden die Mündung des Three-Cabin-Creek erreichten, schien die Zeit für unser Nachtlager gekommen. Wir wählten das hochgelegene Ufer einer Insel, schafften das Gepäck hinauf und packten aus. Wobei sich ergab, daß Herberts brüchiges Zelt fast nur aus Löchern bestand und daß er die Angel sowie das Fischnetz vergessen hatte. Ihm fehlten die Streichhölzer, das Salz und die Butter, der Pfeffer und sogar der Kaffeetopf. Er hatte keine Axt und auch kein Mittel gegen Mücken. Dafür enthielt die große Kiste in seinem Boot drei Keulen vom Karibu, das hornlose Haupt eines Elches und mehrere Kilo Milchpulver. Wer sich auf solche Leute verläßt, auch wenn sie einen noch so guten Eindruck machen und sich bester Empfehlung erfreuen, wird immer wieder auf ähnliche Weise überrascht. Das sollte jeder wissen, der frohgemut in den Nordwesten zieht. Auch die Weißen reden viel und geben vor, daß sie Land wie Leute gründlich kennen. Doch man darf es nur wenigen glauben, denn kaum einer von hundert wagt sich weit in die Wildnis. Aber die Leute tun ganz so, als wären sie dort zu Hause, während sie in Wirklichkeit ihren Wohnort kaum anders als im Flugzeug verlassen. Dem Indianer wird man nicht ansehen, ob er noch ein Mann der Wälder ist, wie er behauptet, oder dem Leben in freier Natur schon längst entfremdet.
Herbert zuckte mit den Schultern und wollte gerne wissen, was denn sein Fahrgast in dem großen Seesack mitgeschleppt hatte. Nun ja, eben alle Notwendigkeiten für das Zelthaus und die Campküche. So wurde es doch ein gemütliches Lagerleben bei flackerndem Feuer.
Bis zum Travaillant-See aber kamen wir nicht, weil der Sprit gerade noch für den Rückweg nach McPherson reichte. Herbert war ein Andy, ebenso herzensgut

wie verschlampt. Der Indianer wußte, daß er kläglich versagt hatte. Zwanzig Dollar pro Tag hatten wir ausgemacht, doch keinen wollte er haben. Ein stolzer, ein ehrlicher Mann. Ich schob ihm sein Geld in die Jackentasche, als er nicht hinschaute und hoffe, es hat ihn nicht zu sehr gekränkt.

»Was ist denn vom alten Geisterglauben der Luchu noch übrig?« fragte ich den Reverend der anglikanischen Kirche.

»Mir wird's nicht verraten«, meinte er pflichtbewußt, »aber machen Sie einen Besuch bei Edward Natusi. Einem Fremden gegenüber kann er offen sein. Er ist Laienprediger, müssen Sie wissen. Soweit Natusi die Befugnis dazu hat, leitet er den Gottesdienst in der Luchu-Sprache, wenn ich mit meinem zu Ende bin. Er ist trotz seiner achtundsiebzig Jahre noch von bewundernswerter Frische. Aber bei Indianern redet man erst um den Brei herum, bringen Sie daher das Gespräch erst allmählich auf die Geister.«

Das Haus des Laienpredigers war ganz nach Art der weißen Nordwester eingerichtet und glänzte vor Sauberkeit. Während ich mit dem hochbetagten Ehepaar plauderte, summte der Teekessel, und eine Standuhr tickte gemütlich. Wir saßen um einen runden Tisch, tranken Tee und knabberten an Gebäck. Sobald es der Anstand erlaubte, lenkte ich unser Gespräch auf die alten Zeiten.

»Es hat sich wohl viel verändert in McPherson, seit unser Jahrhundert begann«, fragte ich ganz naiv, »bis wann können Sie ungefähr zurückdenken?«

Edward Natusi überlegte eine Weile.

»Nun ja, selber weiß ich das nicht mehr, aber getauft hat mich der Reverend Stringer im Jahr 92 . . . er war damals unser Missionar in McPherson. Später ist er dann Bischof geworden und zuletzt der höchste Geistliche von ganz Kanada . . . und ein großartiger Mann ist er gewesen. Ein Anglikaner natürlich, keiner von den Römischen! Er hatte auch eine Frau und drei Kinder. Ja, damals war es noch ruhig hier, und nur fünfzig oder sechzig Leute wohnten im Ort. Die anderen lebten noch weit verstreut am Peel, am Rat, am Bell und am Porcupine. Das Land war bewohnt gewissermaßen, aber heute ist es ganz leer.«

Wir sprachen über die Entwicklung und bedauerten die Landflucht. Doch es war nichts dagegen zu machen, die Ortschaften wurden größer und die Wildnis immer wilder.

»Als ich so ungefähr zehn Jahre war, ging's aber hier in McPherson viel lebhafter zu als heute . . .«

Er mußte sich irren, der alte Mann, denn es gab ja damals noch keine Motorboote und erst recht kein Flugzeug.

»Nein, die gab's nicht, aber die Dampfer kamen mit den vielen Goldgräbern. Ja, wissen Sie denn nicht, daß McPherson damals eine wichtige Station der Golddiggers war, die an den Yukon wollten?«

»Von hier nach Alaska . . . das war ein weiter Umweg?«
So war es auf der Landkarte, aber nicht in Wirklichkeit. Zahlreiche Goldsucher kamen von Süden auf dem Mackenzie und dem Peel-River nach McPherson, sogar vom Eismeer fuhren sie mit Sack und Pack den Mackenzie hinauf. Bis nach McPherson gelangten nämlich die altmodischen Dampfer, von großen Schaufelrädern angetrieben. Dann ging es weiter, im Sommer mit Paddelbooten und im Winter mit Hundeschlitten. Der Weg führte den Peel-River hinauf in den Rat-River. Sodann wurden sechs Meilen Land überquert, und man war im Bell-River. Auf seinem Rücken reiste man mit der Strömung in den Stachelschwein-Fluß und gelangte schließlich bei Fort Yukon in den Yukon. Das war schon tief in Alaska, und dort hofften die goldhungrigen Abenteurer ihr Glück zu finden.
»Ja, es war ein langer Weg, das stimmt schon«, sagte Natusi, »aber vernünftige Leute hatten keine Gefahr zu befürchten. Sie mußten eben nur eingeborene Führer mitnehmen, die sich gut auskannten auf der Strecke. Manchmal sind hier zwölf Schlitten am gleichen Tage abgefahren, und im Sommer waren's oft zwanzig schwerbeladene Boote. Aber nur drei bis vier Jahre hat das alles gedauert, dann war's mit dem sogenannten Goldrausch vorbei. Bis zur Portage am Red River hat mich mein Vater ein paarmal mitgenommen. Sein Hundegespann war eins von den besten, die Goldgräber haben ihm für 'ne Fahrt an den Yukon dreihundert Dollar bezahlt und manchmal noch mehr. Wenn dann im nächsten oder übernächsten Jahr die weißen Männer zurückkamen, konnten sie nichts mehr zahlen. Nur ganz selten hatte einer Gold gefunden . . . und noch seltener hat er's behalten. Da mußten wir sie füttern, ja, so war das! Und mancher hat gar nicht mehr aus den Bergen herausgefunden . . .«
Statt diese armen Kerle zu bedauern, lachte der Laienprediger stillvergnügt vor sich hin.
»Wenn mir das wieder einfällt, muß ich immer an Charlie Chaplin denken, den kennen Sie ja?«
»Aus dem Film natürlich, aber selbst hab' ich ihn noch nie gesehen.«
Ich wollte fragen, was denn Chaplin mit den armen Golddiggern zu tun hatte, die nicht mehr imstande gewesen waren, den Rückweg zu finden. Aber dann fiel mir der »Goldrausch« ein, jener berühmte Film vor mehr als vierzig Jahren. Es war der erste Welterfolg des begabten Komikers gewesen. Chaplin hatte einen Goldgräber gespielt, der einsam in seiner Hütte saß und schrecklich hungern mußte. So traurig seine Lage war, man hatte sich doch vor Lachen gekrümmt.
»Der Film kam auch nach McPherson«, erzählte Natusi, »im Gemeindehaus wurde er vorgeführt.«
Wir unterhielten uns dann sehr angeregt über die Reste des Heidenglaubens beim Stamme der Luchu.

Was die Dämonen und die bösen Geister betraf, brauchte sich ein frommer Christ nicht mehr vor ihnen zu fürchten. Natusi selbst hatte schon Raben geschossen, ohne daß er durch ihre Rache zu leiden hatte. Anders war das mit seinem Neffen gewesen, der leider nur selten in der Kirche erschien. Dieser leichtsinnige Mensch hatte sechs Raben geschossen, weil sie ihm die Lachse von der Stange fraßen. Die Folgen blieben nicht aus, denn im Winter fand der Rabentöter die meisten Pelztiere in seiner Trapline hoffnungslos beschädigt. Rächende Raben hatten sie zerhackt. So war es auch im nächsten Winter, und der arme Kerl mußte mit seiner Familie von der Wohlfahrt leben. Erst als der reumütige Sünder den schwarzen Vögeln Futter streute, vergaben ihm die Raben.

»So geht es schlechten Christen, die so gräßlich fluchen wie mein Neffe. Die stehen nicht im Schutze Gottes, mit denen können die Raben noch machen, was sie wollen.«

So war der Laienprediger nach wie vor der Überzeugung, daß es bei den Raben nicht mit rechten Dingen zuging. Nur gegenüber guten Christen waren sie machtlos.

Die alten Luchu hatten die Sonne als Herrin der Welt verehrt und den Mond als Beherrscher der Finsternis gefürchtet. Aber beide griffen nicht in das persönliche Schicksal der Menschen ein. Das war Sache der bösen wie der guten Geister. Sie lebten unsichtbar im Wald, im Wasser und auf den Bergen. Nur die Medizinmänner verstanden es, mit ihnen zu sprechen, und waren deshalb oft mächtiger als die Häuptlinge.

Viele der Schamanen waren nur Scharlatane, und manche der Medizinmänner verstanden gar nichts von der indianischen Heilkunst. Sie verlangten Karibulenden, feine Biberfelle und auch Feuerwasser für ihre Dienste. Das mußte man ihnen vorher geben, sonst machten sie nicht einmal den Versuch, die bösen Geister zu vertreiben.

»Aber es gab auch andere«, versicherte Edward Natusi, »es gab wunderbare Beschwörer, die wirklich halfen. Da war einer beim Porcupine-River, als meine Eltern noch lebten, der sagte das Wetter voraus und wußte, wo die Karibus waren. Er sprach mit den Raben, als wären es seine Brüder. Wenn ein Kind verschwunden war, dann warf er Sägemehl in eine Wasserschüssel und wußte gleich, wo man das Kind suchen sollte. Ich entsinne mich noch, wie er sagte, der kleine Junge sei ertrunken. Und wirklich, man fand den Buben genau an der Stelle, wo der Schamane gemeint hatte. Er war eben ein Freund der guten Geister, die alles taten, was er wünschte. Deshalb wählten ihn die Luchu zum Oberhäuptling, und bis an sein Ende, vor etwa dreißig Jahren, regierte er mit sanfter Hand etwa fünftausend Menschen. Bis weit nach Alaska hinein hörten alle Luchu nur auf ihn.«

»Wer ist jetzt der Oberhäuptling?«

»Der heißt Charly und ist ein Enkelsohn des großen Medizinmannes. Aber leider trinkt er manchmal zuviel. Doch wenn er zur Regierung nach Yellowknife fliegt, wo er als Ratsherr zum Council gehört, da ist Charly ganz in Ordnung.«

Ich fragte den Prediger, ob auch Charly noch imstande sei, mit den Raben zu reden. Aber eine so direkte Frage ging zu weit. Charly war immerhin Chef der Luchu und ihr Vertreter bei der Territorialregierung. Statt dessen erzählte Natusi, daß seine Großmutter ein Biber gewesen sei und die Großmutter seiner Frau eine Bärin. Gemeint waren natürlich die Totemtiere. Früher glaubte jeder Indianer an seine Verwandtschaft mit einer bestimmten Art von Tieren. Er durfte diese Art weder jagen noch ein Teil davon essen, noch ein Stück Fell davon tragen. Man erbte das Totemtier nicht vom Vater, sondern von seiner Mutter, wie überhaupt das Matriarchat bei indianischen Vorstellungen eine große Rolle spielte. Hätte sich Natusi nicht mit ganzem Herzen zum Christentum bekannt, wäre auch er selbst ein Biber geworden.

»Aber das ist wohl vorbei und vergessen«, meinte ich, »Sie essen doch Biberfleisch, nicht wahr?«

Er trank erst seine Tasse aus, bevor er mir Antwort gab.

»Manche Leute meinen, daß Biber sehr gut schmecken, aber ich . . . nun, ich hab' es noch nie versucht.«

Im Reiche der Polarbüffel

»Das hängt vom Wetter ab«, war Paul Kwaterowskis Antwort auf jede Frage. Wo fliegen wir hin . . .? Wann startet die Maschine . . .? Was ist dort zu sehen . . .? Wie lange werden wir bleiben . . .?
»Das hängt vom Wetter ab«, sagte der Superintendent auf jeden Fall.
Wir wußten am Morgen nicht, was mittags sein würde, und während die Maschine flog, war noch ungewiß, wo sie landen konnte. Nebel im Norden war stets zu befürchten, vor allem in Bodennähe. Keine Wettermeldung wußte im voraus zu sagen, wie es sein würde. Überall war es anders und änderte sich schnell. Solange wir über tausend Meter flogen, schien die Sonne aus wolkenlosem Himmel, und alles war wunderbar schön. Aber wenn wir hinunterglitten, um ein Flugfeld anzusteuern, lag oft ein Nebelschleier darüber. Hellgraue Wolken wehten von den Eisfeldern zur Küste. Aufsteigender Nebel quoll aus den Tälern oder wurde vom Boden in die Höhe geschickt. Man konnte es vorher nicht ahnen und von niemandem erfahren.
Meist ging es gut, denn schon nach wenigen Minuten zerstoben die Nebelschwaden, und die Wolkenbänke teilten sich. Doch einige Male mußten wir zu anderen Flugplätzen ausweichen. Da sie in der Arktis selten sind, war immer zu bedenken, ob auch der Brennstoff reichte. Wenn auch das nächste Rollfeld unter wogender Watte lag, was gab es dann noch für Möglichkeiten? Was hatten wir noch zu hoffen, wenn über schroffen Bergen oder schwimmenden Eisfeldern der letzte Tropfen Sprit verpuffte?
»Das hängt vom Wetter ab«, meinte der Chef des Wildschutzes und holte sich eine Zigarre aus der Kiste. Nur wer die Ruhe bewahrt und auf Gott vertraut, kann einen Flug über die Arktis so recht genießen.

Wir brausten in einer zweimotorigen Beechcraft von Insel zu Insel. Die beiden Propeller erlaubten eine Höchstgeschwindigkeit von 250 Stundenkilometern, also nicht gerade viel im Vergleich mit modernen Turbojets. Aber dafür brauchte sie nur knapp dreihundert Meter Rollbahn für den Start und die Landung. In Notfällen sollten angeblich auch zweihundert Meter genügen. War überhaupt kein Flugfeld vorhanden, bestand noch immer die Hoffnung, auf einigermaßen flachem Gelände auszurollen. Weil man damit rechnen mußte, trugen die Räder weich aufgepumpte Ballonreifen. Das war gut für eine Landung auf kantigem Geröll, aber schlecht für den Start auf kurzer Bahn. Dann mußten wir eben das Rollfeld reinigen und die Reifen hartpumpen. Bisher war aber das nicht notwendig geworden.
Hatte man die Tanks bis zu den Spundlöchern gefüllt, konnte die Maschine bis zu fünf Stunden in der Luft bleiben und hatte demgemäß eine Reichweite von 1250 Kilometern. Außer dem Piloten und dem Kopiloten fanden acht Personen Platz, jeder mit etwa fünfzig Kilo Gepäck. Aber wir hatten so viel Proviant und allgemeine Ausrüstung an Bord, daß nur vier Sitzplätze übrigblieben. Der Superintendent saß vorne rechts, ich links daneben und zwei Gamewarden hinter uns. Es waren nicht immer dieselben, sondern abwechselnd Len Colosimo, Jimmy Bourque, Don Boxer, Frank Davis oder Russ Hale, der Stellvertreter des Chefs. Sie wurden durch Funk an einen Treffpunkt bestellt, wo sie dann warten sollten, bis wir erschienen. Ein festes Programm gab es nicht, das hing vom Wetter ab. Auch der Wechsel unserer Mitflieger wurde weitgehend vom Wetter bestimmt. Nur Paul und ich waren vom ersten bis zum letzten Tag immer dabei.
Tom Gordon hieß der Pilot, und schon viel wurde über ihn geschrieben, obwohl er noch keine Bestleistung der Luftfahrt vollbracht hat. Aber Tommy war der erste Eskimo mit Pilotenschein für Verkehrsmaschinen. Nur vierundzwanzig Jahre alt, hatte er schon über hunderttausend Luftmeilen hinter sich gebracht, jedoch nie eine Bruchlandung erlebt. Es gab nichts, das seine Ruhe erschüttern konnte, in jeder Lage bewahrte er kühlen Verstand. Aus Tommys rundem, kupferbraunem Gesicht lachten freundliche Augen, und immer bewies der tüchtige Pilot einen herzerfrischenden Humor.
»Unsere Maschine verdient volles Vertrauen«, waren seine Begrüßungsworte gewesen, »die alte Mühle hat sich seit sechzehn Jahren gut bewährt, und so ist anzunehmen, daß sie auch die nächsten Tage noch durchhält.«
Tommy hatte trotz seines jugendlichen Alters eine hübsche Eskimofrau und zwei reizende Kinder. Das war beruhigend zu wissen, da ja Familienväter, wie man allgemein sagt, kein unnötiges Risiko eingehen, sondern mit Vorsicht fliegen. Als Kopilot hatte Gordon einen Halbeskimo namens Dennis Hanson zur Seite, der nur selten bei guter Laune war. Wie sich der immer frohgemute Flugzeug-

führer mit dem allzeit mürrischen Gehilfen gut vertragen konnte, war mir ein Rätsel. Aber es gab nie einen Streit zwischen den beiden, was mehr für Tommy als für Dennis sprach.

Unsere Kabine war trotz ihrer Enge so gemütlich wie ein Wohnzimmer. Was man brauchte, lag in Reichweite oder hing griffbereit in einem der Netze. Wir hatten die Proviantkiste in den Gang geschoben, um einen Tisch zu haben. Wer Hunger verspürte, konnte sich dort etwas zurechtmachen. Messer und Löffel, Blechteller und Plastikbecher steckten in einer Tasche vor dem Polstersitz. Der Rauch von Pauls guten Zigarren schwebte anheimelnd in der Luft. Zwischen der Pilotenkanzel und dem Passagierraum gab es keine Trennwand, also behinderte nichts die angeregte Unterhaltung. Jeder hatte sich an seinen Platz gewöhnt und häuslich eingerichtet.

Auf fünf Wochen ungefähr war die Dauer des Rundflugs berechnet, aber ohne zu wissen, über welche Route er führte. Mal hierher und mal dorthin, wie es das Wetter erlaubte. Die Kabine war unsere Heimat während der ganzen Zeit, der ruhende Pol auch in rascher Bewegung. Sie enthielt alle Notwendigkeiten des Lebens zu Lande und in der Luft. Wir hatten Verpflegung für mehrere Wochen an Bord, ebenso eine komplette Küche fürs Camp, auch Zelte, Schlafsäcke, Gewehre und Winterkleidung waren vorhanden. Falls es der Chef für richtig hielt, in menschenferner Einsamkeit zu landen, konnten wir ein Lager aufschlagen und bis auf weiteres dort bleiben. Es war an alles gedacht, und man fühlte sich wohl geborgen, weil das Sammelsurium der Sachen hinter uns bis an die Decke reichte.

Während die Maschine über das nördliche Eismeer flog, über zahllose Inseln, offenes Wasser und treibende Schollen, herrschte in der Kabine die zwanglose Stimmung einer Studentenbude. Paul studierte in zoologischen Zeitschriften, ein Gamewarde schlief, der andere legte Patiencen, und ich schaute zum Fenster hinaus. Tommy teilte mit, welches Land demnächst zu erwarten sei, und Dennis beschwerte sich über die lange Abwesenheit von zu Hause.

Es gab drunten so viele Inseln und Halbinseln, Sümpfe, Seen und Teiche, daß man nie so recht wußte, wo eigentlich das Festland aufhörte oder wieder begann. Der amerikanische Kontinent hat im Norden keine klar umrissene Grenze, sondern geht ganz allmählich ins Eismeer über. Was ich für Meeresarme hielt, waren vielleicht noch Wasserläufe, der große See dort drüben konnte jedoch eine Bucht des Ozeans sein. Alles Land war flach und glänzte so feucht wie eine versumpfte Wiese. Die Ufer hatten weit hinausreichende Fransen, die Sandbänke waren mit tausend Pfützen bedeckt. Kein frisches Grün ließ sich sehen, die Vegetation hatte dunkle Farben, so als wäre alles Gras und Kraut vermodert.

Wir flogen schon über eine Stunde mit Kurs nach Nordwest, bis man endlich Klarheit gewann, daß der Kontinent hinter uns lag. Jetzt gab es unten kein

Schmutzwasser mehr, sondern tiefes Dunkelblau mit schwimmendem Eis. Mitte Juli, und noch immer schimmernde Schollen auf dem Wasser. Sie trieben zusammen und trennten sich, sie belagerten den Strand so mancher Insel und füllten ihre Buchten. Dann wieder freies Wasser bis zum Horizont. Nur wenn Eisberge auftauchten, glitzernd wie Glassplitter im Sonnenlicht, erkannte man das Tempo unserer Fortbewegung. Aber das regelmäßige Motorengeräusch wirkte einschläfernd. Die Unterhaltung verstummte, dem Gamewarden hinter mir glitt das Buch aus der Hand. Die Zeit verging und wurde vergessen. Ich glaube, wir alle hatten die Augen sanft geschlossen, als uns Tommy Gordon aufscheuchte.
»Wir sind gleich über Banksland . . .«
Der Superintendent richtete sich auf und schloß die Knöpfe seiner Uniform.
»Meine Herren, an die Arbeit . . . der Dienst beginnt!«
Sogleich hatte jeder ein Notizbuch auf den Knien und seinen Kugelschreiber in den Fingern. Ich machte mit, weil es sich so gehörte. Jetzt kam es darauf an, sorgfältig zu beobachten, was sich drunten bewegte. Nichts durfte uns entgehen, alles war zu notieren.
»Erst an der Westküste hinauf«, rief Paul dem Piloten zu, »so über Land natürlich und so weit hinein, daß wir grad' noch den Strand erkennen . . . auf die Flußtäler leg' ich den größten Wert.«
»Ja, ich weiß und geh' auf tausend Fuß 'runter.«
Die Insel Banksland ist so groß wie das Königreich Belgien, zählt aber nur 120 Einwohner, die alle in der Siedlung Sachs-Harbour leben. Dorthin wollten wir vorläufig nicht, sondern erst bis zur Castle-Bay fliegen, um möglichst viel zu sehen.
Je weiter wir kommen, desto höher hebt sich das Gelände, auch an der Küste gibt es nun felsige Hänge. Durch breite Täler strömen Flüsse, und in jeder Mulde glänzt ein Teich. Schnee liegt noch auf den Höhen, von vielen Seen ist das Eis nicht verschwunden. Erst gegen Ende Juli beginnt hier der Sommer, um schon Ende September dem Winter zu weichen. In hellen Scharen bevölkern Wildenten und Wildgänse jede freie Wasserfläche. Der Lärm unserer Motoren scheucht sie auf. Wolke auf Wolke schwebt über den Nistplätzen, tausend und aber tausend Vögel müssen es sein. Sie halten das Flugzeug für einen furchtbaren Feind, obwohl es ihr Schutzherr ist, der über ihnen kreist. Die Entenjagd zu dieser Jahreszeit ist verboten, auch wenn keine Menschen hier leben. Bald sind wir vorbei, und die Ruhe kehrt wieder. Neue Völker tauchen auf, wieder Tausende von Schwingen in der Luft, ein unvorstellbarer Reichtum der gefiederten Welt. Erst vor sechzehn Jahren wurde bekannt, daß Banksland solche Mengen von Brutplätzen beherbergt.
»Aber sonst nichts?« fragte Kwaterowski.

»Gar nichts . . .«, sagen die Gamewarden und behalten das Fernglas an den Augen.
Wir sind über dem Bernard-River und haben schon fast die Nordküste erreicht. Tom Gordon soll dem Flußlauf folgen. An seinem Ufer breiten sich grüne Wiesen, dort gedeiht dichtes Moos und an geschützten Stellen auch fußhohes Weidengestrüpp.
»Links vorn drei Karibus!« ruft Russ Hale und schreibt sie gleich in sein Buch. Es sind sogenannte Parry-Karibus, kleiner und heller als ihre Verwandten auf dem Festland. Don Boxer entdeckt in der nächsten Minute eine Herde von sieben Stück. Das einsame Land hat mehr zu bieten als nur Wildenten und Wildgänse. Es folgt eine Notiz nach der anderen. Erst haben wir »Karibu« ausgeschrieben, dann muß »Krib« genügen, und schließlich sagt auch »K«, um was es sich handelt. Der Pilot schwenkt scharf nach Osten, wir kurven auf einem Flügel herum.
»Was ist los, Tom?«
»Da drüben sind Moschusochsen . . .«
»Na endlich«, sagt Paul erleichtert, »es wird auch Zeit.«
Sieben dunkelbraune Polarbüffel rotten sich drunten zusammen, gleich bilden sie ihren berühmten Verteidigungsring gegen die drohende Gefahr. Kälber in der Mitte, die Erwachsenen um sie herum. Mit gesenkten Hörnern erwarten sie den Angriff des Gegners. Ein wehrhafter Igel, an den sich Wölfe und Bären nicht heranwagen. Wir kreisen über der Gruppe, Tom geht bis auf wenige Meter hinunter. Die Muskoxen schauen nicht hoch, denn sie kennen keine fliegenden Feinde. Was so schrecklich dröhnt, muß über Land auf sie zukommen.
»Genug, Tom, wir haben auch die Kälber gezählt . . . lassen wir sie in Ruhe!«
Weiter den Bernard-River hinab, das verspricht wohl die beste Ausbeute.
»Drei Musk links vorn«, meldet Don Boxer, und ich sehe eine andere Gruppe am Hang zur rechten Seite. Die Kugelschreiber fliegen übers Papier. Nach Westen wendet der Pilot, wo zwanzig bis dreißig Karibus in wilder Flucht davonjagen.
»Laß sie laufen, Tom, die hab' ich schon. Flieg' den linken Bach entlang, da scheint 'was zu sein.«
Der Chef hat den schärfsten Blick, und besonders auf die Polarbüffel kommt es ihm an. Was noch eben wie dunkle Tupfen aussah, wird zu einer Herde von siebzehn Stück. Tom soll wieder kreisen, damit uns keines der Kälber entgeht. Es geht darum, den Anteil der jungen Tiere festzustellen, um die Vermehrungsquote zu schätzen.
Das Entdecken der Tiere wird zum spannenden Sport. Weil wir in jeder Minute zwei Meilen zurücklegen, müssen wir rasch reagieren. Beim Wenden ändert sich die Richtung so schnell, daß man nicht mehr weiß, was vorne und hinten ist. Die Herde rechts steht plötzlich links, oder es kann eine andere sein. Wer zu

eifrig ist, zählt doppelt, und wer nicht aufpaßt, dem entgeht ein ganzes Dutzend. Man kann nicht beobachten und zu gleicher Zeit notieren. Wir sind so aufgeregt, als sei jeder Anblick ein Schuß über Kimme und Korn. Wer als erster Polarbüffel erkennt, hat einen Treffer erzielt. Die anderen quittieren sogleich seine Beute.
»Gut, sehr gut . . .«, nickt Kwaterowski, »und ich glaub', es wird noch besser!«
Mancher von den starken Bullen zieht allein durch die Gegend, andere beherrschen eine Herde. Jetzt im Juli ist Paarungszeit bei den Muskoxen. Wer schon ein paar Kühe um sich versammelt hat, muß den Harem verteidigen. Junge Bullen haben Vereine formiert und folgen beharrlich dem Vielbeweibten. Die Alten müssen Obacht geben, sonst werden ihnen Frauen geraubt. Wir sehen den stürmischen Angriff eines Büffels gegen den Herrn von drei Kühen. Der macht blitzschnell kehrt und senkt den Schädel. Aber wie beide zusammenprallen, können wir nicht mehr sehen. Da ist unsere Maschine schon ganz woanders.
Auch Tommy Gordon hat Spaß an der Sache. Er kurvt in Täler hinein, daß alle losen Gegenstände in der Kabine durcheinanderfallen. Oft meine ich, jetzt müsse ein Flügel den Boden ritzen oder in den nächsten Tümpel schneiden. Aber gar nichts passiert, immer geht es gut. Wir rutschen nur von den Sitzen.
»Anschnallen . . .«, befiehlt Kwaterowski, »jeder anschnallen und nur durchs eigene Fenster schauen!«
Den Zettel von meinem Block habe ich aufbewahrt, und da folgen mit fahrigen Strichen die Notizen: 3 Kribs – 2 Mos – 5 Mos mit 2 Kälb – 5 Ks – 1 Mo – 1 Klb – 11 Ks – 7 Mos – 2/3 Klb – 9 Mos ohne Klb – 1 Mo – 3 K – 3 Mo.
Dann ist längere Zeit nichts mehr zu entdecken. Wir haben die Mündung des Bernard-River an der Westküste erreicht und die Richtung gewechselt. Mit Kurs nach Nordost rauscht nun die Maschine zum Thomsen-Fluß. Kahles Bergland mit kiesbedeckten Höhen. Nirgendwo eine Spur von Vegetation, auch kein Teich und kein rieselnder Bach. Ein Land ohne Leben, eine Verlassenheit sondergleichen. In den Schluchten und Spalten steckt verstaubter Schnee, der wohl niemals verschwindet.
»Kommen die Eskimo bis hierher?« frage ich den Chef.
»Da war bestimmt noch keiner, was sollten sie denn hier?«
Schon möglich, daß überhaupt noch kein Mensch diese Gegend gesehen hat. Auf meiner Karte ist alles leer, die Berge und Täler haben keine Bedeutung für irgend jemand. Von der Rückseite des Mondes sah man bessere Bilder als vom Hinterland der Banksinsel.
»Ich hab' hundertneun Muskoxen mit achtzehn Kälbern«, sagt Paul mit Befriedigung, »und wie sieht's bei euch aus?«
Die Zahl schwankt zwischen 96 und 111, weil ja nicht jeder zur gleichen Zeit dieselben Büffel notierte. So werden nun die Ergebnisse addiert und durch vier

geteilt. Dabei kommen wir auf 103 Muskoxen mit 17 Kälbern. Einige Tiere wurden wahrscheinlich doppelt gezählt und dafür andere übersehen. Doch so ungefähr muß der Mittelwert stimmen, eine bessere Methode ist bei der Luftzählung leider nicht möglich. Jedenfalls kann das Game-Department zufrieden sein. Als man vor acht Jahren alle Flußtäler der Insel überflog, ergab die Schätzung des Gesamtbestandes nur 150 Exemplare insgesamt. Es müssen diesmal nur am Bernard-River fast ebenso viele sein, da sich gewiß so manche Gruppe in den Seitentälern befand, wo wir nicht hineinschauten. Die Vermehrung ist deshalb so erstaunlich, weil nicht jede Kuh alle Jahre kalbt und Zwillingsgeburten selten sind. Wenn sich dennoch die Gesamtzahl verdoppelt hat, wie jetzt anzunehmen ist, müssen während der letzten Jahre besonders günstige Bedingungen geherrscht haben.

»Die Eskimo haben nicht mehr gewildert, das ist wohl klar«, meint Paul Kwaterowski, »weiße Jäger kommen ohnehin nicht mehr in Frage. Die schlimmen Zeiten sind vorbei und die Strafen zu streng.«

»Ein erfreuliches Ergebnis«, sagte Russ Hale, »nur darf man's nicht verallgemeinern. Auf der anderen Insel kann's womöglich schlechter sein.«

Das sollten wir feststellen, diesem Zweck diente neben anderen Aufgaben unser Rundflug durch die kanadische Arktis. Solche Zählungen wie heute hatte das Game-Department schon öfter unternommen, aber noch nie im gleichen Jahr einen Flug zu allen Verbreitungsgebieten der Muskoxen in Kanada. Doch nur auf diese Weise war es möglich, die Gesamtzahl einigermaßen richtig zu schätzen. Ein Rückgang dort konnte die Zunahme hier in Frage stellen. Nur wenn eine allgemeine Übersicht während des gleichen Zeitraums gewonnen wurde, konnten spätere Zählungen ergeben, ob insgesamt die Muskoxen zunahmen oder weniger wurden.

Der Rundflug, an dem ich teilnehmen durfte, kostete die kanadische Regierung sehr viel Geld. Aber die Sache war es wert. Nichts durfte man versäumen, um die Polarrinder zu schützen und zu erhalten. Nur im nordwestlichen Kanada und im nordöstlichen Grönland sind die Moschusochsen der Ausrottung entgangen. Von den Besatzungen der Walfangschiffe wurden sie noch bis zu Beginn unseres Jahrhunderts niedergeschossen, wo man sie traf. Als es noch keine Kühlräume gab, waren sie begehrtes Frischfleisch für die sonst miserabel verpflegten Männer an Bord. Nichts konnte leichter sein als die Jagd auf *Ovibos moschatus*, weil sie beim Auftauchen ihrer Feinde stehenbleiben und glauben, daß ihnen der Verteidigungsring vollkommenen Schutz gewährt. Aber gegen Feuerwaffen hilft ihnen das nicht. Die Bullen, Kühe und Kälber wurden aus zwanzig Schritt Entfernung ebenso bequem wie gefahrlos abgeschossen. Als die Eskimo von den Pelzhändlern Gewehre bekamen, taten sie dasselbe, wo sie nur konnten. Doch sie waren nicht überall, erst mit den Walfängern suchten sie die entlegensten

Inseln auf. Nur tief im Hinterland, wo sich Weiße und Eingeborene nicht blicken ließen, konnten die arktischen Wildrinder überleben.
In Alaska blieb keines übrig. Dort wurden sie erst 1935 auf der Nunivak-Insel wieder ausgesetzt. Es war weder leicht noch billig, eine Herde von etwa zwanzig Tieren aus Nordostgrönland in mehreren Etappen dorthin zu bringen. Anfangs schien es, als hätten Kühe und Bullen kein Interesse mehr füreinander. Jahrelang wurde kein Kalb geboren, und die Hälfte der Einwanderer starb ohne ersichtlichen Grund. Dann aber holten sie auf überraschende Weise das Versäumte nach. Fast jede Kuh brachte ein Zwillingspaar zur Welt, und die Herde vermehrte sich schneller als gedacht. Auch dafür hat man keine Erklärung. Es sind nun fast tausend Tiere geworden, und bald sind es zu viele für Nunivak allein. Die Umsiedlung auf andere Inseln hat schon begonnen. Auf Spitzbergen wurden Moschusochsen 1931 wieder eingebürgert, sowie an zwei Stellen in Norwegen. Aber dort geht ihre Vermehrung sehr viel langsamer voran, obwohl sie weder von Menschen noch Tieren belästigt werden. In Spitzbergen und Norwegen hatte ich schon Moschusochsen gesehen, aber nur fünf bis sechs zur gleichen Zeit. Auf der Banksinsel standen viel größere Herden beisammen.
»Haben Sie eine Vorstellung von der Gesamtzahl für Kanada?« fragte ich Paul.
»Ich werd' mich hüten, sie auch nur zu schätzen, bevor wir den Rundflug hinter uns haben. Andere Leute behaupten, es müßten an die zehntausend sein. Fünzehnhundert sollen auf dem Festland herumwandern, aber bei weitem die Mehrzahl lebt auf den arktischen Inseln. Ich kann's nicht bestätigen und will's nicht bestreiten. Hier auf Banksland sind es zweifellos mehr, als ich bis heute geglaubt habe. Warten wir noch ab, was uns der Thomsen-River beschert.«
Nebel stieg aus den Tälern, und Wolkenschleier wehten von Norden. Wir sahen nichts mehr von dem unbekannten Land, es behielt sein Geheimnis.
»Hat's denn noch Zweck, Tommy«, erkundigte sich der Chef, »wie sieht's aus mit dem Sprit?«
»Reicht noch für zwei Stunden, aber dann bleibt nur Sachs-Harbour fürs Auftanken . . . bis dort sind's anderthalb Stunden.«
»Na schön, flieg gleich nach Sachs-Harbour. Wir versuchen's morgen noch einmal.«
So ist das mit dem Wetter im Nordland. Die Wolken kommen aus heiterem Himmel, die Nebel steigen auf, ohne daß man wüßte, warum. Wo alles frei ist, kann es gleich bedeckt sein, und wo man durch eine Waschküche fliegt, erscheint ganz plötzlich klare Sicht. Der Pilot wandte auf gut Glück die Maschine nach Südosten, und schon nach zwanzig Minuten erreichten wir die Prince-of-Wales-Straße, einen Meeresarm, der Banksland von der Victoria-Insel trennt. Tausend Meter über treibenden Eisschollen ging es nun direkt nach Süden. Keine Wolke am Himmel

und kein Nebel an der Küste. Ein herrliches Panorama auf allen Seiten. Senkrechte Felswände begrenzten die Banksinsel, während sich Victoria mit sanft ansteigenden Hügeln aus dem Meer erhob. Gestrandete Eisberge in den Buchten, glitzernde Schollen hatten sich auf Sandbänke geschoben. Neben Spalten im Eis lagen die Robben. Damit wir sie besser sahen, ging Tommy tief hinunter. Es waren viele hundert, vielleicht mehrere tausend Tiere. Man konnte sie weder zählen noch schätzen. Jede Robbe lag so nahe dem offenen Wasser, daß sie bei Gefahr sofort wegtauchen konnte. Aber noch schneller war die Maschine. Bis das Tier unseren Lärm vernahm und vom Schatten erschreckt wurde, hatten wir es schon überflogen. Dennoch kam Bewegung in die endlose Schnur der Robben, da sich der Alarm fortsetzte. Die geschlafen hatten, wachten auf und hoben ihre runden Köpfe. Aber sie fanden keine Zeit mehr, sich ins Wasser zu werfen.
Wir waren mit 103 Polarbüffeln und knapp 200 Karibus zufrieden gewesen. Nun sahen wir auf dem Eis in einer Viertelstunde sicher zehnmal mehr Säugetiere als während des dreistündigen Fluges über Land. So reich ist das Leben im Arktischen Ozean und so arm vergleichsweise das Tierleben auf den Inseln. Kein Wunder also, daß sich die Eskimo nur an der Küste niederlassen.
Es wurde Zeit, nach Westen zu drehen, um Sachs-Harbour zu erreichen. Die Maschine stieg, weil noch immer dichter Bodennebel das Landesinnere bedeckte. Wie Tom die Siedlung finden wollte, war mir nicht klar. Er richtete sich nach der Flugzeit, die verging, und hoffte wohl auf freie Sicht in der Thesiger-Bucht. War auch dort der Nebel lückenlos geschlossen, mußte wohl unser Flug mit einer Katastrophe enden. Wir hatten keinen Brennstoff mehr, um ein anderes Flugfeld zu finden. Doch außer mir schien das niemand zu bedenken, und ich durfte meine Angst nicht verraten. Was hätten die Kameraden gedacht!
Tommy Gordon saß seelenruhig am Steuerknüppel, der Kopilot lutschte Kaugummi mit Behagen. Paul machte Notizen, und die Hamewarden ruhten sich aus. Die Beechcraft war nun völlig von Nebelschwaden eingehüllt, und Wassertropfen rieselten an den Scheiben hinunter.
Fast hätte ich aufgeschrien, als dicht vor uns ein Hügel auftauchte. Die Maschine strich so nahe darüber hinweg, daß ich meinte, wir hätten sie nur um Haaresbreite verfehlt. Dann wieder nichts als Nebel, nicht die geringste Hoffnung auf freie Sicht. Schimmer von Gestein zur rechten Seite! Tommy putzte sich die Nase, und Dennis schob sich einen neuen Kaugummi in den Mund. Dabei hatten wir es nur der Güte Gottes zu verdanken, daß wir noch lebten. Und gerade in diesem Augenblick jagte die Maschine knapp an einem Bergbuckel vorbei. Mir blieb der Atem weg, und ich fühlte Eiseskälte im Rücken. Das konnte nicht gutgehen, das war glatter Irrsinn mit der gewissen Aussicht auf ein schnelles Ende.
Graues Gewoge und rasend rasches Auftauchen von Bodenwellen. Der Schatten

eines Felskegels, der Schimmer einer Wasserfläche. Der Bruchteil von Sekunden entschied über Leben und Tod. Warum so tief, wo droben die Sonne schien? Auch wenn der Sprit zu Ende ging, war es köstlich, noch ein paar Minuten den freien Himmel zu genießen, bevor das Unvermeidliche geschah.

Da hatten wir schon wieder den Boden fast gestreift! Aber es schien den Piloten nicht zu stören. Er schnaubte nochmals in sein Taschentuch und steckte es ein. Im gleichen Augenblick riß der Vorhang auf, und wir stießen in helles Licht. Drunten glänzte blankes Eis und offenes Wasser. Hinter uns, wo der Nebel aufgehört hatte, verbarg sich das unheimliche Land. Genau bei Sachs-Harbour waren wir herausgekommen.

So hörbar atmete ich auf, daß Paul meine Erleichterung bemerkte.

»Sie hatten doch nicht etwa Angst . . .?«

»Nein, überhaupt nicht . . . mich wundert nur, daß wir keine zerfetzten Leichen sind.«

»Wieso denn . . .? Unser Tommy kann auch im Nebel sehen, ich meine, er kann's gewissermaßen fühlen, wo Boden ist. Und er hat seinen Kompaß im Kopf.« So mußte es sein, das war die einzige Erklärung.

Wir flogen ein paar Meilen weit hinaus, zogen eine Schleife über der Ortschaft und glitten mit gedrosselten Motoren wieder in den Nebel hinein. Aber jetzt konnte nichts mehr passieren, Tom hatte gewiß die Landebahn gesehen und tadellos angepeilt. Sie erschien auch wenige Meter unter dem Fahrgestell. Die Räder setzten auf, zischten über lockeren Kies und rollten zwischen roten Benzintonnen einem Blechschuppen entgegen. Rechts neben uns lagen die zerschlagenen Trümmer einer Transportmaschine.

»Ich bin's nicht gewesen«, lachte unser Pilot, »aber die Verletzten mußte ich holen, weil's höchste Zeit war. Den Fred Carpenter konnten die Doktors wieder zurechtflicken . . .«

Am Ende der Piste wartete schon ein Lkw. Man hatte uns natürlich gesehen, als wir über die Häuser flogen, und dann ist es üblich, mit einem Wagen ans Flugfeld zu fahren. Hier gab es drei große, geländegängige Lastenschlepper, weil zur Zeit eine Schule gebaut wurde. Außerdem befand sich auf der Höhe hinter Sachs-Harbour eine Wetterwarte und Funkstation des Department of Transport mit elf Mann Besatzung. Dort wurden wir hingebracht, ohne daß jemand fragte, was wir wollten. Es gab keine andere Unterkunft, also brauchte man nicht darüber zu reden.

Mit Paul bezog ich eine zweibettige Kabine, warf meine Sachen auf die Matratze und holte mir Wäsche aus dem Schrank, um das Bett zu beziehen. Die kleine Bude war sauber, und der Waschraum lag gleich nebenan. Mehr konnte man auf einer arktischen Insel nicht verlangen.

In der Messe, d.h. im Speiseraum, schob uns ein Koch mit weißer Mütze wortlos die Kaffeetassen über den Schanktisch und zeigte auf eine Maschine, wo man sie füllen konnte. Käsekuchen wurde gleichfalls geboten. Als ich zahlen wollte, riet mir der Mann, in die Hölle zu fahren. Dann gab er jedem noch einen Käsekuchen, denn bei ihm sollte niemand verhungern.

Die Station unterhielt so gut wie keine Verbindung mit dem Dorf der Eskimo, das drei Kilometer entfernt lag. So isoliert lebten die Männer vom DOT*, als wären sie die einzigen Menschen auf Banksland. Sie hatten alle Annehmlichkeiten unter dem eigenen Dach, wurden durch ihre Flugzeuge versorgt, es bestand nur selten ein Grund, die Baracke zu verlassen. Der Außendienst war schon getan, wenn man hin und wieder zum Flugfeld rollte. Alle sonstigen Pflichten wurden innerhalb der vier Wände erledigt. Deshalb trugen die Leute auch nur Halbschuhe und leichte Kleidung. Draußen gab es wirklich nichts, was zu einem Spaziergang oder gar zu Ausflügen verlockte. Da war nur die weite Hochfläche, fast ohne Vegetation und wegen des sumpfigen Bodens nur mit Mühe begehbar. Teiche und Tümpel erlaubten keine zielbewußte Wanderung. Bis zu den Bergen, Flüssen und Tälern des Innern war es viel zu weit. Während des Winters fegten Stürme über das erstarrte Land, und man geriet in Gefahr, sich zu verirren. Die Jagd war nur den Eskimo und den wenigen weißen Banksländern erlaubt. Mindestens ein Jahr mußte der Fremde ausharren, bis er vielleicht den Jagdschein bekam. Aber die Eisbären gehörten nicht dazu und erst recht nicht die Polarbüffel. So verlief ein Tag wie der andere bei gleichbleibender Beschäftigung in der überheizten Baracke. So lebte man inmitten der Polarwelt, ohne sie eigentlich zu betreten.

Bis hinunter nach Sachs-Harbour liefen wir fast eine Stunde. Die Lastwagen hatten den Weg bis zur Decke des Permafrostes zerwühlt, es war daher eine mühsame Wanderung. Kein Halm wuchs höher als daumenlang, keines der gelben und blauen Blümchen war größer als ein Fünfpfennigstück. An feuchten Stellen kroch graugrünes Moos über den Boden. Aber oft gab es breite Geröllflächen, die gar nichts hervorbrachten. Graue, nackte Erde mit farblosen Kieselsteinen bedeckt, so senkte sich das Gelände zur Küste hinab.

Sachs-Harbour zählt nur 120 Bewohner, obwohl auf Banksland keine andere Siedlung existiert. Der katholische Priester, der Lehrer und zwei Beamte der RCMP waren die einzigen Weißen im Ort. Fred Carpenter, ein Halbeskimo, hatte vor etwa dreißig Jahren die Siedlung gegründet. Wie man sagt, gab es vor dieser Zeit keinen ständigen Bewohner auf der großen Insel. Sie wurde nur vorübergehend von Jägern, Fischern und Fallenstellern besucht. Dann aber zeigte sich,

* DOT = Department of Transport, gleichbedeutend mit Verkehrsministerium. Es ist auch für den gesamten Flugverkehr, die Wettermeldungen und die Funkverbindung in der Arktis zuständig.

daß Fred Carpenter den richtigen Platz gewählt hatte, als er sich mit seiner jungen Frau hier niederließ. Die Stelle lag nahe der Mündung von zwei fischreichen Flüssen und bei den besten Fanggebieten von Robben, Seehunden, Belugas, und Lachsen. Die Weißfüchse des Landes trugen besonders dichtes Fell, Eisbären folgten regelmäßig der Küste, und wer ein paar Tage weit ins Hinterland zog, gelangte zu den Karibus. Vermutlich wurden damals auch Polarbüffel im Übermaß abgeschossen, denn aus dem südlichen Teil von Banksland sind die Herden ganz verschwunden.

Fred Carpenter war noch immer der führende Mann von Sachs-Harbour, obwohl nicht mehr so gut bei Kräften wie vor der Bruchlandung auf dem Flugfeld. Seine Gattin entstammte der Verbindung eines norwegischen Lappen mit einer Eskimo-Frau. Aber dieser Lappe hatte wohl blondes Haar und blaue Augen, wie man es bei Skoltlappen öfters findet. Mrs. Carpenter bot daher einen seltsam reizvollen Anblick. Obwohl sie bestimmt die Fünfzig hinter sich hatte, war das Haar noch blond geblieben, und sie wirkte fast ebenso jung wie ihre erwachsenen Kinder.

Für die Begriffe der Arktis waren die Carpenters reiche Leute. Ihnen gehörte der Laden im Ort, ein Motorschiff, zwei Motorschlitten und mehrere Hundegespanne. Im Haus herrschte eine gemütliche und wohlhabende Atmosphäre. Wir saßen in Polstersesseln, wärmten die Glieder an einem Ölofen und wurden von der Hausfrau mit Speck und Spiegeleiern verwöhnt.

Ja, es stimmte, die Moschusochsen hatten sich stark vermehrt, aber nur im mittleren und nördlichen Teil von Banksland. Das hatten Robbenfänger gesehen, als sie während des letzten Jahres an der Castle-Bay kampierten. Sie waren zum Fang der Eislachse zwei Tage weit den Thomsen-River hinaufgefahren. Die Wildbüffel waren nicht überall, doch an vielen Stellen. Wie es weiter im Hinterland aussah, bei den Flüssen ohne Namen, wußte auch Carpenter nicht. Weniger gut stand es mit den Karibus. Die waren aus erreichbarer Nähe fortgezogen. Man mußte vier bis fünf Tage weit mit dem Schlitten fahren, um Beute zu machen, die sich lohnte. Die Eskimo meinten, daß Wölfe daran schuld seien. Aber wir hatten keine gesehen, und es lag wohl mehr an zu starker Bejagung, daß sich die Karibus in sichere Entfernung abgesetzt hatten.

Gegen Mitternacht begann die Konferenz der Trapper. Auch Pater Le Mère und die beiden Polizisten nahmen teil. Mütter und Kinder, alte Männer sowie uralte Frauen strömten ins Gemeindehaus. Einige von ihnen trugen noch stolz die Tätowierung ihrer jungen Jahre. Schließlich waren wohl alle Bewohner der Ortschaft versammelt, also die gesamte Bevölkerung von Banksland. Paul Kwaterowski leitete die Besprechnung, Fred Carpenter besorgte das Übersetzen. Es ging vor allem um die Eisbären. Jeder Siedlung der Eskimo hatte das Game-Department eine bestimmte Zahl von Opfern zugebilligt. Das geschieht in jedem Jahr und richtet sich nach einer Schätzung des Bestandes.*

Welcher Jäger einen erlaubten Bären erlegt, hat keine Bedeutung, nur darf über die Quote hinaus kein Tier geschossen werden. Die Leute von Sachs-Harbour hatten die Bestimmung eingehalten und sich mit sechzehn Eisbären begnügt. Aber sie klagten über ihre Nachbarn von der Victoria-Insel. Die kamen im März und April übers Eis und jagten bei Banksland mehr Bären, als sie durften. Wenn man ihnen berechtigte Vorwürfe machte, hatten sie aus Notwehr geschossen. Das Gegenteil ließ sich nicht beweisen, obwohl doch jeder wußte, daß Polarbären nur in ganz seltenen Fällen einen Menschen angreifen.

»Der Timothy aus Holman-Island«, schimpfte ein alter Jäger, »der ist wohl der schlimmste von den Wilderern. Er sagt, im letzten Jahr hätten ihn nacheinander fünf Bären überfallen. Nur mit knapper Not konnte er sein Leben retten, hat er behauptet. Das glaubt ihm keiner, das war nur seine Geldgier. Zweihundert Dollar hat er für jedes Fell bekommen und wird nicht bestraft!«

In dubio pro reo, heißt es bei den Juristen. Jeder Zweifel spricht für den Angeklagten. Aber man kann in Zukunft nicht mehr erlauben, das Fell eines Bären in Bargeld zu verwandeln, der bei wirklicher oder angeblicher Notwehr erlegt wurde. Außerdem wird ein solcher Bär auf die Abschußquote des folgenden Jahres angerechnet. Eine salomonische Entscheidung, denn so fand sich der Wilderer den heftigen Vorwürfen der anderen Jäger ausgesetzt.

Den braven Leuten von Sachs-Harbour wurde die gleiche Quote bewilligt wie bisher. Dafür sollten aber die Jäger von Holman-Island weniger bekommen. Die Besprechung ging noch weiter bis drei Uhr morgens. Aber ich blieb nicht bis zum Ende, weil sich die Gelegenheit ergab, mit Pater Le Mère zu sprechen.

Er war seit achtzehn Jahren in Sachs-Harbour, beherrschte die Eskimo-Sprache und kannte das Schicksal jeder Familie. Nur dreißig Personen waren katholisch, für sie allein mußte ein hochgebildeter Mann in dieser arktischen Einöde sein Leben verbringen. War das nicht Verschwendung?

»Nein, es ist Verpflichtung. Wir haben diese Menschen in den Schoß der Kirche aufgenommen, dürfen sie also nicht mehr verlassen. Es sind über vierhundert Kilometer Luftlinie bis zum nächsten Priester, er könnte nicht Holman-Island und Sachs-Harbour in gleicher Weise betreuen. Nicht die Zahl ist maßgebend, sondern die Verantwortung!«

Von den Eskimo der Banksinsel hatte Pater Le Mère nur das Beste zu berichten.

»Es sind fleißige, ehrliche, anständige Leute. Ein arbeitsfähiger Mann würde sich

* Eine schwierige Sache, denn Eisbären wandern unendlich weit. Da sich auch das Polareis dreht und verschiebt, sind die Bären des vorigen Jahres im nächsten Jahr oft ganz woanders.

schämen, von der Fürsorge zu leben. Es wird wenig getrunken, obwohl man hier Geld genug hätte, sich Whisky und Wodka kistenweise aus Inuvik zu bestellen. Hoffentlich bleibt man so nüchtern, und es geht nicht bergab mit der Moral wie in Frobisher-Bay. Die vielen neuen Eindrücke sind natürlich verwirrend. Da werden Wünsche geweckt, die man früher nicht kannte, die Gedanken wenden sich Begriffen zu, die besser fremd blieben. Alle Erwachsenen hier wurden schon als Kinder getauft. Doch bei vielen blieb es nur äußerer Anstrich. Und ich fürchte, die modernen Verhältnisse können die Tünche abwaschen.«

Erst vor sechs Jahren hatten die Eskimo von Sachs-Harbour ihre primitiven Behausungen verlassen, um die herangeschafften Fertighäuser der Regierung zu beziehen. Mit der Schule, der Polizeistation, dem Hospital, der Funkstation und dem Flugzeug war alles anders geworden. Mehr und mehr wurde verlangt und geliefert. Schon jetzt war die bisherige Schule nicht mehr genug. Eine neue wurde gebaut, mit dem Wohnhaus für zwei Lehrer und Familien. Das kostete anderthalb Millionen Dollar, obwohl nur 28 Kinder im schulpflichtigen Alter standen. Doch man mußte mit baldiger Verdoppelung rechnen, da sich die Bevölkerung rasch vermehrte. Von den Erwachsenen hatte fast die Hälfte einen weißen Großvater oder Urgroßvater. Es war die Erbschaft aus dem vergangenen Jahrhundert, als die Walfangschiffe in der Arktis überwinterten. Man konnte aber den jetzigen Kindern kaum noch etwas davon anmerken. Die Merkmale der eigenen Rasse hatten sich deutlich durchgesetzt. Im übrigen gab es auch in Sachs-Harbour ein paar Leute, die stolz behaupteten, daß sie von dem berühmten Polarforscher Vilhjalmur Stefansson abstammten.

Mit den Weißfüchsen, die hier so zahlreich waren, verdiente man gutes Geld. Ein Fell wurde mit 20 Dollar bezahlt, der beste Trapper brachte es auf 800 bis 1000 Felle pro Jahr. Immerhin betrug auch das durchschnittliche Einkommen etwa 6000 Dollar. Sachs-Harbour mag noch so dürftig und reizlos aussehen, doch wohnen hier die reichsten Eskimo von Kanada.

Wozu gab es Polizei in der friedlichen, wohlhabenden Siedlung? Einfach nur deshalb, so scheint mir, um den Staat zu vertreten. Wirkliche Polizeiaufgaben hatten die beiden Mounties nicht. Sie waren Standesbeamte, zahlten die Hilfsgelder aus und ließen die Flagge wehen. Die Regierung muß schließlich einige Punkte auf den arktischen Inseln offiziell besetzen, sonst könnte jemand sagen, sie seien herrenloses Land.*

* »Die Ansprüche Kanadas auf einige der arktischen Inseln sind nicht vollgültig«, erklärte 1904 der kanadische Ministerpräsident Dr. Willem King, »es wäre zu empfehlen, daß wir überall Vertreter des Gesetzes haben, wo Siedlungen bestehen.« Tatsächlich gab es auch bis vor etwa dreißig Jahren internationale Landkarten, auf denen nicht zu erkennen war, zu welchem Staat die Inseln zwischen Kanada und dem Nordpol gehörten. Sogar nach dem Zweiten Weltkrieg gab es gelegentlich Mißverständnisse mit amerikanischen Militärs, die nicht begreifen wollten, daß die Inseln zu Kanada gehörten. Einem kanadischen Flugzeug, das für geographische Zwecke Luftaufnahmen

Die beiden Mounties machten einen guten, soliden Eindruck und waren bei den Eskimo recht beliebt. Der eine hatte Frau und Kinder bei sich, der andere war Junggeselle. Ihre Häuser und das Büro standen dicht am Ufer, mit einem Funkmast daneben. Die Schlittenhunde lagen auf der geschlossenen Eisdecke vor dem Strand. Jeder Huskie hing an seiner Kette und schlief in einem Wasserloch. Das Eis war im Auftauen, meines Erachtens mußten die armen Hunde schrecklich leiden. »Ganz im Gegenteil«, versicherte mir der Sergeant, »das haben sie lieber als trokkenen Boden. Jetzt, wo es warm ist, kühlt sie das eisige Wasser.«
Angeblich laufen freigelassene Hunde von selbst auf das brüchige Eis und wollen nicht herunter. Später sah ich auch bei den Eskimo im Norden von Baffinland, daß sie Pflöcke für ihre Hunde ins schmelzende Eis stießen. Die Huskies taten mir dennoch leid, denn sie heulten sehnsüchtig, wenn irgendwo ein Mensch erschien.
»Es ist merkwürdig mit manchen Tieren«, meinte Fred Carpenter, »daß sie die Nähe von Menschen suchen, statt vor ihnen wegzulaufen. Da war ein Muskox, der drei Jahre hintereinander in Sachs-Harbour erschien, immer wenn die Winterstürme begannen. Das Geschrei der Kinder und Gejaule der Hunde störte ihn nicht. Er bummelte durch den Ort, stellte sich hinter ein Haus, und man konnte ihn sogar anfassen. Die Leute gaben ihm Kartoffelschalen, er bekam auch sonst zu fressen, was man gerade hatte. Aber das konnte er ja vorher nicht wissen. Das ergab sich erst, als der Muskox so lange blieb. Ich nehme an, daß der einsame Bulle vor Wölfen geflüchtet war und begriffen hatte, daß ihm bei den Menschen nichts mehr geschehen konnte. Vielleicht war es auch der Schutz vor dem scharfen Wind, was ihm bei den Häusern gefiel. Im Frühjahr zog er dann weg und kam vor den ersten Schneestürmen zurück. Zum Schluß ist er nicht mehr gekommen und muß wohl gestorben sein. So geht's eben jedem eines Tages.«
Zwei Eskimo begleiteten uns, als wir zum Thomsen-River abflogen. Sie wußten angeblich, wo man die Polarbüffel finden konnte. Ein Teil des Gepäcks mußte zurückbleiben, um Platz für die neuen Passagiere zu schaffen. Soweit man es in Sachs-Harbour beurteilen konnte, war das Wetter schön und ließ klare Sicht erhoffen. Die Maschine ging auf nördlichen Kurs, und schon bald war vom Arktischen Ozean nichts mehr zu sehen. Wir flogen über welliges Gelände, sahen tausend sumpfige Teiche und zahlreiche Bäche, die scheinbar ziellos das hügelige Land durchschlängelten. Die Eskimo kannten diese Gegend und erklärten mit Eifer, wo sie im Winter ihre Traplines auslegten. Es war dem massenhaften Vor-

machte, wurde befohlen, sich zur Kontrolle nach Thule zu begeben, einem amerikanischen Stützpunkt in Grönland. Dem kanadischen Regierungsschiff »C.D. Howe« wollten die Amerikaner verbieten, eine Insel der kanadischen Arktis anzulaufen, und ähnliches mehr. Aber auf höherer Ebene wurden dann diese Zwischenfälle diplomatisch beigelegt.

kommen der Lemminge zu verdanken, daß es auf Banksland so viel Weißfüchse gab. Wo die Millionen der kleinen Höhlenbewohner genügend Nahrung fanden, war ein Rätsel. Aber dafür hat wohl die Natur ihre Vorkehrungen getroffen. Kaum war eine halbe Stunde vergangen, da hatten unsere Bankslånder kein Interesse mehr an der Landschaft, die sich drunten ausbreitete. So weit in das Innere waren sie nicht gekommen und verspürten auch keine Lust, ihre Streifzüge auszudehnen. Wir überquerten ein breites Tal, das ein glasklarer Fluß durchströmte. Sie wußten nicht, wie der hieß und ob Lachse darin lebten.

Auf meiner Karte war das Gewässer zwar eingezeichnet, aber ein Name war nicht angegeben.

Je weiter nach Norden wir kamen, auf einer geraden Linie durch die Landesmitte, desto höher stieg das Gelände. Aber stattliche Gipfel oder scharf umrissene Konturen gab es nicht, statt dessen gewölbte Rücken, kahle Hochflächen und schneebedeckte Mulden. Von Nebel und Wolken blieben wir verschont. Eine gute Stunde mochte im Flug vergangen sein, als die ersten Karibus wiederauftauchten. Sie zogen durch ein Tal mit graugelber Vegetation, wo sich mehrere Bäche zu einem rasch fließenden Wasserlauf vereinten. Wir zählten 26 Tiere, eine relativ große Herde für polare Verhältnisse.

Die Eskimo zeigten sich sehr interessiert. Durch Vermittlung des Piloten riet ihnen Kwaterowski zu einem Jagdausflug in diese Gegend. Aber nein, das kostete zuviel Zeit und Mühe. Im Winter brauchte man eine Woche für die Schlittenreise, und im Sommer sperrten Sümpfe und Seen den Weg. Und wie sollte man nach erfolgreicher Jagd die Beute befördern?

Weite Wanderungen zu Fuß, noch mit schweren Lasten auf dem Rücken, sind nicht die Sache der Eskimo. Wenn sich das Eis zurückzieht und den Gebrauch der Boote erlaubt, fahren die Bankslander an der Küste hinauf und dann in die Flüsse hinein, so weit es möglich ist. Die Jagdgruppen kampieren dort zwei bis drei Wochen, erlegen zwanzig bis dreißig Karibus, ziehen die Felle ab und zerteilen das Wildbret. Es wird geräuchert, wenn Weidengestrüpp zu finden ist, oder man läßt die fingerdünn geschnittenen Streifen in der salzigen Seeluft trocknen. Die Heimschaffung der Beute in den Booten macht danach keine Schwierigkeiten, denn jedes hat natürlich einen Motor. Eben deshalb besteht kein Grund, sich tageweit von den Booten zu entfernen, um tiefer im Land nach Karibus zu jagen. Was man braucht, ist bei schiffbaren Wasserläufen viel bequemer zu haben. Im übrigen ist die Jagd auf Karibus nur eine Nebensache, das Hauptinteresse gilt den Robben und Walrossen auf dem Eis sowie den Polarfüchsen zu Lande. Früher hat man die Karibufelle dringend zur Winterkleidung gebraucht, denn es gibt für Anoraks und Mukluks kein wärmeres Futter als die Pelze der Karibukälber. Heute kann sich der Jäger vom Erlös seiner Weißfüchse jede Art von Kälteschutz kaufen. Doch nichts davon erreicht die Qualität von Fellkleidern, wie sie geschickte Frauen in Heimarbeit herstellen. Auch das ist ein Grund, weshalb die Eskimo nicht mehr so gerne wochenlange Winterreisen unternehmen.

»Der Fluß da vorne . . . ich glaub', das ist der Thomsen-River«, rief Tommy in die Kabine hinein. Unsere Freunde aus Sachs-Harbour gaben keine Antwort. Den Namen hatten sie nie gehört, er war ja nur die Erfindung weißer Geographen. Wenn die Bankslander eine Bezeichnung dafür hatten, war es bestimmt eine andere.

»Bleib über dem Fluß«, riet Kwaterowski, »wir werden dann schon sehen, ob es der Thomsen ist.«

Im Vergleich zur trostlosen Einöde, die hinter uns lag, wurde nun die Landschaft wiesengrün und reich an Abwechslung. Das breite Gewässer strömte über blankpoliertes Gestein, am Ufer wucherte Weidengestrüpp, und braungelbes Moos bedeckte das Geröll an den Hängen. Die Hochtäler im skandinavischen Fjell sehen nicht anders aus.

»Drei Muskoxen links«, rief Len Colosimo, und gleich senkte Tom die Maschine. »Einer dort drüben am Ufer . . . und noch vier Stück dahinter.«

Die Kugelschreiber notierten. Es war wie gestern, vielleicht noch besser. Sieben Tiere mit zwei Kälbern an einem Fleck, drei und vier und fünf standen links darüber am Hang. Polarbüffel noch und noch. Wer sie auf dieser Seite zählte, dem entgingen jene auf der anderen. Auch hellfarbige Karibus belebten das Gelände. Hier war ein ungestörtes Paradies für seltenes Wild der Arktis.

Dreizehn Polarbüffel zusammen, bisher die größte Herde, die wir sahen. Karibus gab es noch mehr und überall. Die Eskimo waren begeistert, das hatten sie nicht erwartet und nur selten erlebt. Nur war der Fluß bis hier nicht schiffbar, wegen zu vieler Steine und zu rascher Strömung. Man sah es deutlich am Gestrudel im Wasser.

Bald danach war das Tal versandet, und wir flogen über ein Gebiet ohne Leben. Das dauerte nicht lange, nicht mehr als zehn bis fünfzehn Minuten. Dann wurde alles wieder grün. Erst Karibus zu beiden Seiten, dann Polarrinder auf der Wanderschaft. Ein totes Tier am Fluß, zwei Schnee-Eulen hatten sich daneben niedergelassen. Dort ein Bulle, im Begriff, eine Kuh zu besteigen. Das Dröhnen unserer Maschine trieb das Paar auseinander. Gleich danach störten wir den Brunftkampf zweier Rivalen.

Tom zog tiefe Kreise über einer Gruppe mit vier bis fünf Kälbern. Die Kleinen versteckten sich unter ihren Müttern, sie waren im bodenlangen Haarkleid nicht mehr zu sehen. Die Bullen eilten herbei, formierten den Schutzring und senkten die krummen Hörner. Weiter und weiter über dem Fluß nach Norden, erkennen, zählen und notieren.

»So eine Aufklärung hat's noch nie gegeben«, freute sich der Chef, »man wird's kaum glauben, wenn die Berichte vorliegen.«
Es war natürlich der Thomsen-River, ein anderer konnte so lang und so breit gar nicht sein. Jetzt endlich erkannten ihn auch die Eskimo. Der eine zeigte aufgeregt hinunter, dort lagen Zeltstangen, leere Kisten und Fetzen von Leinwand, die Reste ihres Lagers im vorigen Jahr. Wir scheuchten eine Wolke von Schneehühnern auf und trieben sechs Karibus in die Flucht. Zwei Polarbüffel durchquerten den Thomsen-River. Ihr langes Fell wurde vom Wasser gehoben und schwamm neben ihnen her wie ein geöffneter Mantel.
Weil wir nur nach Tieren schauten, bemerkten wir nicht gleich die überraschende Veränderung der Landschaft. Die Höhen rechts und links waren verschwunden. Der River hatte sich in zahllose Arme aufgelöst und rieselte nur noch über eine Kiesfläche. Vor uns lag der Ozean. Er war nahe der flachen Küste vom Eis befreit, doch draußen bedeckten ihn noch die Schollen.
»Castle-Bay«, rief Tommy, »wo soll's nun hingehen, Paul, wir haben noch Sprit für zwei Stunden?«
»Nach Osten, Tom, wieder ins Land hinein und auf 'ner anderen Strecke zurück nach Sachs-Harbour.«
Erst zog die Maschine in weitem Bogen übers Meer, um dann in die Mercy-Bucht zu fliegen. Am Strand waren vier rote Benzintonnen aufgestellt, ein Brennstoffdepot für Notfälle. Unsere Eskimo sagten, sie hätten sich nach der Karibujagd im vorigen Sommer sechzig Gallonen geholt. Das war ihr gutes Recht, falls es unbedingt sein mußte. Sie wollten bei Gelegenheit den Vorrat wieder auffüllen.
Wir überquerten drei Flüsse ohne Namen und zählten auch dort wieder Muskoxen. Es folgten mehrere Seen, jeder ungefähr so groß wie der Schliersee und Tegernsee in Bayern. Die Eskimo waren nie dort gewesen, obwohl es auf dem Wasser von Wildgänsen wimmelte. Karibus gab es noch viele, aber die Muskoxen wurden weniger. Als wir über das Hochland kamen, sahen wir keine mehr.
»Feierabend für heute«, erklärte Paul und steckte sein Notizbuch in die Tasche, »wen das Ergebnis enttäuscht, soll sich melden!«
Der Mittelwert unserer Zählung ergab für beide Flüge 219 Polarbüffel mit 33 Kälbern. Hatte man vor sieben Jahren knapp 200 Moschusochsen für ganz Banksland angenommen, konnte das nur eine eklatante Fehlschätzung gewesen sein. Auf der Insel lebten mindestens doppelt so viele. Eine derartige Vermehrung in so kurzer Zeit war gar nicht möglich. Jedenfalls war der Beweis erbracht, daß kein Anlaß bestand, sich wegen der Bankslander Polarbüffel Sorgen zu machen. Wo das kostbare Wild des hohen Nordens genügend Nahrung findet, ist es reichlich vorhanden. Von Menschen werden die Muskoxen nicht belästigt, ihre Zukunft scheint gesichert, und ihrer Vermehrung steht nichts im Wege.

»Wir sind noch nicht am Ende«, warnte Kwaterowski, »erst mal sehen, ob uns die Verhältnisse auf anderen Inseln nicht enttäuschen. Zwölftausend Kilometer liegen noch vor uns, vielleicht sind's am Ende auch zwanzigtausend.«
Der halbe Erdumfang, auf einem Zickzackkurs durch die Polarwelt! Damals konnte ich nicht daran glauben, aber es wurde Wirklichkeit.

Mit dem letzten Tropfen im Tank

»Unser Whisky ist verschwunden«, sagte der Kopilot, nachdem er die Kiste geöffnet hatte.
Wir waren in Tuktoyaktuk und wollten zur Victoria-Insel. Gestern abend eingetroffen, hatten wir in Tuk übernachtet, die Tanks gefüllt und waren nun mit vereinten Kräften dabei, die Ladung der Maschine umzutrimmen. Tom Gordon legte Wert darauf, daß sich die schwersten Gepäckstücke in der Mitte befanden. Zu diesem Zweck hatten wir erst einmal alles herausgeholt. Dabei war die große Kiste mit den alkoholischen Getränken, die man gestern kaum heben konnte, so auffallend leicht, als sei gar nichts darin. Jetzt starrten wir staunend hinein und fanden diese Vermutung bestätigt. Schamlose Schurken hatten uns schändlich beraubt.
Am Schloß der Kabinentür war zu erkennen, daß man Draht oder Nagel benutzt hatte, um einzudringen. Es mußte beim hellen Licht der Sonne geschehen sein, da sie bis auf weiteres nicht mehr den Himmel verließ. Unsere Maschine stand seit gestern weithin sichtbar auf dem Flugfeld von Tuk, natürlich ohne Bewachung und ganz sich selbst überlassen. Zwischen der Ortschaft und der Startbahn lag allerdings ein sumpfiges Gelände von mehreren Kilometern Ausdehnung.
Nur den Inhalt dieser einen Kiste hatten wir zu beklagen, sonst fehlte nichts. Die Kameras, die Ferngläser, die Jagdwaffen und Patronentaschen waren von den Räubern nicht berührt worden. Einzig und allein auf den Alkohol hatten sich die Hundesöhne spezialisiert. Woher sie davon wußten und wie sie gleich die richtige Kiste fanden, war unbegreiflich.
»Ganz so schlecht können die Kerle nicht sein«, erklärte Paul Kwaterowski, »meine Zigarren haben sie mir freundlicherweise gelassen.«

Gut für ihn, der ohne seine Zigarren nicht leben mochte. Aber mir war der Raubzug besonders schmerzlich, weil ich die Kiste gefüllt hatte. Doch keineswegs, um mich während dieser Wochen dem Trunk zu ergeben, sondern nur als bescheidener Beitrag zum Reiseproviant. Wenn man für hundert Flugstunden keinen Cent bezahlt, gehört es sich wohl, des Abends für feuchte Unterhaltung zu sorgen. Das aber ist in den Nordwest-Territorien nicht so einfach wie bei uns. Jede Art von Alkohol, sogar das Bier in Büchsen, unterliegt einem Monopol der Regierung. Nur sieben staatseigene »Liquorshops« in dem riesengroßen Land verkaufen alkoholische Getränke. Bis zu hundert Prozent sind deren feste Preise höher als in unserem billigen Land. In den wenigen Hotels und Restaurants wird der Ausschank von Alkohol streng kontrolliert, auch ist eine sparsam erteilte Lizenz dafür notwendig. Die Bewohner kleiner Siedlungen, wo kein Schnapsladen vorhanden ist, müssen ihren Konsum schriftlich beim nächsten Liquorshop bestellen und im voraus bezahlen. Hinzu kommen noch die recht erheblichen Kosten für den Flugtransport. Dennoch ist der Umsatz gewaltig, vor allem bei Beginn eines Wochenendes. Da verkauft allein der Liquorshop von Inuvik alkoholische Genüsse im Werte von 14000 Dollar.*

Bis noch vor einigen Jahren durften Eskimo und Indianer keine berauschenden Getränke erwerben. Doch sie klagten mit der Begründung, das sei ein Verstoß gegen ihre demokratischen Rechte, und sagten, sie würden diskriminiert. Jetzt können sie kaufen und saufen wie die Weißen.

Man bevorzugt Whisky, Wodka, Gin und hochprozentigen Rum sowie große Mengen des relativ schwachen Büchsenbiers. Wein ist weniger wichtig, obwohl es auch kanadische Weine gibt, die so schlecht nicht sind. Leider ist die Sitte weit verbreitet, alles gleich zu verbrauchen, was man sich beschafft hat. Es gilt nicht als Schande, total betrunken zu sein. Aber der gute Ruf eines Mannes geht verloren, falls er seinen Freunden den Alkohol im Hause verschweigt. Die helfen ihm dann gerne bei der restlosen Vertilgung. Ist das geschehen und kein Geld mehr vorhanden, lebt man nüchtern bis zum nächstenmal. Doch können auch Dollars nicht helfen, wenn im Ort der Liquorshop fehlt.

So war es in Tuktoyaktuk, und deshalb bestand für uns keine Hoffnung, die geraubten Getränke zu ersetzen. Auf eine Nachbestellung aus Inuvik konnten wir nicht warten. Die einzige Siedlung der kanadischen Arktis mit Liquorshop war Frobisher-Bay auf Baffinland. Also kein guter Tropfen, bis wir dort landeten, wenn es überhaupt geschah. Trübe Aussichten, doch nicht zu ändern.

* Während des letzten Jahres wurden in den NWT alkoholische Getränke für 3,5 Millionen Dollar verkauft. Die Hälfte der Summe konnte der Staat als Steuer kassieren. Im ganzen Land besitzen nur 25 Gaststätten und Hotels das Recht zum Ausschank von Alkohol an ihre Gäste.

Das Mündungs-Delta des mächtigen Mackenzie River ist so groß wie Belgien. Die Temperatur fällt im Winter bis auf 50 Grad unter Null.

Vorderseite: Im Flug über die arktische Insel Banksland. Nur für wenige Wochen im Hochsommer verschwinden Eis und Schnee.

Die menschenleere, zum größten Teil noch unbekannte Tundra glüht während des Herbstes in den schönsten Farben.

Rückseite: Es gibt so viele Wasserfälle in den Nordwest-Territorien, daß auch die Gewaltigsten unter ihnen nicht alle einen Namen tragen.

Jimmy Bourque, der sich gerade in Tuktoyaktuk aufhielt, sah eine Möglichkeit, den Tätern auf die Spur zu kommen.
»Gestern brachte eine Maschine aus Inuvik 'ne beachtliche Menge von Bestellungen. Als ihr dann mit der Beechcraft angetrudelt kamt, waren die notorischen Trinker von Tuk schon weit gediehen. Ich glaub', daß keiner mehr laufen konnte, den Flugplatz hätten sie kaum erreicht. Von denen war also keiner bei der Kiste . . .«
»Sicher nicht«, stimmten wir zu.
»Tuk hat nicht viel mehr als zweihundert Einwohner. Wenn wir die schon Betrunkenen abziehen, auch die beiden Mounties und die geistlichen Herren, denen wir Einbruchsdiebstahl nicht zutrauen, dann bleiben nicht mal hundert Erwachsene übrig. Da müßte doch eigentlich die Polizei was herausfinden.«
Dies um so mehr, hoffte ich, weil sich bei dem entwendeten Gut auch Korbflaschen mit Chianti befanden. Diese mit Stroh umflochtenen Gefäße waren hierzulande so selten, daß sie auffallen mußten, auch wenn nur Trümmer davon hinter dem Haus eines der Halunken lagen.
Gesagt und getan, die beiden Beamten der Royal Canadian Mounted Police wurden verständigt und mit genauer Beschreibung der gestohlenen Flaschen versehen. Wie man aus vielen romantischen Krimis weiß, sind die Mounties eine weltberühmte Elitetruppe. Sie tragen bei festlichen Anlässen einen scharlachroten Rock und einen breitkrempigen Hut mit Kordel. So kennt sie wohl jedes Kind, und schon viel hat man von ihren beispiellosen Heldentaten gehört. Zwar nennt man sie Mounted Police, also berittene Polizei, doch haben sie heutzutage Pferde nur noch für Paraden, wenn die Königin kommt oder sonst ein Fest gefeiert wird. Aber die Männer der RCMP machen auch zu Fuß eine meist recht gute Figur. Angeblich wurde seinerzeit für diese Truppe mit der stolzen Behauptung geworben: *Wir suchen die besten Männer für schwerste Pflicht bei lausigem Lohn.* Dennoch meldeten sich zehnmal mehr Bewerber, als man einstellen konnte. So sehr wurden die Mounties bewundert. Wenn es darum ging, einen Verbrecher zu fassen, vielleicht gar einen heimtückischen Mörder, der in weiter Wildnis sein Unwesen trieb, endete die Anweisung mit den Worten »go and get your man!« Vieles davon mag romantisch verklärt sein wie in den herrlich aufregenden Romanen von James Oliver Curwood. Und man darf wohl annehmen, daß die pensionierten Inspektoren der RCMP in ihren Tatsachenberichten wohl nur solche Verbrecherjagden geschildert haben, die nach spannenden Abenteuern von Erfolg gekrönt wurden.
Die beiden Mounties von Tuktoyaktuk hatten keinen Erfolg. Auch gewann man nicht den Eindruck, daß sie der Fall überhaupt interessierte. Die Wegnahme von Alkohol schien nur ein Kavaliersdelikt zu sein. Wenn das Gesetz schon dem Mund-

raub mildernde Umstände zubilligte, muß erst recht der Durstraub mit verständnisvoller Nachsicht betrachtet werden. Es gab auch anständige Leute, die sich bei passender Gelegenheit holten, was an Whisky, Wein und Wodka zu haben war. Dafür besaßen trinkfeste Leute in den NWT eine außerordentlich feine Nase, die Eskimo und Indianer ebenso wie die weißen Flaschenfreunde. Es war mehr ein Sport als ein diebisches Vergehen, man lachte darüber und amüsierte sich. Nur der Bestohlene sah keinen Grund zur Heiterkeit. Weil trotz aller Bemühungen einfach nichts zu machen war, versuchten wir die Sache zu vergessen.

Während die Gamewarden ihre Besprechung mit den Trappern abhielten, war ich zu Gast beim Vertreter des Amtes für wirtschaftliche Entwicklung. Man feierte mit starkem Kaffee, sonst aber nichts, den Beginn der großen Ferien. Die fünf Lehrkräfte der Schule gedachten morgen mittag nach Süden abzureisen. Die Regierung, großzügig wie immer, gestattet ihnen jedes Jahr einen kostenlosen Flug nach Edmonton und zurück. Deshalb kennt fast keiner den Nordwesten, abgesehen vom Ort seiner Tätigkeit. Das lockende Ferienland liegt anderswo, für die wunderbare Weite der arktischen Landschaft hat man nur wenig oder gar kein Verständnis. Die Lehrer und Lehrerinnen sonnten sich in der Vorfreude, morgen von hier wegzukommen. Das eine Ehepaar hatte schon die beiden Jahre der Verpflichtung hinter sich, durfte also für immer verschwinden. Die anderen mußten für ein weiteres Jahr wiederkommen. Zu ihnen gehörte auch eine hübsche, gutgekleidete und noch junge Negerin.

Die Unterhaltung schleppte sich hin, weil kein Thema auftauchte, über das man reden konnte. Nichts, aber auch gar nichts schien diese langweiligen Leute zu interessieren. Acht Personen zogen es vor zu schweigen. Die Gastgeber versuchten zwar, ihre Party mit dieser oder jener Bemerkung zu beleben, hatten jedoch keinen Erfolg. Mir fiel dann ein, nach der Bedeutung des Wortes Tuktoyaktuk zu fragen. Einen nach dem anderen bat ich um Erklärung.

»I couldn't care less«, sagte der Oberlehrer, dem es vollkommen gleichgültig war, weshalb die Eingeborenen einen so komplizierten Namen erfunden hatten. Seine Gattin und Kollegin schüttelte den Kopf. Die nächste Lehrkraft zuckte mit den Schultern, nur die dunkle Dame wußte des Rätsels Lösung.

»*Tuktuk* heißt Karibu, und Tuktoyaktuk bedeutet, daß hier die Karibuherden den Fluß überquert haben. Bei den Eskimo wird nämlich das Hauptwort geteilt, um andere einzufügen. Deshalb sind viele Ortsnamen so lang.«

Die kluge Frau erntete weder Lob noch Lächeln. Im Gegenteil, sie war aus dem Rahmen gefallen und hatte sich mit ihren Kenntnissen wichtig gemacht. Ihre Kollegen starrten an die gegenüberliegende Wand. So verging noch ungefähr eine halbe Stunde. Dann aber wurde die Gesellschaft durch schlimme Nachrichten aufgestört.

Zwei Kinder waren beim Baden ertrunken. Die Strömung hatte sie fortgerissen und hinausgetragen. Als man ihre Hilferufe vernahm, war gleich ein Boot ausgefahren, aber leider zu spät gekommen. Einer der Lehrer meinte, daß die Eltern ihren Verlust wohl bald verschmerzt hätten, denn beide Familien waren mit Nachkommen reich gesegnet.

Der Geistliche, dem ich später begegnete, machte der modernen Erziehung bittere Vorwürfe. Früher konnte kein Eskimo schwimmen, aber während der letzten Jahre wurden Hallenbäder gebaut, wie in Fort Simpson und Inuvik. Dort werden nun alle Kinder im Schwimmen unterrichtet. Zwei Buben aus Tuk hatten es gelernt und dann hier mit ihren Künsten geprahlt. Andere Kinder wollten ihnen das nachmachen, ohne die Gefahr an der offenen Küste zu bedenken. Die Wassertemperatur nahe dem Gefrierpunkt störte sie nicht. Bis heute war alles gutgegangen, doch man hätte solch Unglück nach Lage der Dinge voraussehen müssen. Aber es ist bei den Eskimo nicht üblich, Kinder zu beaufsichtigen. Sie können tun und lassen, was ihnen gefällt.

Übrigens hatte der kaltherzige Lehrer nicht so unrecht, als er sagte, der Verlust dieser beiden Kinder würde bald vergessen. Als ich nach fünf Wochen wieder einmal in Tuktoyaktuk war, redete niemand mehr von dem Unglück. Die Gräber waren ungepflegt, offenbar hatten sich die Eltern nicht darum gekümmert.

Wir verließen Tuktoyaktuk gegen drei Uhr morgens und flogen über das Makkenzie-Delta, um zu sehen, ob das gemeinsame Jagdlager der Eskimo und Indianer bei Kittigazuit noch bestand. Aber gerade dort verhüllten tiefhängende Wolken die Sicht. Dafür bot das Delta einen phantastischen Anblick. Nur aus der Luft läßt sich der rechte Eindruck von dieser amphibischen Landschaft gewinnen, mit der sich nichts auf Erden vergleichen läßt. Zwar gibt es auf der Welt noch andere Mündungsgebiete eines Stromes, der sich zerteilt und weit auseinanderfließt, doch nur im Mackenzie-Delta ist die Vielfalt der Gewässer so wunderbar verwirrend. Alle Arme, Kanäle und Creeks, die fließen, sind an ihrer schlammtrüben Farbe zu erkennen. Sich von deren Verschlungenheit eine Vorstellung zu machen, ist ganz unmöglich, man muß es selbst gesehen haben. Oft berühren sich die Schleifen bis auf einen messerscharfen Rücken, der sie gerade noch trennt. Schon im nächsten Jahr kann hier ein Durchbruch erfolgen. Nicht zu begreifen sind die Gründe, weshalb sich die Wasserläufe so drehen und wenden. Nur wer den Versuch unternimmt, einen Faden von zehn Meter Länge derart auf einem Buchdeckel auszulegen, daß sich keine Stelle überschneidet, kann den Verlauf eines dieser Arme vergleichsweise imitieren. Aber das wäre lange nicht genug, denn zwischen den Creeks und Kanälen liegen noch tausend und aber tausend kleine oder größere Seen. Manche sind nur Teiche, andere sind Tümpel und wieder andere nur tiefe Pfützen. Die glänzen alle so hell und herrlich wie Smaragde.

Würde man ein Farbfoto, senkrecht vom Flugzeug aufgenommen, nur etwas unscharf belichten, es würde gewiß als Meisterwerk eines modernen Malers bei jeder Ausstellung mit Begeisterung begrüßt. Der Kontrast zwischen den hellgrünen und stumpfbraunen Gewässern ist geradezu unheimlich. Kein noch so gesundes oder krankes Gehirn vermag sich solch unglaubliche Figuren auszudenken. Noch viel mehr hat die Natur hier fertiggebracht. Jeder See hat seine Inseln, auch der allerbescheidenste. Fast jede Insel trägt ihrerseits mehrere Teiche, und darin schwimmen auch noch Inseln. Es ist ein Puzzlespiel sondergleichen. Man könnte mit entsprechender Geduld ein Stückchen Land entdecken, das in vier oder gar fünf Etappen von Wasser umgeben ist. Das wäre eine fünffache Insel, wenn man so sagen darf.

»Pingo . . .«, rief Tom in die Kabine, »Pingo . . . da vorne links kommt gleich ein Pingo.«

Was das sein sollte, wußte ich nicht, nur das alberne Bingo-Spiel war mir ein Begriff. Aber damit haben die Pingos im Osten des Mackenzie-Deltas überhaupt nichts zu tun. Wir bestaunten Wunderwerke der nordischen Natur, die nirgendwo sonst in der Welt so zahlreich sind oder eine Höhe von dreißig Metern erreichen. Mir zuliebe stieß der freundliche Pilot tief hinab und ließ die Maschine kreisen. Paul und die Gamewarden hatten diese merkwürdigen Protuberanzen schon oft erblickt, wußten aber auch keine Erklärung für ihr Entstehen.

Die Pingos sehen aus wie Vulkane, die Hänge durchfurcht von tiefen, gradlinigen Rillen. Sie erheben sich kegelförmig aus der sumpfigen, tischflachen Ebene. Der Gipfel ist aufgespalten wie eine junge Knospe, so als wollte der hervorkeimende Kern die Schale abwerfen. Wer den Vesuv bei Neapel überflog, kann sich ungefähr die Gestalt eines Pingo vorstellen. Nur fehlt ihnen die Rauchfahne, und keine glühende Lava brodelt im Bauch des Bergchens. Genau das Gegenteil erfüllt ihr Inneres, nämlich ewiges Eis. Aus unbekannten Gründen haben Gewalten der Erde den Permafrost gesprengt, und aus dem Boden hochgestoßenes Schmelzwasser hat die Rinnen ausgewaschen, aber den kalten Kern nicht aufgelöst. Man sieht das graue Eis am Grunde der Furchen, während gelbgrünes Moos die Erdkruste bedeckt. Weil sich keine andere, noch so geringe Erhebung im weiten Umkreis befindet, wirken die Pingos viel höher, als sie tatsächlich sind.

Niemand vermag zu erklären, weshalb sie nur hier so häufig in Erscheinung treten, obwohl sich die gleiche physikalische Struktur über Tausende von Meilen erstreckt. Später hörte ich von dem Jagdführer Sven Johansson, daß ein längst verstorbener Eskimo angeblich die Geburt eines Pingo miterlebt hat. Nach dessen Darstellung war das Gebilde mit Donnergetöse ganz plötzlich aus der Ebene gebrochen. Kein Qualm und kein Feuerschein hatte die Entstehung begleitet, sondern nur das Beben des Bodens. Schon nach wenigen Minuten herrschte wieder vollkommene

Ruhe. Aber die Geologen wollen das nicht glauben, sondern meinen, die Pingos wären im Verlauf von Jahrtausenden allmählich gewachsen. Abgesehen von der unterschiedlichen Höhe ist einer dem anderen vollkommen gleich.
Wir flogen weiter nach Osten, überquerten den breiten, braungelben Anderson-River, schwebten über die Franklin-Bay und die Parry-Halbinsel. Überall das gleiche, grenzenlose Bild der arktischen Tundra. Viel Wasser bedeckte oder strömte durch das einsame Land. Es gab da unten nur sparsamste Vegetation. Moos an jeder feuchten Stelle, graue und gelbe Flechten auf trockenem Boden. Wo Bäche und Flüsse tief einschnitten, konnten arktische Weiden, mitunter auch Zwergbirken gedeihen. Sonst aber ließen die schrecklichen Schneestürme der acht Wintermonate kein Bäumchen hochkommen. Endlich, im Süden der Darnley-Bucht, eine menschliche Siedlung, das Eskimodorf Paulatuk. Da es noch kein Flugfeld besaß, konnten wir nicht landen. Dem Vernehmen nach sollten ungefähr zweihundert Moschusochsen die Tundra südlich von Paulatuk durchziehen. Aber es fehlten neue Nachrichten über ihren derzeitigen Standort. Da es für ihren Wandertrieb, außer an der Küste, nirgendwo eine Grenze gab, konnten sie heute viele hundert Kilometer weiter fort sein als bei der letzten Beobachtung. Wir suchten wohl eine Stunde lang, konnten aber nichts entdecken. Sieben Stück hatte ein Eskimo im vergangenen Sommer gesehen.
»Wenn die Schätzungen stimmen«, sagte Paul, »haben sich die Herden gut vermehrt, dank des vollkommenen Schutzes, den man allen Muskoxen seit vierzig Jahren bewilligt. Anderson hat 1930 für das Festland nur einen Bestand von fünfhundert Tieren angenommen. Es sind jetzt dreimal so viele, falls die Vermutungen zutreffen.«
Allein das Verbot, die Polarbüffel zu jagen, hätte wohl nicht genügt, weil in dem unendlich weiten Verbreitungsgebiet keine Kontrolle möglich ist. Viel besser hat sie die fortschreitende Menschenleere der Tundra geschützt. Die ehemaligen Inland-Eskimo sind verschwunden. Bis auf einen ganz geringen Rest am Contweyto-Lake haben alle ihre einstigen Jagdgebiete in den Barrengrounds aufgegeben, um fortan in den küstennahen Siedlungen zu leben.
Am Thelon-River liegt eines der größten Schutzgebiete Nordamerikas, wo sogar das Betreten besondere Erlaubnis erfordert. Eine unnötige Vorsicht, denn es läßt sich niemand dort blicken. 300 bis 400 Polarrinder genießen ungestörte Ruhe in dem kaum bekannten Gebiet. Vermutlich sind ebenso viele in der Gegend von Bathurst-Inlet und fast die gleiche Zahl auf der Boothia-Halbinsel. Die übrigen Muskoxen des Festlandes leben weit verstreut in der menschenleeren Tundra des hohen Nordens. Sie haben sich bisher der Feststellung entzogen.
Weil das auch im Umkreis von Paulatuk so war, flog nun die Beechcraft nordostwärts über den Amundsen-Golf zur Insel Victoria. Sie übertrifft an Größe

die Bundesrepublik, aber weniger als 600 Menschen bewohnen das weite Land. Es gibt nur zwei Siedlungen auf Victoria, nämlich Holman-Island an der Prinz-Albert-Bucht und Cambridge-Bay auf dem südöstlichen Zipfel. Ende Juli schwammen noch immer Eisfelder auf dem Meer, hingen sogar sechzig bis siebzig Kilometer weit fest zusammen. Aber die Ränder bröckelten ab, und Spalten hatten sich nahe der Küste geöffnet. Lange konnte es nicht mehr dauern, bis ein starker Eisbrecher imstande war, die schmelzende Masse zu durchstoßen.

Wer Holman-Island anfliegt, könnte fast glauben, die Skyline von New York zu sehen. Jene senkrechten Felswände, die hinter dem Dörfchen aufsteigen, gleichen den Wolkenkratzern der Halbinsel Manhattan mit ihren spitzen Dächern und schmalen Straßenschluchten. Diese Fassade glänzt so hell, als würde die Sonne viele tausend Glasfenster bestrahlen. Um so winziger erschien die wirkliche Siedlung, nur ein halbes Hundert niedliche Fertighäuser auf hellem Kiesboden. Man hatte es nicht nötig gehabt, hier einen Flugplatz anzulegen, weil sich der breite Strand als brauchbare Rollbahn anbot. Ein Luftsack an langer Stange, um die Windrichtung zu weisen, war die einzige Vorkehrung. Wir landeten glatt, und Tom ließ die Beechcraft bis in die Mitte der Siedlung auslaufen. So bequem und einfach war hier die Ankunft.

Die Bevölkerung strömte herbei. Alle wollten uns die Hände drücken, doch niemand fragte, weshalb wir kamen. Ein freundlicher Mensch mit blondem Haar war Lehrer, Funker und Administrator zugleich. Hier gab es keine Mounties und keinen Händler der HBC. Der Kaufladen gehörte einer Genossenschaft, die vom Administrator beraten und von der Regierung finanziert wurde. Nur drei weiße Familien zählte die Siedlung sowie den katholischen und den anglikanischen Geistlichen.

Keine andere Ortschaft in der kanadischen Arktis wurde so geschmackvoll modernisiert wie Holman-Island. Erst vor drei Jahren hatte man die scheußlichen Buden aus rostigem Blech und vermorschten Brettern abgerissen, worin bis dahin die Eskimo gehaust hatten. Hübsche Häuschen aus Fertigteilen, bunt bemalt und gut gepflegt, beherbergen nun die Bevölkerung. Kaum ist es zu glauben, daß kein Draht und keine Leitung das allgemeine Bild verschandeln. All das hat man im Kiesboden verlegt, der so knochentrocken ist, daß sich kein Eis darin bildet. Die braven Eskimo schaffen ihre Abfälle aufs Eis, wo sie dann im Hochsommer mit den Schollen verschwinden. Der flüssige Unrat versickert im durchlässigen Boden. So genießt man in Holman-Island beispiellose Sauberkeit und perfekte Hygiene.

Man hört so oft und liest in so vielen Zeitungsartikeln, es sei doch zu bedauern, daß die alte Lebensweise der Eskimo verlorengeht. Vergleicht man jedoch die Vorteile und Nachteile, dann überwiegen bei weitem die Segnungen der Zivilisation. Wer je in einen Unterschlupf der bis vor kurzem noch üblichen Art hineinkroch, konnte für die Bewohner nur tiefes Bedauern empfinden. Auf kleinstem Raum waren in dem übelriechenden, schmutzstarrenden und immer feuchten Gelaß kinderreiche Familien zusammengedrängt. Von drei Neugeborenen starben zwei schon im ersten Jahr ihres Lebens. Nur wenige Eskimo wurden älter als fünfzig Jahre. Die elenden Unterkünfte waren eine Brutstätte des Ungeziefers, alle nur möglichen Krankheiten wurden auf die anderen Mitglieder der Familie übertragen.

Die Eskimo wären ausgestorben, hätten sie weiterhin so miserabel gewohnt. Es war ja nicht immer so gewesen, sondern eine Folge ihres Kontaktes mit den weißen Walfängern seit Mitte des vorigen Jahrhunderts. Durch den Einbruch der Fremden, die damals in der Arktis überwinterten, war die ursprüngliche Lebensart der Eskimo zerstört worden. Belohnung wie Drohung hatten sie den Walfängern dienstbar gemacht. Frauen und Mädchen wurden auf die Schiffe geholt, um die Weißen in der Winternacht zu wärmen. Die Eskimo jagten und fischten für die Walmänner, sie brachten ihnen Felle der Füchse und Eisbären, auch das Elfenbein der Walrosse und Narwale. Dafür bekamen sie Gewehre, Patronen, Kochkessel, Glasperlen, Messer, Äxte und natürlich auch Schnaps. Was die Schiffe zurückließen, zerbrochene Kisten, alte Segel und leere Blechkanister, wurde zum Baumaterial oder zur Einrichtung der Eskimo-Hütten. So entstand beim Naturvolk der Polargebiete, das sich bisher so gut den gegebenen Verhältnissen angepaßt hatte, eine Abfallkultur. Wenn die Eskimo dennoch die Zeit ihres Niedergangs überlebten, spricht das für die Zähigkeit ihrer Rasse. Sie erlitten schwere Verluste durch eingeschleppte, bisher unbekannte Krankheiten. Sie wurden ausgebeutet, betrogen und zuweilen auch mißhandelt. Ihre Zahl ging in erschreckender Weise zurück, bis endlich bessere Zeiten begannen. Das war um 1925, als die Missionare festen Fuß gefaßt hatten, als die Mounties begannen für Ordnung zu sorgen und die Händler der HBC fast alle üblen Geschäftemacher verdrängten.

Seit 1955 wurden im großen Stil und mit hohen Kosten die Schulen, Hospitäler, Funkstationen, Flugplätze und Administrationen in der kanadischen Arktis eingerichtet. So schnell erholten sich daraufhin die Eskimo, wie man es kaum für möglich hielt. Die Zahl der Todesfälle ging rasch auf etwa den vierten Teil zurück, während Geburten auf jährlich 5 Prozent der Bevölkerung anstiegen. Das verspricht binnen achtzehn Jahren eine weitere Vermehrung der Eskimo um 100 Prozent. Ihre heutige Zahl – fast 11000 in den Nordwest-Territorien – ist bereits doppelt so hoch wie vor dreißig Jahren.*

* Außerdem leben noch ungefähr 1200 Eskimos in Labrador, 2300 im Norden der Provinz Quebec, sind also auch Kanadier. Hinzu kommen etwa 30000 Eskimo in Grönland, 18000 in Alaska und 1400 in Sibirien. Das macht zusammen rund 65000.

Damit sind jene Verluste, die sich aus dem Kontakt mit den Walfängern ergaben, vermutlich ausgeglichen, wenn nicht gar überholt. Soviel mir bekannt, hat keine andere Menschengruppe das gleiche Wachstum aufzuweisen. Allerdings kostet es die kanadische Regierung viele Millionen Dollar im Jahr, und als neues Problem ist die Frage entstanden, wie man in naher Zukunft alle Eskimo beschäftigen will. Der Jugend, die aus den Schulen und Internaten hervorgeht, können Jagd, Fischfang und Fallenstellen nicht mehr genügen. Deswegen hat Pater Tardy in Holman-Island einen Betrieb zur Herstellung von Eskimo-Arbeiten organisiert. Da wird geschnitzt, gemalt und genäht, auch Gewebe werden mit farbigen Bildern bedruckt. Die figürliche Bearbeitung von Speckstein, Walfischknochen und Walroßzähnen war schon immer eine besondere Kunst der Eskimo. Sie taten es für sich und hatten Freude daran. Die Missionare und auch die Pelzhändler überredeten die Eskimo zur Weiterentwicklung dieser Fähigkeiten.
Aus der Kunst weniger Schnitzer wurde ein Handwerk für viele, und schon beginnt die Herstellung von Massenwaren. Abnehmer genug sind vorhanden, in allen Städten Kanadas sind Handarbeiten der Eskimo und Indianer ausgestellt, zum dreifachen Preis natürlich, den man an Ort und Stelle bezahlt. Pater Tardy beschäftigt in seinem perfektionierten Betrieb etwa zwanzig junge Eskimo beiderlei Geschlechts mit den verschiedensten, teils schon allzu modernen Aufgaben. Der Gewinn kommt nach Abzug der Unkosten den Eingeborenen zugute. Während ich dort war, hatten zwei vorübergehend hergeholte weiße Schreibkräfte nichts anderes zu tun, als geschäftliche Korrespondenz zu erledigen.
»Andererseits«, so meinte der Administrator, »schwimmen draußen die Belugas herum, aber es fehlt an Harpunen im Ort. Je mehr die fleißigen Söhne und Töchter verdienen, desto fauler werden die Väter. Es fließt ja bei den Eskimo alles in den Familientopf.«
Vor wenigen Tagen hatte ein Baby auf sich warten lassen, und die Mutter befürchtete eine schwierige Geburt. Die Gattin des Lehrers, in ihrer Eigenschaft als Krankenschwester, wußte nicht so recht, was sie machen sollte. Damit ja kein Unglück geschah, wurde per Funk ein Arzt und eine Operationsschwester bestellt, die eine komplette gynäkologische Ausrüstung mitbringen sollten. Kurz vor der Ankunft des Teams gelangte das Baby glatt und glücklich zur Welt. 2500 Dollar gingen zu Lasten des Gesundheitsdienstes.
»Mehr als die Schule, die Kirche und den Laden schätzen die Eskimo unsere Funkstation«, berichtete der Administrator, »denn alle reden noch von der schrecklichen Influenza-Epidemie vor vierzig Jahren. Fast die Hälfte der Leute ist daran gestorben. Jetzt weiß jeder in Holman-Island, daß wir gleich medizinische Hilfe rufen, wenn eine grassierende Krankheit ausbricht. Sie glauben felsenfest, daß ihnen nichts passieren kann, wenn sie nur in der Nähe eines Senders leben.«

Die älteste Bewohnerin des Dorfes war Helen Kalvak, eine fröhliche Frau mit sieben Kindern und einer stattlichen Anzahl von Enkeln. Sie trug ein geblümtes Baumwollkleid mit kostbarem Pelzbesatz und schön gestickte Mukluks an den Füßen. Mrs. Kalvak erlaubte mir gerne ein paar Aufnahmen, denn sie war stolz auf ihre reiche Tätowierung im ganzen Gesicht und an beiden Armen. Nur bei alten Frauen ist solch unvergänglicher Schmuck noch anzutreffen. Pater Tardy war so freundlich, die Unterhaltung zu übersetzen.
»War es seinerzeit schmerzhaft, die Tätowierung zu ertragen?«
»Ja, das kann ich dir sagen, es hat sehr weh getan. Aber so billig wie damals kann sich heute ein junges Mädchen nicht mehr zurechtmachen. Die brauchen Puder, Schminke und Lippenstift. Das geht immer wieder ab . . . bei mir bleibt die blaue Farbe bis zum Tode. Ich bin immer schön, nicht wahr? Deshalb willst du mich ja fotografieren . . . die anderen hast du gar nicht angeschaut.«
Die alte Helen hatte vollkommen recht, sie war die interessanteste Frau von Holman-Island.
»Waren früher die Zeiten wirklich so schlecht, wie man sagt?«
»Ganz schlecht . . . furchtbar schlecht, sage ich dir. Da wurden alte Leute, die nicht mehr arbeiten konnten, von ihren Kindern umgebracht. Ich würde auch nicht mehr leben . . . aber nun bekommen wir das Altengeld von der Regierung und werden verwöhnt. Ja, es sind gute Zeiten, das sag' ich dir!«
War es wirklich so gewesen?
»Nicht immer und nicht überall«, sagte der Priester, »aber die Eskimo waren damals Nomaden, das heißt während der längsten Zeit des Jahres. Sie ließen auf der Wanderschaft die Alten und Kranken zurück, wenn die aus eigener Kraft nicht mehr weiterkonnten. Man hat sie nur dann auf Schlitten gesetzt, wenn sonst keine schwere Last darauf war. Angeblich soll der Tod durch Erfrieren schmerzlos sein. Die alten Eltern haben nichts Besseres erwartet, und ihre Kinder wußten, es würde ihnen eines Tages ebenso ergehen.«
Ein Mann im Ort, mit dem ich schon gesprochen hatte, war des Mordes an seinem Vater beschuldigt worden. Denn ohne ihn kam er von der Jagd zurück, und als man den Toten fand, steckte eine Kugel in seinem Herzen. Der Sohn behauptete, es wäre ein Jagdunfall gewesen. Er wurde mangels Beweisen freigesprochen. Nicht lange danach fehlte sein bester Freund. Mit dessen Frau hatte der Freigesprochene ein Verhältnis. Und wieder fand man den Verschwundenen mit einer Kugel im Körper. Diesmal schenkte das Gericht der Ausrede eines Jagdunfalls keinen Glauben, konnte aber den Mord nicht nachweisen. Wegen fahrlässiger Tötung erhielt der Angeklagte zwei Jahre Gefängnis. Nach der Verbüßung eines Jahres kam er zurück und mußte feststellen, daß die hübsche Witwe nun die Frau eines anderen Jägers war.

»So sind die Weiber«, sagte er verdrießlich, »da hätte ich's ja gar nicht nötig gehabt, ihren Mann zu erschießen.«
Jeder kennt sein Geständnis, doch niemand verachtet ihn deshalb. Nur zur Jagd muß der Mörder allein aufbrechen. Deshalb seine Frage an den Superintendenten, ob man ihn nicht an weiße Robbenjäger als Führer empfehlen könne. Leider nein, es bestand kein Bedarf.
Nach der Trapperkonferenz waren wir zum Essen im Hause der Familie Born, beim Lehrer und Administrator. Der Blick aus dem Fenster, das eine ganze Wand ersetzte, wird mir unvergeßlich bleiben. Vor der Scheibe, noch im geheizten Raum, standen Töpfe mit Palmen und anderen Tropengewächsen, die teilweise im Schmuck ihrer Blüten prangten. Draußen aber lag die arktische Landschaft, mit schimmerndem Eis in der Bucht. Dahinter stiegen Berge auf, deren Schattenseiten noch mit Schnee bedeckt waren. Im Winter mußte der Kontrast zwischen dem Blumenschmuck drinnen und der Eiseskälte draußen noch unglaublicher sein.
Die Borns waren eine Seltenheit unter den weißen Familien der Arktis. Sie verbrachten ihre Ferien nicht im Süden, sondern noch höher im Norden. Ein Flugzeug hatte sie während des letzten Sommers mit Kind und Kegel, mit Zelt und Faltboot zur Hadley-Bucht gebracht, an die Nordküste der Victoria-Insel.
»Wir sind tageweit einen Fluß ohne Namen hinaufgefahren und haben dort sechs Wochen kampiert. Es wimmelte von schmackhaften Fischen in dem glasklaren River. Für die Küche haben wir Karibus, Schneehasen und Schneehühner geschossen. Es war eine herrliche Zeit bei schönstem Wetter, an keinem Tag störte uns kalter Wind. Die Muskoxen kamen und gingen, sie hatten keine Furcht vor uns fremden Wesen. Wir waren wohl die ersten Menschen dort oben . . .«
Kaum hatte Paul von den Polarbüffeln an der Hadley-Bucht gehört, hatte er schon beschlossen, sie zu zählen. Mit dem Administrator und zwei Eskimo an Bord verließen wir Holman-Island nach knapp ausreichendem Schlaf.
Über ein noch so fremdes Land zu berichten ist leichter, als eine Landschaft zu schildern, die keinen Vergleich mit bekannten Gebieten erlaubt. Wäre beispielsweise Neuseeland zu beschreiben, könnte ich sagen: Hochgebirge wie in den Alpen, mildes Klima wie an der Riviera, sandiger Strand wie an den Inseln der Nordsee, romantische Bergtäler wie im Schwarzwald und tiefe Fjorde wie in Norwegen. Der Leser könnte sich eine Vorstellung machen, denn er hat die Ähnlichkeit selbst gesehen oder zumindest Abbildungen davon betrachtet. Aber eine so fremdartige Gegend wie die Victoria-Insel läßt sich nicht auf so einfache Art erklären. Sie liegt abseits der Welt, die man kennt. Jeder Versuch, dies unwirkliche Land durch Vergleiche zu schildern, muß kläglich versagen.
Wäre unsere Heimat ohne Bäume, Büsche und Felder, ohne Menschen, Straßen, Brücken und Häuser, also eine karge, kahle, steinige, sumpfige Landschaft un-

mittelbar nach dem Ende der Eiszeit, dann hätte Mitteleuropa ungefähr das gleiche Aussehen wie die arktische Rieseninsel Victoria-Land. Mittelgebirge und Hochgebirge, Sandwüste, Steinwüste und Hochflächen von sehr weiter Ausdehnung. Sehr große und viele kleine Seen, zahllose Teiche auf den Höhen und in feuchten Niederungen. Ein halbes Dutzend Ströme, deren Länge über dreihundert Kilometer beträgt, sowie Flüsse und Bäche, die sich überall hindurchschlängeln. Von September bis zum Juni sind sämtliche Gewässer steinhart gefroren, und dauerhafter Schnee bekleidet den erstarrten Boden. Selbst im Sommer bleiben die Höhen und viele Hänge vollkommen weiß. Auf jedem Bergsee schwimmt noch eine Scheibe blankes Eis. So manchem Bach, der gerne über eine Felswand stürzen möchte, gelingt es nicht, sich aus der glasharten Fessel zu befreien.

Sieben bis acht Wochen im Jahr, doch gewiß nicht länger, wäre es möglich, den Kujua, den Tununik oder den Kaglorjuak zu befahren, denn es sind breite, träge fließende Ströme ohne erkennbares Hindernis. Die Eskimo an Bord geben zu verstehen, daß man bei jedem Wurf der Angel einen delikaten Fisch herausholen kann. Das an den Ufern hinkriechende Gestrüpp, das von unserer Höhe aus kaum zu erkennen ist, soll für Lagerfeuer ausreichen. Wer dazu noch Wildenten, weiße Hasen, Schneehühner und Karibus jagt, wird sich gut aus dem Lande ernähren. Die Eskimo aber ziehen nicht mehr durchs Innere, und es ist noch keiner auf den nutzlosen Gedanken verfallen, eine weite Flußfahrt zu unternehmen.

Welche Möglichkeiten hat doch die Welt noch zu bieten, von der man sagt, sie sei übervölkert und bis zum letzten Winkel erschlossen! In Wahrheit ist das Abenteuer der Entdeckungen noch nicht zu Ende. Es fehlt nur an Leuten mit Initiative und der rechten Freude an ungewöhnlichen Reisen. Die Touristen zählen nach Millionen, auch in nordischen Ländern. Doch sie bleiben auf Straßen und Wegen, sie verlangen den vorbereiteten Komfort ihrer Unterkünfte, ihrer Versorgung und ihres Transportes. Jene seltenen Sportsleute, die sich vorübergehend in der Wildnis wohl fühlen, suchen die unberührte Natur auf möglichst bequeme Weise zu erreichen. Wo sie dann hinkommen, sind schon andere oft gewesen oder man findet sie vor. In der kanadischen Arktis jedoch sind nach wie vor Entdeckungen zu machen und erstmalig Leistungen zu vollbringen. Weder riskiert man dabei sein Leben noch sind übermäßige Strapazen zu ertragen. Jeder Freund der freien Natur kann es wagen. Er muß nur über gesunden Menschenverstand verfügen, ebenso über eine erprobte, praktische Ausrüstung. Er sollte bei guter körperlicher Verfassung sein und ausreichende Erfahrung für das unabhängige Campleben besitzen. Er muß vor allem zuverlässige, gleichgesinnte Freunde haben, die mitmachen. Dann wird ihm ein Erlebnis geschenkt, das an rauher Romantik nicht zu überbieten ist. Auch die Kosten sind nicht unerschwinglich, wenn mehrere Freunde die Ausgabe für eine Chartermaschine unter sich teilen.

Der arktische Sommer ist kurz, und die Entfernungen sind weit. Wer unbekannte River hinabfährt, muß gelegentlich sein Schlauchboot und seine Siebensachen an Hindernissen vorbeitragen. Wer in der Polarwelt kampiert, darf sich nicht wundern, wenn er von Schneeflocken im August überrascht wird. Das geht vorüber, der Fluß friert erst gegen Ende September wieder zu. Wer befürchtet, er könnte hilflos liegenbleiben, beauftragt einen Piloten, den Fluß zur Halbzeit abzufliegen. Ein gelbes Tuch auf dem Zelt meldet nach oben, daß man Hilfe braucht. Noch besser ist ein weitreichendes Sendegerät, sofern es funktioniert. Aber je weiter man die Vorsicht treibt, desto geringer das Abenteuer. Die beste Sicherheit bieten gute Kameraden und der eigene Verstand.
Viel wurde über diese und andere Möglichkeiten in der Kabine diskutiert, während wir die unerforschten Ströme überflogen. Die beherrschende Frage war immer wieder, wer denn so etwas noch machen würde. Kwaterowski riet dringend, einen Eskimo mitzunehmen. Tom Gordon war der Ansicht, die Teilnehmer der Expedition sollten sich erst mal ihre Wasserwege aus der Luft betrachten. Die Gamewarden meinten, solche Pläne seien Blödsinn. Mr. Born aber glaubte, das wäre von guten Kanuten ohne weiteres zu machen.
Die beiden Eskimo sagten nichts, weil ihnen übel wurde. Es wehte starker Wind, und die Maschine erhielt heftige Stöße. Tom erteilte den Befehl, uns anzuschnallen. Die Karten und Kameras, die Ferngläser und Notizblöcke rutschten auf den Boden. Von Westen her schoben sich weiße Wolken über die Berge.
»Muskoxen im Seitental links vorne«, rief der Administrator, und wir zählten gleich sieben Stück mit zwei Kälbern.
»Die Wolken werden alles verderben«, schimpfte Paul, weil gerade jetzt die Region der Polarbüffel begann. Die Beechcraft wich nach Nordosten aus, wo die Sicht noch frei blieb. Moschusochsen hier und dort und überall. Das Victoria-Land war nahe der Nordküste viel reicher mit Vegetation versehen als vierhundert Kilometer im Süden. Ich kann nicht sagen, woran das liegt. Aber man findet offenes Wasser im hohen Norden, während zur gleichen Zeit die Buchten des Festlandes noch von Eis blockiert sind. Stürme und Strömungen bestimmen das Klima weit mehr als die geographische Lage. 59 Polarbüffel hatten wir gezählt, als uns die Wolkendecke den letzten Rest der Sicht entzog. Bei der Schätzung vor sieben Jahren hatte man für ganz Victoria-Land einen Bestand von 700 Moschusochsen angenommen. Wir hatten in dem relativ kleinen Gebiet an der Hadley-Bucht so viele gesehen, daß insgesamt eine Vermehrung zu vermuten war.
»Vermutung ist keine Gewißheit«, sagte Paul, »aber wir können einen positiven Eindruck mitnehmen.«
Der Rückflug nach Holman-Island war ein Blindflug. Die Maschine wurde geschüttelt und gerüttelt wie noch nie. Dennoch erholten sich die beiden luftkranken

Eskimo so gut und so schnell von den Folgen der Schaukelei, daß sie schadenfroh grinsten, wenn nun ein anderer in den Beutel kotzte. Sie meinten, es sei doch in dem Kabinchen nicht schlimmer als in einem Boot auf den Wellen. Daran müßte sich ein Mann sehr bald gewöhnen. Sie lachten schallend über den weißen Passagier, der grün im Gesicht und gekrümmt von Krämpfen den Inhalt seines Leibes ausspuckte.

»Hört auf zu lachen«, tadelte der Pilot seine Rassegenossen, »sonst stell' ich meine Kiste auf den Kopf, und dann habt ihr nichts mehr zu lachen!«

Wir flogen dreitausend Meter hoch, stießen durch die Wolkendecke und schwebten im Sonnenlicht. Nach einer Stunde und fast noch einer Stunde fand ich, daß es an der Zeit wäre, Holman-Island zu erreichen. Es konnte nicht mehr allzuviel Benzin in den Tanks sein.

»Schaffen wir's noch?« fragte ich schließlich.

»Na klar, es wär' doch schade um solche Leute, wie hier versammelt sind.«

Nicht lange danach tauchte die Beechcraft ins Wolkenmeer und senkte sich immer tiefer hinab. Dann plötzlich wurde sie von des Piloten Hand wieder hochgerissen, knapp vor dem Aufschlag im schwimmenden Eis. Es folgte eine weitausholende Wendung. Nach Norden ging wieder der Kurs, ganz dicht über dem Arktischen Ozean dahin. Dessen weiße Schollen und blaues Wasser huschten vorbei, als würden wir im Schnellzug darüberrasen.

Völlig überraschend ein Streifen grauer Sand, dann eine Kiesfläche, und schon setzten die Räder auf. Wir rollten so schnell wie der Wind über die Landebahn von Holman-Island. Erst zwischen den Hütten brachte Tom die Maschine zum Stehen.

»Gut gemacht, Tommy«, riefen die dankbaren Passagiere, »das war aber sicher die letzte Gallone?«

»Aber nein, es war der letzte Tropfen im Tank!«

1000 Meilen sind nur ein Tag

Cambridge-Bay und Gjöa-Haven, Pelly-Bay, Spence-Bay und Coral-Harbour. Wir flogen kreuz und quer durch die kanadische Arktis. Hinunter nach Baker-Lake inmitten der unermeßlichen Tundra von Keewatin, dann wieder hinauf über Rankin-Inlet und Chesterfield-Inlet zur Southampton-Insel am Eingang zur Hudson-Bucht. Das Wetter bestimmte den Kurs, nicht die kürzeste Strecke. Manche Orte besuchten wir zweimal und dreimal, nur um aufzutanken oder dort zu schlafen. Wir hatten erstklassige oder minderwertige Unterkünfte, fanden auch manche restlos besetzt. Mehrmals legten wir Entfernungen zurück, so weit wie von München nach Frankfurt, nur um ein Dach über dem Kopf zu finden. Wir schliefen auf dem harten Fußboden oder in weichen Betten, teilten uns zu viert eine enge, schmuddelige Kammer oder bezogen hochherrschaftliche Einzelzimmer mit allem Komfort. Gelegentlich kosteten die Quartiere gar nichts, aber meistens waren fünf bis zehn Dollar pro Person zu bezahlen. Die schlechtesten waren die teuersten. Wir speisten in den Eßräumen der Radarstationen, des Department of Transport und bei Administratoren. Wir machten uns auch Mahlzeiten selbst zurecht oder kochten in der Küche eines Transithauses. Wir waren zu Gast bei führenden Eskimo, freundlichen Missionaren, weißen Beamten und Krankenschwestern. Ich sprach mit deutschen Technikern, österreichischen Ingenieuren, belgischen Priestern, englischen Forschern, schwedischen Trappern und einem türkischen Arzt. Viele Nationen sind im Nordwesten vertreten, keine wird besser oder schlechter bewertet als die andere. Nur auf Leistung und Kameradschaft kommt es an. Der Administrator von Hall-Beach war ein Indianer aus Ontario, der Priester in Fort Ree stammte aus Polen, sein Kollege in Pelly-Bay kam aus Holland, der Postenchef der HBC in Gjöa-Haven war italienischer Abstammung, und der Lehrer von Pelly-Bay wurde in Prag geboren. In Rankin-Inlet hatte Herr Hoffmann aus

Hannover eine Fischkonservenfabrik eingerichtet, und in Coral-Harbour bemühte sich der Bildhauer Hans Pfeiffer um die plastische Wiedergabe von Eskimo. Japaner sammelten Insekten, und Amerikaner suchten nach Öl.

Jeder hielt sich in einer winzigen Ortschaft auf, die viele hundert Meilen von der nächsten entfernt war. Nicht mit Stecknadelköpfen in der weiten Wildnis, sondern nur mit Sandkörnchen sind die Siedlungen zu vergleichen. Das geschwinde Flugzeug verlockt zur Täuschung, weil man durch die rasche Verbindung an jedem Tag wieder andere Menschen kennenlernt. So könnte der Eindruck entstehen, als wären gar nicht so wenig Leute im Land. Die Stunden in der Maschine sind bald vergessen, und man denkt nicht daran, daß noch vor zwei bis drei Jahrzehnten die übliche Reisezeit von einem Ort zum anderen mehrere Wochen betrug. Auch der Sprechfunk hat tausend Meilen verkürzt, als wären sie nichts. Zwar hört man nur wenig vom Geschehen in der Außenwelt, aber was in Coppermine vor sich geht, wissen alle Leute am Baker-Lake. Der Austausch persönlicher Neuigkeiten geht hin und her. Besuche werden gemacht, Geschenke zugesandt und Freunde empfohlen, so wie es unter guten Nachbarn üblich ist. Nur leben unsere Nachbarn, wie schon das Wort besagt, nahebei. Dort aber wohnen sie tausend Kilometer weit auseinander. Dennoch trifft man überall auf Bekannte, die bei der letzten Begegnung in Aklavik oder Coral-Harbour waren. Zwischen dem Abschied und dem Wiedersehen liegen Entfernungen, so weit wie von Hamburg nach Madrid. Das Flugzeug macht es möglich, die weite Strecke spielt kaum eine Rolle.

Nur wenige Reisende zahlen den Flug aus eigener Tasche. Sie stehen im Dienst der Regierung oder einer Firma, oder sie haben für ihre Dorfgemeinschaft irgendwelche Aufträge zu erledigen. So sind die hohen Reisespesen kein Problem, das sie selbst betrifft. Wo keine Fluglinie hinführt, muß eine Chartermaschine den Transport übernehmen. Jede Behörde und Firma weiß im voraus, daß die Beförderung ihres Personals einen großen Teil des Budgets beansprucht. Die Nordwest-Territorien sind teuer, der Weg zu einer auswärtigen Besprechung kann tausend Mark kosten und viel mehr.

Wir landeten auf Flugplätzen, die aus militärischen Gründen enorme Ausdehnung hatten und eine perfekte Organisation besaßen. Aber meist war die Rollbahn so kurz und knapp, daß viel Geschick dazu gehörte, glatt herunter und wieder hinauf zu kommen. Zweimal suchte sich Tom eine passable Landebahn mitten in der Tundra, weil der Sprit verbraucht war. Aus einer Tonne in der Kabine mußten wir nachfüllen. Vor dem Start wurde sodann die Karte auf einem Heckflügel der Maschine ausgebreitet, um mit Kompaß und Meßzirkel die folgende Route abzustecken. Es war wie zum Anfang der Fliegerei.

Als wir in Pelly-Bay landeten, wo nur selten eine Maschine erscheint, war das

Flugfeld zwar von Geröll gereinigt, aber noch nicht planiert, und beiderseits drohten Granitblöcke. Der Seitenwind hätte uns fast dagegengedrückt. Nur knapp vor einem schäumenden Wildbach konnten hilfreiche Eskimo die ausrollende Maschine abfangen.
»Habt ihr einen Doktor an Bord?« war die erste Frage, »hier liegt ein Baby im Sterben, es bekommt keine Luft mehr und ist schon ganz blau im Gesicht . . .«
Da sei zum Glück der deutsche Doktor mitgekommen, erklärte Tommy in gutem Glauben. Doch als Doktor juris konnte ich nicht helfen. Der nächste Arzt amtierte in Spence-Bay, aber vermutlich war es schon zu spät, ihn zu holen. Also stiegen Mutter und Kind sofort in die Beechcraft. Das war überhaupt keine Frage. Unser Pilot unternahm den Rettungsflug als selbstverständliche Ehrensache. Es spielte keine Rolle, daß er heute schon sieben Stunden am Steuerknüppel hinter sich hatte. Am nächsten Morgen meldete das Hospital von Spence-Bay durch Sprechfunk, das Baby sei auf dem Wege der Besserung.
Spence-Bay an der Boothia-Halbinsel und Pelly-Bay an der Simpson-Halbinsel sind beide noch Eskimo-Dörfer der relativ ursprünglichsten Art. Nur ein Schiff pro Jahr dient der Versorgung, falls es ihm gelingt, das Eis zu durchbrechen. Sonst sind die abgeschiedenen Ortschaften nur mit Chartermaschinen zu erreichen. Es gibt keine regelmäßige Verbindung. Pelly und Spence liegen am Fuß mächtiger Steinhügel und blicken auf felsumsäumte Fjorde. Obwohl der 70. Breitengrad nördlicher verläuft und wir sogar beim 80. Grad noch freies Wasser antrafen, stauten sich vor beiden Siedlungen meterdicke Schollen, und Eisblöcke trieben in der Bucht umher. Buntbemalte Fertighütten wurden erst während der beiden letzten Jahre aufgestellt. Die alten Quartiere aus Blech, Brettern und Steinbrocken sind noch vorhanden, zum Teil werden sie noch bewohnt. Alle Frauen und fast alle Männer tragen nach wie vor die traditionelle Tracht der Eskimo. Alte wie junge Männer lassen das Haupthaar bis über die Ohren wachsen und oft bis in den Nacken. Unsere Hippies und Beatles würden dort kein Aufsehen erregen, sondern neidisch werden, weil sie es noch nicht so weit gebracht haben. Nur selten sind junge Frauen ohne Kind auf dem Rücken, oft ist zu bemerken, daß bald ein weiteres folgen wird.
Nur wenige Familien sind auf Fürsorge angewiesen, die meisten leben noch von den Tieren des Meeres und Landes, so wie in alter Zeit, als man die weißen Verführer und Wohltäter noch nicht kannte. Auf zahlreiche Lager, bis zweihundert Kilometer von den Siedlungen entfernt, hat sich während der Sommer die Mehrheit der Bevölkerung verteilt. Zurückgeblieben sind die Alten, die Mütter mit kleinen Kindern, die Witwen und die hochschwangeren Frauen. Um die Trapper und Jäger zu treffen, mußten wir mit einem Motorboot durch treibendes Eis zu den Camps an der Küste fahren.

Mit den sogenannten Zentral-Eskimo, wie man diese Leute nennt, konnte sich der West-Eskimo Tommy Gordon nicht unterhalten. Sie haben ihre eigene Sprache, ebenso wie die Ost-Eskimo und jene von Grönland. Fast alle verstehen aber die von frühen Missionaren eingeführte Silbenschrift. Auch die Anschläge am Gemeindehaus sind in dieser Schrift mit ihren eigenartigen Buchstaben abgefaßt. Handarbeiten der kunstfertigen Eskimo kann der Interessent in Pelly-Bay und Spence-Bay so billig erwerben wie nirgendwo anders. Die Mukluks aus Seehundsfell und Schneebrillen aus Walfischknochen, die Werkzeugtaschen aus Fischhaut und die Schnitzereien aus Walroß-Elfenbein gehören zu den besten Arbeiten traditioneller Art, die ich während der ganzen Reise zu Gesicht bekam. Hätte ich nur mehr davon gekauft!

Adam Opik hieß der Administrator von Spence-Bay, ein durch Selbstschulung hochgebildeter Eskimo. Er vertritt seine Landsleute im Council der Northwest Territories, besucht gelegentlich Ottawa und wurde sogar der Königin Elizabeth vorgestellt. Sein modernes Haus war ein Musterbeispiel gepflegter Wohnlichkeit, und seine Eskimo-Gattin aus Panganirtung auf Baffinland liebte klassische Musik, vor allem Brahms und Beethoven. Viele hundert Platten mit einem Stereo-Plattenspieler waren stolzer Besitz des polaren Ehepaars. Eine alte Eskimo-Frau mit langen Zöpfen und bewundernswerter Tätowierung betreute liebevoll die Kinder im Haus. Sie holte hin und wieder einen Räucherlachs aus dem Versteck ihrer Bluse, von dem sie mit einem kurzen, handbreiten Eskimo-Messer ein Stück herunterschnitt, und zwar haarscharf vor ihren Lippen. Dabei hockte die Frau nebst Kindern auf dem Boden und lauschte den Klängen von Beethovens Neunter Sinfonie.

Adam Opik, der vielseitige Hausherr, hatte während des vergangenen Jahres fünf Eisbären erlegt, doch im Rahmen der für Spence-Bay erlaubten Quote. Wie er sagte, ziehen sehr viele Bären durch die Gegend. Neulich hatte Opik an einem Tag acht Exemplare gesehen. Er berichtete mit dröhnender Stimme von einem traurigen Vorfall, der sich unlängst in einem Fischcamp zugetragen hatte. Dort war eine ältere Frau gewesen, die schon seit langem unter geistigen Störungen litt. Sie glaubte eine Schamanin zu sein, was man ihr vor zwanzig bis dreißig Jahren wohl auch geglaubt hätte. Aber es ging nun doch zu weit, als sie auf angeblichen Befehl der Geister ein Kind zerschneiden wollte. Nur mit knapper Not konnte man das unschuldige Opfer vor dem gezückten Messer in Sicherheit bringen. Nach diesem Vorfall beschloß die Jagdgesellschaft, so wie es alter Brauch war bei den Eskimo, das geisteskranke Mitglied der Gruppe zu beseitigen. Es war die Pflicht der eigenen Söhne, das zu tun. Beide erschossen gleichzeitig ihre Mutter und begruben sie unter Steinen. Danach meldeten sie selbst ihre Tat beim nächsten Posten der RCMP. Es war ein schwieriger Fall für das Gericht, denn

Stammesbrauch und Staatsgesetz hatte man gegeneinander abzuwägen. Es war Mord auf der einen und Selbsthilfe auf der anderen Seite. Die beiden Söhne erhielten zwei Jahre Gefängnis, aber mit Bewährung. Da sie gleich nach der Verhandlung heimkehren durften, war das so gut wie ein Freispruch.

In Pelly-Bay regiert die katholische Kirche, vertreten durch den Pater Crussart. Der Teufel Alkohol hat dort keine Macht über die Menschen, auch sonst kann von lockeren Sitten nicht die Rede sein. Die Siedlung wurde peinlich saubergehalten, alle ihre Bewohner machten einen soliden, hilfsbereiten und arbeitswilligen Eindruck. Die neue Kirche aus Fertigteilen mußte die alte Kirche aus Stein ersetzen, weil sich die Bevölkerung in knapp zwanzig Jahren verdoppelt hatte.

Bis 1933 gab es hier keine getauften Eskimo, und nur selten hatte ein weißer Mann die so versteckt liegende Siedlung besucht. Als zunächst Pater van de Velde erschien, fand er noch ganz ursprüngliche Verhältnisse vor. Um so besser konnte er unverdorbenes Neuland beackern. Keine fremden Einflüsse störten sein Werk der Bekehrung und Belehrung.

Hier sah ich zum erstenmal die merkwürdigen Gebilde der *Inukshuk*, eine kluge Erfindung der Karibujäger. Das Wort bedeutet »menschenähnlich«, und in der Tat hält man die Inukshuk aus größerer Entfernung für aufrecht stehende Menschen. Die Eskimo errichten diese Steinmänner an Stellen, wo seit undenklichen Zeiten die Karibuherden bei ihren Wanderungen im Herbst und Frühjahr vorüberziehen. So geschickt werden die Inukshuk zusammengefügt, daß die Karibu bei ihrem Anblick einen Jäger befürchten und ihm ausweichen. Als Wegweiser ins Verderben sind die Gestalten gedacht. Sie lenken die Herde in einen Engpaß, wo die wirklichen Jäger ihre ahnungslosen Opfer erwarten.

»Hier braucht kein Jäger die finanzielle Fürsorge der Regierung«, sagte mir der Geistliche. »Das verleitet nur zur Trägheit. Man soll ihnen nur helfen, sich selbst zu helfen. Was wir brauchen, ist ein besserer Flugplatz, um die Transporte zu verbilligen.«

Ein Liter Heizöl kostet 2 DM pro Liter, eine Dose Büchsenmilch 2,20 DM, also den dreifachen Preis wie sonst. Es können nur kleine Maschinen in Pelly-Bay landen, was die Luftfracht so sehr verteuert. Als unlängst der Commissioner für die Northwest-Territories die Siedlung besuchte, versprach er 5000 Dollar zum Ausbau des Flugfeldes. Man dankte ihm zwar, aber einer der älteren Eskimo protestierte gegen die Verwendung weißer Arbeitskräfte und meinte, daß Eskimo alles übernehmen sollten, was ihnen möglich war. Sie seien durchaus imstande, vieles zu tun, was jetzt die Weißen taten. Er hatte wohl nicht so unrecht mit seiner Behauptung, aber gerade in Pelly-Bay bestand nur wenig Grund für diesen Protest. Abgesehen von dem Pater und seinem Gehilfen gab es als Weiße nur den Lehrer und das Ehepaar Deutschmann aus Deutschland.

Paul Kwaterowski war auch hier darauf bedacht, den einen oder anderen Eskimo als Begleiter für weiße Jäger zu gewinnen, damit den Eingeborenen zusätzlicher Verdienst in die Tasche floß.

»Aber ihr müßt erst darüber entscheiden, ob gelegentlich ein weißer Karibujäger herkommen darf. Wie steht es damit?«

»Das hängt von dem Jäger ab«, sagten die Eskimo.

Gerne wäre ich länger in der romantischen Siedlung bei den gutherzigen Leuten geblieben, aber schon bald ging es weiter.

Auf der King-William-Insel verbrachten wir einen Tag in Gjöa-Haven. 270 Zentral-Eskimo und 6 Weiße hatten sich dort niedergelassen, aber nicht einmal die Hälfte der Eingeborenen war zu Hause. So wie in alten Zeiten lebten sie während des Sommers weit verstreut in Jagdlagern an den Buchten ihrer großen, meist flachen Insel. Gjöa-Haven besaß auch in der Ortschaft selbst keine Straßen und deshalb kein Fahrzeug auf Rädern. Jede Familie hatte sich ihr Haus dorthin gestellt, wo es passend erschien. Es gab auch Rundhütten aus Zement, nach Art der Iglus gebaut, weil es den Leuten anfangs nicht gefallen hatte, in den ungewohnten Fertighäusern der Regierung zu leben. Gerade die Zentral-Eskimo sind noch heute erstklassige Iglubauer. Sie nehmen bei ihren Jagdausflügen im Winter keine Zelte mit, wie es sonst üblich wurde, sondern wohnen nach wie vor in gemütlichen Iglus. Eine Kerze genügt schon, um die Innentemperatur knapp über dem Gefrierpunkt zu halten. Für die Begriffe der Polarmenschen ist damit das Schneehaus wohltuend gewärmt.

Der Strand bei Gjöa-Haven besteht aus weißem Sand. Auf den Dünen hat sich niederes Gras ausgebreitet, graues Rentiermoos und eine Menge bunter Blumen bedecken droben das Schottergestein. Im Sommer bietet die Umgebung ein landschaftlich sehr hübsches Bild, um so schlimmer sollen die Winterstürme sein und grimmige Kälte bis 50 Grad Celsius unter Null.

Wer sich für die Entdeckungsgeschichte der arktischen Welt interessiert, dem ist Gjöa-Haven wohlbekannt. Denn hier hat 1903 bis 1905 Roald Amundsen überwintert, als er die seit vierhundert Jahren vergeblich gesuchte »Nordwestliche Durchfahrt« entdeckte. Es war ein alter Traum vieler Handelsnationen und ihrer tüchtigsten Kapitäne gewesen, einen möglichst kurzen Weg von Europa nach Ostasien zu finden. Nichts anderes hatte schon Christoph Kolumbus versucht, als er wider Willen zu dem neuen Erdteil gelangte, der später »Amerika« genannt wurde. Bis zum Beginn unseres Jahrhunderts gab man die Hoffnung nicht auf, daß ein direkter Seeweg um den Norden Amerikas herum nach Japan, China und Indien führte. Er hätte die Reise erheblich verkürzt und verbilligt. Nachdem zahlreiche Expeditionen gescheitert waren, nachdem zahllose Menschen ihr Leben im Eismeer verloren hatten, konnte schließlich Amundsen mit seiner kleinen

»Gjöa« die schwierigsten Stellen passieren und King-William-Land erreichen. Aber dort mußte er zwei Winter überstehen. Mit seinen sechs Begleitern schaffte er alle Kisten, Fässer und Proviantsäcke an Land, um sie als Mauern für sein Wohnhaus zu verwenden. Segeltuch wurde darübergespannt und ein Spiritusofen hineingestellt. Der heutige Ort existierte noch nicht. Die Eskimo fanden sich erst ein, als die weißen Männer schon seit Monaten ihre Quartiere bezogen hatten. Weitere Expeditionen mit Hundeschlitten wurden von Gjöa-Haven aus unternommen. Erst im August 1905 setzte Amundsen die Reise fort, überwinterte ein drittes Mal auf der Herrschel-Insel und gelangte im Sommer 1906 endlich in den Pazifischen Ozean. Damit war die Nordwestliche Durchfahrt gefunden. Amundsen hatte zwar eine großartige Leistung vollbracht, doch ohne praktischen Wert für die Handelsschiffahrt. Die Passage war zu schwierig, zu zeitraubend und zu gefährlich.

Der alte Eskimo George W. Porter, ein sehr weit gereister Mann, führte mich zu der zwei Meter hohen Steinpyramide, die man zu Ehren Amundsens an der Stelle seines Winterquartiers errichtet hatte. Dahinter lag der neuzeitliche Friedhof, mit einer katholischen Kapelle.

Nicht hier allerdings war er ihm begegnet, sondern auf der Herrschel-Insel bei der dritten Überwinterung.

»Er beschenkte die Kinder mit Süßigkeiten, und weil ich Wasser für ihn trug, das meine Mutter geschmolzen hatte, bekam ich eine Wollmütze von Amundsen. Wir nannten ihn Langnase, weil seine Nase wirklich sehr lang war, sogar für einen weißen Mann. Im Jahr 1921, als er Seattle besuchte, habe ich Langnase wiedergesehen, und er behauptete, sich noch an mich zu erinnern. Schade, daß er bald danach sterben mußte.«*

Die »Gjöa« war nicht mehr als eine Nußschale gewesen, ein Schifflein von 42 Tonnen. Wenige Jahre später stand Amundsen die weit größere »Maud« zur Verfügung, womit er mehrere Forschungsfahrten ins Nördliche Eismeer unternahm. Er besiegte im Jahre 1907 den Captain Robert Scott beim Wettlauf zum Südpol. Nur dreißig Tage vor dem Briten war der Norweger am Mittelpunkt der Antarktis.

Er gelangte glücklich wieder an Bord seines Schiffes, während Scott auf dem Rückweg zugrunde ging.

»Man hat damals sogar Rettungsboote für die Ewigkeit gebaut«, sagte mir der

* Roald Amundsen beteiligte sich 1928 an der Rettung des italienischen Generals Nobile, der mit seinem Luftschiff »Italia« den Nordpol überqueren wollte. Das Luftschiff wurde aufs Eis gedrückt und zerbrach in zwei Hälften, von denen sich eine wieder erhob und abtrieb. Nur ein Teil der Mannschaft, mit Nobile selbst, blieb auf dem Polareis und konnte schließlich durch Funk ihre Notlage melden. Amundsen verließ die Magdalena-Bucht auf Spitzbergen mit einem Flugboot und ist seitdem spurlos verschollen. Nobile mit den anderen Überlebenden wurde gerettet.

alte Porter, »am Strand liegt so eins, dem man sein Alter von über sechzig Jahren nicht ansieht.«
Wirklich nicht, es war ein kerngesundes, breit und kurz gebautes Ruderboot in scheinbar bestem Zustand. Aber ob es wirklich von der »Gjöa« stammte, will ich nicht beschwören.
George W. Porter hatte viel erlebt, und ich glaube, daß selbst ein dickleibiger Band nicht ausreichen würde, um alle seine Abenteuer zu schildern. In kleinen Segelschiffen war er jahrelang durch die gefährlichen, meist nebligen Gewässer der Aleuten gefahren und hatte mit Hundeschlitten sogar die sibirische Tundra durchquert. Als ihn dort die russische Revolution überraschte, geriet der kanadische Eskimo zwischen die Fronten des blutigen Bürgerkrieges. Um der Gefahr zu entkommen, von der einen oder anderen Seite als Spion erschossen zu werden, flüchtete Porter über das Polareis von der Tschuktschen-Halbinsel nach Alaska.
»Es waren aufregende Zeiten damals in der Arktis, und du glaubst ja gar nicht, was für merkwürdige Leute mit den Walfängern ins Eismeer kamen. Die holten sich ihre Mannschaft aus der Südsee und von den Fidschiinseln. Wenn manche Eskimo besonders dunkel sind, dann hatten sie einen Großvater aus Polynesien.«
Das muß wohl so sein, ich war solchen Leuten schon in Alaska begegnet. Im Dorf Tyonek an der Turnagain-Bucht lebt eine Häuptlingsfamilie, die sich stolz auf ihre Abstammung von einem Hawaiianer beruft. Porter erzählte mir von seinem Freund Harry Fidji, der hoch betagt während des letzten Sommers ertrunken war. Dieser Mann stammte noch selbst von den Fidschiinseln, er hatte sich als Schiffsjunge von den Walfängern anheuern lassen. Er war dann bei guter Gelegenheit entlaufen, um für immer bei den Eskimo zu bleiben. Dem Insulaner der Südsee hatte das barbarische Klima der Arktis nicht geschadet, vielmehr zeugten zahlreiche Nachkommen für seine Gesundheit bis ins hohe Alter. Wenn man sich auf den Inseln des Eismeers mit Familienforschung beschäftigt, werden noch viel mehr Polynesier in den Stammbäumen auftauchen.
Der Administrator und Postbeamte, gleichfalls auch Manager des Hudson-Bay-Ladens, trug den Namen Caligari, war aber kein Italiener, sondern Engländer. Sein Bruder lebte zur Zeit in Germany, wie er sagte.
»Er ist Stabsarzt bei der Royal Air Force in Gütersloh. Sie wissen doch, in Gütersloh ist der Bertelsmann-Verlag, vielleicht kommen Sie da mal hin.«
Ich sollte schön grüßen und habe es auch getan.
Wenn ich Baker-Lake niemals wiedersehe, soll es mir recht sein. 600 Eskimo sowie 100 Weiße bewohnen die seit zehn Jahren bestehende und phantasielos geplante Ortschaft am See gleichen Namens. Eigentlich ist der Baker-Lake gar kein See, sondern das breite und weite Ende des sonst schmalen Chesterfield-Inlet, eines Flachland-Fjords, der schließlich den Thelon-River aufnimmt. So ist Baker-Lake

im Spätsommer von der Hudson-Bay aus mit Seeschiffen erreichbar, und das war auch der Grund, die Siedlung dort anzulegen. In dem unglaublich weiten Gebiet der nordwestkanadischen Tundra, zwischen dem Großen Sklavensee, dem Eismeer und der Hudson-Bucht, ist Baker-Lake die einzige Ortschaft im Binnenland. Alle anderen, wenn auch nicht mehr als zehn bis zwölf, liegen unmittelbar an der Küste. Der sogenannte Distrikt von Keewatin ist von den drei Distrikten der NWT am menschenleersten. Von Baker-Lake abgesehen, hat in diesem Tundragebiet von tausend mal tausend Kilometer Umfang überhaupt kein Mensch seinen ständigen Wohnsitz.

Früher ist das anders gewesen. Da gab es noch die Karibu-Eskimo, wie man sie nannte, weil es Nomaden waren, die nur von den Karibus lebten. Alles, was sie zu ihrer Existenz benötigten, die Nahrung, die Kleidung, die Schlafsäcke und die Zelte sowie das Material für Waffen und Geräte, wurde von den sehr zahlreichen Karibus der Tundra geliefert. Was Stein für die Steinzeitmenschen war, das waren in der Tundra von Keewatin die Knochen und Gehörne der Karibus für die umherziehenden Polarmenschen des Binnenlandes. Man kannte sie kaum, denn es gab zwischen ihnen und der Außenwelt keine Verbindung. Auch von den Walfängern blieben die Tundramenschen völlig verschont.

Als 1950 aus nicht eindeutig geklärten Gründen die großen Karibuherden aus den Wandergebieten der Inlandeskimo fortzogen, brachte eine Hungersnot das kleine, weitverstreute Volk in die Gefahr des Aussterbens. Bis die Behörden davon erfuhren und endlich etwas unternahmen, war es schon fast zu spät. Da es unmöglich war, den schon stark geschwächten und an Mangelerscheinungen erkrankten Leuten an Ort und Stelle zu helfen, verteilte man die Überlebenden auf Orte an der Küste oder gab ihnen Unterkunft in Baker-Lake. Seit 1956 sind die letzten Karibu-Eskimo aus ihren alten Jagdgründen verschwunden. Sie haben als besondere Gruppe mit eigener, wenn auch primitiver Kultur aufgehört zu existieren. Es gibt zwar noch drei bis vier Familien, die während des Sommers mehrere hundert Kilometer weit im Binnenland kampieren, aber ihr eigentlicher Wohnplatz ist Eskimo-Point an der Hudson-Bucht.*

»Wenn ich kein Mountie wäre«, sagte mir ein Polizeibeamter in Baker-Lake, »würde ich als Trapper und Jäger in der Tundra 'ne Menge Geld verdienen. Da gibt's Blaufüchse, Weißfüchse, Wölfe, Biber, Bären und natürlich die Karibus. Es wimmelt von Fischen in jedem Gewässer, die Schneehühner, Wildenten und Wildgänse sieht man überall. Man kann nicht nur vom Lande leben, sondern ein tüchtiger Trapper kann auch noch gut verdienen. Aber keiner ist da, und die

* Inland-Eskimo gibt es heute noch in Alaska, und zwar am Anuktuvuk-Paß in den Brooksbergen. Ich habe sie 1965 besucht. Es waren damals 150 Personen, die nun von einem Lehrer und einer Krankenschwester betreut werden. Auch von dort wird reicher Kindersegen gemeldet, so daß die Zukunft für diese Gruppe gesichert erscheint.

Eskimo sind weg. Es war ein Fehler, die Tundra aufzugeben, und es ist ein noch größerer Fehler, gar nichts daraus zu machen. Das können Sie mir glauben. Ich kenn' nämlich die Tundra wie kaum jemand anders.«

Ich kann es nicht beurteilen. Ich weiß nur, daß heute jene Pioniere fehlen, die gerne ihren Wohnsitz in die Wildnis verlegen.

Die Tundra von Keewatin hat gewiß so manches zu bieten, aber Baker-Lake bestimmt nicht. Das ist ein langweiliger, lustloser Ort mit stumpfsinnigen Menschen, soweit ich Gelegenheit hatte, sie kennenzulernen. In vier Jahren gab es hier fünf Administratoren, von denen gesagt wird, daß keiner etwas taugte. Jener junge Mensch, mit dem wir es zu tun hatten, war ebenso hilflos wie abweisend. Das Game-Department besaß zwar ein Wohnhaus in Baker-Lake, aber der Gamewarde war vor einigen Monaten tödlich verunglückt, und seine Dienstwohnung hielten nun andere Leute besetzt. Die gehörten zwar nicht hinein, doch man brachte sie so bald nicht mehr hinaus. Nachdem wir alle Ämter vergeblich um ein Quartier gebeten hatten, blieb nur das sogenannte Tourist-Camp eines amerikanischen Flugunternehmens übrig. Es diente für gewöhnlich zur Unterbringung kapitalkräftiger Sportangler aus den USA, denen man erlaubt, im Baker-Lake zu fischen.

Viel lieber hätte ich im Zelt geschlafen, als dort zu übernachten. Aber wie die Kanadier nun einmal sind, Paul Kwaterowski nicht ausgenommen, zieht man lieber in die miserabelste Bruchbude als unter die eigene Leinwand. Ich kann nur annehmen, daß Camping auf eigene Faust als proletarisch oder ärmlich gilt, solange das in der Nähe einer Ortschaft geschieht. Das erinnert wohl zu sehr an primitive Eskimo oder Indianer. Jedenfalls war das Tourist-Camp eine Katastrophe in jeder Hinsicht. Es lag an einem sumpfigen Abhang mit Aussicht auf die Schutthalde von Baker-Lake. Wir wurden zu viert auf staubigen Matratzen in einem Warenschuppen untergebracht. Es gab darin kein Licht, kein Wasser und keine Heizung. Zu den wackligen Klos mußte man dreißig Schritt über feuchten Boden gehen. Im sogenannten Speiseraum fehlten sogar die Kleiderhaken zum Aufhängen der Parkas. Zwei Männer mit Vollbart, der eine ergraut und der andere schwarz wie Kohle, amtierten als Köche und Kellner. So wie die beiden finsteren Gestalten aussahen, hätten sie ohne weiteres als Seeräuber des 16. Jahrhunderts auftreten können. Sie sagten auch gleich, daß sie kein Gehalt bekämen, sondern auf Trinkgelder angewiesen seien. Vielleicht waren es ehrliche und gutmütige Kerle, nur zur Zeit aus irgendwelchen Gründen stark verbittert. Was sie zusammenkochten und bärbeißig brummend auf den Tisch stellten, war kaum zu genießen. Als der eine fragte, ob ich noch Tee wollte, und ich zustimmend nickte, goß er nur warmes Wasser über den schon ausgelaugten Beutel in meiner Tasse.

Um drei Uhr morgens, um vier und dann wieder um fünf Uhr schlurften die

schmuddeligen Männer in unsere Baracke, um mit Gepolter dies oder das von den Regalen zu nehmen. Dabei verscheuchten sie ein paar Mäuse und störten den Schlaf ihrer Gäste. Ohne ein Mittagessen zu genießen, zahlten wir für Kost und Logis 18 Dollar pro Kopf, gleich 70 Mark nach unserer Währung. Es war ein guter Gedanke, diesen Ort so schnell wie nur möglich wieder zu verlassen.
In Cambridge-Bay auf Victoria-Land leben ungefähr 400 Eskimo und 70 Weiße. Anderthalb Meilen außerhalb befindet sich eine DEW-Station* mit nochmals 70 Weißen, die aber mit den Bewohnern der modernisierten Siedlung nur wenig zu tun haben. Auch hier trafen wir Bekannte, wie beispielsweise eine Tochter Fred Carpenters aus Sachs-Harbour. Sie war so frei, uns einen zehnpfündigen Arctic Char zu schenken. Mit »Eislachs« habe ich den Namen dieses edlen Fisches bisher übersetzt, weil sich keine passendere Bezeichnung finden ließ. Sportangler jeder Nation träumen davon, diese Kostbarkeit einmal im Leben zu erbeuten. Aber nur an bestimmten Stellen der Arktis könnte es sein. Dort allerdings sind die Eislachse zahlreich anzutreffen, wenn auch nur zu gewissen Zeiten. Was den Feingeschmack betrifft, soll es nichts Besseres geben als gutgebratenen Arctic Char. So übernahm ich gleich die lohnende Aufgabe, unseren Fisch nach allen Regeln der Kunst zu enthäuten, zu entgräten und fürs Abendessen vorzubereiten. Wir wohnten im Transithaus und durften die kleine Küche benutzen. Paul Kwaterowski, der Pilot und Kopilot schauten mir schmunzelnd zu. Wenn sie bisher noch nicht wußten, daß ich meines Erachtens ein Küchenchef erster Ordnung bin, sollten sie es schmecken!
Der Eislachs hat die Eigenart, selbst in gutgebratenem Zustand seine karmesinrote Fleischfarbe zu behalten, was den Appetit besonders anregt. So war es auch hier, und der Arctic Char brodelte gar lustig im eigenen Fett.
Nur enttäuschten mich jene kleinen Portionen, die meine Kameraden davon aßen. Sie lobten die Zubereitung, dankten freundlich für meine Mühe, wollten aber nicht mehr als ein Kotelettchen genießen.
»Wer die Arbeit hatte, soll auch den Löwenanteil bekommen!« sagten mir die Freunde in großzügigster Weise.
Weil wir die Leckerbissen nicht aufheben oder gar mitnehmen konnten, denn es hätte ihrem Wohlgeschmack geschadet, durfte ich mit gutem Gewissen noch einige Pfunde verzehren. Ich tat es mit Hochgenuß und lächelte dankbar für jeden Bissen. Aber die sparsamen Esser lachten länger. Sie hatten nämlich gewußt, wie

* DEW bedeutet Distant Early Warning, auf deutsch dem Sinne nach: Vorgeschobene Frühwarnung. Diese Stationen bilden einen weit auseinandergezogenen Gürtel, dessen Aufgabe es ist, anfliegende Maschinen des potentiellen Gegners rechtzeitig auf ihren Radarschirmen zu erkennen und zu melden. Überraschende Angriffe, womöglich mit Atombomben, sollen damit verhindert oder jedenfalls mit Gegenmaßnahmen beantwortet werden. Die Funktion der Anlagen ist geheim, Fotografieren und Betreten verboten.

unglaublich fett die Eislachse sind. Mir wurde so übel davon, so scheußlich elend, daß die Schätzung von zehn Kilometern gewiß nicht zu hoch ist, wenn man alle Kurzstrecken zusammenrechnet, die ich bei Nacht durch den Korridor galoppierte, während die Freunde schliefen. Und kein Tropfen Feuerwasser stand für die Linderung des Leidens zur Verfügung.

In einer Lagune der Cambridge-Bay war letzten Endes die berühmte »Maud« im Sturmwind gestrandet. Ohne Mast und Rahen, die Aufbauten zerstört und das Deck eingeschlagen, so schaute noch der Rest des berühmten Schiffes aus dem Wasser. Kein anderer Segler war so nahe wie die »Maud« an den Nordpol gelangt und hatte dazu noch den Norden Sibiriens umfahren. So wie die »Fram« des Fritjof Nansen wäre ein Sondermuseum der rechte Platz gewesen, um darin die »Maud« zu bewahren.

Der junge Administrator stellte mir freundlicherweise einen Eskimo und ein Boot zur Verfügung, damit ich das ehrwürdige Wrack besichtigen konnte. So stark wie Hausmauern waren die Schiffswände und die Deckplanken so dick wie Ziegelsteine. Gewaltige Ankertrossen rosteten auf dem Eichenholz, meterlange Nägel starrten aus den Bohlen, eine steile Treppe führte ins wassergefüllte Innere der »Maud«. Nur mit sehr viel Mühe und der Mithilfe meines Begleiters konnte ich einen verbogenen, fingerdicken Nagel herausdrehen. Der sollte meine Sammlung von Nägeln berühmter Expeditionsschiffe bereichern. Gar mancher hat mich schon um solche Nägel beneidet, denn kein anderer besitzt eine derart kostbare Sammlung von Reliquien der Entdeckungsgeschichte. Sie ruhen auf rotem Samt in einer Louis-Seize-Vitrine und werden durch verborgene Neonlampen wirkungsvoll angestrahlt. Nur hat leider meine Frau das rechte Verständnis dafür noch nicht gefunden.

Weil auch in der Cambridge-Bay von den Trappern und Jägern, mit denen Paul sprechen wollte, nur wenige anwesend waren, flogen wir mit einer Maschine, die Schwimmkörper besaß, eine halbe Stunde weit zur Wellington-Bucht. Frauen mit Kindern und jungen Hunden, mit prallgefüllten Körben und allem möglichen Hausrat flogen mit zu dem Sommerlager. Wir wasserten auf blauen Wogen, etwa anderthalb Kilometer von Küste und Camp. Von einem schwankenden Walboot mit Außenbordmotor wurden wir abgeholt.

Das Lager bestand aus zwanzig Zelten, drei Hütten und dem Elektro-Aggregat auf Schlittenkufen. Dies erzeugt den Strom für ein Kühlhaus aus Blech. Die fürsorgliche Regierung möchte zugunsten der Eskimo die delikaten Eislachse auf moderne Art konservieren, um sie während des Winters per Luftfracht an die Feinschmeckerlokale in den USA zu liefern.

Dort kann den Gästen schon deshalb nicht übel werden, weil sie für Spitzenpreise nur sehr kleine Portionen erhalten.

Während Paul seinen Pflichten nachkam, ging ich durchs Camp und schaute in die Zelte. Bonbons für die Kinder ließen auch die Mütter lächeln. Der Fang war gut gewesen, auch die Hunde hatten sich an Eislachsen schon mehr als satt gefressen. New Yorker Millionäre zahlen zehn Dollar für jeden Happen, hier aber knurrten die Köter, wenn man ihnen noch mehr davon aufdrängen wollte. Die meisten Leute an der Wellington-Bucht taten nichts mehr, weil sich die Hoffnungen dieser Fangsaison schon längst erfüllt hatten. Damit war der alte Eskimo Tom Akerluk, früher einer der besten Walroßjäger, durchaus nicht einverstanden.

»Die Zeiten sind zu einfach geworden«, sagte er mit Hilfe eines vierzehnjährigen Dolmetschers, »unsere Leute haben verlernt, die gute Gelegenheit restlos zu nützen. Wenn's ihnen schlechtgeht, laufen sie zum Administrator, und der hilft in jedem Fall. Es ist gut, daß wir Schulen haben und ein Hospital und eine Funkstation. Aber es ist nicht gut, daß wir uns ganz auf die Regierung verlassen. Die Kinder lernen viel und werden sehr klug. Aber für ihre Klugheit finden sie keine Arbeit in der Arktis. Dann wollen sie nach Süden in die großen Städte, und wir sehen sie nicht wieder. Manchmal glaube ich, es war früher gar nicht so schlecht ... aber ich weiß nicht und kann's nicht ändern.«

Eine von den Frauen, die mit uns gekommen war, hatte heimlich hochprozentigen Alkohol ins Camp gebracht. So mußte es gewesen sein, denn sonst ließ sich nicht erklären, weshalb der Bootsführer total betrunken war. Die Konferenz der Trapper hatte mir zu lange gedauert, und was es im Camp zu sehen gab, hatte ich gesehen. Also zurück in die Kabine der Maschine, um in Ruhe zu lesen. Aber die See war nicht ruhig, und der Außenbordmotor lief nicht mehr, weil ihm die Benzinzufuhr fehlte. Der Trunkenbold am Steuer gab mir lachend zu verstehen, daß er keinen gefüllten Kanister an Bord hatte. An Paddeln oder Rudern war auch nicht zu denken, da weder Paddel noch Ruder im Boot lagen. Es begann zu regnen, der Wind trieb uns fort, und die Wogen stiegen höher. Der Besoffene amüsierte sich königlich, weil er in seinem benebelten Zustand nicht begriff, was langsam, aber sicher mit uns geschah. Zu allem Überfluß stieg noch das Wasser im Boot, und es gab keine Kelle, es auszuschöpfen. Die Situation wurde recht ungemütlich. Vom Camp war nichts mehr zu sehen und ebensowenig von der Maschine. Sie lag wohl hinter einer Insel oder im dichten Nebel.

Als ich schon meinte, wir würden demnächst vom Arktischen Ozean verschluckt, war Propellergeräusch zu vernehmen. Sich hebend und senkend, schwamm das Flugzeug langsam heran. Der Pilot hatte die Abfahrt des Bootes bemerkt und auch dessen Hilflosigkeit. Wir waren seinem Blickfeld entschwunden, aber er hatte mit Erfolg nach uns gesucht.

Aus dem schwankenden Boot auf die tanzenden Schwimmer zu springen, war

nicht so einfach. Doch es gelang, ohne auszugleiten, und dankbaren Herzens kroch ich über das Gestänge in die Kabine.
»Der blöde Hund wird absaufen«, sagte ich dem Piloten, »er kommt ohne Sprit nicht zurück. Wir müssen ihm helfen.«
»Denk' ja nicht daran . . . der wird schon nüchtern, wenn ihm das kalte Wasser in die Mukluks steigt, und mit 'nem Brett vom Bodenbelag paddelt er zu Weib und Kindern.«
Da von der Wellington-Bay kein Verlust gemeldet wurde, lebt er noch heute.

Der Kompaß zeigt nach Süden

Resolute war unser Ziel, eine große und wichtige Station der DEW-Linie im Zentrum der kanadischen Arktis. Sie liegt am Südrand der Insel Cornwallis, sechs Meilen entfernt von einem Eskimodorf, das ebenfalls Resolute heißt. Dort sollten Leute leben, die hin und wieder zur unbewohnten Bathurst-Insel fuhren, um den Karibus, Wölfen und weißen Füchsen nachzustellen. Von ihnen erhoffte sich Paul zweckdienliche Informationen über die mutmaßliche Zahl und das Wohlergehen der Polarbüffel. Nirgendwo sonst war dem Vernehmen nach ihre Verbreitung so allgemein und die Menge so groß. Auf mehr als tausend Tiere wurde der Bestand auf Bathurst geschätzt. Nun wollte man sie zählen, und zwar in der frohen Voraussicht, daß ihre Zunahme noch weiter fortgeschritten war. Aber es konnte auch sein, daß die dürftige Vegetation nicht mehr genügte, die stetig steigende Zahl der Bathurster Muskoxen zu ernähren.

Für diesen Fall hatte Kwaterowski den Plan gefaßt, der Regierung eine begrenzte Bejagung vorzuschlagen. Kapitalkräftigen Jägern aus internationalem Bereich sollte unter sachkundiger Aufsicht gestattet werden, alte, schwache und kranke Exemplare zu erlegen. Saftige Preise mußten sie zahlen, teils in die Kasse des Wildschutzes und teils an die Eskimo ihrer Begleitung. Jeder Cent für den Nordwesten, nichts für landfremde Jagdunternehmer. Meines Erachtens konnte man die Kosten für den Abschuß eines Polarbüffels gar nicht hoch genug schrauben. Als Waidmann in aller Welt ist mir die Sehnsucht so mancher Jäger nach seltenen Trophäen wohlbekannt. Dafür auch große finanzielle Opfer zu bringen, das macht ihnen nichts aus, sofern sie es können. Es gibt bisher noch keine Sammlung jagdlicher Beute, die ein legal erworbenes Gehörn des Ovibos moschatus enthält, denn er ist schon seit mehr als dreißig Jahren überall geschützt. Falls man den Bestand auf Bathurst dezimieren mußte, weil sonst Unterernährung zu befürchten war, sollten der Wildschutz und die Eskimo daran profitieren. Der Abschuß durch Beauftragte des Game-Department hätte niemandem genützt, sondern nur Ausgaben verursacht. Obwohl ich mir keine Andeutung gestattete, nährte ich insgeheim die Hoffnung, falls wir in Bathurst landeten, die Erlaubnis zur Jagd auf einen alten, allein wandernden Bullen zu erhalten.

Das Wetter konnte nicht besser sein. Wir hatten vor dem Start in Hall-Beach erfahren, daß bis hinauf nach Resolute keine Wolke den Himmel trübte und daß vorerst kein Nebel zu befürchten sei. So konnte es die Stimmung nicht stören, daß unser Funkgerät ausfiel. Wir mußten nur darauf verzichten, der Station in Resolute unseren Anflug zu melden. Die Erlaubnis zum Überfliegen der DEW-Stationen war generell erteilt worden. Nur dort konnten wir auftanken, also mußten wir auch landen. Die Bestimmungen sind zwar streng, doch werden Ausnahmen gemacht, wenn Beamte mit bestimmten Vorhaben unterwegs sind. Nur schien es mir fraglich, ob in unserem Fall die Sicherheitsbehörden wußten, daß ein Ausländer an Bord war. Man sagte mir nichts, und ich fragte nicht danach.

Wir flogen über die Melville-Halbinsel und schauten danach auf die Fury-and-Hecla-Street hinunter. Diese enge Meeresstraße bietet Schiffen die einzige Möglichkeit, von der östlichen in die westliche Arktis zu gelangen. Man müßte sonst ganz Baffinland umfahren, eine Insel von der ungefähren Größe Schwedens und Norwegens. Aber dort ist der Ozean auch im Hochsommer nicht immer frei von Packeis. Schon 1882 hatte der britische Seeoffizier Edward Parry diese Durchfahrt entdeckt, nach seinen beiden Schiffen »Fury« und »Hecla« wurde sie seitdem genannt. Eisberge schwammen in der Meeresstraße, schroffe Inseln ragten aus dem dunkelblauen Wasser, und steile Felswände stiegen an der Küste empor. Jene Menschen sind zu bewundern, die sich mit ihren gebrechlichen Segelschiffen dort hineinwagten. Sie ahnten nicht, was man weiter zu erwarten hatte, und mußten stets befürchten, daß sie vom Eis blockiert, ja sogar zerdrückt wurden. Parry geriet in diese Gefahr und sah sich gezwungen, auf der Melville-Halbinsel zu überwintern. Erst nach zwei Jahren konnten seine Schiffe zurückkehren. Heute genügen notfalls zwei Tage, um von der Fury-and-Hecla-Street nach London zu gelangen.

Wir sahen danach den westlichen Teil von Baffinland, flogen in tausend Meter Höhe über den langen Saputing Lake, über die Berlinguet-Bucht und die Brodeur-Halbinsel. Berge, Flüsse, Täler, Seen und Hochflächen, noch Ende Juli großenteils von Schnee bedeckt. Keine Siedlung an der Küste, kein menschliches Wesen im Land. Nur in der Admiralty-Bucht, nach Osten hin, leben ungefähr hundert Eskimo in dem einsamen Dorf Arctic-Bay. Das Flugfeld dort ist selbst für unsere Beechcraft zu klein. Man müßte eine Piper oder Cessna haben, um dort zu landen. Weiter geht der Flug über Treibeis und offenes Meer zur Somerset-Halbinsel.

In der Ferne sind ganz schwach die Umrisse der nicht bewohnten, aber riesengroßen Devon-Insel zu sehen. Von Gletschern, die sich über zehntausend Quadratkilometer ausdehnen, wird der östliche Teil Devons überlagert. Dann schauen wir auf die breite Barrow-Straße, und endlich liegt vor uns die Insel Cornwallis. Das Eskimodorf Resolute, bestehend aus dreißig bis vierzig modernen Hütten, erweckt nur wenig Interesse. Planmäßig ausgerichtet, ziehen sich zwei Zeilen der Behausungen dicht am Kiesufer entlang. Eine neue Straße führt vom Strand in mehreren Windungen zum Hochplateau hinauf und zur DEW-Station. Das ist eine großzügige Anlage, man sieht himmelhohe Antennen, riesige Radarschirme, rostbraune Dächer und einen glattplanierten Flugplatz von weiter Ausdehnung. Ich zähle nicht weniger als vier bis fünf zertrümmerte Maschinen am Rande des Rollfelds. Wir können dankbar sein, daß kein Nebel die Landung gefährdet. Unsere Beechcraft müßte auch bei schlechtem Wetter hinunter, weil der Brennstoff zu Ende geht.

Tom kreist über den Blechbaracken, um zu veranlassen, daß ein Wagen entsandt wird, der uns mit dem Gepäck von der Landebahn abholt. Das ist so Sitte in der Arktis, und immer macht sich dann gleich ein Fahrzeug auf den kurzen Weg. Aber hier rührt sich nichts, es tritt auch kein Mensch vor die Tür.

»Die liegen doch nicht alle im Dauerschlaf«, meint Kwaterowski, »zieh noch mal 'ne Kurve, Tommy.«

So gesagt und getan, doch wir finden keine Beachtung. Wäre unser Funkgerät in Betrieb, könnten wir anfragen, was diese totale Ruhe bedeuten soll. Nun gut, dann werden wir uns nach der Landung selbst um einen Wagen bemühen. Man geht ja nur einen halben Kilometer vom Flugplatz zu den Baracken.

Tom holt sehr weit aus, läßt dann die Maschine sinken und gewinnt den Boden. Wir rollen so nahe wie möglich auf die Gebäude zu. Der Motor wird abgestellt und die Kabinentür geöffnet. Nacheinander klettern wir hinaus.

Unheimliche Stille, nirgendwo bewegt sich ein Mensch oder Fahrzeug. Die Station bleibt so leblos, als hätte eine Epidemie alle Militärs und Zivilisten dahingerafft. Von zwei Masten hängen schlaff die Fahnen Kanadas und der USA, denn von beiden Staaten gemeinsam wird die DEW-Linie verwaltet.

So was habe er noch nie erlebt, meint Tom Gordon, für das absolute Schweigen gibt es keine Erklärung.

»Na, wir werden ja sehen«, sagt Paul und schreitet voran.

Wir haben uns nur wenige Meter von der Maschine entfernt, als eine gewaltige Explosion die Stille zerreißt.

Wir gehen in die Knie und erwarten eine Katastrophe. Hinter uns entfaltet sich eine riesige Wolke, aber Hügel verbergen ihre Herkunft. Öltanks müssen dort in Flammen stehen, oder ein Munitionsdepot flog in die Luft.

Wir stehen noch und staunen, als der zweite Knall erfolgt. Aus der Wolke schießt eine andere in den Himmel. Man hört ein grausiges Zischen und sieht einen glühenden Blitz.

Bleich von Angesicht und ohne ein Wort zu verlieren, hasten wir zu den Baracken. Wo ein Schild verkündet, daß man sich hier zu melden hat, treten wir ein.

»Was war denn los?« lautet die erste Frage an den ersten Mann, dem wir begegnen.

Schulterzucken ist die Antwort. Die Leute scheinen es selbst nicht zu wissen.

Einem Pfeil folgend, gelangen wir zur Anmeldung. Hinter einem offenen Schalter sitzt der Empfangschef. Wir starren ihn an, und er starrt zurück.

»Was ist denn explodiert?«

»Ihre Ausweise, wenn ich bitten darf . . .«

Keiner von uns vermag zu begreifen, was hier vorgeht.

Die Papiere werden geprüft und die Namen notiert. Der Mann will uns gerade Quartiere zuteilen, als im Laufschritt eine höchst aufgeregte Person erscheint. Es handelt sich um den Kommandanten der Station, wie erst später bekannt wird. Zweifellos ein hoher Offizier, aber in zivilen Kleidern. Wir haben nie erfahren, ob er zu den Streitkräften der USA oder Kanadas gehört.

»Wer ist der verdammte Pilot der verdammten Maschine?« brüllt dieser Mensch mit hochrotem Gesicht.

Tom meldet sich schüchtern, und seine kupferbraune Haut wird bedeutend blasser. Scheinbar steht er im Verdacht einer fluchwürdigen Tat, ohne das geringste davon zu ahnen.

»Mitkommen . . .«, schnauzt der Machthaber und verbietet gleichzeitig dem Mann am Schalter, uns einzuweisen. Die Klappe geht herunter und wird innen verschlossen. Tom Gordon folgt gesenkten Hauptes dem wütenden Beherrscher der Station. Paul Kwaterowski, als Chef unseres Teams, läßt seinen Piloten nicht im Stich. Auch er schließt sich an und verschwindet. So bleiben nur die beiden Gamewarden, der Kopilot und ich übrig. Wir wagen es nicht, den Vorraum zu verlassen. Ein baumlanger Mensch gesellt sich hinzu, der uns nicht aus den Augen läßt. Er spricht kein Wort, sondern bewahrt schweigende Würde. Da Stühle fehlen, stehen wir herum, die Zeit vergeht, doch nichts ereignet sich. Eine halbe Stunde, eine Stunde, dann sogar anderthalb Stunden.

Endlich öffnet sich wieder der Schalter, und wir erhalten die Anweisung, in der Baracke gegenüber einen Raum zu beziehen. Um dorthin zu gelangen, müssen wir eine Amtsstube der Royal Canadian Mounted Police durchschreiten. An der Tür baumelt ein schweres Vorhängeschloß. Aber der Schlüssel wird nicht umgedreht, an den Fenstern sind keine »schwedischen Gardinen«. Wohin sollten Häftlinge auch entfliehen? Im gut gewärmten Kittchen haben sie es besser als draußen in der arktischen Landschaft.

Sind wir nun Gefangene oder sind wir es nicht? Ich mache den Versuch und gehe hinaus, um Zigaretten zu beschaffen. Das verläuft ohne Belästigung, auch mein Spaziergang rings um die Baracke wird nicht behindert. Immer rätselhafter erscheint die Geschichte.

Erst nach und nach klärt sich der Sachverhalt, obwohl wir mehr erraten müssen, als man uns sagt. Nur so ungefähr kann ich den Vorgang rekonstruieren.

Die doppelte Explosion war der Abschuß einer Rakete gewesen! Einige Stunden bevor das geschah, erging per Funk und Radio das strenge Verbot, Cornwallis anzufliegen oder zu überfliegen. Weil unser Gerät außer Betrieb war, hatten wir nichts davon gehört. Aus dem gleichen Grunde hatten wir auch versäumt, uns vor der Landung zu melden, wie es eigentlich der Vorschrift entspricht. So konnten die Resoluter mit gutem Gewissen den Abschuß vorbereiten. Sie glaubten, der Himmel über Cornwallis sei vollkommen frei, und nichts könne passieren. Ich weiß von solchen Vorgängen nur, was man in Zeitschriften liest. Doch mir scheint, daß bei Versuchsraketen gewisse Zeit vergeht, bis sie nach dem Startbefehl in den Himmel donnern. Muß man das Geschoß aus irgendeinem Anlaß kurz vorher noch stoppen, gehen viele tausend Dollar zum Teufel. Warum und wieso, ist mir nicht klar, aber eben das soll der Grund für den großen Ärger gewesen sein. Denn als nun gerade die Experten beim sogenannten Countdown waren, zeigte sich auf dem Radarschirm, daß unsere Beechcraft geraden Kurs nach Resolute nahm. Das konnte und durfte nicht sein, weshalb die Herren zuversichtlich hofften, unsere Maschine würde noch rechtzeitig nach Devon oder Bathurst abdrehen. Statt dessen kam der wahnsinnige Pilot näher und näher. Der Raketenchef stand mit seinem Finger auf dem entscheidenden Knopf im Bunker aus Beton, um den Abschuß aufzuhalten, falls das fremde Flugzeug in den kritischen Bereich geriet. Es ging ja nicht um die relativ geringe Gefahr, daß uns die Rakete direkt traf, sondern vom Luftdruck allein wäre die Maschine zerrissen worden.

Man kann sich vorstellen, wie die Leute fluchten und tobten, als die Beechcraft seelenruhig über Resolute kreiste, während wichtige Minuten vergingen. Man funkte uns ständig an, erhielt aber keine Antwort. Wenn die Maschine nicht jetzt sofort zur Landung ansetzte, mußte man abschalten. Dann waren die langwierigen und kostspieligen Vorbereitungen umsonst, und wer weiß, was alles noch davon abhing.

Grimmig gespannt verfolgten die Männer im Bunker jede Bewegung der blödsinnigen Beechcraft. Es ging nur noch um knapp drei Minuten, als wir aufsetzten. Angeblich hatten wir die Kabine erst einunddreißig Sekunden verlassen, da krachte die Rakete und schoß in den Himmel. Gleich darauf löste sich ihr Kopf, was die zweite Explosion bewirkt hatte. So war es kein Wunder gewesen, daß man uns so schlecht empfing. Die Behandlung der Halbgefangenen wurde jedoch zusehends besser, als eine genaue Untersuchung ergab, daß Tom Gordons Funkgerät wirklich nicht funktionierte, und zwar ohne sein Verschulden. Die erschreckten Passagiere traf ohnehin kein Schatten der Verantwortung. Wir wurden weder befragt noch verwarnt. Man erlaubte uns gnädigst, wenn auch nicht gleich versöhnt, die Mahlzeiten in der Messe einzunehmen.

Die Herren von der Raketenzentrale am Nebentisch sprachen so laut über den glänzend geglückten Abschuß, daß keines ihrer Worte verlorenging. Als gegen Ende des Essens nur noch drei Experten unter sich waren, wurden auch technische Details erörtert und Angaben gemacht, die gewiß der Geheimhaltung bedurften. Um zu vermeiden, daß ein Fremder mithörte, unterhielten sich die Herren auf deutsch!

Der Preis pro Mahlzeit, auch das Breakfast am Morgen, betrug vier Dollar. Das war billig, wenn man bedenkt, daß sich jeder so viel holen konnte, wie er nur wollte, und daß eine reiche Auswahl zur Verfügung stand. Suppen und Vorspeisen der verschiedensten Art waren zu haben. Als Hauptgang wählte man zwischen Fisch, Huhn, Schweineschnitzel oder Kalbskoteletts. Danach gab es Kuchen, Käse, Eis und Fruchtsalat. Wie oft man sich bediente, stand im Ermessen der Gäste. Bis zur Oberkante der Unterlippe war der Quantität keine Grenze gesetzt. So genügte eine Mahlzeit gut und gerne für den ganzen Tag. Wer sich mit diesem Gedanken und mit seinem Magen im Einklang befand, lebte in Resolute relativ preiswert. Tee, Kaffee, Milch und Kakao, auch sechserlei Säfte waren immer gratis zu haben. Man hielt nur seinen Becher unter den Hahn der Wahl und drückte aufs Knöpfchen. Auch der Griff zum Gebäck war jederzeit erlaubt. Über abnehmendes Gewicht hatte niemand zu klagen, das Gegenteil war viel mehr zu befürchten. Doch mußte man, um alkoholische Getränke zu genießen oder einen Film zu sehen, erst Mitglied des »Resolute Club« werden, was sich bei kurzem Aufenthalt nicht lohnte. Für den Schlaf in unserer Kammer, mit zwei Betten übereinander, wurden pro Mann und Tag sechs Dollar gefordert. Ohne Tisch und Stuhl, ohne Waschbecken und Kleiderhaken war dieser Preis recht hoch gegriffen. Aber man darf auf arktischen Inseln nicht so kleinlich rechnen.

Traurige Nachrichten hörten wir im Dorf der Eskimo. Statt sich zu vermehren, hatten die Polarbüffel auf Bathurst in beängstigender Weise abgenommen. Niemand kannte den Grund, aber es war eine Tatsache, die auch von Piloten bestätigt wurde, die hin und wieder das Land überflogen. Kleinere Herden an weniger Plätzen, viele Gerippe und fast keine Kälber.

»Was glauben Sie, Paul, sind Wölfe dran schuld, liegt's an Futtermangel, an besonders strengen Wintern oder einer grassierenden Krankheit?«

»Woher soll ich's denn wissen? Es kann das eine oder andere sein oder alles zusammen. Jedenfalls müssen wir hin, um der Sache auf den Grund zu gehen.«

»Also wir landen und bleiben 'ne Weile dort?« fragte ich hoffnungsvoll.
»Ja, natürlich, aus der Luft ist keine Untersuchung möglich . . .«
Wir starten mit geliehenen Pelzkleidern und gefüllten Proviantkisten, weiß doch niemand, wann Wind und Wetter die Rückkehr erlauben. Zwei Eskimo von Resolute drängen auch in die vollgestopfte Kabine. Sie sollen uns beistehen in etwaiger Not und Gefahr, außerdem wollen sie Karibus jagen. Der Himmel ist grau, aber die Sicht ist einigermaßen klar. Wir überfliegen die Cornwallis-Insel fast bis zu ihrem nördlichen Rand, um dann vorbei an Klein-Cornwallis auf nordwestlichen Kurs zu gehen. Das Meer ist zum größten Teil frei von Eis, nur wenige Schollen schwimmen noch im tiefblauen Wasser.
Die Insel Bathurst dehnt sich über fast 30 000 Quadratkilometer aus, entsprechend der Größe Württembergs. Zahlreiche Buchten greifen tief ins Land. Gewölbte Bergrücken, denen steile Felswände fehlen, bestimmen die Formation des Innern. Der Strand ist meistens flach, von Sand und Kies bedeckt. Wie auf allen Inseln schlängeln sich auch hier zahlreiche Bäche und Flüsse durch die Täler. Einen großen See können wir nicht erblicken, aber Teiche und Tümpel in unabsehbarer Menge. Wo Wasser strömt oder steht und wo nicht Stürme jedes Pflänzchen abrasieren, breiten sich grüne Flächen aus. Bathurst hat mehr, sogar viel mehr Vegetation als Devon oder Cornwallis. Man ist ja hierzulande schon mit Moos, daumenlangen Grashalmen und ganz bescheidenem Schilf zufrieden.
Der erste Polarbüffel, den wir entdecken, liegt leblos am Rand eines Sumpfes. Die nächsten drei ziehen gemächlich einen Berghang hinauf, und andere vier bilden gleich ihren Verteidigungsigel. Wir sehen keine Herde mit mehr als sieben Tieren, aber noch zwei oder drei Gerippe.
»Wer ein Kalb entdeckt«, läßt Kwaterowski hören, »dem schenk' ich 'ne Zigarre.«
Das wäre ein großes Opfer für ihn, aber niemand kann den Preis gewinnen oder sehnt sich nach Pauls beizenden Glimmstengeln. Er selbst sieht zuerst zwei und dann noch mal zwei Kälber. Während sonst die Jungtiere zwischen 12 bis 20 Prozent ausmachen, sind es hier viel weniger. Nur sieben Kälber insgesamt werden bei mehr als hundert Tieren gezählt. Mindestens der halbe Jahrgang ist aus diesem oder jenem Grund ausgefallen. Wenn man bisher angenommen hatte, auf Bathurst lebten ungefähr tausend Moschusochsen, so war das entweder völlig falsch geschätzt, oder ein katastrophaler Rückgang aus unbekannten Gründen hatte die Herden so stark gelichtet.
»Auf jeden Fall sind's bedeutend weniger geworden«, bedauert der Chef des Game-Department, »an Jagd ist nicht mehr zu denken, weder hier noch sonstwo.«
Damit besteht vorerst keine Hoffnung für zahlungskräftige Trophäensammler in der weiten Welt, sich das Gehörn eines Polarbüffels an die Wand zu hängen. Erst müssen sich auf einer anderen Insel die Herden so stark vermehren, daß

Futtermangel zu befürchten ist. Dann vielleicht ist wieder Aussicht auf Abschuß vorhanden.*

Tom Gordon soll nun den Landeplatz finden, möglichst in einer Gegend, wo Muskoxen stehen. Er folgt den breiten Tälern, aber meist ist der Boden sumpfig oder wird von Bächen zerteilt. Als dort nichts zu machen ist, sucht er das Rollfeld auf flachem Geländerücken. Lange bleibt auch das vergeblich. Dann aber scheint sich die Gelegenheit nahe der Goodsir-Bucht zu bieten. Da liegt ein langgestreckter Hügel, der zum Hinterland nur mäßig ansteigt. Rechts und links daneben breiten sich feuchte Niederungen aus, mit mehreren Tümpeln auf der einen und mit zwei Bächen auf der anderen Seite. Hindernisse sind auf dem Hügel nicht zu erkennen.

»Da vorne stehen vier Muskie«, ruft Len Colosimo.

Um so besser, dann sind wir in der richtigen Gegend.

Zweimal fliegt Tom dicht über den Boden, um sich das Gelände ganz genau anzusehen. Wellen heben sich aus dem Landrücken, rauhes Schottergestein überall. Doch mit unseren nur weich aufgepumpten Ballonreifen könnte es gehen.

»Anschnallen und festhalten«, ruft der Pilot in die Kabine, »wer's nötig hat, soll schnell seine Sünden bereuen!«

Noch ein weiter Bogen hinaus, um pfeilgerade den Verlauf des Rückens anzufliegen. Die Maschine berührt den Grund, springt noch einige Male darüber und setzt rumpelnd auf. Steine spritzen, die Räder flitzen, wir werden durch und durch geschüttelt. Dann rollt die Beechcraft aus, wendet im Kreis und schwankt bis dorthin zurück, wo sie eben aufgesetzt hat. Drunten stehen noch die vier Büffel und schauen zu.

»Nur nicht hinrennen«, warnt der Chef, »die bleiben vielleicht, wenn man sie ganz in Ruhe läßt.«

Ohne laut zu reden, entladen wir den braven Vogel. Kisten, Kocher und Kanister, Zelte, Schlafsäcke, Kameras, Gewehre und all die vielen anderen Sachen werden in einer flachen Mulde aufgetürmt. Dann beginnt der Aufbau unserer luftigen Behausungen. Ein großes Zelt für Paul, Len und Don, ein windiges Ding für die beiden Eskimo, für mich mein kleiner, sturmerprobter Rundling. Alles haben wir schon seit vierzehn Tagen im Fluge mitgeführt, aber noch nie benutzt. Wie schon gesagt, schläft ein richtiger Nordwester lieber in der muffigsten Baracke, für die er teuere Dollars zahlt, als im eigenen, erstklassigen Zelt. Hier aber muß es sein, ob man will oder nicht.

Eine gute Stunde vergeht, bis sich jeder mit seinen siebenundsiebzig Sachen so gemütlich wie möglich eingerichtet hat. Auf zweihundert Schritt Entfernung, nicht

* Dem Vernehmen nach soll es auf der Insel Nunivak bei Alaska bald so weit sein, daß die Erlegung einiger alter Bullen gestattet wird.

mehr und kaum weniger, betrachten uns die vier Ovibos. Sie haben noch nie einen Menschen gesehen, haben auch von der Gefährlichkeit unserer Art nicht die geringste Ahnung.
Wie man sich Polarbüffeln nähert, habe ich schon auf Spitzbergen und im norwegischen Dovrefjell ausprobiert. Nicht direkt darauf zugehen, das ist klar. Man bewegt sich langsam und gebückt in einer Richtung, die deutlich an ihnen vorbeiführt. Dennoch kommt man ihnen näher und bleibt nach einer Weile stehen. Das beruhigt die Büffel, und es alarmiert sie auch nicht, wenn man friedlich fortschreitet. Scheinbar geht es wieder vorbei, doch nun in einer anderen Diagonale, bei der man den Abstand verringert. Es ist gewissermaßen eine Umkreisung mit Ecken.
Paul, der mir fachmännisch folgt, hat sich gleichfalls mit Kameras beladen, trägt aber vorsichtshalber auch sein schußbereites Gewehr. Man muß auch wider Erwarten auf das Schlimmste gefaßt sein. Die Zeit der Brunft ist noch nicht vorbei, da könnte so ein Bulle in der fremden Gestalt einen Nebenbuhler befürchten und wutschnaubend gegen ihn anrennen. Es kommt zum Glück nur selten vor. Da beide Geschlechter dieselben Hörner tragen, kann ich nicht sehen, was Männchen oder Weibchen ist. Das unverkennbare Merkmal des Bullen bleibt im dichten Pelz restlos verborgen.
Ich fotografiere mit der Leica und Fernobjektiven aus hundert Metern, aus achtzig und aus sechzig Metern Entfernung. Dann mit normaler Linse aus fünfzig und vierzig Metern. Die Büffel haben sich schon bei Beginn unseres Heranpirschens gesammelt. Nicht mit Eile und Angst, sondern mit Stolz und Würde formierten sie ihre Abwehrstellung. Aber vier sind zuwenig für einen waffenstarrenden Ring. Sie müssen sich mit einem Kreuz begnügen. Die Hinterteile auf Fellfühlung zusammengeschoben, bilden die Körper vier rechte Winkel. Kein Raubtier könnte einen der Muskies von der Flanke her anfallen. Es würde sofort in die Stoßrichtung von zwei Hörnerpaaren geraten. Wenn sich eine zahlreiche Gruppe zur Abwehr vereint, bilden die Bullen den äußeren Ring und die Kühe den zweiten. In der Mitte stehen doppelt geschützt die hornlosen Jungtiere.
Auch diese vier fühlen sich so sicher, daß sie dem Anschein nach keine Furcht empfinden. Denn nur Wolf und Bär sind ihre natürlichen Feinde, und gegen deren Angriff haben sie Stellung bezogen. Was die Muskoxen für möglich halten, ist ein Nahkampf zwischen Horn und Huf auf der einen sowie scharfen Gebissen und Pranken auf der anderen Seite. Sie wissen nichts von den Gefahren aus Menschenhand, das heißt von Pfeilen, Speeren und Gewehren. Sie hätten es vielleicht geahnt, wäre ihre Art schon seit Urzeiten das begehrte Beutetier zweibeiniger Jäger gewesen. Aber die Eskimo sind erst vor ungefähr fünftausend Jahren in der kanadischen Arktis aufgetaucht, und das nur in sehr geringer Zahl. So war

die Zeitspanne im biologischen Sinne zu kurz, um bei den Moschusochsen einen Wandel der Gewohnheiten zu bewirken. Sie verlassen sich noch ganz und gar auf ihren »Igel«.

Noch ein Manöver links vorbei, dann rechts vorbei und wieder nach links, so kommen wir bis auf etwa zwanzig Schritt heran. Ich lege die Leica ab und nehme die Rolleiflex. Aber den Bildrahmen zu füllen ist noch nicht möglich.

»Vorsicht jetzt«, warnt Paul, »sie werden unruhig!«

Der Büffel im frontalen Blickfeld senkt die Hörner und stampft mit den Hufen. Ich warte eine Weile, er beruhigt sich wieder, und ich wiederhole tief gebückt noch einmal den Versuch des seitlichen Anpirschens. Weil das gut verläuft, rutsche ich auf den Knien abermals schräg an der Gruppe vorbei und bin damit auf etwa fünfzehn Schritt davor.

»Jetzt aber Schluß!« ruft Kwaterowski so leise wie möglich, und ich glaube auch, daß die Grenze des Möglichen erreicht ist.

Der Muskie vor mir schnaubt vernehmlich, die anderen trampeln drohend auf der Stelle. Ihre Geduld hat ein Ende, wir müssen einen Vorstoß befürchten. Um harmlos zu erscheinen, lege ich mich flach auf den Boden und mache aus dieser Stellung meine Aufnahmen.

Wenn man den Zoologen Glauben schenkt, sind Moschusochsen ein Mittelding zwischen Rind und Schaf. Daher ihr lateinischer Name Ovibos. Aber äußere Ähnlichkeit haben sie weder mit Ovis, dem Schaf, noch mit Bos, dem Rind. Große Exemplare des arktischen Huftiers erreichen die Höhe eines Hirsches, wirken aber wegen des dichten Fells viel breiter und damit auch mächtiger. Ihre Bewegungen sind langsam und bedächtig. Der Blick aus ihren runden, vorgewölbten, tiefdunklen Augen betrachtet die Welt mit freudlosem Ausdruck. Das dunkelbraune, zottelige, strähnige Fell reicht mit langen Haarfäden bis fast auf den Boden und fällt im Winter ganz hinab. Das ist aber nur der Mantel, darunter tragen die Ovibos noch eine vollständige Bekleidung aus hellbrauner Wolle. Es gibt keine wärmere und feinere Wolle im Reich der Tiere. Sie muß ja den Polarbüffel gegen arktische Stürme schützen, die mit furchtbarer Gewalt und mit einer Kälte bis zu 60 Grad Celsius über die baumlose Wildnis brausen.*

Andererseits könnte der Muskox ohne die Blizzards nicht existieren. Wo die scharfen Winde wehen, fegen sie den Schnee vom Boden. Auf diesen freien Flächen finden dann die Polarrinder ihre dürftige Nahrung.

Sie paaren sich im Juli und August, die Kühe bringen ihre Kälber im Mai auf

* Moschusochsen wurden gezähmt und werden in einigen Tierfarmen der USA und Kanadas gezüchtet. Da gewinnt man ihre Wolle, die sie alljährlich wechseln. Doch ist die Zahl der in Gefangenschaft gehaltenen Tiere so gering, daß für die wunderbare Wolle phantastische Preise verlangt werden. Ein Pullover aus Ovibos-Wolle ist unter 1500 bis 2000 DM nicht zu haben.

die Welt. Obwohl die Polarbüffel in einer so kargen und so kalten Landschaft leben, können sie ein Alter von fünfundzwanzig Jahren erreichen. Im Zeitalter des Diluvium, bis vor ungefähr zwölftausend Jahren, lebten Moschusochsen auch bei uns in Deutschland. Sie bevölkerten das westliche Europa bis zum Rand der Alpen sowie England und ganz Skandinavien. Mit dem Ende der Eiszeit wanderten sie weiter und immer weiter nach Norden, bis sie schließlich dort anlangten, wo sie bis heute blieben, das heißt in der nordamerikanischen Arktis und im Nordwesten von Grönland. Wenn man sie nicht stört, sondern vor allem Übel bewahrt, könnten sie auch in den Hochtälern unserer Gebirge ihr Leben fristen. Das beweisen die beiden gut verlaufenen Versuche ihrer Wiedereinbürgerung in Norwegen.

Ich lag wohl eine halbe Stunde vor den vier Büffeln, die sich an meine Nähe gewöhnten. Wir betrachteten uns Auge in Auge, während die Zeit verrann. Sie waren Gestalten der Urwelt, noch ganz und gar Geschöpfe der Eiszeit. Kein anderes Tier besitzt ein so seltsam geformtes Gehörn. Es beginnt mit breitgewölbtem Wulst in zwei sich berührenden Teilen hoch auf dem Schädel, um sich bis unter Augenhöhe hinabzubiegen. Schmaler sowie runder werdend, stoßen sodann die beiden Hörner, dicht an den stark behaarten Kopf geschmiegt, nach vorn und über die flache Stirn hinaus. Sie enden in gefährlichen Spitzen. Wenn sich der Büffel wehren muß oder zum Gegenangriff vorstößt, senkt er den Schädel und stößt seine scharfe Doppelwaffe in den Leib des Feindes. Beim Hochreißen der Hörner wird eine klaffende, oft tödliche Wunde aufgeschlitzt. Für mich war es beruhigend zu wissen, daß so ein Vorstoß erst nach deutlicher Warnung erfolgt. Wenn der Muskox zornig schnaubt und den Boden zerstampft, ist zwar Vorsicht geboten, aber unmittelbare Gefahr besteht erst dann, wenn sich der Ovibos zum Angriff vorschiebt und die Hörner bedrohlich senkt.

Das war bei diesen Büffeln nicht der Fall. Sie ertrugen meine Neugier mehr mit nachsichtigem Verdruß als mit feindseligen Gefühlen. Als der zweite Film verknipst war und mir der Anblick zur Gewohnheit wurde, wollte ich nicht länger stören und robbte zurück.

»Für meinen Geschmack waren Sie ein paar Meter zu nahe«, tadelte Paul erleichtert, »aber es ist ja gutgegangen.«

Die Moschusochsen standen seinem Herzen so nahe, daß mir zweifelhaft schien, ob er einen davon erschossen hätte, um mein Leben zu retten.

»Natürlich, es wäre meine verdammte Pflicht gewesen«, sagte er mit grimmigem Lächeln, »aber hinterher, lieber Freund, hätte ich Sie ganz gewaltig in den Hintern getreten!«

Zum beiderseitigen Glück war es nicht soweit gekommen.

Als wir von unserem Zeltplatz zurückschauten, zogen die vier Büffel gemächlich auseinander und begannen wieder zu äsen. Sie hatten verstanden, daß wir harmlose Geschöpfe waren. Noch lange blieben sie, um schließlich in ein anderes Tal abzuziehen.

Ob ich wüßte, was das sei, fragte Kwaterowski und zeigte auf fingerdicke, holzige Streifen, die sich an den steinigen Boden preßten. Sie mochten bis anderthalb Meter lang sein, waren fächerförmig ausgebreitet und wirkten wie tote, ineinander verschlungene Blindschleichen. Aber lebende Gewächse mußten es sein.

»Es sind Bäume oder Büsche, wie man's nennen will«, erklärte Paul, »die müssen sich an den Boden klammern, nur so können sie bestehen.«

Ich kann nicht sagen, welcher botanischen Spezies diese polaren Kriecher angehören, da nur wenige, winzige Blättchen daran hafteten. Sie haben nicht mehr Zeit zu wachsen als acht bis zehn Wochen im Jahr. Nur bis zur Tiefe von zehn bis fünfzehn Zentimeter können die Wurzeln in den Boden dringen, während ihn der Sonnenschein auftaut. So vergehen wohl hundert Jahre, bis sich das kümmerliche Gehölz meterweit ausbreitet. Es ist gewiß ein Wunder an Lebenskraft, daß so ein verholztes Gewächs auf dem Kieselgeröll überhaupt existiert, denn es findet kaum eine Erdkrume. Denselben »élan vital« beweisen die Polarrinder, indem sie es fertigbringen, auch diese Holzfinger in körperliche Energie zu verwandeln.

Mein kleines, rundes, standfestes Zelt war gerade groß genug, um den Schlafsack darin auszulegen. Wenn ich noch das andere Gepäck hineinholte, blieb kein Sitzplatz für einen zweiten Menschen. Aber ich fühlte mich wohl in dem engen, eigenen Raum. Dasselbe Zelt war schon in Alaska, Australien und Sumatra, in der Sahara, auf Spitzbergen und am Kongo mein Schutz vor Wind und Wetter, vor Moskitos und neugierigen Menschen gewesen. Zum großen Teil hatte ich überall die gleichen Sachen dabei gehabt, wie auch jetzt. Man trennt sich nur schwer von erprobten Dingen und hat sich im Laufe der Zeit so sehr daran gewöhnt, daß nur ersetzt wird, was gar nichts mehr taugt. Der Schlafsack war ursprünglich mit der Garantie versehen, den Schläfer bis zur Kälte von dreißig Grad Celsius warm zu halten. Um so weicher die Unterlage, wenn man sie bei Tropenhitze nur als Bett gebraucht, ohne hineinzukriechen. Hier hatte ich alle Wollsachen, Hemden, Hosen und Strümpfe daruntergeschoben, um den permanenten Bodenfrost abzuhalten. Oft wundern sich die Freunde, daß zu meinem Gepäck auch ein Koffer mit hartem Boden, Deckel und Seitenteilen gehört. Man bevorzugt doch heute federleichtes Fluggepäck aus weichem Leder oder Nylonstoffen. Aber als ein Tisch neben dem Schlafsack findet dieser Koffer praktische Verwendung. Ich kann darauf in halb liegender Stellung kochen, essen, schreiben.

Am nächsten Morgen wurde beraten, was weiter zu machen sei. Kwaterowski sagte, hier sei es nicht mehr unsere Aufgabe, lebende Büffel zu zählen, sondern tote zu finden. Vielleicht konnte eine Untersuchung der Reste ergeben, was ihr Sterben verschuldet hatte. So schwärmten wir aus, jeder in ein anderes Tal. Ich ließ mein Gewehr im Zelt, damit niemand auf den Gedanken kam, ich hätte die heimliche Absicht, einen Ovibos in Notwehr zu erlegen. Lieber sollten mich wütende Bullen zerreißen, als daß ich mit einem illegal erbeuteten Gehörn zurückkam. Doch es war auch nach stundenlangem Marsch weit und breit weder ein toter noch lebendiger Büffel zu sehen. Ich wanderte durch das Tal zur Linken, stieg über zwei, drei Hügel und folgte einem glasklaren Bach in die kahlen Berge. Es war schön, endlich wieder die Beine flott zu bewegen. Sonniges Wetter und blauer Himmel, fester Boden und weite Sicht. Beim Gehen wurde mir warm, obwohl ein kühler Wind vom Eismeer wehte.

Am Ende des Baches kam ich zu einem Teich, dessen bemoostes und begrüntes Ufer von Moschusochsen zerstampft war. Dann stieg ich wieder über eine Hügelkette und folgte einem anderen Bach, der sich dank vieler Zuflüsse bald in einen raschen Fluß verwandelte. Er schäumte über Felsblöcke und rauschte gar herrlich durch die Einsamkeit. Ich genoß die Einbildung, als erster Mensch an seinen Ufern zu stehen.

Flinke Fische, deren Art mir unbekannt war, huschten durch Strudel oder sonnten sich im Wasser der ruhigen Buchten. Im feuchten Boden sah ich die Fährten von Karibus, Wölfen und Füchsen. Lemminge verschwanden blitzschnell in ihren Löchern, Schneehühner im graubraunen Tarnkleid des Sommers flatterten erst davon, als ich sie fast mit dem Fuß berührte. Sie ducken sich sonst und vertrauen dem Schutz ihrer Farbe. Berghänge, denen man von weitem nicht ansah, daß in ihrem grauen Geröll eine Spur von Vegetation vorhanden war, bewiesen beim Näherkommen das Gegenteil. Die Holzfinger hafteten am Boden, daumendicke Flechten krochen über Steine, kärgliche Krautbüschel mit roten, blauen und gelben Minibeeren steckten in den Spalten und spendeten wohl das Futter für die Wildhühner. Winzige Blüten des Steinbrech in drei und vier verschiedenen Farben hoben die Köpfchen zentimeterhoch aus dem Schotter. Je weiter ich kam, desto feuchter und grüner wurde das Tal. Schilf um die Teiche, Dotterblumen am Rand der Sümpfe. Nur einmal sah ich ein fußhohes Gewächs mit leuchtendroten Blumen in der Art von Lilien. Ich weiß nicht, was es war, man sollte sich mehr mit Botanik beschäftigen.

Dann hob ich rasch das Fernglas an die Augen. Die dunklen Punkte dort drüben, das konnten nur Muskoxen sein. Das waren sie wirklich, sieben Stück an der Zahl. Also vorsichtig anpirschen, nach bewährter Weise. Sie standen verstreut auf einer Mooswiese hinter drei Tümpeln. Ich kam auf etwa hundertfünfzig Schritt heran, bevor sie mich bemerkten. Statt jedoch ihren Ring zu formieren, starrten sie nur auf das zweibeinige Wesen. Als ich weiterging, schritten sie mir langsam

entgegen. Da war es besser, sich ruhig zu verhalten. Aber gerade das ermunterte ihre Neugier noch mehr, und sie setzten ihren Anmarsch fort. Ein unverständliches Verhalten, das mir gar nicht gefiel.
So ging ich auf die Knie, um weniger bedeutend zu erscheinen. Das erregte Verdacht, ein starker Bulle – es konnte gewiß nur ein Bulle sein – kam bedrohlich näher, blieb dann aber stehen. Ich wagte es, ihn und seine Genossen nacheinander mit beiden Kameras zu fotografieren. Indessen stellten sich die anderen sechs neben den ersten Büffel. Sie ließen mich nicht aus den Augen, ja sie rückten Schritt auf Schritt voran. Auf knapp zwanzig Meter machte ich die letzte Aufnahme der bewaffneten Front, dann war ich ernsthaft um meine Sicherheit besorgt.
Ein Verbleiben auf der Stelle konnte nicht helfen, denn ohne Gewehr war ich den Horntieren hilflos ausgeliefert. Hätte ich es nicht so selbstbewußt zurückgelassen! Ein vorsichtiges Absetzen vom Gegner war wohl der beste und einzige Ausweg. Ich rutschte langsam zurück, und sie folgten. Ich warf einen Stein, und sie schnaubten. Ich erhob mich und ging fort, da kamen sie hinterher. Als ich schneller lief, taten sie es auch. Und sie blieben gleichfalls stehen, als ich stehenblieb.
So mußte ich es machen, nur den bisherigen Abstand halten, darauf kam es an. Wenn ich langsam ging, folgten sie langsam. Allein ihr grober Unverstand war der Grund, daß sie in meiner Nähe blieben. Sie hatten ein Lebewesen meiner Art noch nie gesehen und gerochen. Deshalb wollten sie genauer wisssen, was ich war und woher ich kam. Vielleicht hatten sie auch das gutgemeinte Verlangen, mich in ihren Verband aufzunehmen.
Daraus konnte nichts werden. Ich ging ohne Hast auf dem gleichen Weg zurück, wobei sie mich ständig begleiteten. Schade, daß niemand dabei war, um die Szene zu filmen. Ein Mann in polarer Wildnis, dem sieben Polarbüffel brav hinterherlaufen! Weil nichts Böses zu befürchten war, hoffte ich, daß sie mir bis zum Zeltplatz folgten, um Kwaterowski eine Freude zu machen. Aber nach ungefähr zwei Stunden hatten sie genug von mir. Der Abstand wurde weiter, und als ich über den Höhenzug stieg, der die beiden Täler trennte, blieben die Muskoxen leider zurück.
Auf glattpolierten Steinen überquerte ich den schnellfließenden Bach, um auf der anderen Seite weiterzugehen. Das Gelände bestand aus Bodenwellen, mit grünen Mulden zwischen den kahlen Erhebungen. Ich sah einen isolierten Felsblock in der Ferne, der so weiß war wie ein Schneemann. Als ich das Phänomen durchs Glas betrachtete, stellte sich heraus, daß eine Schnee-Eule den Stein besetzt hielt. So oft und so lange war es schon der Eule Gewohnheit, dort zu sitzen, daß ihr Auswurf den Felsen schneeweiß gefärbt hatte. In einer Bodenvertiefung pirschte

ich so nahe wie möglich an den Raubvogel heran, um mit dem Teleobjektiv eine Aufnahme zu machen. Nach meiner Ansicht ist die Schnee-Eule das bildschönste Tier des hohen Nordens. Sie unterscheidet sich von anderen Eulen wie das Hermelin vom gewöhnlichen Wiesel. Ein wirklich vornehmer Vogel, ein königlicher Jäger im souverän beherrschten Revier. Die Größe und Gestalt der edlen Eule entspricht dem Erscheinungsbild des Uhu. Sie hat auch dieselben spitz zulaufenden Ohrenfedern wie der leider so selten gewordene Bubobubo in den Wäldern Europas, und sie kann auch ihren Kopf bis in den Nacken verdrehen.
Als ich die Kamera mit dem langen Objektiv über den Rand des Grabens hob, hatte mich die Eule schon gesehen. So rührte ich keinen Finger mehr, sondern blieb völlig reglos. Die Rieseneule fixierte mich noch etwa zehn Minuten lang, ging aber dann zur Tagesordnung über. Diese bestand aus unablässiger, sehr aufmerksamer Beobachtung des Terrains. Bei langsamer Drehung des Kopfes um hundertachtzig Grad und wieder zurück suchte der Räuber nach möglichen Opfern für Kralle und Schnabel. Dann plötzlich, wie von einer Bogensehne abgeschossen, flitzte der Vogel flügelschlagend übers Gelände und stieß nach kurzer Strecke blitzschnell auf den Boden. Irgend etwas hatte er dort gepackt und erbeutet. Die Schwingen flatterten, der Schnabel schlug in das zuckende Tierchen. Mir schien es unpassend, das traurige Drama zu stören. Leider werden Eulen nicht satt, ohne daß andere Geschöpfe sterben.
Nun konnte ich die Zelte wieder sehen, da sich ihre Konturen auf dem langen Höhenrücken deutlich gegen den hellen Himmel abhoben. Aber es war noch weit bis dorthin. Da plötzlich pafften ein paar Schüsse in der Ferne. Ich lief auf den nächsten Hügel, um zu sehen, worum es sich handelte. Erst nach wiederholter Knallerei erkannte ich mit Hilfe des Fernglases die Jäger und die Gejagten. Es waren unsere beiden Eskimo, die sechs oder sieben Karibus beschossen. Keines der fast weißen Tiere schien getroffen. Sie irrten im Kreis umher, sie hatten keine Ahnung, was der Lärm bedeutete. Die Entfernung von den Schützen zu den Karibus betrug etwa dreihundert Meter. Das war für die schlecht gepflegten Gewehre der Eskimo, die kein Zielfernrohr besaßen, viel zu weit. Die Jäger rannten aus Leibeskräften über die Ebene, um näher an die Karibus zu kommen. Sie blieben des öfteren stehen und schossen aufs neue. Mit ausgepumpten Lungen konnte aber ruhiges Zielen gar nicht möglich sein.
Man sollte annehmen, daß die Beutemacher eines Naturvolkes alle Listen und Schliche der Pirsch verstehen, denn allein von der Jagd und vom Fischfang haben sie seit Jahrtausenden gelebt. Da jagten sie nur mit Pfeil und Speer und mit ihren Hunden, jetzt halfen ihnen die Feuerwaffen. Sie hatten es nicht mehr nötig, das Wild auf wenige Meter Distanz zu erlegen. Daher mußte doch die moderne Jagd viel einfacher sein als in alten Zeiten. Dennoch machten unsere Eskimo die gröb-

sten Fehler. Sie achteten nicht auf den Wind, und sie liefen geradewegs den Karibus entgegen, statt die vorhandene Deckung zu benutzen. Sie schossen viel zu früh und dachten nicht daran, das Wild von beiden Seiten anzugehen. Ich wollte ihnen helfen, lief hinüber und brüllte so laut es nur ging. Mit schwingenden Armen trieb ich die Herde in Richtung der Jäger. Sogleich knallten wieder die Schüsse, doch ohne jeden Erfolg. Die Jäger wollten nicht warten, bis die Entfernung für sichere Treffer knapp genug war.

Da gab ich es auf und schaute nur zu, was sie machten. Jeder Anfänger bei uns hätte alle sieben Karibus erlegt, denn sie blieben auf der gleichen Stelle und begriffen nicht die tödliche Gefahr. Die hallenden Schüsse stifteten Verwirrung, veranlaßten jedoch keines der Tiere zur Flucht. Sie liefen hin und her, sie schauten nach rechts und nach links, verließen aber nicht ihren Standort.

Erst als die ungeschickten Eskimo aus einer Entfernung von etwa sechzig Schritt noch zehn bis zwölf Patronen verschwendet hatten, brachen zwei Karibus zusammen, und gleich danach noch ein drittes. Dann endlich rasten die übrigen in panischer Angst davon. Die getroffenen Tiere lebten noch, mit dem Messer wurde ihnen die Kehle durchgeschnitten.

Die Eskimo schienen sehr zufrieden mit dem Erfolg, zeigten mir lachend die Beute und freuten sich über die starke Fettschicht unter dem Fell. Ihren Andeutungen war zu entnehmen, daß sie schon drei andere Karibus geschossen hatten und sogar einen Wolf. Gerne hätte ich den Verbrauch an Patronen erfahren, aber sie konnten meine Frage nicht verstehen.

Nur auf den Erfolg kam es an, die Methoden spielten keine Rolle. Fünf fette Karibus an einem Tag, das füllte die Kochtöpfe der beiden Familien für lange Zeit. Sommerfelle haben keinen großen Wert, da sie die Haare verlieren, aber für den Wolf bekamen die Jäger eine Abschußprämie von vierzig Dollar. Was konnte man von einem Jagdtag noch mehr verlangen?

Die beiden machten sich an ihre blutige Arbeit. Da für mich kein Grund bestand, auf direktem Weg ins Lager zu wandern, ging ich zur nächsten Anhöhe hinauf und sah von oben in ein anderes Tal. Um nicht den Rückweg zu verfehlen, trug ich ein paar Steine zusammen, um einen Inukshuk zu bauen. Es war nicht nötig, daß er menschenähnlich aussah wie ein richtiger Steinmann der Eskimo. Das Ding sollte nur von weitem zu erkennen sein.

Der Kompaß nützte mir nichts, das wußte ich schon. Aber da ich ihn aus alter Gewohnheit bei mir trug, wollte ich doch bei dieser Gelegenheit sehen, wie die Nadel reagierte. Von hier oben war die Küste der Goodsir-Bucht deutlich zu erkennen. Sie verlief auf meiner Karte genau nach Norden, daran bestand kein Zweifel. Aber die Kompaßnadel zeigte nach längerem Kreisen und Zittern genau nach Süden. Wie konnte das sein, wie war das möglich?

Anders war es nicht möglich, so mußte das sein! Man peilt mit dem Kompaß ja nicht den geographischen Nordpol an, sondern den magnetischen. Die Nadel hat kein Interesse an dem von Menschen festgelegten Mittelpunkt des Eismeers, sondern wird von Massen magnetischen Eisens angezogen, das sich genau südlich der Bathurst-Insel unter dem Meeresboden befindet. Ich stand auf fast gerader Linie zwischen beiden Polen, dem geographischen und dem magnetischen. Statt getreu nach Norden zu weisen, wie sich das nach unserer Auffassung für eine Kompaßnadel gehört, mußte sie hier genau Süden zeigen. Man kann diese maximale Abweichung von 180 Grad nur auf der Bathurst-Insel und der Eilef-Ringnes-Insel erleben, sonst nirgendwo auf der Welt.
In Europa spielt die Deviation zwischen dem geographischen und magnetischen Pol kaum eine Rolle, in Deutschland beträgt sie nur zwei bis drei Grad. Aber beispielsweise in New York weicht die Nadel schon um 15 Grad von der echten Nordrichtung nach Westen ab und in Vancouver, an der pazifischen Küste des Landes, sogar um 25 Grad.
Nach diesem verblüffenden Experiment ging ich zu dem breiten, feuchten Talboden hinunter. Ein weißer Fuchs lief davon. In meilenweiter Ferne zeigte mir das Fernglas am Hang gegenüber wandernde Karibus. Von Moschusochsen war jedoch keine Spur zu entdecken. Durch jedes Tal strömen Bäche, und meist führt sie ihr Weg zu einem Fluß. Da ich der Meinung war, der erste Mensch oder zumindest der erste weiße Mann in diesem Tal zu sein, wollte ich auch den Fluß entdecken. Es war hier die gleiche Landschaft wie drüben, das neue Tal sah den beiden anderen zum Verwechseln ähnlich. Wer keinen Inukshuk als Wegweiser besaß, konnte sich auf der Bathurst-Insel hoffnungslos verirren, so wie auf allen Inseln der Arktis.
Nahe dem Fluß erhob sich ein Hügel aus Felsgestein, wahrscheinlich hatte ihn ein ehemaliger Gletscher zurückgelassen. Es machte keine Schwierigkeit hinaufzuklettern. Ich setzte mich oben nieder, holte meinen Marschproviant aus der Tasche und ließ es mir gutgehen. Rosinen, Erdnüsse und getrocknete Pflaumen, das stillt den Hunger, das enthält Kalorien und Vitamine. Man braucht nicht mehr, wenn gegen Mitternacht eine warme Mahlzeit in Aussicht steht. Heute waren Koteletts vom Karibu zu erwarten, vielleicht auch gebratene Leber mit gerösteten Zwiebeln.
Wer lange sitzt und dabei durchs Fernglas schaut, kann vieles entdecken. Da hockte eine weiße Eule und dort eine andere. Schneehühner trippeln auf der Suche nach Schneebeeren durchs Gelände. Lemminge huschen aus ihren Löchern, ein vielbegangener Wechsel von Füchsen ist zu erkennen. Dem folge ich mit dem Glas, soweit es Steine und Felsbrocken erlauben. Die ausgetretene Fährte führt zu einem vermoderten Baumstumpf mit seitlich abstehendem Ast.

Wieso denn das? Es gibt doch keine Bäume auf Bathurst und deshalb auch keine Reste gefallener Stämme. Aber das Ding am Ende des Fuchswechsels sieht ganz danach aus. Braune Rinde, graues Altholz und ein spitzer Ast. Das will ich aus der Nähe sehen und mache mich auf den Weg.

Je weiter ich komme, desto größer wird meine Hoffnung, einen toten Muskox zu finden. Die Richtung ist nicht zu verfehlen, denn ich folge ganz einfach dem Weg der Füchse. Ein Teich muß umgangen werden, danach sumpfige Stellen. Eisiges Wasser dringt beim Durchwaten des nächsten Baches von oben in meine Stiefel.

Am Ende stehe ich nicht vor einem toten Büffel, sondern vor zweien. Nur die fellbespannten Gerippe mit Schädel und Gehörn sind noch vorhanden, alles übrige haben Wölfe, Eulen, Raben und vor allem die Füchse verzehrt. Man sieht es an den Spuren im Boden und an der verstreuten Losung. Kein Verwesungsgeruch entsteigt den Kadavern. Aus dem dunkelbraunen Fell schauen die blanken Rippen, in der Bauchhöhle keimt frisches Gras.

Die beiden Büffel liegen Kopf an Kopf, fast berühren sich die Gehörne. Dafür gibt es nur eine Erklärung, nämlich daß sie im Brunftkampf gefallen sind. Im gleichen Augenblick haben sich die Rivalen tödlich verwundet und so schwer verwundet, daß beide auf der Stelle starben. Soviel man von den Moschusochsen weiß, enden ihre Kämpfe um die Kühe nur in seltenen Fällen mit dem Tod des Besiegten. Meist prallen die Konkurrenten auch nur mit der breiten Basis ihres Gehörns gegeneinander, bis der Schwächere dem Stärkeren weicht. Erst wenn diese Entscheidung ausbleibt, treten die gefährlichen Hornspitzen in Aktion, und es kommt zu schweren Verletzungen. Hier war nun der fast unglaubliche Zufall eingetreten, daß sich beide Büffel blitzartig umbrachten. Keiner hatte mehr vermocht, auch nur einen Schritt vom Kampfplatz zu schwanken. Sie waren sterbend gestürzt, wo jeder seinen Todesstoß empfing.

Die Gehörne sind stärker, schwerer und krummer, als ich jemals sah. Ihre Wulste auf der Schädelmitte wölben sich zu gewaltiger Breite. Ich weiß, daß nur bei sehr wenigen Exemplaren die Hornspitzen handbreit über das Nasenbein hinausragen. Weil es hier so ist, kann das vielleicht erklären, weshalb einer den anderen so vernichtend traf. Der glatte Teil aller vier Hörner, von der Krümmung aufwärts, glänzt wie heller Bernstein, um dann in schwarzen, fingerlangen Spitzen zu enden. So ein bernsteinfarbenes Horn mit schwarzer Spitze war in alter Zeit die am meisten begehrte Trophäe. Die Kapitäne der Walfangschiffe versprachen dafür dem Erleger ein volles Faß Rum aus dem eigenen Vorrat. Sammler seltener Gehörne schätzten sich glücklich, wenn sie ein derart seltenes Stück bekamen.

Aber noch seltener waren zwei gefallene Polarbüffel in dieser Lage. Ich rührte sie nicht an, sondern machte nur Aufnahmen von allen Seiten. Kwaterowski mußte

das sehen, und Fotos dieser Opfer eines Brunftkampfes gehörten ins Archiv der zoologischen Institute, zum Studium und Erstaunen der Fachleute.
Eben deshalb war ich sehr enttäuscht, als der Bericht von meinem Fund nicht gleich den gewünschten Eindruck machte. Paul und die Gamewarden hatten ihrerseits tote Muskoxen entdeckt, worüber man eifrig debattierte. Was die Untersuchung mitgenommener Reste ergeben würde, konnte man nicht ahnen.
»Aber ich dachte mir schon«, sagte Paul, »daß verschiedene Gründe sehr unglücklich zusammentrafen, um den Bestand so stark zu dezimieren. Bestimmt gibt's zuviel Wölfe auf der Insel, wir haben drei gesehen und noch viele Fährten. Wenn die Muskoxen nicht zusammenhalten, wird jeder Einzelgänger zerrissen . . . auch jede Kuh mit einem Kalb, die nicht im Ring steht. Dazu noch ein Winter mit tiefem Schnee und kein Sturm, der ihn wegfegt. Das ist schon schlimm genug. Wenn dann noch Parasiten auftreten, Cestoden und Nematoden und so widerliches Zeug, geht's mit dem Bestand rapide bergab. Brucellose und Anthrax ist auch zu befürchten . . .«
»Und Verluste bei den Brunftkämpfen«, fügte ich hinzu.
»Ja, Sie haben's schon gesagt, aber ich glaub' nicht daran. Ja, einer könnte vielleicht mal dabei umkommen . . . wenn gleich zwei Tote an derselben Stelle liegen, hat das eine andere Ursache. Ich werd's mir natürlich ansehen und vielleicht ein paar Proben mitnehmen.«
Aber es war noch so viel anderes zu tun, weil auch die Eskimo noch Kadaver entdeckt hatten, die näher beim Camp lagen. Erst am dritten Tag unternahmen wir den weiten Weg zu meinem Fundort.
»Ja, ich glaube tatsächlich, Sie haben recht«, meinte der Superintendent schon nach dem ersten Blick, »das war ein Kampf um Kühe auf Leben und Tod. Man sollte 's nicht für möglich halten, daß gleich alle beide auf dem Platz blieben. Mir ist kein anderer Fall bekannt!«
Messungen wurden gemacht – wie bei der Kriminalpolizei nach einem Doppelmord – und wieder Aufnahmen von allen Seiten. Als das geschehen war, drängte der Superintendent zur Rückkehr ins Lager.
»Und was ist mit den Gehörnen?«
Er tat ganz so, als würde ihn meine Frage überraschen. Aber das war nicht zu glauben, er wußte doch genau, was ich mir seit Tagen wünschte.
»Die haben Sie gefunden«, meinte er so nebenbei, »die können Sie haben.«
Damit war ich allein und machte mich an die Arbeit, die beiden Schädel abzutrennen. Nur einen konnte ich schleppen, den anderen mußte ich später holen.

Blutrotes Eis

Die Eskimo sind keine Eskimo, wenn sie selbst von sich reden, sondern Inuit. Jene Bezeichnung, die wir für das Polarvolk verwenden, stammt von den Cree-Indianern und war als Beleidigung gedacht. Das Wort bedeutet Blutfresser. Man könnte es auch etwas freundlicher als »Esser rohen Fleisches« übersetzen. Doch freundlich sollte es nicht sein, denn mit Haß und Verachtung blickten früher die Indianer auf ihre nördlichen Nachbarn herab. Sie hielten es für einen Beweis primitiver Barbarei, daß die Eskimo hin und wieder bluttriefendes Fleisch ihrer Jagdbeute roh verzehrten. Die Polarmenschen ließen sich nicht ungestraft beschimpfen, sondern bezeichneten die Indianer mit dem Wort Adlit, was »Eier von Läusen« bedeutet.

Inuit dagegen, wie sich die Eskimo selbst getauft haben, heißt schlicht und einfach »Menschen«. Damit wurde zum Ausdruck gebracht, daß nur Eskimo den Anspruch erheben können, richtige Menschen zu sein. Heute behaupten sie das nicht mehr, sondern lassen auch andere Rassen als menschliche Geschöpfe gelten. Die Weißen sind Kabluna. Nach Jahren der Bewährung können sie ein gewisses Ansehen bei den Inuit genießen.

Was wir unter einem Iglu verstehen, ist nicht dasselbe, was die Eskimo damit meinen. Iglu bedeutet Haus oder Hütte, wie überhaupt jede Unterkunft, ganz gleich, aus welchem Material sie besteht. Wer von einem halbkugeligen Schneehaus sprechen möchte, muß es als »apujamik iglukaktok« bezeichnen.

Wie die prähistorische Forschung bewiesen hat, gab es in Amerika bis vor ungefähr zwanzigtausend Jahren keine Menschen. Der Kontinent war noch völlig unbewohnt, als die übrigen Erdteile schon längst eine unterschiedliche, auch relativ zahlreiche Bevölkerung besaßen. Aus dem Nordosten Asiens, über das Eis der

Beringstraße und über die Inselketten der Aleuten sind die Vorfahren der heutigen Urbevölkerung eingewandert, um sich im Laufe der Jahrtausende bis an das Ende Südamerikas auszubreiten. Deshalb die mongolischen Gesichtszüge der unvermischten Indianer und Inuit, denn es sind ja die Nachkommen von Mongolen. Erst mit der letzten Einwanderungswelle kamen die Eskimo, vor schätzungsweise fünftausend Jahren. Während die Indianer keine Verwandten mehr in Asien kennen, leben etwa 1500 Eskimo noch heute im nordöstlichen Sibirien. Bevor der Eiserne Vorhang auch in der Arktis niederging, haben sich die Inuit von hüben und drüben oft besucht. Das Eis war ihre Brücke und lange Hundeschlitten ihr Transportmittel. Ein reger Tauschhandel über unglaublich weite Entfernung verband die Siedlungen der Eskimo, bevor die weißen Walfänger ihr Leben veränderten.

Die Pyramiden Ägyptens waren schon gebaut, und in China bestand schon eine hohe Kultur, als die ersten Eskimo im heutigen Kanada erschienen. Sie kamen aus Alaska und hatten noch keine Hunde. Sie lebten in Höhlen, sie fischten, jagten und sammelten, was eßbar war. Man nennt sie *Denbigh*-Leute, weiß aber nicht viel mehr von ihnen, als daß sie existierten. Sie wurden im achten Jahrhundert v. Chr. durch neue Einwanderer vernichtet, vertrieben oder zur Vermischung gezwungen. Diese *Pre-Dorset*-Leute waren besser als ihre Vorgänger für den Existenzkampf in der Arktis ausgerüstet. Sie besaßen Harpunen, Speere mit scharfgeschliffenen Steinspitzen und schmale Boote aus Walroßhaut, die Vorläufer der heutigen Kajaks. Während des Sommers lebten sie in Fellzelten und während des Winters in Höhlen.

Ob danach wieder neue Einwanderer kamen oder die Pre-Dorset-Leute selber Fortschritte machten, weiß man nicht. Jedenfalls begann ein paar hundert Jahre später die sogenannte *Dorset-Kultur*. Es gab Nadeln aus Elfenbein, Tranlampen aus Speckstein, Fischspeere mit drei Widerhaken, Lassos für den Vogelfang und gemauerte Hütten, die mit Treibholz und Tierhäuten bedeckt wurden. Vor allem entwickelten die Dorset-Leute einen nie wieder erreichten Sinn für Kunst und Schönheit. Ohne praktischen Zweck, nur zur eigenen Freude, schnitzten sie aus dem Elfenbein der Narwale und Walrosse, aus Walfischknochen und Speckstein kleine Tierfiguren und Gebilde in Menschenform. Es waren Arbeiten hochbegabter Künstler, so fein und vollkommen in der Form, daß sich kaum etwas damit vergleichen läßt, was später bei den Eingeborenen Nordamerikas entstand. Selbst Gegenstände des täglichen Gebrauchs wurden kunstvoll verziert und erregen noch heute die Bewunderung der Kenner.

Es waren Dorset-Leute, denen um das Jahr 1000 die Wikinger begegnet sind, als sie von Grönland aus die amerikanische Küste erreichten. *Skraelinger* wurden die damaligen Eskimo von den weißen Nordmännern genannt. Sie waren dank ihrer guten Waffen und treffsicheren Pfeile imstande, die Wikinger zu verjagen. Allem Anschein nach hatten sich die Dorset-Eskimo viel weiter nach Süden ausgebreitet als die heutigen Eskimo, nämlich bis zur Waldgrenze. Sie lebten auch in Neufundland und begannen vom Westen her Grönland zu besiedeln, als im vierzehnten Jahrhundert unserer Zeitrechnung die Thule-Leute erschienen, vermutlich aus Alaska, vielleicht sogar aus Sibirien. Erst mit ihnen kamen die Hunde, die langen Schlitten und jene großen Fellboote, die man Umiaks nennt und die zehn bis zwölf Menschen befördern. Von den Thule-Eskimo stammen die heutigen Eskimo. Es waren rauhere Gesellen als die kunstbeflissenen Dorset-Leute, und sie machten sich zu Herren des kalten Landes. Was die praktische Seite des Lebens betraf, waren sie überaus tüchtig und erfindungsreich. Mit ihren Hundeschlitten überwanden sie relativ rasch jede Entfernung, mit ihren Umiaks jagten sie nicht nur die weißen Wale, sondern auch die riesigen Blauwale. Sie erfanden die zeitweilige Harpune, erstklassige Fischnetze und vor allem das Iglu.

Iglulik, was Platz-der-Iglus bedeutet, ist eine der ältesten noch bestehenden Siedlungen in der kanadischen Arktis. Die Insel war schon vor Jahrtausenden ein Treffpunkt jener Inuit, die im mittleren Teil der amerikanischen Polarwelt umherzogen. Sie kamen nach Iglulik, um beim Gedröhn der Trommeln ihre Feste zu feiern und ihre Schamanen zu befragen. Sie verbrachten in Iglulik die dunklen Wochen. Sie bauten dort großräumige Iglus für ihre Versammlungen und bereiteten dort alles vor, was in so vielfacher Art für die Jagd auf dem Eis, zu Wasser und zu Lande im kommenden Jahr gebraucht wurde. Iglulik war eine der wenigen Stellen, wo die Erinnerung an die Dorset-Leute noch weiterlebte. Denn hier hatten auch die Dorset und die sogenannten Pre-Dorset seit Beginn der Einwanderung gewohnt. Die Reste ihrer unterirdischen Behausungen sind noch zu sehen. Ausgrabungen dänischer und französischer Gelehrter haben so manchen Beweis der bewundernswerten Kultur des hohen Nordens wieder ans Tageslicht gebracht. Die Untersuchung nach dem Carbon-Dia-Verfahren ergab ein Alter von 1500 bis 2000 Jahren. Auf noch ältere Zeit deuten primitive Werkzeuge aus Knochen und Stein. So hat Iglulik schon bestanden, als Troja fiel und Rom gegründet wurde.

Beim Versuch, die »Nordwestliche Durchfahrt« zu finden, betrat Captain Edward Parry im Jahr 1823 als erster weißer Mann die Insel Iglulik. Er kam so bald nicht mehr fort, sondern mußte hier überwintern. Von der Hilfsbereitschaft und allgemeinen Freundlichkeit der Eskimo hat Parry nach seiner Heimkehr dankbar berichtet. Das Grab des Schiffskochs, der in Iglulik verstarb, ist noch immer zu sehen.

Fast fünfhundert Eskimo und elf Kabluna bewohnen heute die flache, nur zwanzig Kilometer breite Insel. Erst in Hall-Beach, einer Station der DEW-Linie, wurde uns gesagt, daß es möglich sein werde, auf Iglulik zu landen. Bisher hatte man die Bewohner der Insel mit Motorbooten im Sommer und mit Motorschlitten im Winter versorgt. Von der Station Hall-Beach aus, die mit einem riesengroßen, modernen Flugplatz versehen ist, beträgt die Entfernung nach Iglulik knapp hundert Kilometer. Man hat lange gezögert, auch dort einen Flugplatz anzulegen. Die Rollbahn für kleine Maschinen, wie Cessna und Piper, schien zu genügen. Aber nun war doch ein weißer Techniker mit seiner Planierraupe dabei, den Platz zu vergrößern. Falls wir Glück hatten, bestand schon eine Landebahn, die für unsere Beechcraft ausreichte. Dann konnten wir das neue Flugfeld einweihen, doch ohne Fahnen und Festlichkeit.

An regendunklen Wolken vorbei überquerten wir den nordwestlichen Zipfel der Melville-Halbinsel, dann einen Meeresarm mit schwimmendem Eis und waren schon nach kaum dreißig Minuten über Iglulik. Tom Gordon besah sich erst den Platz sehr eingehend aus der Luft. Drunten schob gerade die Riesenraupe das letzte Hindernis beiseite. Der Mann winkte und gab zu verstehen, daß hiermit alles in Ordnung war. Die Beechcraft setzte auf, rumpelte über Schottergestein und blieb in der Nähe des Fahrzeugs stehen. Weil ich der Tür am nächsten saß, sprang ich als erster hinaus. Der Techniker eilte mir entgegen. Wie es der Landessitte entsprach, nannte ich zur Begrüßung meinen Namen und Wohnort.

»Meissner from Munich . . .«

Der Mann streckte mir die Hand hin und grinste übers ganze Gesicht.

»Dett is jut, ick bin der Heini Bartels aus Berlin . . . darauf kippen wir uns 'ne Molle hintern Schlips!«

Noch größer sein Erstaunen, als auch der Superintendent die gleiche Sprache verstand.

»Mir wird janz schwindelig im Koppe, da sind wir ja nu sechse aus der ollen Heimat in Iglulik.«

Die beiden Krankenschwestern im Hospital, eine hübscher als die andere, kamen aus Deutschland und wollten nach dem Ende ihrer Dienstzeit wieder zurück. Ein Geologe, in Rostock geboren und seit kurzem Kanadier geworden, hielt sich für mehrere Monate in Iglulik auf. Heini Bartels hatte sich auf zwei Jahre verpflichtet, als Leiter des E-Werks, als Chef der Wasserversorgung und Erbauer des Flugplatzes. Allen drei Aufgaben genügte der brave Mann mit freundlichem Fleiß. Er war früher in Peru gewesen und hatte seine Frau von dort auf die arktische Insel mitgebracht. Zwei Kinder von vier und acht Jahren belebten sein gutgeheiztes Haus.

»Wem ick Sie jleich vorstelle, dett is der Pater van de Velde . . . vonwejen Auskünfte und Jeschichten über die Eskimo. Der kennt die kühle Jejend um den Nordpol 'rum schon seit vierzig Jahren.«

In Iglulik ließ sich leben. Wir bekamen vom Administrator, der schon seit jüngsten Jahren in der Arktis lebte und Eskimoisch wie die Eskimo sprach, ein erstklassig eingerichtetes Haus mit privaten Schlafzimmern für jeden. Für eine kinderreiche Lehrerfamilie war es vorgesehen, aber deren Ankunft hatte sich verzögert. Selbst kochen sollte ich nicht, wurde vielmehr gebeten, alle Mahlzeiten im Hause Bartels einzunehmen. Es behagte mir sehr, von Kwaterowski zu hören, daß wir einige Tage blieben. Das Game-Department hatte mit den Eskimo viel zu besprechen, denn sie machten weite Reisen und wußten, wo Moschusochsen waren. Um so besser, um so schöner. Mir lag daran, alles zu sehen, was von der uralten Zeit noch übrig war, und von Kennern der Materie darüber zu hören.
Pater van de Velde hatte sich eingehend damit beschäftigt. Er führte mich und belehrte mich. Er war die Güte in Person, liebte Land, Menschen und Tiere. Es war seine Heimat geworden, die er nicht mehr verlassen wollte. Hier verbrachte er seinen Lebensabend im Ruhestand. Ein anderer Priester, Pater Fournier, hatte ihm die Pflichten der Seelsorge weitgehend abgenommen. Beide waren Belgier und hatten es gern, daß ich mit ihnen lange in der oft entbehrten Muttersprache Französisch sprach.
»Meine erste selbständige Mission war Pelly-Bay«, erzählte Pater van de Velde, »als ich dorthin kam, lebten noch alle Leute in Steinhütten. Ohne Ausnahme waren sie noch Heiden, nur zögernd nahmen sie die Taufe an. Aber gute Christen sind aus ihnen geworden, und wie Sie selbst gesehen haben, konnten sich die Verhältnisse in Pelly-Bay auf beste Weise entwickeln. Ich war dort fast zwanzig Jahre ganz allein mit den Inuit. Wir lebten so isoliert von der übrigen Welt wie auf einem anderen Stern . . . aber in der Nähe Gottes.«
Um nach Pelly-Bay zu gelangen, hatte van de Velde noch im Jahr 1948 vom Ende der Bahnlinie in Churchill an der Hudson-Bucht siebenundsiebzig Tage gebraucht. Weil er die unermeßlich weite Tundra von Keewatin nicht auf direktem Wege durchqueren konnte, mußte er mit seinem Hundeschlitten über zweitausend Kilometer zurücklegen. Von einer Eskimosiedlung zur anderen sah er auf manchen Etappen wochenlang keine Menschen. Hätte er nach seiner Rückkehr aus Belgien auf das einzige Schiff des Jahres gewartet, das vielleicht Pelly-Bay anlief, wären zehn Monate für ihn verloren gewesen. Als er vom letzten Besuch in der Heimat zurückkam, hatte ihn ein Flugzeug binnen sechs Stunden von Churchill nach Pelly-Bay gebracht.
»Ich alter Mann sage nichts gegen die moderne Technik, sie war ein Segen für die Eskimo. Das Radio hat vielen tausend Menschen in der Arktis das Leben gerettet, und mir hat die Funkverbindung nach Pelly-Bay die Aufgaben sehr erleichtert. Man war ja damals der Mann für alles, müssen Sie wissen, nicht nur Missionar am Ende der Welt. Ich war Schulmeister für Kinder und Erwachsene,

Regierungsvertreter und Hüter des Gesetzes, soweit es sich machen ließ. Die Inuit kennen ja keinen Häuptling, der scheinbar klügste Mann in ihrer Mitte soll führen und beraten. Und dazu bestimmten sie damals den Missionar, wenn er ihre Sprache beherrschte, ihr Vertrauen gewann und ihre Jagdreisen mitmachte. Und natürlich war unsereins auch, sehr zum Ärger der Schamanen, während der Anfangszeit Helfer bei Krankheiten und Verletzungen. Ja, es war sogar die Hauptsache, das Heilen und Pflegen. Nun, wir sind zwar für Erste Hilfe und einfache Fälle ausgebildet, wir hatten auch eine Kiste mit Medikamenten im Haus, aber einen richtigen Doktor konnten wir nicht ersetzen. Wie nun mit dem Radio auch der Sprechfunk kam, da war alles gleich anders, da holte ich mir Ratschläge und Anweisungen von den Ärzten in Churchill oder Yellowknife. Ich beschrieb den Fall, und sie sagten mir, was zu tun sei. Ich konnte fragen, welche Medizin zu geben war und in welcher Dosierung. Über die Hälfte der Neugeborenen sind vorher gestorben, in vielen Jahren sogar zwei Drittel. Mit Hilfe des Radios konnte ich dreißig Babys am Leben erhalten, und sieben Frauen wurden bei schweren Geburten gerettet. Die Verluste gingen auf den vierten, fünften und sechsten Teil zurück. Als dann noch eine Krankenschwester kam und oft ein Flugzeug die schweren Fälle abholte, da blieben fast alle Säuglinge am Leben. Hier in Iglulik, Monsieur, hatten wir im vergangenen Jahr nur einen Todesfall, aber fünfundzwanzig Geburten. Fünf Personen mit Tuberkuloseverdacht kamen in ein Sanatorium. Jeder Inuit wird einmal im Jahr gründlich untersucht sowie durchleuchtet. Es kann nicht mehr viel passieren, das Leben ist gut geworden für die Menschen der Arktis. Die Vorteile der neuen Zeit überwiegen bei weitem ihre Nachteile.«
Ich fragte, ob er seinen Hundeschlitten selbst gelenkt hatte bei der langen Reise von Churchill nach Pelly-Bay.
»Da hab' ich es gelernt, aber es waren noch zwei Eskimo dabei. Nachher wurde ich dann ein ganz guter Schlittenführer, wenn man selbst so sagen darf. Damals hielten die Inuit nichts von einem Mann, der sich von anderen Jägern ernähren ließ. Da mußte ich mir Fleisch und Fisch selbst beschaffen. Ohne die eigenen Huskies und den Schlitten ging das nicht. Ja, das waren harte Zeiten, Monsieur, wochenlang draußen auf dem Eis, und so manche stürmische Nacht war ich im Iglu ganz allein. Aber nur so war die Achtung der Eskimo zu gewinnen, und dann hörten sie auf das, was ich von der Liebe Gottes zu sagen hatte.«
Pater van de Velde war nach schwerer Krankheit in Belgien gewesen und sollte dort seine Tage in einem Altersheim beschließen. Aber es zog ihn wieder in die Polarwelt, man ließ ihn gehen, und bis zu seinem Lebensende wird er wohl in Iglulik bleiben.
Jener Todesfall im letzten Jahr, von dem er gesprochen hatte, betraf einen der besten Jäger und Specksteinschnitzer von Iglulik. Er war mit einem anderen Es-

kimo von hier aufgebrochen, um zwei Traktoren übers Eis zur Wetterstation Foley auf Baffinland zu bringen. Dabei war der erste Traktor durchgebrochen und mit dem Fahrer versunken. Der zweite wagte nicht mehr weiterzufahren, sondern wartete auf Hilfe, die ja kommen mußte, wenn er nicht in Foley eintraf. Aber dichter Nebel verhüllte tagelang die Sicht, und dann riß ein Sturm die Eisfläche auseinander. Es vergingen zwei Wochen, bis ein Flugzeug Mann und Maschine auf einer treibenden Scholle entdeckte. Der Eskimo hatte es fertiggebracht, eine schlafende Robbe anzuschleichen und mit seinem Messer zu erstechen. Er wäre sonst verhungert. Den Traktor ließ man treiben, der Mann wurde gerettet.

Wer in Iglulik die sauberen, auf modernste Weise vorfabrizierten Wohnhütten sieht, mit Radio-Antennen auf dem Dach und blitzblankem Ölherd in der Küche, der glaubt nicht mehr an die Überlieferung alten Brauchtums. Auch der Geisterglaube scheint erloschen. Aber zu leicht läßt man sich täuschen.

Ujirak, ein schon betagter Mann, ist der Sohn eines berühmten Schamanen, und man sagt von ihm, daß er selbst noch über geheimnisvolle Kräfte verfüge. Das um so mehr, weil Ujirak in jungen Jahren zahlreiche Bären nur mit dem Messer erlegt hat, ohne jemals verletzt zu werden. Man weiß seinen Rat zu schätzen, und wenn sein Jagdzauber verlangt wird, läßt sich Ujirak nicht lange bitten. Es wird behauptet, daß er seinen alten Vater auf dessen Verlangen vom Leben befreit hat. Früher war das eine Pflicht des ältesten Sohnes, der man sich nicht entziehen durfte.

Auch in Iglulik gibt es beide Konfessionen, die katholische und anglikanische. Der Eskimo Nashuk ist Reverend der Anglikaner. Er hat alle Befugnisse für dieses Amt erworben, er kann predigen, konfirmieren, trauen und taufen. Aber Nashuk versteht kein Englisch, er beherrscht nur die von den ersten Missionaren eingeführte Silbenschrift. Er kam in große Verlegenheit, als ihn der schwerkranke Vater um Erlösung von seinen Leiden bat. Als Pfarrer konnte Nashuk das unter keinen Umständen tun. Auch sein Bruder war guter Christ geworden und brachte es nicht über das Herz, den schwerkranken Vater zu töten. Aber die Familie wußte guten Rat, um doch die Pflicht zu erfüllen. Das Gewehr wurde geladen und an einem Stuhl festgebunden. Vom Abzug führte man eine Schnur zum Bett des Kranken und drückte ihm das Ende in die Hand. So konnte sich der Vater selbst erschießen.

»Hat Nashuk davon gewußt oder gar mitgemacht?«

Der Pater ließ christliche Nächstenliebe walten.

»Beides möchte ich ausschließen, aber seine Brüder bekamen von Nashuk keine Vorwürfe zu hören. Es ist bei den Inuit so, daß jeder selbst verantworten muß, was er tut. Wenn der Bruder glaubte, daß es richtig war, entfällt jede Kritik an seinem Handeln.«

Vor zehn bis zwölf Jahren, sagte Pater Fournier, kam es noch öfter vor, daß man bei Jagdreisen im Winter alte Männer oder Frauen auf dem Eis zurückließ.
»Wissen Sie, Monsieur, die Altersrente hat segensreich gewirkt. Sogar die ganz Alten haben noch Wert für ihre Familie. Sie werden gehegt und gepflegt, um nicht die Rente zu verlieren.«
Der Bewunderung würdig ist die katholische Kirche von Iglulik, die man leicht übertrieben eine Kathedrale nennt. Pater Fournier, gelernter Baumeister, hat sie in sechsjähriger Arbeit mit eigener Hand gemauert. Er nahm fremde Hilfe nur zum Heranschaffen der zentnerschweren Steine in Anspruch. Die hat er selbst behauen und mit seiner gewaltigen Körperkraft Stück für Stück aufeinandergesetzt. Die Dachbalken bestehen aus Stämmen, die bei Iglulik angeschwemmt wurden. Die Bretter holte sich der Pater von abgerissenen Hütten. Doch alles wurde gehobelt, hell gebeizt und perfekt zusammengefügt. Eskimo haben die Felle von Eisbären, Robben und Weißfüchsen gestiftet, um die Kathedrale zu schmücken. Ihre Frauen haben die schönen Felle zu Altardecken und Wandbehängen verarbeitet. Die Kirchtürme fehlen noch, aber Pater Fournier ist schon dabei, sie allmählich aufzubauen.
Die Geistlichen beider Konfessionen leben von den Spenden ihrer Schäflein und von knappen Zuschüssen, die bessergestellte Gemeinden für sie abzweigen. Kirche und Staat sind in Kanada klar getrennt, es gibt keine von den Finanzämtern prozentual zur Einkommensteuer angeforderte Kirchensteuer. Mit spärlicher Bescheidenheit sind die Wohnräume der Patres und Pastoren eingerichtet. Nur das allernötigste ist vorhanden, und auch das nicht immer. Pater van de Velde hatte sich seine Lampenschirme, die Bücherregale und den Lehnstuhl selbst gebastelt. Seine Bilder waren aus kirchlichen Zeitschriften geschnitten und von ihm gerahmt worden. Jeder Beamte und Angestellte der Regierung, auch der blutjunge Anfänger von zwanzig Jahren, lebt und wohnt unvergleichlich viel besser als die beiden Priester von Iglulik, die schon längst keine jungen Männer mehr sind. Wer gesehen hat, welche Unmengen bester Lebensmittel bei den Radarstationen verschwendet werden und die Abfalltonnen füllen, wundert sich über die ungleiche Verteilung der Güter. Ich habe auch gesehen, was bei den Patres auf den Tisch kam, wofür sie Gott ergeben dankten. Kein Fürsorgeempfänger hätte sich damit begnügt, sondern mit vollem Recht gegen die Hungerrationen protestiert. Würden die Eskimo nicht aushelfen, wäre es um die geistlichen Herren noch schlechter bestellt.
Dennoch wurde ich mit einer schön geschnitzten, fingerlangen Pfeilspitze der Dorset-Kultur beschenkt. Sie bestand aus altersgrauem Elfenbein und stammte aus den verschütteten Steinhäusern von Pingerkalik am Westende von Iglulik.
Die Hunde von Iglulik waren alle in einer Linie angekettet, so dicht am Wasser,

daß sie die Flut fast erreichte. Sinn dieser Anordnung mochte es sein, den Kot bei höchstem Wasserstand fortzuschwemmen. Aber unlängst war bei Ostwind die Flut so hoch gestiegen, daß einige Huskies elend ertranken. Niemand hatte sich die Mühe genommen, die armen Opfer wegzuräumen. Da lagen sie noch, halb im Kies begraben, mit der Kette um den Hals. Daneben saßen die lebenden Huskies.

»Die Eskimo sind nicht schlecht zu ihren Hunden«, sagte Pater van de Velde, »nur lieblos und gedankenlos. Es fehlt nicht an Futter, aber es fehlt das Empfinden für Tiere, und das gilt allgemein. Man kann es so bald nicht ändern, es ist eine Aufgabe der langsamen und planmäßigen Erziehung.«

Wer einen Huskie kauft, um ihn als Liebling der Familie zu verwöhnen, macht ihn nicht glücklich. Im geheizten Haus leidet der Polarhund wegen seines überaus dichten Fells unter Hitze. Man muß ihn draußen anbinden, sonst wird er krank. Kein Huskie darf frei herumlaufen, er würde alles zernagen, das aus Leder, Fell und Haut besteht. Nur kleine Hunde liegen nicht an einer Kette. Die Huskies der Eskimo sind Herdentiere, wenn man so sagen darf, an die Gemeinschaft mit den anderen Hunden ihres Herrn ist jeder gewöhnt. Der Huskie, dem man ein gutes Leben bieten will, verkümmert auch bei der besten Behandlung, es wäre denn, daß sich sein Wohltäter viele Stunden täglich mit ihm beschäftigt. Das wird aber nur in seltenen Fällen möglich sein. Ich habe solch einen Hund in Iglulik gesehen. Er war an einer Kette von mindestens zwanzig Metern vor dem Haus seines weißen Herren angebunden, hatte vor sich einen gefüllten Freßnapf und hinter sich eine ausgepolsterte Hundehütte. Jedesmal, wenn ein Mensch vorbeiging, bettelte er um Gesellschaft. Noch mehr bemühte sich das vereinsamte Tier, kleine Hunde anzulocken, was ihm bisweilen gelang. Er spielte dann in rührendster Weise selbst das Hundebaby, um die Kleinen noch ein Weilchen bei sich zu behalten. Wenn die aber von dem großen Kerl genug hatten, was schon bald geschah, dann heulte er wie ein Mensch in tiefstem Seelenkummer. Wer das Unglück dieses Hundes mit ansah, dem brach fast das Herz.

»Walrosse sind gemeldet«, sagten die Patres, »vielleicht fahren die Leute aus, und Sie können die Jagd mitmachen. Es ist aber eine aufregende Sache und nichts für schwache Nerven!«

Als ich Paul davon sprach, war er schon längst informiert.

»Die meisten Familien sind versorgt, ich fürchte, wir kamen zu spät nach Iglulik.«

Aber es gab zwei alte Männer, die noch einmal hinaus wollten, weil es ihren Freunden in Hall-Beach an Vorrat fehlte. Sie waren gern bereit, uns mitzunehmen. Über Dollars wurde nicht gesprochen, Paul und ich waren Gäste der beiden Eskimo, von denen sich einer Iwaluk nannte und der andere Unimiarajuk. Als die Vorbereitungen begannen, stellte sich heraus, daß die Außenborder ihres Fahrzeugs wegen fortgeschrittenen Rostes nicht mehr funktionierten. Man gab sich alle erdenkliche Mühe, die Dinger zu reparieren, doch ohne Erfolg. Der Administrator war dann so freundlich, uns aus eigenen Beständen einen anderen Motor zu leihen. Wir besorgten den Sprit, ölten die Gewehre, schafften Lebensmittel an Bord und stiegen in hüfthohe Gummistiefel. Wollene Wäsche und zwei Wollpullover übereinander sowie eine pelzgefütterte Kapuze sollten uns vor Kälte schützen. Dazu kamen noch Anorak, Regenmantel und Fausthandschuhe.

Ich konnte mich in all diesen Hüllen kaum bewegen, aber wie man sagte, waren sie nötig. Bei dem stundenlangen, vielleicht sogar tagelangen Sitzen im Boot sollte zu spüren sein, daß man sich in der Arktis befand. Zwar schien die Sonne, aber in den Eisfeldern betrug die Temperatur nur wenige Grad über dem Nullpunkt. Auch mußten wir damit rechnen, daß sich der Himmel bezog und kalte Luft von Norden wehte. Der Monat August hatte begonnen, von elf Uhr nachts bis ein Uhr morgens war der Sonnenball nicht mehr zu sehen. Es herrscht während dieser Stunden nur Dämmerlicht, und man vermißt die wärmenden Strahlen.

»Mir ist nicht ganz wohl bei dem Gedanken, daß nur ein Boot hinausfährt«, meinte der Administrator, »wenn irgendwas schiefgeht, ist niemand da, um Ihnen zu helfen.«

»Was soll denn passieren?«

»Na ja, der Motor kann versagen, das Boot könnte vom Eis blockiert werden, Walrosse schlagen vielleicht die Zähne 'rein oder werfen's einfach um. Der Wind kann Sie abtreiben, ein Sturm aufkommen, und die Wellen füllen den Kahn, daß er absäuft.«

Er sagte noch mehr und sparte nicht mit Beispielen dieser oder jener schlimmen Erfahrung. Als tapfere Männer blieben wir trotzdem bei unserem einmal gefaßten Entschluß.

»Wenn Iwaluk und Unimiarajuk uns begleiten, kann doch nichts geschehen«, sagte Paul, »die haben Erfahrung und schon über hundert Walroßjagden mitgemacht. Daß sie bei gesegnetem Alter noch am Leben sind, beweist doch ihre Vorsicht.«

Meinerseits glaubte ich an keine Gefahr, weil seit vielen Jahren jedes Boot aus Iglulik den heimatlichen Strand wieder erreicht hatte. Wir sollten aber nicht die Verluste anderer Orte vergessen, warnte der Administrator. Erst im vorigen Jahr sei doch ein Motorboot aus Hall-Beach mit zwei Eskimo an Bord spurlos verschwunden. In Arctic-Bay hatte man sogar den Verlust von drei Jägern zu beklagen. Sie waren bei der Robbenjagd im treibenden Eis verschollen. Der besorgte Administrator bedauerte schon, daß er uns durch die Leihgabe seines Motors die Ausfahrt ermöglicht hatte.

Wir ließen uns nicht erschüttern, denn oft will man mit solchen Erzählungen

nur den Mut anderer Leute auf die Probe stellen. Meist werden dabei die wirklichen oder angeblichen Gefahren stark übertrieben.
»Denken Sie an mich, wenn die Walrosse angreifen«, mahnte der Regierungsvertreter, »sie reißen mit ihren Stoßzähnen die Bootswände auf, als wären sie aus Papier. Und dann gibt's kein anderes Boot, das Sie aufnehmen kann. Entweder Sie ertrinken gleich oder erfrieren nachher.«
Er drückte uns so fest die Hände, als gingen wir zum letzten Gefecht.
Das Boot der beiden Eskimo war weder neu noch gut im Stande. Seine Länge betrug etwa sieben Meter und die Breite anderthalb. Ganz ähnlich wie bei der Jagd auf die weißen Wale sah es auch in diesem Fahrzeug aus. Harpunen, Gewehre, Paddel, Bootshaken, Jagdmesser, Schöpfkellen, Taurollen, Blechbüchsen, Schwimmwesten, Angelzeug, Gummistiefel, Mukluks, Pelzmützen, Fausthandschuhe, Tabaksbeutel und Eßnäpfe boten ein buntes Bild der Unordnung. In der Mitte des dünnwandigen Fangboots befand sich eine mit Sand gefüllte Holzkiste. Ein Primuskocher sowie Bratpfanne, Kochtöpfe, Kaffeekanne und verbeulte Blechtassen wiesen darauf hin, daß die Kiste eine Küche war. Zwei Benzintonnen, Ölkanister und fleckiges Segeltuch ergänzten die Einrichtung. Iwaluk und Unimiarajuk grinsten vergnügt, als wir den Krimskrams an Bord betrachteten. So gut gerüstet wie sie fuhren nur wenige Jäger aus. Es fehlte nichts, sie hatten alles.
Ein gutgenährter Junge namens John, etwa fünfzehn Jahre alt, stieg noch mit ins Boot. Wie er stotternd sagte, wollte er unser Dolmetscher sein. Es war aber der einzige Satz der englischen Sprache, den wir auf der ganzen Fahrt bis zur Rückkehr von ihm hörten.
Mehrere Männer packten an, um das Boot ins Wasser zu schieben. Die Fahrt von unbestimmter Dauer konnte beginnen. Wenn man von der flachen Küste aufs Meer hinausschaute, war es lückenlos von Eisschollen bedeckt. Aber einmal im Boot, öffneten sich vor uns immer wieder dunkelblaue Kanäle. Wenn man dachte, nun könne es bestimmt nicht mehr weitergehen, fand sich unversehens eben doch ein Durchlaß. Je weiter wir kamen, desto länger und breiter wurden die offenen Stellen. Das Eis befand sich überall in drehender oder schiebender Bewegung. Was das ständige Geschiebe verursachte, war nicht zu erkennen. Wind oder Strömung hätten die Schollen in der gleichen Richtung bewegt, aber jede schwamm nach eigenem Ermessen. Die eine kam, die andere ging. Hier stießen zwei Flächen knirschend aneinander, dort wurde ein schmaler Spalt zur breiten Passage. Das alles geschah ruhig und langsam, gewissermaßen in Zeitlupe. Wir hatten jedesmal Zeit genug, aus einem Spalt herauszukommen, der im Begriff war, sich zu schließen.
Gestern hatten Robbenjäger eine große Anzahl der Walrosse etwa drei Stunden weit im Osten gesehen. Aber wo sie heute waren, konnte niemand sagen. Vom

Eis, auf dem die gewaltigen Tiere schlafen, werden sie mitgenommen oder schwimmen selber auf der Futtersuche in diese oder jene Richtung. Doch sie legen am gleichen Tag keine sehr weiten Strecken zurück. Die Eskimo wissen zwar nicht, wo sich jeweils die Herden befinden, aber sie kennen ihre Wanderwege. Je nach der Jahreszeit und den Eisverhältnissen erscheinen die Walrosse in bestimmten Gebieten. Es sind viele Herden von zehn bis dreißig, ja auch von mehr als hundert Exemplaren. Im Verlauf des Jahres bewegen sich die Verbände auf ungefähr derselben Reiseroute. Da Walrosse von Muscheln und Krebstieren leben, müssen sie stets in relativ flachem Gewässer bleiben. Ihre Stoßzähne, die rechtwinklig nach unten weisen, haben nicht so sehr den Zweck, als Waffen zu dienen, sondern werden gebraucht, um Muscheln und andere Mollusken vom Boden wegzureißen. Nach vier bis fünf Minuten spätestens müssen die »Odobenidae« wieder auftauchen, um Luft zu schöpfen. Sie halten sich während des Winters ihre Atemlöcher durch Kopfstöße offen, falls sie es nicht vorziehen, diese Monate im Pazifischen Ozean zu verbringen, der dank warmer Strömungen sogar bei der Westküste Alaskas und bei den Aleuten nicht zufriert. Zur Paarungszeit versammeln sich die Walrosse auf ungestörten Inseln, wo sie oft zu Tausenden in der Sonne liegen. Dann ist die Jagd verboten, und einige dieser Inseln sind überhaupt gesetzlich geschützte Reservate.

Früher wurden die Walrosse viel stärker bejagt als heute. Obwohl die Eskimo zunehmen, geht die Zahl ihrer Hunde zurück. Man braucht also nicht mehr die gleiche Futtermenge wie in den alten Zeiten. Während damals jede Familie von der Jagd und dem Fischfang allein lebte, gibt es nun viele andere Möglichkeiten der Versorgung, und damit sind auch die Walroßjagden seltener geworden. Iglulik ist eine Ausnahme von dieser Regel. Aber die Eskimo der meisten anderen Siedlungen haben nicht mehr dasselbe Interesse an Walrossen wie früher. Ist doch die Jagd auf Robben und Belugas sehr viel einfacher.

Auch hier waren verschiedene Arten der Robben zu sehen. Sie lagen als dunkle Klumpen auf dem blanken Eis, um erst ins Wasser zu planschen, als wir schon nahe bei ihnen waren. Es hätte keiner besonders sicheren Hand bedurft, sie zu erlegen. Aber wir durften jetzt nicht herumknallen, denn man sagt, die Walrosse seien hellhörig und könnten Gewehrschüsse selbst aus zehn Meilen Entfernung vernehmen. Sie wissen angeblich, was der Lärm bedeutet, und verschwinden auf Nimmerwiedersehen.

Der Motor setzte aus, das Boot wurde abgetrieben, und die Eskimo lachten, als sei das nur ein netter Spaß. Der gute Iwaluk machte sich gemütlich an die Arbeit, schraubte die Kerzen heraus, und es ergab sich, daß sie verrußt waren. Das fanden unsere Inuit abermals sehr komisch. Unimiarajuk reinigte die Kerzen mit einer alten Zahnbürste, und Iwaluk drehte sie wieder herein. Nach mindestens zehn

Versuchen sprang der Motor aufs neue an. Das war abermals ein Grund zu frohem Grinsen.

Es dauerte nicht lange, da stieß unser Boot mit gräßlichem, knirschendem Geräusch gegen ein unsichtbares Hindernis. Vermutlich ein Stück Eis, das die nächste Scholle unter Wasser ausgestreckt hatte. Ich dachte, im nächsten Augenblick müßten wir sinken, aber ganz so schlimm war es nicht. Das Boot hielt zusammen, und wir konnten auch den Motor gleich wieder anwerfen. Nur sickerte jetzt Wasser durch die Bretter am Bug. Iwaluk und Unimiarajuk gaben dem jungen John die Anweisung zu schöpfen. Eine Handpumpe war für diesen Zweck vorgesehen. Damit füllte John nacheinander sechs Eimer, um sie ins Eismeer zu schütten. Er konnte sich anschließend nur etwa eine Viertelstunde erholen, dann war es wieder so weit, daß gepumpt werden mußte. Paul und ich wollten den Jungen ablösen, aber die beiden Alten erlaubten es nicht. Es schien ihnen Freude zu bereiten, daß John so tüchtig schaffte und ins Schwitzen geriet. Er war wohl sonst ein fauler Junge, dem man die heutige Arbeit von Herzen gönnte.

Drei Stunden waren wir schon unterwegs, ohne ein Walroß zu entdecken. Von der Küste ließ sich nichts mehr erkennen, außer in winziger Verkleinerung die beiden riesigen Radarschirme von Hall-Beach weit im Westen. Es war empfindlich kühl geworden, unangenehme Feuchtigkeit kroch die Beine herauf. Wenn wir eine offene Fläche überquerten, war der Seegang zu spüren. Kurze, kleine, aber bösartige Wellen rollten gegen das Boot und wollten hinein. Da war es schon besser, zwischen den Schollen zu schwimmen.

Wieder spuckte der kleine Motor und setzte gleich danach aus. Die alten Männer bemühten sich gemeinsam um Behebung des Schadens, was sich diesmal in die Länge zog. Indessen näherten sich von Backbord und Steuerbord die Eisschollen. Sie glitten so zielbewußt heran, als sei es beschlossene Sache, unsere Nußschale zu zerdrücken. Paul griff zu einem Paddel und ich zu dem anderen. Doch es half nicht viel, das offene Wasser wurde zusehends schmaler. Um den kommenden Anprall zu vermindern, hielt ich eine der Schwimmwesten außenbords. Als plötzlich der Motor wieder ansprang, rutschte sie mir aus der Hand und versank wie ein Stein. Zur Rettung von Schiffbrüchigen war eigentlich die Schwimmweste gedacht, doch nur als Sitzkissen hatte sie jahrelang gedient. Die beiden alten Eskimo hielten sich den Bauch vor Lachen.

John muß pumpen, der Motor spuckt schon wieder, und von Nordwesten ziehen Nebel heran. Nun ist auch nichts mehr von den Radarschirmen zu sehen. Aber die Fahrt geht weiter, immer weiter ins Labyrinth der treibenden Schollen. Kerzen heraus und wieder hinein, sechs Eimer voll Wasser über Bord und trotzdem kein trockenes Fahrzeug. Wellen von links, dann Eis von rechts. Eben war noch klare Sicht, jetzt schwimmen wir durch wallenden Nebel, doch gleich glänzt wieder

die Sonne. Alle spähen wir angestrengt nach Walrossen, doch kein Exemplar läßt sich blicken.
»Tuk-tuk-tuk-tuk . . .«, sagt Iwaluk und zeigt in die Richtung, aus der wir kommen. Sein Freund Unimiarajuk hebt zwei Finger.
Ich sehe nichts, höre nichts, habe auch keine Ahnung, was sie meinen.
»Tuk-tuk-tuk«, wiederholt der gute Iwaluk, während nun der andere drei Finger in die Höhe hebt.
Wir fragen unseren Dolmetscher, aber der muß pumpen und kann doch nur eskimoisch verstehen. So verstreichen zehn bis zwanzig Minuten, dann endlich können auch meine Ohren das ferne Tuk-tuk vernehmen. Ob da einer, zwei oder gar drei Motoren tuckern, das zu erkennen ist mir nicht möglich. Der besorgte Administrator habe uns andere Leute nachgeschickt, meint Paul und greift beruhigt zur nächsten Zigarre.
»Glaube ich nicht, wie sollten die uns finden auf so weite Entfernung.«
»Die Eskimo finden alles.«
»Hoffentlich auch ein Walroß.«
Da erscheint das erste Boot, die Leute winken und rauschen flott vorbei. Sie müßten in unserer Nähe bleiben, wenn es Kameraden sind. Aber ich fürchte, wir haben es mit Konkurrenten zu tun. Ihr Boot hat die Form eines Kanus, ist federleicht gebaut und besteht aus Aluminium. Kein Wunder, daß die beiden Leute darin trotz ihres noch kleineren Motors schneller sind als wir. Das zweite Kanu folgt sogleich, und ich vermag kaum zu glauben, daß sich zwei Mann und ein kleiner Bub mit diesem Ding aus dünnem Sperrholz zwischen die treibenden Schollen wagen. Jede unsanfte Berührung mit einer der messerscharfen Kanten muß die Bootswand aufschlitzen. Die Insassen lachen, rufen und gleiten vorbei. Das dritte Kanu scheint etwas solider gebaut und hat deshalb auch einen stärkeren Motor. Drei vermummte Männer sitzen in dem kräftigen Holzboot. Auch sie streben nach kurzem Gruß gen Osten, und wir bleiben zurück.
»So hat's wohl keinen Zweck mehr«, sage ich zu Paul, »die Leute haben sich vorgenommen, uns die Jagd zu versauen. Wir müssen Iwaluk klarmachen, daß er 'ne andere Richtung einschlägt.«
»Bin nicht Ihrer Meinung. Lassen Sie's nur laufen, wie's läuft . . . wir werden schon sehen.«
Die drei Kanus bleiben auf Sichtweite. Man hat sogar den Eindruck, daß sie hin und wieder auf uns warten. Sie lassen ein paar Robben unbeachtet liegen, obwohl man die leicht erbeuten könnte. Nur auf Walrosse kommt es ihnen an, das ist klar. Ob auch wir zu Schuß kommen, scheint mehr als fraglich. Ganz davon abgesehen sind Walrosse offenbar nicht vorhanden.
So vergeht wieder eine Stunde und dann noch eine. Während ich alle Hoffnung

aufgebe, fahren wir weiter, immer weiter nach Osten. Für Menschen unserer Breitengrade, die sich noch nie mit kleinen Booten durchs Eismeer schlängelten, scheint diese Welt jenseits der Wirklichkeit zu liegen. Was hier als fester Bestandteil vorüberschwimmt, ist nur gefrorene Flüssigkeit. Man betrachtet sie dennoch als vereiste Inseln, obwohl nirgendwo ein Stückchen Land in der Nähe liegt. Alles nur Nebel und Sonnenglanz, schwimmendes Eis und glucksende Wellen. John muß pausenlos pumpen, mir reicht die feuchte Kühle schon bis zum Gürtel. Paul holt wieder eine Zigarre aus der Kiste.

Es sieht jetzt anders aus als bisher. Zu den flachen Schollen sind kleine, klobige Eisberge gestoßen. Sie stammen von Gletschern, die über Land ins Meer rutschen, denn braune Erde und Geröll haben sie mitgenommen. Wer nach Walrossen sucht, wird da oft getäuscht. Immer aufs neue bin ich nach langem Blick durchs Glas fest davon überzeugt, ein paar Tierleiber entdeckt zu haben. Doch jedesmal sind es nur Erdflecken auf dem Eis der schwimmenden Berge. Unsere beiden Alten im Boot, die lachen schon, wenn ich wieder behaupte, jetzt müßten es aber wirklich sechs oder sieben Walrosse sein. Iwaluk gibt zu verstehen, daß er ohne Fernglas bessere Augen hat als die Kabluna alle zusammen.

»Eipik . . .«, sagt er ganz ruhig. »Eipik kudlimatnijukschuk.«

So genau kann ich mich an das letzte Wort nicht mehr entsinnen. Es klingt aber so ähnlich und hat sicher etwas Wichtiges zu bedeuten. Damit wir auch verstehen, was mit »Eipik« gemeint ist, zeigt Unimiarajuk auf seine letzten beiden Zähne und verlängert sie durch eine Handbewegung um etwa einen halben Meter steil nach unten. Also Walrosse, ohne jeden Zweifel.

Da vorne, noch gut sechshundert Meter weit entfernt, schwimmt ein Berg von Pilzgestalt. Unter der eisigen Haube erkennt man ein paar braune Punkte. Wenn Iwaluk recht hat, sind es schlafende Walrosse.

»Na, was hab' ich gesagt«, erinnert Kwaterowski, »auf den Anstand der Eskimo kann man sich verlassen. Da sehen sie es, die anderen Boote warten auf uns.«

Es ist soweit, wir werden zum Schuß kommen. Aber Vorsicht ist geboten, nur nichts übereilen. Die Spannung steigt von Minute zu Minute. Gewehre aus der Hülle, Mündungsschoner ab und die Kappen weg vom Zielfernrohr. Patronen ins Magazin und durchgeladen.

Iwaluk geht mit dem Gas auf halbe Kraft. Wir sind bald bei den Kanus, die ihre Motoren gestoppt haben. Wie ungerecht war es doch, diese höflichen Leute für Konkurrenten zu halten. Jetzt zeigt es sich, daß sie nicht nur Kameraden sind, sondern Kavaliere vom Scheitel bis zur Sohle. Liebenswürdig lächelnd überlassen sie uns die Vorfahrt. Die Gastgeber bitten zum Schuß. So, als wären wir zur Staatsjagd geladen, gleiten wir vorüber. Es fehlt nur, daß sie die Gewehre präsentieren.

»Es wäre gar nicht auszudenken, wenn Sie die Innung blamieren«, sagt mir Kwaterowski, »Sie schießen zuerst ... und Ihr Opfer darf sich nicht mehr rühren!«
Es geht nicht um mein Ansehen allein, sondern um den guten Ruf der weißen Jäger überhaupt. Wobei die Eskimo zum Glück nicht wissen, welche Sorten von weißen Jägern es gibt. Sie halten uns für todsichere Treffer, und ich soll es wiederum beweisen.

Iwaluk dreht den Gashahn noch weiter zu, so daß wir nur ganz langsam dem Eispilz entgegenschwimmen. Keine Scholle treibt auf unserem Weg, bis zu den Walrossen ist das Wasser frei. Das Boot schwankt mit den Wellen. Ein Kanal, in dem sich ruhiges Wasser befindet, wäre sehr viel besser.

Liegt ein Walroß auf dem Eis, muß der erste Schuß mitten in die Hirnschale treffen, um blitzschnell zu töten. Sonst wirft sich das Tier noch ins Wasser und versinkt wie ein Bleiklotz. Wenn es aber schwimmt, sind gerade Kopfschüsse zu vermeiden. Dann sollen die bedauernswerten Opfer durch Verletzungen geschwächt werden, damit man sie harpunieren kann. Es ist dieselbe barbarische Methode wie bei den Belugas, nur besteht für die Jäger ein wesentlich größeres Risiko, weil sich die beschossenen Tiere nicht wehrlos umbringen lassen. Ein Schuß genügt, auch der Fehlschuß natürlich, um alle Walrosse der Gegend binnen Sekundenfrist ins Wasser zu treiben. Wem es um die großen Stoßzähne eines alten Bullen geht, der hat im wilden Wirbel aufgescheuchter Eipiks, die kurz erscheinen und rasch wieder wegtauchen, keine Auswahl. Nur bei Tieren auf dem Eis kann der Jäger sein Opfer bestimmen, falls es die Umstände erlauben. Eben deshalb bietet nur der erste Schuß die Chance, eine würdige Trophäe zu erbeuten.

Die Walrosse müssen den Motor gehört haben, aber das Geräusch scheint sie nicht zu alarmieren. Ich sehe durchs Glas, daß sie zwar die kugelrunden Köpfe heben, doch gleich wieder zur Ruhe übergehen.

Iwaluk stellt den Motor ab, auf Anweisung Unimiarajuks hört der Junge mit dem Pumpen auf. Nur der weiterwirkende Schwung bewegt noch das Boot.

»Elf Stück sind's«, hat Paul gezählt, »können aber auf der anderen Seite noch mehr sein ... denken Sie an Ihre Zuschauer, bester Freund, und wie die lachen, wenn's vorbeigeht!«

Das habe ich gern, solche Reden beruhigen die Nerven.

Die beiden Eskimo bewegen vorsichtig ihre Paddel.

Dreihundert Meter sind es nicht mehr, knapp zweihundert, dann etwa hundertfünfzig. Auf festem Boden und mit guter Auflage hätte ich schon viel früher einen Schuß gewagt. Aber das Boot steigt und fällt, ebenso schwankt auch der Eisberg. Und noch habe ich keinen Träger starker Zähne entdeckt.

Die Walrosse betrachten unser Boot ohne Interesse. Da sie keine guten Augen haben, halten sie es vermutlich für einen aufgetauchten Walfisch. Wir dürfen

nicht reden und keine hastigen Bewegungen machen. Nur Iwaluk paddelt noch, sehr langsam und ruhig. Ich sehe die Schnauzbärte der Tiere, ihre hervorquellenden Augen und die Öffnung der Ohren. Der tonnenschwere, dunkelbraune Körper dehnt sich bei jedem Atemzug. Die zerschundene Haut wölbt sich über Fett, und alles schwabbelt, wenn sich der Koloß bewegt.
Noch hundertzwanzig Meter ungefähr, dann hundert Meter und noch weniger. Iwaluk hört mit dem Paddeln auf. Die Grenze der Annäherung ist erreicht, die Walrosse beginnen, die Gefahr zu ahnen. Jedes hebt das Haupt, alle schauen uns an. Ich betrachte eines nach dem anderen durchs Glas, um meine Auswahl zu treffen. Da ist ein Bulle, der seinen runden, massigen Kopf auf starkes Elfenbein stützt. Der könnte es sein, und ich greife zur Waffe.
Aus dem Stand geht es aber nicht. Ich muß knien und die Büchse am Bug auflegen. Unimiarajuk schiebt mir seinen Parka dazwischen. Es ist sehr unangenehm, wie das Boot auf und nieder schwankt. Keiner sagt etwas, aber ich spüre die Spannung, und sie macht mich nervös. Wir hatten noch gar nicht gemerkt, daß sich die Eisscholle auch langsam dreht. Das kommt noch hinzu, das macht die Sache noch schwieriger.
Ich habe den Schädel des Bullen im Fadenkreuz, doch es sieht aus, als würde er tanzen. Der Schnittpunkt schwebt mal drüber und mal drunter. So wird das nichts, so haut die Kugel wahrscheinlich ins Eis.
»Uktuk Eipik . . . tucketicketacke uktuk Eipik«, oder so etwas Ähnliches flüstert hinter mir der Eskimo.
Da erscheint mit der allmählichen Drehung des Pilzberges ein anderer Bulle. Und der hat Stoßzähne, die sehr viel größer sind. Auf ihn richte ich mein Fadenkreuz. Man muß sich an die Schwankung gewöhnen, muß sie berechnen oder nach Gefühl um ein Sekundenbruchteil früher den Zeigefinger krümmen. Es ist nicht weit, aber mir bleibt von dem gewaltigen Körper nur der kleine Fleck zwischen den Augen und etwas darüber. Nur dort kann die Kugel sofort sein Leben auslöschen. Das Bedauern kommt hinterher, jetzt ist es ausgeschaltet. Fleisch, Fett und Fell für die Eskimo, das Elfenbein für mich . . . wenn es gelingt.
Ohne weitere Überlegung kracht der Schuß. Die Kolosse plumpsen ins aufspritzende Wasser. Nur einer bleibt liegen, und das ist meiner. Die anderen Boote flitzen heran, und die Hölle bricht los. Peitschende Schüsse von jeder Seite, Walrosse links und rechts, vorn und hinten. Es sind viel mehr, als wir dachten. Sie verschwinden, tauchen auf und werden beschossen. Ein Nahkampf im Vorfeld des Feindes kann nicht hektischer sein. Anderthalb Meter vom Boot hebt sich ein Kopf aus dem Wasser, die ellenlangen Zähne zum Stoß bereit. Paul schickt ihm eine Kugel in den Körper, Iwaluk gibt noch einen drauf, und Unimiarajuk schleudert die Harpune, kommt aber zu spät. Das Walroß ist schon weg.

Drüben drehen sich die Kanus im Kreis. Das eine weicht dem Angriff aus, das andere ist hinter dem Angreifer her. Alle Instinkte der Naturmenschen sind losgelassen. Sie wirbeln mit ihren Kanus übers Wasser, sie knallen aus rostigen Waffen ohne Rücksicht auf die Gefährten. Ein Wunder, daß die Schüsse keinen Menschen treffen. Blutrote Streifen in blauer Flut, brüllende Bullen und triumphierendes Geschrei. Eine großartige, grausame Jagd auf wehrhaftes Wild. Verletzte Walrosse hauen die Stoßzähne ins Eis, versuchen sich hinaufzuziehen mit sprudelnden Wunden, werden abermals getroffen und rutschen zurück. Dort ein gewaltiges Tier, das Haupt hoch aus dem Wasser, im Vorstoß gegen das nächste Boot. Nur knapp gelingt den Eskimo die schnelle Wendung. Fast hätten die Stoßzähne das dünne Holz gespalten. Schrecklich wirken die Einschüsse in der Körpermasse. Blut strömt über die bebende Haut, oder es wird mit dem Atem ausgestoßen. Das weißgelbe Elfenbein ist rot beschmiert, rote Fäden rinnen aus den gewölbten Augen. Die Boote schwimmen durchs Blut schwerverletzter Tiere.
Ich versuche zu fotografieren statt zu schießen, obwohl man diese Bilder nicht zeigen kann. Ich werde gestoßen und weggeschoben. Unimiarajuk wirft die Harpune, die Leine rollt ab, wirbelt um meinen Fuß, Paul reißt sie herunter. Der Junge keucht vor Angst, im Boot steigt das Wasser. Wir prallen gegen ein Kanu, stoßen uns ab, werden angegriffen und entkommen der Gefahr, streifen die nächste Scholle und sind wieder mittendrin.
Auf dem Eis liegt ein sterbendes Walroß. Es versucht noch ins Eismeer zu rutschen, empfängt die Harpune und hängt sicher an der Leine. Auf dem rötlich gefärbten Wasser schwimmen drei große Gummibälle. Sie gehören zu Harpunen, die fest im Körper ihrer Opfer sitzen. Die liegen drunten in zwölf bis zwanzig Meter Tiefe. Man wird sie später heraufziehen. Aber der Kampf geht noch weiter und dauert insgesamt dreiviertel Stunden. Niemand begreift, weshalb die Walrosse nicht das Schlachtfeld verlassen. Es ist ihre Art, daß sie im Umkreis verbleiben. Sie wissen es nicht besser oder wollen sich wehren. Erst ganz zum Schluß begreifen sie ihre hoffnungslose Lage. Die Überlebenden verschwinden, die Waffen verstummen.
Sieben Walrosse wurden erbeutet. Die Boote schleppen nach und nach ihre Opfer zu derselben Scholle. Man muß sich eines Flaschenzuges bedienen, um mit vereinten Kräften die schwere Masse aufs Eis zu zerren. Wo eine Schlagader getroffen wurde, schießt das Blut hervor wie aus einem Springbrunnen. Die älteren Inuit beugen sich darüber und schlürfen mit Genuß. So war es allgemein Sitte in früheren Zeiten, denn warmes, frisches Blut soll gesund sein.
Die Scholle färbt sich und beginnt zu dampfen. Ebenso steigt Dampf und Gestank aus den geöffneten Leibern. Die Eskimo arbeiten mit großem Geschick und bewundernswerter Geschwindigkeit. Bis auf die Knochen hat man für alles eine

Verwendung, sei es auch nur als Hundefutter. Die fingerdicke Lederhaut mit der handdicken Fettschicht wird in einem Stück abgesäbelt und beiseite gelegt. Darauf türmt man das zerteilte Fleisch und die Eingeweide. Der Mageninhalt gilt als Delikatesse. Es sind ja Muscheln, Krebse, Kerbtiere und Meeresalgen in halbverdautem Zustand. Besonders die älteren Leute wissen das zu schätzen.*
Als nur das Knochengerüst noch übrig ist, schneiden die Eskimo daumendicke Streifen von der Haut. Sie dienen als Stricke, um die schweren Fleischbündel zu verpacken. Mit dem Messer stößt man Löcher in die Walroßhaut, die blutnassen Stricke werden hindurchgezogen. Es ist Näharbeit im großen Stil nach primitiver Weise. So entsteht ein prall gefüllter Sack von etwa zwei Zentnern Gewicht.
Indessen ist die Scholle, auf der alles vor sich geht, bedeutend kleiner geworden. Das warme Blut hat tiefe Rinnen eingeschmolzen. Die sieben Kadaver, vier bis sechs Meter lang und eine bis anderthalb Tonnen schwer, dazu noch die Menschen, die Boote und alles Material sind eine erhebliche Belastung. Eine Ecke bröckelt schon ab, und es öffnen sich bedenkliche Risse. Den Inuit macht es nichts aus, sie wollen erst einmal Kaffee trinken. Zu diesem Zweck werden die Kochkisten aus den Booten geholt und aufs schwankende Eis gestellt. Süßwasser haben die Leute nicht mitgebracht, obwohl sie doch ins salzige Meer hinausfuhren. Nur wer nicht weiß, wo im Arktischen Ozean süßes Wasser zu finden ist, kann sich darüber wundern. Es bildet sich in jeder Vertiefung der Schollen, wenn die Sonne scheint. Zwei Mann fahren mit Schöpfkelle und Eimer zur nächsten Scholle, um von dort Wasser für unseren Kaffee mitzubringen. Auch wenn das Meer eine geschlossene Eisdecke trägt, ist gleichfalls süßes Wasser zu haben. Denn aus gefrorenem Salzwasser entsteht Süßwasser, wenn man es im Kochtopf auftaut. Je älter das Eis, desto geringer die Reste von Salzgeschmack.
Jeder von unseren Eskimo kaut zum Kaffee ein Stück Speck von der Beute. Solch gute Bissen hat man sich vorher abgeschnitten. Bratpfannen sind zwar vorhanden, aber in rohem Zustand schmeckt der Speck vom Walroß am besten. Aus Gründen des guten Betragens in jeder Lebenslage wollen Paul und ich nicht zurückstehen, aber wir begnügen uns mit einer Kostprobe.
Nachdem sich Iwaluk gestärkt hat, hilft er mir, den Schädel meines Bullen abzutrennen und sauberzuschaben. Er lobt die Stärke der Zähne, und wenn ich sein zufriedenes Grinsen recht verstehe, wird so schweres Elfenbein nur selten erbeutet. Andere Inuit machen sich währenddessen am Ende des Gerippes zu schaffen. Sie schälen aus einem meterlangen, blaßrosa Fleischrüssel den armdicken Knochen heraus. Der wird mir dann feierlich überreicht, offenbar als Belohnung für den sofort tödlichen Schuß.

* Bevor der weiße Mann den Eskimo konserviertes Gemüse brachte, bot ihnen der Mageninhalt von Karibu, Robbe und Walroß oft die einzige Möglichkeit, pflanzliche Nahrung zu gewinnen.

»Uschik« nennt man so ein Ding, das nur die Bullen besitzen. Es handelt sich – wenn wir das schon erwähnen – um den Knochen im Penis, eine Besonderheit der Walrosse und Bären. Die Uschiks gehörten in heidnischer Zeit zur Ausstattung der Schamanen und wurden auch beim Kampf als Keulen benutzt. Bei mir hängt nun dieser Uschik hinter der Haustür, um gegebenenfalls auf Einbrecher zu wirken. Wenn Damen fragen, was für ein komischer Knüppel das ist, bin ich mitunter nicht in der Lage, die reine Wahrheit zu sagen.
Je länger wir bleiben, um so größer wurde meine Sorge um den Fortbestand der Eisscholle. Ich rückte dem rettenden Boot immer wieder ein Stückchen näher. Aber die Eskimo hatten genügend Erfahrung mit dem Vorgang. Als die Scholle nahe daran war, sich zu teilen, wurden die Boote sehr rasch, doch ohne Aufregung beladen.
Die Inuit mochten wissen, wo sie waren, Paul und ich wußten es nicht. Zwar hatte ich einen Kompaß, aber auch hier war nichts damit anzufangen. Hinter Wolken, die langsam, aber sicher den Himmel bezogen, hielt sich die Sonne versteckt. So war auch diese Möglichkeit ausgefallen, unsere Fahrtrichtung zu bestimmen. Bedenkt man noch die Strömung und den Wind, schien es wirklich sehr zweifelhaft, wohin sich die Flotte wenden sollte.
Das Kanu aus Aluminium übernahm die Führung, die anderen folgten ihm nach. Wir vertrauten den Eskimo, die bei bester Laune lustig scherzten. Tief lagen die Boote im Wasser, bei jeder Welle mußte man befürchten, daß ein Schwall hineinschlug. Wir hatten in unserem Fahrzeug sechs oder sieben von den Walroßbündeln an Bord, meines Erachtens eine viel zu schwere Fracht. Aber Iwaluk und Unimiarajuk fanden das ganz in der Ordnung, und sie schauten vergnügt den kommenden Stunden entgegen. Hauptsache, daß der junge John recht fleißig pumpte. So viele Eimer er auch in den Ozean entleerte, es drang mindestens die gleiche Menge bald wieder ins Boot. Meine Gummistiefel standen knöcheltief und oft noch tiefer in einer ekligen Pfütze aus Wasser, Blut und Schmieröl. Es wurde kühl und kälter, feuchte Schauer krochen mir den Rücken hinauf. Die Wolle wärmte nicht, es fehlte die Bewegung. Aber rühren konnten wir uns nicht, wir saßen eingezwängt zwischen den Säcken aus Walroßhaut. Fett, Blut und sonstiger Saft sickerten aus den Verschnürungen. Alles klebte, alles war verschmiert und verdreckt.
Es wurde dämmerig und neblig zugleich. Das Eis verlor seinen Schimmer, über das offene Wasser legten sich graue Schleier. Wenn ich nur wüßte, wie lange es noch dauerte, bis wir in Iglulik ankamen. Hatten wir schätzungsweise vier Stunden zur Hinfahrt gebraucht, mußten wohl mindestens acht Stunden bei der Rückreise vergehen, denn wir fuhren sehr langsam. Bei größerer Geschwindigkeit hätten sich die Boote mit Wasser gefüllt. Es war ohnehin schlimm genug, denn

viele Spritzer flogen vom Bug aufs triefend nasse Gepäck. Nur wenn das Eis enger zusammenrückte, hatten wir ruhige Fahrt. Da gab es im Notfall auch eine Möglichkeit, sich auf die nächste Scholle zu retten.
Die Zeit schlich dahin, Stunde um Stunde, ohne daß sich etwas änderte. Es wurde nicht heller, obwohl nach meiner Uhr der Morgen schon anbrach und die Sonne wieder am Himmel stand. Schlechtes Wetter und vielleicht drohender Sturm. Die Ungewißheit der Lage, die feuchte Kälte und das eingepferchte Sitzen waren nicht mehr auszuhalten. Aber man mußte aushalten, es blieb nichts anderes übrig. Hochprozentige Getränke wären jetzt richtig gewesen, aber die hatten uns die Halunken von Tuktoyaktuk restlos geklaut.
»Iglulik taitik«, sagte Iwaluk und zeigte nach vorn. Gott sei es gedankt, dort in der Ferne blitzten ein paar Lichter. Man hatte sie wohl angezündet, um den Heimkehrern aus dem Eismeer zu leuchten. Noch eine halbe Stunde, bestimmt nicht länger, und wir saßen wohlgeborgen am gedeckten Tisch in einer warmen Stube. Ich schaute zu den Lichtern und freute mich, daß sie näher kamen. Paul bemerkte beiläufig, daß doch nichts über eine gute Zigarre ging.
Statt die Lichterreihe direkt anzusteuern, bog das erste Kanu scharf nach Norden ab.
»Natjuplok mintak sa uklik plukplak kotupinotwuk« oder Worte ähnlicher Art äußerte Unimiarajuk, als er diese Schwenkung bemerkte. Sodann lachte er laut und hatte viel Spaß an unserem Erstaunen.
Eine schöne Bescherung, wie sich bald herausstellte. Die Eisschollen hatten sich vor der Küste Igluliks so dicht zusammengeschoben, daß es keine Durchfahrt mehr gab. Es war auch nicht möglich, über das Eis ins Dorf zu wandern, weil hinter der Barriere wieder offenes Wasser lag. Uns blieb nur die Hoffnung, früher oder später eine Passage zu finden. So verschwanden die Lichter, und das Ende der Reise war nicht mehr abzusehen.
Ich will es kurz machen, denn es würde zu weit führen, alle Versuche zu schildern, die hoffnungsvoll begannen, aber vergeblich waren. Wir fuhren wohl zwanzigmal in Kanäle und Spalten, wir folgten engen Rinnen und glitten durch schmalste Öffnungen. Doch am Ende saßen wir jedesmal vor geschlossenem Eis. Die Geduld der Eskimo war zu bewundern. Sie gaben die Suche nicht auf und hätten sie tagelang fortgesetzt, schon weil es keine andere Möglichkeit gab. Ihre Beharrlichkeit wurde schließlich belohnt. Am Ende einer Sackgasse blieben nur wenige Meter Eis noch übrig. Es war locker und ließ sich auseinanderschieben. So kamen wir durch und gelangten über vollkommen ruhiges Wasser zu guter Letzt nach Iglulik.
»Eipik plukloplak tjaktjotuk«, sagte Freund Iwaluk, als wir steifbeinig ausstiegen. Aber ich konnte nur verstehen, daß er von Walrossen sprach.

Das Wunder an der Nordküste

Baffinland ist nach Grönland, Neuguinea, Borneo und Madagaskar mit 560000 Quadratkilometern die fünftgrößte Insel der Welt. Es ist genug Platz vorhanden, um ganz Italien nebst Griechenland, Österreich und die Schweiz darin unterzubringen. Es blieben dann immer noch weite Räume unbedacht. Großbritannien und die Bundesrepublik gemeinsam würden nicht ausreichen, um die arktische Insel zu füllen. Aber sie wird nur von knapp 3000 Menschen bewohnt.
Die meisten Europäer kennen von Baffinland nicht einmal den Namen, obwohl die Rieseninsel schon vor bald tausend Jahren von den Wikingern entdeckt wurde. Rechnet man Baffinland zu Amerika, was kaum zu bezweifeln ist, haben hier die ersten Besucher aus Europa die Neue Welt betreten. Das »Helluland« der Wikinger kann nur Baffinland gewesen sein. Ihre Sagen und Berichte erlauben keine andere Deutung, und die Insel liegt Grönland am nächsten, wo die nordischen Seefahrer schon im Jahre 982 eintrafen, um dann ihre kühnen Seereisen bis zur Ostküste Kanadas auszudehnen. Das war ein halbes Jahrtausend vor der weit berühmteren Fahrt des Christoph Kolumbus.
Die ersten Exportartikel Amerikas kamen aus Baffinland. Es waren schnelle Falken, die man an den Fürstenhöfen Europas zur Falkenbeize abrichtete. Sie wurden »Gerfalken« genannt, erzielten wahrhaft königliche Preise und galten als die besten Jäger der Luft. Kaiser Friedrich II. von Hohenstaufen hat sie in seinem Lehrbuch über die Falkenjagd »Ars venandi cum avibus« eingehend beschrieben und wußte auch, woher sie kamen, nämlich von der »Falkeninsel« am eisbedeckten Ende der Welt. Bis zu den Arabern gelangten die kostbaren Jagdgehilfen aus Baffinland. Der weitgereiste Kaufmann Abu-al-Hassan-Ali-ibn-Said erwähnt die edlen Vögel in seinen Schriften und nennt die »Falkeninsel« des Eismeers als Land

ihrer Herkunft. Auch Marco Polo spricht von den Gerfalken, die man auf fernen Inseln des gefrorenen Ozeans in Schlingen fängt, um sie an weiße Seefahrer zu verkaufen.

Aber dann, gegen Ende des fünfzehnten Jahrhunderts, riß die Verbindung ab. Die einst blühende Kolonie der Wikinger auf Grönland ging zugrunde, vermutlich infolge der Einwanderung von Eskimo, die alle weißen Siedler vernichteten oder versklavten. Es segelte kein Schiff mehr aus Norwegen oder Dänemark zu den Inseln des Eismeers. Sie gerieten in Vergessenheit, sie wurden zu einer Sage aus uralten Zeiten.*

Es war der englische Seefahrer Martin Frobisher, der im August 1576 Baffinland aufs neue entdeckte. Seine Schiffe, die »Gabriel« und die »Michael«, hatten jedes nur eine Wasserverdrängung von 30 Tonnen. Man würde sich heute mit so winzigen Fahrzeugen kaum über die schmalste Stelle der Ostsee wagen. Aber Frobisher segelte damit dreimal durchs treibende Eis der unbekannten Arktis. Bei der Begegnung mit den Eskimo von Baffinland kam es zu heftigem Streit. Fünf Matrosen verloren ihr Leben, und Frobisher wurde durch einen Pfeil so peinlich verwundet, daß er wochenlang nicht sitzen konnte. So ist durchaus zu begreifen, daß er die Polarmenschen als böse Barbaren schildert.

Ihm folgte William Baffin, dessen Namen nun die Insel trägt. Er segelte entlang der Nordküste, entdeckte die Devon-Insel, danach das Ellesmere-Land und gelangte bis auf 77,5 Grad nördliche Breite. Erst zweihundertsechsunddreißig Jahre später wurde dieser Rekord überboten, als Captain John Russ 1818 noch ein Stück weiter in den hohen Norden hinaufkam. Deshalb erging es dem tüchtigen Baffin wie seinerzeit Marco Polo aus Venedig, dem man auch nicht glaubte, daß er wirklich so weit gereist war. Verbittert wandte sich William Baffin anderen Meeren zu. Er befuhr den Indischen Ozean, das Rote Meer und den Persischen Golf. Dort gab es kein schwimmendes Eis, da konnte niemand mehr bezweifeln, wo er ge-

* Es ist aber keine Sage mehr, daß die Wikinger tatsächlich um das Jahr 1000 Amerika entdeckten und zeitweise sogar besiedelt haben, hierfür wurden die Beweise erbracht. Der norwegische Forscher Helge Ingstad fand im Sommer 1961 bei L'Anse aux Meadows an der Nordspitze Neufundlands die Reste von Hütten der Wikinger mit Geräten, Waffen und anderen Gegenständen eindeutig alt-skandinavischen Ursprungs. Die Untersuchung nach dem Carbon-Dia-Verfahren ergab ein Alter von ungefähr 1000 Jahren. Die Kolonie der Wikinger im Westen Grönlands – also Baffinland gegenüber – bestand zu ihrer Glanzzeit aus etwa 3000 Bewohnern und 280 Bauernhöfen, wo Rinder, Schafe und Ziegen gehalten wurden. Es gab im zwölften Jahrhundert zwölf Kirchen, darunter eine sogenannte Kathedrale, ein Mönchskloster und ein Nonnenkloster in Grönland. Die Ruinen sind noch heute vorhanden. Schon 1126 hatte Grönland seinen eigenen Bischof und war eine selbständige Republik freier Siedler. Die »Vinland-Karte« aus dem Jahre 1444, erst vor kurzem in alten Archiven entdeckt und nach allen Regeln der Kunst auf Echtheit überprüft, beweist ebenfalls, daß Teile von Nordamerika schon lange vor den Fahrten des Kolumbus in Europa bekannt waren. Grönland ist als Insel mit fast genau dem richtigen Küstenverlauf eingezeichnet. Erst zu Beginn unseres Jahrhunderts wurde durch Robert Peary neuerdings festgestellt, daß Grönland eine Insel ist. Die Vinland-Karte, deren Original sich im Museum of Natural History in Washington befindet, ist auf Seite 21 meines Buches »Kundschafter am St.-Lorenz-Strom« (Cotta-Verlag, Stuttgart) abgedruckt.

wesen war. Bei Ormuz am Persischen Golf wurde Baffin 1622 von Seeräubern umgebracht.
Was die frühen Entdecker im Eismeer geleistet haben, grenzt an ein Wunder. Ihre Schiffe waren oft nicht länger als zwölf bis fünfzehn Meter, bei drei bis fünf Meter Breite. Sie lebten nur von Pökelfleisch, Hartbrot und Bohnen, die meist von Maden wimmelten. Sie litten an Skorbut, an Gicht und Erfrierungen. Sie mußten die neun Monate des Winters irgendwo an Land verbringen, ohne ausreichendes Licht während der langen Polarnacht. Immer bestand die Gefahr, daß ihr Schiff von Eis zerdrückt wurde. Wenn das geschah, sah keiner die Heimat wieder. Man rechnete auch bei glücklich verlaufener Reise mit einem Verlust eines Drittels der Mannschaft, und fast jedes vierte Schiff blieb verschollen. Mit reichem Gewinn war nicht zu rechnen, nur mit dem bald vergessenen Ruhm, neue Durchfahrten entdeckt zu haben.
Wenn William Baffin das Baffinland im Norden umsegeln konnte und bis weit über den 77. Breitengrad gelangte, spricht das für die Ansicht der Klimatologen, es sei in alter Zeit dort oben bedeutend wärmer gewesen als heute. Das könnte manches erklären, worüber man sich jetzt den Kopf zerbricht, wie beispielsweise die Reste menschlicher Besiedlung an den nördlichen Fjorden von Grönland und Ellesmere-Land. Diese Gegenden sind heute unbewohnbar, kein Eskimo läßt sich dort blicken. Es würde auch das Rätsel lösen, weshalb die Wikinger auf Grönland, dem »grünen Land«, den einwandernden Eskimo unterlagen. Es war kälter geworden, das Vieh, die Schafe und Ziegen der Nordmänner fanden nicht mehr genügend Futter. Das führte zu Unterernährung der Menschen und verminderte ihre Zahl.* Erst im Jahr 1861 ging man wieder daran, sich näher mit Baffinland zu beschäftigen. Eine britische Expedition unter Captain Charles Hall wurde von den Eskimo zum Winterquartier Frobishers geführt. Nach fast dreihundert Jahren waren noch die Grundmauern aus Stein und Mörtel zu sehen. Über so lange Zeit hinweg hatte sich auch die Erinnerung an den Kampf mit den fremden Männern erhalten. Mit viel Vergnügen berichteten die Eskimo von dem Pfeil im Hintern des weißen Anführers. Das war ein Spaß gewesen, den jeder Vater seinem Sohn erzählte, über zehn Generationen und noch mehr!
Schon Frobisher hatte Gold und Diamanten in Baffinland vermutet, konnte es aber nicht beweisen. Aber sonstige Bodenschätze sollen in unglaublicher Menge vorhanden sein. Dem Vernehmen nach liegen im Boden von Baffinland die reichsten und relativ reinsten Erzlager der Welt. Kohle, Graphit und Asbest wurden bereits vor hundert Jahren gefunden und in kleinen Mengen gefördert. Phanta-

* Die Skelette in den alten Gräbern auf Grönland beweisen einen Rückgang der Körpergröße und frühen Ausfall der Zähne. Auch die Beigaben, die man den Nordmännern ins Grab legte, wurden gegen Ende der Wikingerzeit immer ärmlicher und primitiver.

siebegabte Zukunftsplaner sprechen und schreiben von Milliarden Dollar, die man demnächst investieren wird, um viele Millionen Tonnen bester Mineralien zu gewinnen. Gewaltige Eisbrecher sollen die Schiffahrtswege offenhalten, um den Segen der Erde während des ganzen Jahres abzuholen. Eisenbahnen sollen entstehen und moderne Industriestädte mit vielen tausend Bewohnern. Man träumt von Pittsburgh in Baffinland, von einem Ruhrgebiet im Eismeer. Aber die Wirklichkeit sieht anders aus, denn viel zu hoch wären die Gestehungskosten und viel zu lang die Transportwege. Erst wenn sich jene Vorräte erschöpfen, die im gemäßigten Klima liegen und einfach zu erreichen sind, wird man die Schätze von Baffinland anzapfen. Bis dahin dürfte noch sehr viel Zeit vergehen, und wir werden es kaum erleben, daß auf der großen Insel tausend Türme ihre Abgase in den Himmel schicken. Was bis jetzt aus den Baffin-Erzen geschmiedet wurde, sind nur Pläne und Visionen.

Von den Walfängern abgesehen, die während des vorigen Jahrhunderts in den Buchten von Baffinland überwinterten, haben sich wenige Weiße erst vor gar nicht langer Zeit dort niedergelassen. In Panganirtung begann 1894 ein Missionar mit dem Versuch, die Eskimo zu bekehren, blieb aber noch lange der einzige Verkünder christlichen Glaubens. Erst 1920 folgten ihm andere Retter heidnischer Seelen, mit dem zweifelhaften Erfolg, daß der Eskimo Neokateah in der Home-Bucht von sich behauptete, er sei selbst der Messias. Dieser seltsame Heilige verkündete das nahe Ende der Welt und riet seinen Anhängern, auf jede Kleidung zu verzichten, um wie Adam und Eva im Paradies vor dem Jüngsten Gericht zu erscheinen. Neokateahs Verblendung brachte vielen Menschen den Tod, vor allem den Kindern. Die Hysterie nahm erst ein Ende, als der »Messias« fortgebracht wurde.

Die Hudson-Bay-Company begann 1911 mit Errichtung ihrer Handelsposten. Die Ortschaft Frobisher-Bay, heute eine häßliche Stadt mit 1800 Einwohnern, wurde 1914 von der HBC gegründet. Wie überall in der Arktis gaben die Eskimo ihr Nomadenleben auf, verließen ihre kleinen Winterwohnplätze und sammelten sich an den wenigen Punkten, wo es Kaufläden gab. Heute sind auf der riesengroßen Insel nur neun Orte ständig bewohnt, die Radarstationen und Wetterstationen nicht mitgerechnet. Über die Hälfte der Baffin-Bevölkerung lebt in Frobisher-Bay. Dort haben die Amerikaner nach dem Zweiten Weltkrieg einen Flugplatz gebaut, der selbst schwersten Maschinen den Start und die Landung bei jedem Wetter erlaubt. Daneben entstand ein vierstöckiges Verwaltungsgebäude zum Preis von 20 Millionen Dollar. Es ist das höchste und größte Gebäude in der kanadischen Arktis. Als die US-Luftwaffe 1963 abrückte, blieb alles den Kanadiern überlassen und war Grund genug, Frobisher-Bay als den wichtigen Zentralpunkt von Baffinland auszubauen.

Nach Frobisher-Bay führte unser Flug von Iglulik. Wir machten erst noch eine Zwischenlandung in Hall-Beach, um 500 Liter Brennstoff in die Tanks zu füllen. Dann lag vor uns eine Flugstrecke von tausend Kilometern, etwa die gleiche Entfernung wie von München nach Barcelona. Bis nach Frobisher-Bay war nirgendwo ein Flugfeld vorhanden. Hatten wir die halbe Strecke hinter uns, war keine Umkehr möglich, der Sprit hätte nicht mehr gereicht. Wir mußten dann unter allen Umständen ans Ziel gelangen. In vier Stunden hoffte Tom Gordon den weiten Weg zu schaffen.

Die Witterung war unbeständig, Wolken und freie Sicht wechselten ab. Wir flogen über treibendes Eis direkt nach Osten. Bald sahen wir drunten die Spicer-Inseln, und danach folgte die kreisrunde, fast hundert Kilometer breite Prince-Charles-Insel. Dort lagen zahlreiche Seen so nahe nebeneinander, daß vom Land nur ein Netz übrigblieb. Meines Erachtens bestand die völlig flache Insel zu neunzig Prozent aus Wasser. Man muß das gesehen haben, um es zu glauben. Ich kenne kein ähnliches Gebilde auf der Welt. Bei der Mündung des Hantzsch-River erreichten wir Baffinland. Nichts von Besonderheit war zu sehen. Zerrisenes, felsiges und welliges Gelände mit dem üblichen Wirrwarr von Wasserflächen, Flüssen und Bächen. Keine Berge und keine Gletscher, nur wenig Schnee in flachen Mulden. Danach der Nettiling-See, doppelt so groß wie der Bodensee und mit tausend Inseln besät. Alles Land westlich davon ist Naturschutzgebiet, weil sich dort die Nistplätze vieler Vogelarten befinden, die vor Beginn des Winters in großen Schwärmen nach Süden ziehen. Auch ohne Verbot würde wohl niemand ihr Reservat betreten, denn es liegt in menschenferner Einsamkeit. Den Amadjuak-See, fast ebenso ausgedehnt wie der Nettiling, verhüllte eine Wolkenwand. Wir flogen ohnehin, wie Tommy sagte, nur am Nordrand vorüber. Die Wolken nahmen uns auf, es lohnte sich nicht mehr, aus dem Fenster zu schauen. Aber nach ungefähr einer Stunde wurde es vorne wieder hell, und eine blaue Bucht erschien. Tom ging tief hinunter, wendete dicht über dem Wasser und flog nach Westen zurück. Durch sein Manöver gelangten wir unter die Wolken, sahen dunkles Land voraus und waren schon in Frobisher-Bay.

Dreißig Dollar pro Tag für Kost und Logis, das ist auch Paul und den Gamewarden zuviel. So sind aber die Preise im Hotel am Flugplatz. Dabei besteht es nur aus einer Etage im Verwaltungsgebäude, das seinerzeit die Amerikaner gebaut haben. In allen übrigen Räumen amtieren die Behörden von Baffinland, darunter auch eine Dienststelle mit der Befugnis, sparsame Reisende unterzubringen. Wir warten wohl eine Stunde lang im schmalen, vielbegangenen Korridor ohne Sitzgelegenheit, bis man ein Haus für uns gefunden hat.

Man hat es schon für Len Colosimo nebst Familie reserviert, der seiner Versetzung von Hay-River nach Baffinland entgegensieht. Eine verdiente Auszeichnung für

den pflichteifrigen Mann. Er wird der erste Gamewarden so hoch im Norden sein und einen Amtsbereich verwalten, der größer ist als England, Frankreich, Spanien und Italien zusammen. Aber was er tun kann und wie er sich durch sein Gebiet bewegt, bleibt abzuwarten. Eines scheint aber sicher, um das Leben in Frobisher-Bay ist Len nicht zu beneiden.
Wie die Leute hier sagen, wird Geld gesammelt zur Errichtung eines Denkmals, das für ewige Zeiten an die Stadtplaner erinnern soll. Man will es angeblich mit der Inschrift versehen: »Zum unehrenhaften Gedenken an die Schrumpfköpfe, denen wir die blödsinnige Anlage unserer Stadt verdanken – die bedauernswerten Bürger von Frobisher-Bay.«
Ich hoffe, es ist nur ein Scherz, sonst wäre das eine strafbare Beleidigung. Aber Spaß beiseite, Frobisher macht wirklich den Eindruck völlig verfehlter Planung. Die Stadt, wie man zu einem Ort mit 1800 Einwohnern sagen muß, liegt an einer bildschönen, von sanft ansteigenden Bergen umsäumten Bucht. Der steinige Boden an den Hängen würde es ohne weiteres erlauben, dort Straßen und Häuser mit all ihrer Versorgung anzulegen. Ein fester Fahrweg führt ohnehin zu den Höhen hinauf. Von jedem Haus am Hang könnte man den weiten Blick auf Bucht, Berge und Inseln genießen. Aber nein, man hat Baracken, Buden und Schulen, die Kirchen, Kinos, Kaufläden und alle sonstigen Gebäude auf den flachen, teilweise sumpfigen Boden zwischen Strand und Flugplatz gestellt. Die Wohnhäuser aus Blech und Wellblech sind dazu noch in Reihen gestaffelt, und man hat jeweils zwölf dieser Behausungen Wand an Wand zusammengekoppelt. Eine Mülltonne vor jeder Wohnung bildet die einzige Unterbrechung der absoluten Langeweile. Kein Bürgersteig begrenzt die staubige Straße, kein Blick auf Bucht oder Berge wird den Bewohnern gegönnt. Es fehlt nur der Stacheldraht, dann wäre das Bild eines Straflagers fertig.
Erst seit wenigen Jahren aufgebaut, ist allenthalben das Blech schon angerostet, und die Farbe blättert ab. Der Strand und die noch unbebauten Plätze sind von Schrott und Gerümpel, von alten Kisten, vermodertem Plunder verbeulten Benzintonnen und gleichwertigem Abfall bedeckt. Am Ufer liegen tote Hunde im fauligen Schlamm. Frobisher-Bay ist der Schandfleck von Baffinland. Das hat die kanadische Regierung, wie es heißt, nunmehr eingesehen. Die ganze Stadt will man wieder abreißen und völlig neu gestalten. Das wird gewaltige Summen verschlingen, aber es erscheint jedem Bewohner und Besucher dringend notwendig.
Es fehlt der arktischen Stadt an einem Zentrum. Die Behörden residieren am Flugplatz, der HBC-Supermarkt, die Post, das Hospital, die Schulen und die Wohnviertel der Eskimo liegen weit auseinander. Es geht daher nicht ohne zwei Autobuslinien. Die gibt es als städtische Verkehrsmittel nur in Frobisher-Bay, sonst nirgendwo in den NWT. Sie haben außerdem die Besonderheit, daß man

kostenfrei darin fährt. In Frobisher zirkulieren über hundert Autos, deren Transport nach Baffinland die Anschaffung wesentlich verteuert, auch der Brennstoff ist nicht billig.

Wie sich denken läßt, verfügt Frobisher-Bay über einen vielbesuchten Liquorshop. Wer dort zu leben gezwungen ist, hat oft die Neigung, seinen Kummer in Alkohol zu ertränken. Auch so mancher Eskimo frönt diesem Laster, zumal die meisten als Arbeiter oder Angestellte der 600 Weißen recht gut verdienen. Man sieht Betrunkene schon am frühen Nachmittag und noch mehr am späten Abend. Auch Frauen, Mädchen und Halbwüchsige schätzen den Schluck aus der Flasche. Kinder spielen mit Bierbüchsen, die etwas ältere Geschwister geleert haben. Die Atmosphäre ist niederdrückend, und fast jeder Frobisher, dem ich begegnete, hatte ausgesprochen schlechte Laune.

Von dem Zustand des Hauses, in das wir einzogen, möchte ich lieber nicht sprechen. Wir brachten es dann einigermaßen in Ordnung. Gegenüber lag ein Klub der Eskimo, von außen so miserabel anzusehen wie jeder Schuppen der Stadt, doch innen ganz hübsch eingerichtet. Ich machte die Bekanntschaft des Herrn Präsidenten und wurde ehrenhalber Mitglied für drei Tage, gegen die bescheidene Gebühr von nur einem Dollar. Am gleichen Abend ging ich hin, freundlich begrüßt und an den Tisch einer Eskimo-Familie geführt. Kleine elektrische Lampen hinter roten, blauen und gelben Schirmen tauchten das Lokal in schummriges Licht. Auf der Tanzfläche drehten sich enggedrückt die Paare zur wenig modernen Musik eines Automaten. An den Tischen wurde nur Büchsenbier getrunken, für schärfere Sachen mußte man sich an die Bar begeben. Unter zwanzig bis dreißig Eskimo waren nur vier Kabluna, also Weiße, vorhanden. Nach Kleidung und Benehmen gehörten die Klubmitglieder zur gesellschaftlich führenden Schicht unter den Inuit der Stadt. Bisher hatte ich diese arrivierte Art der Eskimo noch nicht gesehen. Die Leute an meinem Tisch sprachen gutes Englisch und waren überaus höflich. Gegen elf Uhr begann ein Film. Wer keine Freundin hatte, mußte sich mit den Vorgängen auf der Leinwand begnügen. Die anderen knutschten.

Das war in alten Zeiten bei den Eskimo nicht üblich. Sie haben es von den Kabluna gelernt. Dafür herrschte bei den Inuit eine Sitte ganz besonderer Art, von der man auch bei uns gehört hat. Immer wieder werde ich danach gefragt. Aber die Missionare haben dafür gesorgt, daß diese allzu weitgehende Gastfreundschaft in Vergessenheit geriet.

Das war der Brauch, dem Gast die eigene Frau in den Schlafsack zu legen. Der mußte sie nehmen, anderenfalls fühlte sich der Gastgeber auf schimpfliche Weise gekränkt. Doch bei weitem nicht jede Eskimofrau war jung, hübsch und sauber. Man darf wohl dankbar sein, daß solche Verpflichtungen nicht mehr bestehen.

Man sollte auch sonst nicht zu sehr bedauern, daß bei den Inuit so vieles anders wurde. Wer ständig darüber klagt und glaubt, ein Besuch bei den Eskimo wäre doch in alten Zeiten viel interessanter gewesen, dem wünsche ich eine Überwinterung bei freundlichen Inuit, so wie sie damals waren. An das Gedränge in den Hütten, an die herumkrabbelnden Kinder, an den Dreck und Speck, sogar an das Ungeziefer könnte man sich vielleicht gewöhnen. Doch die beiden stinkenden Kübel im Gemeinschaftsraum störten doch erheblich das Wohlbefinden weißer Gäste. Der eine war nur für Urin gedacht, der mancherlei Zwecken diente und sorgfältig gesammelt wurde. Ein Freund der Familie, der sein Wasser draußen abschlug, wäre sehr unhöflich gewesen. Der Urin war das Haarwasser der Frauen und Mädchen, man wusch sich damit die Hände und das Gesicht, auch Töpfe und Teller wurden damit gereinigt. Es war vor allem das beste Mittel, um Häute und Felle zu gerben. Mit dem Inhalt des anderen Kübels wurden zusätzlich die Hunde gefüttert. Wie schon gesagt, die Vorteile der neuen Zeit überwiegen ihre Nachteile.

Schon um sechs Uhr früh holte uns Paul aus den Betten.

»Der Himmel ist klar, die Wettervoraussage könnte nicht besser sein. Wir fliegen in einer Stunde zur Nordküste. Fertigmachen, Gentlemen, aber rasch und ohne Proteste.«

Niemand hatte die geringste Neigung, gegen den Abflug von Frobisher-Bay zu protestieren.

Erst dieselbe Landschaft wie vor drei Tagen, dann graubraune Tundra mit tausend Teichen und schon bald die wildromantische Küste der Cumberland-Bay Drüben auf der Cumberland-Halbinsel, am Beginn eines herrlich schönen Fjords, lag das schon alte Eskimodorf Panganirtung. Es war als Treffpunkt der umherziehenden Jäger und als Winterquartier schon zu Zeiten Martin Frobishers und William Baffins vorhanden. Man hatte Paul vorher gesagt, daß eine Landung auf dem kurzen, schmalen Flugfeld für unsere Beechcraft kaum möglich wäre. Aber Tommy Gordon wollte sich das selber ansehen. Leider war nichts zu machen, mit einem Blick aus der Vogelperspektive mußten wir uns begnügen.

»Also weiter nach Broughton-Island«, rief Paul dem heutigen Programm entsprechend, »dort ist 'ne neue Landebahn fertig.«

Jetzt wird es interessant. Fast senkrecht steigen die Berge empor, geteilt von tiefen Schluchten. Schäumendes Wasser bricht aus den Spalten des Gesteins, und altersgrauer Schnee füllt die dunklen Täler. Ein wildes, zerklüftetes Gebirge, mit Höhen bis über zweitausend Meter und die Gipfel mit ewigem Eis gepanzert. Man braucht nicht zu sagen, daß bisher noch kein Mensch diese glitzernden Berge bestieg. Es ist selbstverständlich in einem Land ohne Stützpunkte.

Wir erreichen die Nordküste beim Padloping-Fjord, der sich fünfzig Kilometer tief in das Bergland hineinwindet. Vor uns das weite Meer, noch am 15. August

nicht frei vom Gedränge der Schollen. Der Ostwind hat sie zusammengetrieben und Eisberge an die Küste geschoben. Nur in windgeschützten Fjorden steht tiefblaues Wasser.
Das Broughton-Dorf liegt auf der Broughton-Insel, und die schwimmt vor dem Broughton-Fjord wie ein Stöpsel, den man eben aus der Flasche zog. Alles Land auf der Insel und am Fjord besteht aus steil abfallenden Gebirgen. Gletscher bedecken die Höhen, und wo kein Strahl der Sonne hinreicht, kann der Schnee nicht schmelzen. Nur an der Rückseite von Broughton-Island ist ein flacher, etwa fünfzig Meter breiter Kiesstreifen zu finden. Dort hat man das Flugfeld angelegt und dahinter die nagelneue Ortschaft. Im Fjord liegen vier Transportschiffe und zwei Eisbrecher vor Anker.
Tom kurvt zwischen den hochragenden Wänden, bis wir nur wenige Meter über dem Wasser schweben, um dann mit elegantem Schwung auf dem Flugfeld niederzugehen. Ich hatte angenommen, in Broughton würde jetzt die Besatzung der Schiffe herumlaufen und das tägliche Leben der Eskimo durcheinanderbringen. Aber nur zwei Ladeoffiziere waren an Land gegangen, um mit dem Administrator die Liste der Frachten durchzugehen. Alle übrigen Leute hatten es vorgezogen, an Bord zu bleiben.
»Dürfen sie denn nicht von ihrem Schiff herunter?« fragte ich naiv.
»Aber selbstverständlich, das sind doch keine schwimmenden Gefängnisse. Sie wollen nicht an Land. Hier ist doch nichts los . . . hier gibt's nichts zu sehen!«
Was würde unsereins nicht alles darum geben, sechs Wochen lang durchs Eismeer zu schwimmen, um in aller Ruhe zwölf bis zwanzig Eskimodörfer zu besuchen? Nur mit der Versorgungsflotte ist das möglich, die einmal im Jahr durchs Eis der westlichen und mittleren Arktis bricht. Ein Abenteuer sondergleichen, eine Fahrt ins Blaue und Weiße. Man kann dabei nie sicher sein, ob auch alle vorgesehenen Orte erreicht werden. Die Schiffe nehmen keine Passagiere mit, man ist nicht darauf eingerichtet. Nur die Besatzungen sind an Bord und ein paar Beamte des Department of Northern Development. Wer an Land keine Pflichten zu erledigen hat, bleibt auf seinem Schiff und läßt es sich gutgehen. Die Eismeerfahrer haben kein Interesse für Land und Leute, nicht einmal gewöhnliche Neugier.
Die 175 Eskimo von Broughton waren früher auf andere Fjorde verteilt. Sie wohnten in Gruppen von wenigen Familien an sechs, sieben oder acht verschiedenen Stellen der dreizehnhundert Kilometer langen Nordküste von Baffinland. Aber nur hier war es möglich, einen Flugplatz zu bauen, und der Fjord bot einen sturmgeschützten Ankerplatz für die Frachtschiffe. Die Schule, der Kaufladen, die Funkstation, die Kirche und die Geistlichen, nicht zuletzt die Auszahlung der Renten und Wohlfahrtsgelder lockten die Eskimo herbei. Ebenso könnte man auch sagen,

daß ihnen gar keine andere Wahl blieb, als sich in Broughton niederzulassen. Es geschah zu ihrem Besten, man wollte ihnen doch nur helfen. Für jede Familie wurde eines der üblichen Fertighäuser hingestellt und nach Vorschrift ausgestattet. Nur der Administrator und der Reverend, der Lehrer und der Händler sind Kabluna. Broughton ist zunächst am grünen Tisch eines Büros geplant und dann auf der Insel entstanden. Nichts ist gegen die Planung zu sagen, die hier sehr gut gelang und reibungslos funktioniert. Der Ort liegt in landschaftlich grandioser Umgebung, die hübschen Häuser hat man nicht gedankenlos nebeneinandergebaut, sondern im felsigen Gelände verteilt.

Der anglikanische Reverend hat erst vor wenigen Wochen sein Amt übernommen. Aber er beherrscht die Sprache der Eskimo und kennt die Arktis seit vielen Jahren. Sein Körperumfang ist gewaltig, er trägt einen schwarzen Bart und hat eine dröhnende Stimme. Weil das Mobiliar noch nicht eintraf, muß sich die sechsköpfige Familie vorläufig mit Matratzen, Kisten und Kanistern begnügen. Der Eßtisch besteht aus einer Sperrholzplatte, leere Mehlfässer dienen als Stühle. Von einer Wäscheleine quer durch den Raum hängen Windeln und kleine Hemden.

Der Reverend liebt die Inuit aus tiefstem Herzen. Soweit wie möglich hat er sich ihrer Lebensweise angepaßt, auch was die Ernährung betrifft. Seine Frau ist gekleidet wie eine Eskimofrau und trägt ihr Jüngstes in der Parka auf dem Rücken.

»Man zwingt die Inuit zu einem Leben, das sie im Grunde nicht mögen«, beklagt der Hausherr, »die Schulen sind ganz gut, und der Gesundheitsdienst ist ein Segen, aber mit der Konzentration an wenigen Punkten bin ich nicht einverstanden. Das widerspricht ihrer ganzen Art und Tradition. Normalerweise kannten die Eskimo nur im Winter bodenständige Quartiere. Sie waren die Nomaden der Arktis und fühlten sich wohl dabei. Jetzt hocken sie in Klumpen geballt an den wenigen Stellen, wo man sie zusammenzog. Je besser es ihnen äußerlich geht, desto geringer ihre Neigung, noch weit mit Boot oder Schlitten zu wandern. Sehen Sie doch auf die neueste Karte, da sind von einem bis zum anderen Ende von Baffinland nur noch sechs Siedlungen vorhanden . . . auf einer Strecke von achthundert Meilen. Das ist nicht gut, so schafft man menschenleere Wildnis, die niemandem nützt.«

Aber wie man auf andere Weise die Eskimo betreuen soll, sagt er nicht. Auch die Polarmenschen leben in der zweiten Hälfte des zwanzigsten Jahrhunderts und müssen den Anschluß finden. Wer die Inuit in der Art ihrer Ahnen erhalten möchte, verweist sie in ein Museum für Vorgeschichte. Wir sitzen auch nicht mehr bei Kerzenlicht und spinnen die Wolle für unsere Kleider. Da nun einmal die neue Zeit zu den Inuit kam, mit allen ihren positiven und negativen Einflüssen, muß man ihnen helfen, damit fertig zu werden.

»Bevor die Weißen mit Schiffen und Flugzeugen erschienen«, fragte ich den Reverend, »hatten die Eskimo der Nordküste damals schon regen Verkehr mit den Menschen auf der anderen Seite?«

»Soviel ich weiß, überhaupt nicht. Es war unmöglich, mit Hundeschlitten durchzukommen, wegen der hohen Berge im Norden. Die Hänge sind viel zu steil, da brachten die Hunde keinen Schlitten hinauf und erst recht nicht zur Küste hinunter.«

Das Innere von Baffinland war zu keiner Zeit bewohnt. Nur im Winter, wenn die Sümpfe, Seen und Flüsse in Eis erstarrt waren, zogen Karibujäger tief ins Land, bis dort, wo die hohen Berge aufsteigen. Heute geschieht das nicht mehr, eine halbe Million Quadratkilometer ist absolutes Niemandsland. Alle Ortschaften liegen ohne Ausnahme an der Küste. Nur die Wetterstation Mid-Baffin, von vier Mann besetzt, hat ihren Platz im Landesinnern.

Die Hausfrau bat zu Tisch, und der Hausherr verkündete schmunzelnd ein Mahl besonderer Köstlichkeit. Von den Eskimo gestiftet, gab es gekochte Seehundsflossen. Sonst scheue ich vor nichts zurück. Was fremde Völker mit Genuß verzehren, kann auch dem weißen Mann nicht schädlich sein. Geröstete Termitenlarven, gebratene Bambusschlangen, feingehackter Elefantenrüssel auf Toast und Affenhirn mit pikanten Kräutern lasse ich mir bei passender Gelegenheit nicht entgehen. Aber die radiergummizähen, trantriefenden Flossen eines Seehundes lagen jenseits der Grenze meiner Möglichkeit. Doch meine Gastgeber kauten mit Vergnügen, und ihre Kinder konnten gar nicht genug bekommen. Der Tran troff von ihren Lippen, und sie freuten sich sehr.

»Schmeckt's Ihnen nicht?« fragte der Reverend.

»O doch . . . eine ausgezeichnete Flosse. Nur sehe ich gerade, es ist ja schon sechs Uhr . . . ich muß zum Flugfeld, meine Freunde warten . . .«

Die Hausfrau war so freundlich, mir den Rest der Flosse einzupacken.

»Als Reiseproviant für unterwegs . . . man bekommt ja nicht alle Tage eine solche Delikatesse!«

»Nein, wirklich nicht . . . vielen Dank und auf baldiges Wiedersehen.«

Kap Christian, eine Station der DEW-Linie, mit dem Eskimodorf Clyde nicht weit davon entfernt, war unser nächstes Ziel. Wir flogen fast zwei Stunden nach Westen, immer der Nordküste folgend. Wir schwebten davor und schwebten darüber und kamen aus dem Staunen nicht mehr heraus. Keine Wolke am hellblauen Himmel, kein Nebel über dem Land. Schöner konnte das Wetter nicht sein. Worte müssen noch gefunden werden, um die wilde Herrlichkeit dieser Küste zu schildern. Ich habe fünf Kontinente gesehen und so manchen der fernsten Winkel unserer Welt, aber was sich hier dem Auge bot, hatte ich noch nicht gesehen. Es war atemberaubend, es war ein Wunderwerk der Schöpfung und spottet jeder Beschreibung.

Tiefblaue Fjorde spalten die Küste. Sie stoßen bis hundert Kilometer in das aufragende Land. Doch keiner ist gerade, all diese Wasserschluchten winden sich in Schleifen und Schlingen um steile Berge. Sie umkrallen Felstürme, vorgeschobene Bastionen und nadelscharfe Zinnen. Sie teilen sich in viele Arme und zahlreiche Finger. Die Wände schimmern in verschiedenen Farben, als wären sie mit querlaufenden Bändern bemalt. Bei schräger Bestrahlung leuchten alle in glühendem Rot. Man glaubt Scharen von Schiffen zu sehen, die sich mit geschwellten Segeln auf dem wunderbar blauen Wasser der Fjorde bewegen. Es sind Eisberge von makellosem Weiß. Sie segeln hierher und dorthin, drehen sich oder schwimmen nebeneinander. Droben schieben mächtige Gletscher ihre glitzernde Front bis zur Kante senkrecht abfallender Felsen. Das Schmelzwasser schäumt die Wände hinab oder schießt mit breitem Strahl darüber hinaus. Wasserfälle rauschen durch die Hochtäler und ergießen ihre Flut in die Fjorde. Perlende Schleier und feuchte Fäden berieseln die Felsen. Im Sprühregen, den stürzende Bäche verspritzen, wölbt sich ein Regenbogen nach dem anderen. Ein Zauber ohnegleichen, ein Schauspiel der Natur, wie es kaum ein zweites gibt.
Mehrmals haben wir Glück und sehen das Kalben eines Gletschers. Eisblöcke, so groß wie ein Bankhaus, brechen droben aus der vorgeschobenen Front und stürzen in den Fjord. Beim Aufschlag explodiert das Wasser, als hätte eine Bombe eingeschlagen. Meilenweit rollen die Wellen und lassen die Eisberge tanzen. Der abgesprengte Block kommt wieder hoch, torkelt eine Weile umher, findet dann seine rechte Lage und ist zum Eisberg geworden.
Draußen vor der zerklüfteten, so vielfach zerschnittenen Küste dehnt sich das Meer in die Unendlichkeit. Die weiße Fläche ist in Millionen Schollen zerbrochen. Ein grenzenloses Labyrinth von blauglänzenden Kanälen, Rinnen und Strömen überspannt den Ozean. Scharfkantige Eisberge erheben sich aus dem blauweißen Gemenge. Alles glänzt und glitzert, schillert, schimmert und blendet die Augen. Unsere Maschine steigt höher, die Ausdehnung der Gletscher wird unübersehbar. Auf dreihundert Meter schätze ich die Höhe der Steinwände, doch wahrscheinlich sind es viel mehr. Wir schauen in enge und breite, in viele geteilte und phantastisch gewundene Fjorde. Wir erleben sie zwei Stunden lang und ein halbes tausend Kilometer weit.
Nirgendwo erblickt man das Werk oder die Spur eines Menschen. Wir in der kleinen Kabine sind allein, sonst gibt es niemanden in dieser unwirklichen Welt. Nur selten sind hier die Tage mit klarem Himmel und weiter Sicht. Die Nordküste von Baffinland wird meist vom Nebel eingehüllt, auch die Wolken stauen sich oft wochenlang am Riegel der Gebirge. Für uns haben sich die Vorhänge gehoben, wir dürfen sehen, was nur wenige Sterbliche sahen. Auch die Freunde sind begeistert. Paul Kwaterowski filmt und knipst und würde am liebsten beides zugleich

tun. Selbst Tom Gordon, der alle Landschaften der Arktis kennt, ruft immer wieder in die Kabine, wie herrlich schön es doch sei.
»Wenn's nur so bleibt«, ruft Paul zurück, »wenn's doch nur so bleibt, bis wir Baffinland hinter uns haben. Ich trau' dem Frieden nicht . . . wenn hier mal die Nebel steigen, können sie uns festhalten bis zum Heiligen Abend!«
So lange bestimmt nicht, denn Mitte September beginnt schon der Winter, und da löst sich der Nebel in Schneeflocken auf. Das Meer wird abermals zu festem Boden, und die jetzt so wunderbar blauen Fjorde verblassen. Während der besten Jahreszeit werden wir von einem der schönsten Tage beglückt.
Es ist nicht mehr weit von Kap Christian, und Tom geht schon tiefer zur Landung.
»Eisbären da vorn . . . Mutter mit Kind, ich werde sie euch zeigen!«
Polarbären sind nicht strahlend weiß, sondern zitronengelb, wenn sie vor dem Hintergrund von Eis oder Schnee erscheinen. Deshalb sehen wir sie deutlich beim Wandern über eine Scholle. Nicht ein Junges, sondern zwei folgen der Mutter. Tom geht bis auf etwa dreißig Meter hinab, sie stürzt sich mit ihren Kindern ins Wasser. Wir kreisen darüber und schauen zu, wie alle drei tauchen, um dem furchtbaren Gedröhne zu entgehen. Sie kommen bald wieder hoch, rutschen auf die nächste Scholle und setzen sich hin. Als wir dicht an ihnen vorbeibrausen, droht die Bärin mit ihren Tatzen.
»Genug, Tommy, laß sie jetzt in Ruhe.«
Wir können nicht gleich in Kap Christian landen, weil dort ein Flugzeug auf dem Rollfeld parkt. Das sollte nicht sein, nach strengen Vorschriften muß jeder Pilot seine Maschine so abstellen, daß sie keine andere behindert. Wir kreisen und kreisen, aber es rührt sich niemand.
»Vielleicht wollen die auch 'ne Rakete abschießen«, meint Len Colosimo.
»Bestimmt nicht, das ist doch nur ein kleiner Posten . . . da herrscht Ruhe und Frieden.«
Endlich lief ein Mann den Hügel hinunter, stieg in die Maschine, und nach einer Weile begannen sich die beiden Propeller zu drehen. Aber noch gut zehn Minuten mußten wir abwarten, bis das Hindernis über das Ende der Bahn hinausrollte. Viel Platz für Start und Landung war nicht vorhanden, nur ein planierter Kiesstreifen zwischen Strand und Böschung. Die Station lag auf einem Plateau darüber. Als wir nacheinander auf festen Boden sprangen, begrüßte uns eine äußerst merkwürdige Gestalt. Der junge Mann war groß und schlank, aber sehr blaß von Angesicht. Würde in Kap Christian ein Kostümverleih existiert haben, hätte er seine Kleidung bestimmt von dort bezogen, um als Faschingsprinz aufzutreten. Am seltsamsten war der Schmuck seines Hutes, denn es waren zwölf bis zwanzig bunte Bänder militärischer Orden daran befestigt. Er selbst konnte sie kaum erworben haben, weil ihm das notwendige Alter fehlte.

»I am the Police«, rief er mit schriller Stimme, »ich vertrete das Gesetz und sorge für Ordnung. Seien Sie willkommen, Gentlemen, in Kap Christian. Was führt Sie zum blanken Arsch der Welt . . . was kann ich für Sie tun?«

Kwaterowski, der in seiner Uniform ebenso offiziell wie vornehm wirkte, gab sich gefaßt und erklärte die Umstände.

»Bestens . . . wunderbar . . . ausgezeichnet«, schrie der ungewöhnliche Mountie mit überschnappender Stimme. »Sie werden staunen, wie flott es hier zugeht. Wir sind 'ne Bande von wilden Burschen aus Kanada und den USA und ein paar Eskimo noch dazu. Wenn wir so richtig loslegen, klappern die Klamotten, und bald fliegts Dach in die Luft.«

»Ich wäre dankbar für ein Fahrzeug, das uns nach Clyde bringt«, sagte Paul, »ich habe nicht viel auf Ihrer Station zu tun, außer Sprit zu besorgen. Aber die Leute in Clyde muß ich unbedingt sprechen.«

»Wird gemacht, guter Mann, wird alles besorgt. Aber erst mal zur Station . . .!«

Der Mensch meinte es gut, aber er hatte nicht alle Tassen im Schrank. Ohne uns Übles zu wollen, nur so aus Spaß und Lebensfreude, stieß er die gräßlichsten Flüche aus. Wären das nur die üblichen, oft gebrauchten Sauworte gewesen, niemanden hätte es erstaunt. Daran muß man sich in den NWT gewöhnen. Aber der überkandidelte Mountie (falls er wirklich einer war) flocht in sein widerwärtiges Gebrüll die Namen Gottes, Christi und der Jungfrau Maria sowie auch des Heiligen Geistes. Da braucht man kein Betbruder zu sein, selbst einem Atheisten müßte sich bei solchen Blasphemien der Magen umdrehen. Der Kerl war entweder total betrunken oder restlos verrückt. Aber, wie gesagt, er wollte helfen.

Ein Kettenfahrzeug rumpelte heran, mit gewaltigen Schaufeln, wie man sie zum Ausheben großer Gräben benutzt. Es war aber neben dem Steuermann kein Platz für Passagiere vorhanden. Da ließ der Mann die drei Meter breite Schaufel herunter, lächelte freundlich und bat einzusteigen. Weil auch Prinz Fasching mitkam, waren wir sieben Personen, die sich eng zusammendrängten. Die Schaufel ging wieder halbwegs hoch, und so schwankten wir denn, die Beine heraushängend und stark geschüttelt, zum Stationsgebäude. Der angebliche Hüter des Gesetzes begleitete die Fahrt mit einer Kette der unflätigsten Flüche. Oft kippte seine Stimme über, weil er noch höhere Töne nicht herausbrachte.

Als der Chef des Game-Department die ersten Schritte durch die Tür getan hatte, ging er nicht weiter. Wir standen in der Küche und schauten von dort in die Messhall. Anhaltender Lärm erfüllte den Raum. Viele der Männer, wenn nicht die meisten, waren betrunken. Manche hatten sich in tiefem Schlaf über ihren Tisch gelegt. Im Hintergrund lief ein Wildwestfilm über die Leinwand, der grölend kommentiert wurde. Wir starrten und staunten, wir konnten nicht glauben, was deutlich zu sehen war. Hier herrschten aufgelöste Verhältnisse, um es schonend

zu sagen. Doch ich hoffe zuversichtlich, daß andere Leute, die jetzt im Dienst und nicht zu sehen waren, ihre Pflicht in vollem Maße erfüllten.
Es verging geraume Zeit, bis man uns bemerkte, obwohl doch fremde Besucher in Kap Christian nur selten sind. Ein dickleibiger Mann mit roten Haaren schlurfte durch den Raum. Er trug amerikanische Uniform mit dem Staatswappen am linken Ärmel, doch ohne Rangabzeichen. Was wir denn wollten, fragte er Paul und bekam Bescheid. Seine Antwort konnte ich bei dem Tohuwabohu nicht verstehen. Jedenfalls schlurfte er wieder davon. Wir waren wohl nicht von jener Art, die sein Gefallen erregte.
Länger zu bleiben war ganz unmöglich. Wir verließen die ungastliche Stätte, ohne zu ahnen, wie es weiterging. Ein geländegängiger Lkw auf drei Achsen, für schwere Transporte über unwegsames Gelände gedacht, löste das Problem. Er sollte zwölf Bauarbeiter mit ihrem Gepäck, die heute mit der anderen Maschine gekommen waren, zum Eskimodorf an den Clyde-Fluß bringen. Der Vorarbeiter stammte aus Wien an der Donau und machte sich ein Vergnügen daraus, uns mitzunehmen.
Es war kein Vergnügen, aber in vieler Hinsicht doch recht interessant. Eine Straße von Kap Christian nach Clyde konnte man nicht erwarten. Abgesehen von den paar Kilometern um Frobisher-Bay gibt es keinen befahrbaren Weg auf Baffinland. Wir folgten nur einer Spur. Auch das wäre mit einem gewöhnlichen Geländewagen nicht möglich gewesen, denn es ging durch metertiefe Bäche und über meterhohes Gestein. Drei Achsen mit Zwillingsreifen, das waren zwölf Pneus insgesamt. Sie gaben dem hochgebauten Fahrzeug eine so breite Auflage, daß es selbst durch schlammige Sümpfe patschte, ohne tief einzusinken. Schneller als zehn Kilometer pro Stunde kamen wir nicht voran. Der unermüdliche Schwertransporter, mit achtzehn Mann an Bord und einem Berg von Gepäck, rumpelte über Felsbrocken und harte Hügel. Er fuhr durch tiefe Gräben und Wildbäche mit starker Strömung. Mit beiden Händen mußte man sich festhalten, sonst hätten uns die heftigen Stöße hinausgeworfen. Gefährlich für Leib und Leben wurden zwei gefüllte Benzintonnen, die sich von ihren Stricken losrissen und zwischen den Passagieren umherrollten.
Zur Rechten und Linken erhoben sich gletscherbedeckte Hochgebirge, dazwischen lag ein Streifen braungelbe Tundra, über die wir zum Clyde-Fjord schwankten. Mit dem schönen Wetter war es vorbei, graue Wolken hatten sich vor die Sonne geschoben, und mit Regen mußte man rechnen.
»Das ist wohl Ihre erste Überlandfahrt?« fragte mich der Vorarbeiter aus Wien.
»So ist es, ich bin Ihnen dankbar, daß Sie mir die Gelegenheit dazu bieten. Nicht viele Leute haben diese Erfahrung gemacht, nehme ich an.«
»Und die verzichten dann gerne auf ein zweites Mal. Aber es gibt kein Flugfeld

in Clyde, auch Maschinen mit Schwimmern können nicht wassern, es schwimmt zuviel Eis im Fjord.«
Welche Arbeiten er mit seinen Leuten dort vorhatte, wollte ich wissen.
»Wir verfrachten die ganze Ortschaft zur anderen Seite. Wo man die Häuser vor drei Jahren hingestellt hat, ist der Boden zu feucht, und es gibt kein gutes Wasser. Man hätte sich's vorher überlegen sollen und dabei viel Geld gespart. Drüben ist bester Kiesboden, da strömt auch frisches Wasser von den Bergen. Wir haben schon im vorigen Jahr mit der Verlegung angefangen, im nächsten Jahr soll alles fertig sein. Aber es passieren immer wieder ganz blödsinnige Sachen ...«
Zu den blöden Sachen gehörte ein großer, sehr kostspieliger Kettentraktor, dessen Aufgabe es hatte sein sollen, im vergangenen Winter schwere Lasten und sogar ein paar Fertighäuser übers Eis nach Neu-Clyde zu ziehen. Aber der Traktor hatte sich bei 45 Grad Kälte nicht in Bewegung gesetzt. Als gar nichts half, was man in solchen Fällen immer wieder versucht, hatte der Betreuer des bockbeinigen Fahrzeugs nach Ottawa telegrafiert, daß ohne einen neuen Traktor nichts mehr zu machen sei. Der Ersatz konnte jedoch erst im Spätsommer eintreffen und erst im folgenden Winter die Arbeit aufnehmen. Fast ein ganzes Jahr war damit verloren.
»Jetzt schwimmt der neue Traktor auf einem der Schiffe, die Sie gesehen haben. Aber den brauchen wir gar nicht, der alte ist wieder in Ordnung. Nur die Batterie war kaputt, sonst überhaupt nichts. Das hat ein Mechaniker, den ich vorausgeschickt habe, gleich gesehen und 'ne Batterie in Frobisher bestellt. Die kam mit dem nächsten Flugzeug, und jetzt läuft der Karren tadellos. Wenn man bedenkt, was der Blödsinn gekostet hat, wird einem ganz schwindelig im Kopf!«
Unser Transporter blieb stehen, er kam nicht über eine steile Geröllhalde, die den restlichen Weg nach Clyde versperrte. Also herunter mit dem notwendigen Gepäck und zu Fuß noch eine halbe Stunde bis zur Ortschaft.
Clyde machte ungefähr denselben Eindruck wie Broughton. Nur lagen am Ende des Ortes noch zehn bis zwölf der alten, erbärmlichen Hütten aus Brettern, Lumpen, Blech und Gestein, worin etwa ein Viertel der Bevölkerung in drangvoller Enge zusammenkroch. Auch für sie waren vorfabrizierte Häuser unterwegs, aber die sollten schon gleich auf der anderen Seite des Fjords zusammengesetzt werden.
Wir fanden Unterkunft in der Administration. Dort gab es kleine Fremdenzimmer mit zwei Betten übereinander, auch einen ordentlichen Waschraum und eine Messe mit Sofas und Polstersesseln. Als jedoch Kwaterowski verkündete, daß morgen früh um acht eine Besprechung mit den Trappern und Jägern stattfinden sollte, wurde ihm gesagt, das wäre unter keinen Umständen möglich. Morgen

war Sonntag, und da konnte man über gar nichts reden, was auch nur entfernt mit Tierfang und Pelzpreisen zu tun hatte. Am Tage des Herrn ruhte das Erwerbsleben, auch nur darüber zu sprechen wurde schon als sündhaft angesehen. Die 120 Einwohner in Clyde standen so absolut unter dem beherrschenden Einfluß ihres anglikanischen Reverends, daß es keiner wagte, gegen die überaus strengen Regeln zu verstoßen, die er aufgestellt hatte. Natürlich wollte Paul nicht den Gottesdienst stören, jede andere Zeit wäre ihm recht gewesen. Aber nein, am Sonntag war überhaupt nichts zu machen. Erst am Montag sollte ihm gestattet sein, die jagenden und trappenden Eskimo um sich zu versammeln. Aber er konnte und wollte so lange nicht warten. Wir mußten fort, solange das Wetter noch den Start erlaubte. Wenn sich Nebel über das Nordland legte, saßen wir womöglich wochenlang hier fest. Der Reverend ließ sich nicht sehen, die Verhandlungen liefen über einen Sprecher der Inuit. Und so wurde schließlich vereinbart, daß die Konferenz sofort begann, aber genau um Mitternacht mußte sie zu Ende sein. So streng waren die Bräuche.

»Sie werden's nicht glauben«, sagte mir der Freund aus Wien, »aber die Eskimo berühren am Sonntag keinen Cent und keinen Dollar. Als ich voriges Jahr abreiste, war noch ein Mann zu bezahlen, der uns tüchtig geholfen hatte. Er wollte das Geld nicht annehmen, weil Sonntag war. Nicht mal in seine Tasche durfte ich's schieben. Er hat dann seine Dollar am Montag vom Administrator bekommen, anders war es nicht möglich. Alkohol ist ganz verpönt. Hier in Clyde finden Sie keinen Eskimo, der jemals einen Tropfen von dem höllischen Saft zu sich nimmt. Na ja, man kann's auch übertreiben . . . einerseits und andererseits. Sie wissen, was ich meine?«

Man konnte es sich denken.

Die Rückfahrt nach Kap Christian wurde zu einem Wettlauf mit dem Wetter. Aus dem Norden zog dichter Nebel heran. Alles verhüllend und bedeckend, rückte die graue Front vom weiten Meer gegen die Küste vor. Wenn sie das Flugfeld erreichte, bevor wir in der Luft waren, konnte die Maschine nicht mehr vom Boden abheben. Zu schmal war die Startbahn, zu ungewiß ihr Ende. Unsere maximale Geschwindigkeit in dem Schwertransporter betrug zwölf Stundenkilometer. Paul wurde dabei so nervös, daß er vergaß, an seiner Zigarre zu ziehen, und gar nicht merkte, daß sie erlosch.

Aber wir schafften es doch, buchstäblich in der letzten Minute, warfen das Gepäck in die Kabine und sprangen hinterher. Wir hatten uns noch nicht angeschnallt, als schon der Motor auf vollen Touren lief. Die Nebelschwaden zogen bereits über den Boden, und die rotbemalten Tonnen neben der Startbahn waren kaum noch zu sehen, als Tom Anlauf nahm. Kaum war die Beechcraft in der Luft, konnte man von Kap Christian gar nichts mehr sehen. Ich hätte so gerne noch die grandiosen Eisberge fotografiert, die vor dem Strand auf Grund saßen, aber der Nebel hatte sie schon verschluckt.

»Haben Sie die vielen Hunde gesehen«, fragte ich Paul, »die Hunde draußen auf dem Eis, wo sie angepflockt waren?«

»Ja, sie haben mir leid getan, aber ich hoffe, sie werden ordentlich gefüttert.«

»Was wird mit ihnen geschehen«, bohrte ich weiter, »wenn der Wind aus anderer Richtung weht und die Scholle davontreibt?«

»Die Besitzer werden sie herunterholen. Aber wenn die gerade nicht da sind, unternehmen die Hunde eine weite Reise.«

Zu kalt für Eskimo

Von Kap Christian fliegen wir abermals nach Frobisher-Bay, aber auf nordöstlichem Kurs durch die Mitte von Baffinland. In Frobisher landet unsere Beechcraft mit dem »vorletzten Tropfen« im Tank, wie Tommy Gordon hinterher sagte. Dann weiter in vier Flugstunden nach Hall-Beach und von dort zum drittenmal nach Resolute auf der Cornwallis-Insel. Man gewöhnt sich an alles, auch an Luftreisen über die polare Einsamkeit. Tausend Meilen sind nur wenige Stunden, man vergißt die Entfernungen und alle bisherigen Maßstäbe. Es ist gar nichts dabei, in sechzig Minuten so weit zu gelangen wie früher in zehn bis zwanzig Tagen. Während sich damals die Jäger, Forscher und Fallensteller mühsam Schritt um Schritt erkämpften, sausen wir in einer gemütlichen Kabine durch die Luft. Kein Sumpf, kein See und kein Gebirge kann uns den Weg versperren. Wir stehen nicht vor Schluchten, werden nicht von Eisspalten aufgehalten und müssen nicht in einem Iglu überwintern. Das Problem des Hundefutters spielt keine Rolle, erst recht nicht die eigene Verpflegung.

Alles geht gut, wie durch ein Wunder haben wir noch keinen Tag durch schlechtes Wetter verloren. Trotz ihres ehrwürdigen Alters von sechzehn Jahren erfüllt die Beechcraft treu und brav ihre Pflicht. Der Eskimo im Cockpit findet seinen Weg durch Wolken, Nebel und Dämmerung. Oft war die Landung sehr schwierig, aber nie kam es zur geringsten Beschädigung der Maschine. So entschließt sich Paul Kwaterowski zum Vorstoß nach Ellesmere-Land, der nördlichsten Insel des kanadischen Eismeers. Sie ist mit 240000 Quadratkilometern auch eine der größten und reicht bei Kap Alert über 83 Grad nördlicher Breite hinaus. Von dort bis zum Pol wäre es nur noch ein Katzensprung.

Die eingeborene Bevölkerung von Ellesmere besteht aus 130 Personen. Alle leben

in der Ortschaft Grise-Fjord am Südrand der Insel. Wir können sie nicht besuchen. Nur mit einer Spezialmaschine wäre die Landung auf dem knappen, holprigen Flugfeld möglich. Die kanadischen Eskimo in Grise-Fjord und die grönländischen Eskimo in Kanâk* führen das nördlichste Familienleben der Welt. Keine Frau und kein Kind wohnt noch näher am Nordpol. Wie man sagt, ist es sonst in Ellesmere-Land selbst für die Eskimo zu kalt. Aber es ist nicht zu kalt für zwei Stationen der weißen Männer. Die eine ist Eureka auf der Fosheim-Halbinsel und die andere Kap Alert auf der Landspitze gleichen Namens. Bis dorthin zu kommen, bestand nur wenig Aussicht, denn das Gebiet um Alert ist im allgemeinen Sperrgebiet noch besonders gesperrt. Eine Erlaubnis, die letzte Warnstation anzufliegen, wird nur unter ganz bestimmten Voraussetzungen erteilt.
Der Flug nach Eureka wurde uns gestattet wegen der Polarbüffel, die in unmittelbarer Nähe vorhanden sind. Die mußten gezählt werden, falls das möglich war. Auch eine Schätzung des Bestandes lag bisher nicht vor. Die Entfernung von Resolute nach Eureka ist etwa die gleiche wie von München nach Kopenhagen. Von den fünfhundert Litern Sprit in beiden Tanks konnte am Ende nicht mehr viel übrigbleiben.
Wir überqueren den östlichen Teil der Cornwallis-Insel, danach den Wellington-Channel und die Devon-Insel. Nichts Besonderes ist davon zu berichten. Die Landschaft von Cornwallis und Devon bietet fast das gleiche Bild wie auf der Bathurst-Insel. Wir haben nun Mitte August, das Eis ist überall aufgebrochen und in Bewegung geraten. Es gibt mehr offenes Wasser als herumtreibende Schollen. Für arktische Verhältnisse hat die Schiffahrt nun freie Wege, aber bestenfalls nur bis Ende September.
In Resolute erwartet man den Konvoi zum 20. August, doch es ist zweifelhaft, ob er nach dem Besuch in Grise-Fjord auch noch Eureka erreicht. Nach dort führt der Seeweg durch enge Meeresstraßen, worin das Eis oft während des ganzen Sommers bleibt. Dann muß die Station allein aus der Luft versorgt werden.
Schon nach anderthalb Stunden sehen wir die Insel Ellesmere, und es beginnt eine Landschaft, die sich nur mit der Nordküste von Baffin vergleichen läßt. Blaue Fjorde, glänzende Gletscher, schroffe Gebirge auf allen Seiten. Ewiger Schnee auf den Höhen, rinnendes Wasser an rosaroten Felswänden, weißschäumende Flüsse in dunklen Schluchten. Wieder die wunderbarsten Kontraste der Farben und rascher Wechsel des Schauspiels. Bis auf dreitausend Meter steigen die Gebirge von Ellesmere-Land, bis ins Meer hinein schieben sich die breiten Gletscher. Sie werden dort pausenlos von den Wellen angegriffen und ausgehöhlt, bis ihre glas-

* Nach Kanâk an der Inglefield-Bucht, einer neuen Gründung, wurden die Eskimo von der dänischen Regierung umgesiedelt, als bei ihrem früheren Wohnsitz Thule einer der wichtigsten Stützpunkte der US-Luftwaffe und des Raketenwarnsystems entstand.

klare Front zusammenbricht. Dann schwimmen die Trümmer als Eisberge davon. Kein Ende nimmt die wilde Herrlichkeit. So geht es weiter fort und fort, bis am 83. Breitengrad die letzte Landspitze im Polarmeer untergeht.
Was an der Nordküste von Baffinland fast völlig fehlt, nämlich Gras, Moos und Kräuter, ist hier vorhanden. Man schaut in grüne Täler, man sieht rotbraune Flechten am Gestein. Sogar fußhohes Schilf scheint manche Tümpel zu umgeben. Dabei liegen diese Landschaften bis sechshundert Kilometer höher im Norden, was wiederum beweist, daß Breitengrade nur wenig bedeuten.
»Verfluchter Nebel«, schimpft Kwaterowski, »da haben wir die Bescherung. Vorbei die schöne Aussicht, und gerade hab' ich einen neuen Film im Kasten. Hoffentlich geht das vorüber . . . sonst wird's ganz schön riskant, bei Eureka 'runterzukommen.«
Eureka liegt auf einer flachen Landzunge im nicht sehr breiten Eureka-Channel, den beiderseits hohe Gebirge einrahmen. Bei Nebel und tiefhängenden Wolken ist dort keine Landung möglich. Als wir den Rundflug begannen, auch noch während der ersten beiden Wochen, hatte ich jedesmal ein ungutes Gefühl bei ähnlichen Situationen. Auch wenn Tom Gordon wirklich imstande war, den nahen Boden durch Nebel zu sehen, konnte er doch nur auf flachem Land dicht darüber fliegen. Aber hier über Ellesmere mußte er immer höher bleiben als die höchsten Berge. Ging dann der Sprit zu Ende, war es aus mit uns. Aber ich dachte nicht mehr daran, man gewöhnt sich an alles, wie schon gesagt. Bisher war es gutgegangen, und so würde es auch weitergehen. Kein Grund zur Sorge, die anderen kümmerten sich auch nicht um den Nebel. Da man draußen doch nichts mehr sah, blätterte Paul in einem Buch, Len gönnte sich ein Schläfchen, und Russ schälte Apfelsinen.
Es war William Baffin, der auch Ellesmere entdeckt hatte, als er im Jahre 1614 so weit in nördliche Breiten vorstieß wie lange nach ihm kein anderer. Er konnte aber nur den südöstlichen Zipfel von Ellesmere gesehen haben, wie ein Blick auf die Karte verrät. Bis gegen Ende des vorigen Jahrhunderts blieb es ein geographisches Rätsel, wie groß diese Insel war, nämlich größer als England und Schottland zusammen. Man schrieb bereits 1881, als die amerikanische Regierung den Polarforscher Adolphus Greely und fünfundzwanzig Mann nach Ellesmere entsandte, um eine meteorologische Station anzulegen. Sie entstand mit dem Namen »Fort Conger« bei der Lady-Franklin-Bucht an der Ostküste. Von dort aus durchquerte Greely mit Hundeschlitten die Insel bis zur anderen Küste – dort ist der Greely-Fjord nach ihm genannt –, entdeckte den großen Hazen-See und gelangte bis auf 83,24 Grad Breite nach Norden. Aber die Versorgungsschiffe des nächsten Sommers kamen nicht bis Fort Conger. Außerdem hatte man die schreckliche Entdeckung gemacht, daß ein Teil der Konserven statt Lebensmittel nur Kiesel-

steine enthielt. Es war die Schuld eines schurkischen Lieferanten, der gewissenlos sechsundzwanzig Menschenleben aufs Spiel setzte, um ein paar tausend Dollar zu profitieren. Greely mußte mit all seinen Leuten sofort nach Süden aufbrechen in der verzweifelten Hoffnung, ein Depot zu erreichen, das man bei dem Kap Sabine für ihn angelegt hatte. Nur mit sechs Überlebenden kam er dorthin und wurde Monate später abgeholt.
Greelys Bericht zu lesen erfordert gute Nerven. Nur mit Mühe konnte er seine vor Hunger fast wahnsinnigen Männer davon abhalten, ihre toten Kameraden zu verspeisen. Erfrorene Hände wurden bei vollem Bewußtsein der Patienten abgesägt. Man befestigte Eisenhaken am Stumpf, damit diese Männer noch mithalfen, die Schlitten zu ziehen. Darauf lagen zwei Mann ohne Beine, die jedoch starben. Alle Teilnehmer der Expedition waren Offiziere und Soldaten, wegen besonders guter Leistung und Körperkraft für das Unternehmen ausgewählt. Sonst hätte wohl keiner von ihnen den Todesmarsch im tiefsten Winter ausgehalten. Adolphus Washington Greely wurde noch General und starb erst 1935 im gesegneten Alter von zweiundneunzig Jahren.
Der nächste Polarforscher in Ellesmere-Land war der Norweger Otto Sverdrup, schon in aller Welt bekannt und berühmt als Kapitän der »Fram«, jenes Schiffes, mit dem sich Fridtjof Nansen absichtlich im Eis hatte einfrieren lassen.*
Von 1898 bis 1902 erforschte Sverdrup, großenteils auf eigene Kosten, die Fjorde von Ellesmere und anderen Inseln der Gruppe. Er entdeckte unter anderem das Axel-Heiberg-Land sowie die beiden Ringnes-Inseln. All das und noch viel mehr tat Otto Sverdrup in der festen Zuversicht, dieses Neuland für Norwegen zu erwerben. Aber er wurde bitter enttäuscht, als Kanada diese Polargebiete für sich beanspruchte und Norwegen nicht hart genug auf seinen Forderungen bestand. Über zwanzig Jahre lang schmorte das Problem auf sparsamer Flamme, ohne daß eine Entscheidung fiel. Dann schickte Kanada die Polizei. Ein Sergeant und ein Korporal der RCMP bereisten mit Hundeschlitten das menschenleere Land und errichteten in Craig-Harbour eine Polizeistation. Das war die Besitzergreifung, sehr zum Ärger Otto Sverdrups. Er verlangte Erstattung seiner Unkosten, worüber sieben Jahre lang verhandelt wurde. Ende 1929 bekam der beharrliche Sver-

* Die »Fram« erhielt ihr eigenes Museum in Bygdö bei Oslo, wo man das ganze Schiff nebst Einrichtung von oben bis unten besichtigen kann. Fridtjof Nansen überquerte als erster 1888 die Eisdecke Grönlands und wollte 1894/95 mit der im Eis festsitzenden »Fram« am Nordpol vorbeitreiben. Er glaubte nach seinen Berechnungen, die Strömung müsse Schiff und Mannschaft zumindest in dessen unmittelbare Nähe führen, was jedoch nicht geschah. Nur mit einem Begleiter und zwei Schlitten versuchte Nansen den Pol zu erreichen und gelangte bis 86,4 Grad nördlicher Breite. Aber es war den beiden Forschern dann nicht mehr möglich, wieder an Bord des Schiffes zu kommen. Erst ein Jahr später kehrten die Totgeglaubten über Franz-Joseph-Land nach Norwegen zurück. Auch die »Fram« unter Kapitän Sverdrup hielt man für verschollen, bis das Schiff überraschend wiederauftauchte. Fridtjof Nansen wurde später Diplomat, Hochkommissar des Völkerbundes sowie Leiter des Hilfswerks für Hungernde und Flüchtlinge und erhielt den Friedens-Nobelpreis. Er starb 1930.

drup 67000 Dollar Wiedergutmachung, konnte sie aber nicht lange genießen, weil er bald darauf starb. Hätte sich Sverdrup mit einigen Getreuen in Ellesmere niedergelassen, um frohgemut zu jagen und zu fischen, wäre es ihm möglich gewesen, auf der herrenlosen Insel seinen eigenen Staat zu gründen. Das hat Theodor Lerner, ein phantasiebegabter Rheinländer, auf der Bären-Insel bei Spitzbergen getan und sie sodann dem Deutschen Reich vermacht, das aber die Schenkung nicht annahm. Sverdrup hat seine Ansprüche auf Ellesmere-Land billig abgegeben, für einen Pfennig pro zehn Hektar.
Die so dringend benötigten Schutzengel lassen nicht auf sich warten. Sie flattern herbei und teilen die Wolken. Da liegt der Eureka-Fjord im schönsten Dunkelblau, mit rosaroten Felswänden zur Linken und flachem Gelände zur Rechten, hinter dem wieder Berge aufsteigen. Die Sonne strahlt aufs neue, Nebel und Wolkenfetzen fliehen in Seitentäler. Tom Gordon zieht die Maschine auf weiten Kurven tiefer und tiefer. Wir schweben an schwimmenden Eispalästen vorbei, berühren den rauhen Boden und holpern zum Ende des Flugfeldes. Ein Lkw der Station ist dort eingetroffen. Besucher sind in Eureka so selten, daß man sie begrüßt wie alte Freunde. Man spürt es gleich, hier herrscht eine kameradschaftliche Stimmung. Jene bärtigen Männer, die uns abholen, helfen wie selbstverständlich beim Ausladen des Gepäcks und verraten ohne Umschweife, wie gern sie gerade in Eureka leben. Sie haben auch Sinn für Humor, denn auf einem großen gelben Schild vor der Station steht zu lesen »The Northpol . . . almost«. »Am Nordpol . . . beinahe« soll das heißen, und tatsächlich fehlen bis dort nur 1100 Kilometer. Für die modernen Begriffe der Arktis ist das nicht weit. Würden am Pol ein paar Menschen leben, wären sie Nachbarn.
In Eureka leben achtzehn Männer. Sie verfügen über zwei Blechbaracken, drei Schuppen und die abseits stehende Anlage der eigentlichen Station. Die ist geheim, man darf sie nicht betreten und nicht darüber reden. Ein jeder für sich, werden wir in engen Kammern untergebracht, die einigermaßen sauber und gut durchwärmt sind. Gemütlichkeit ist das passende Wort für die Wohnbaracke. Die hat man nicht nach dem üblichen Schema eingerichtet, sondern als trautes Heim für solide Junggesellen. Leicht lädierte Polstermöbel, buntgeblümte Gardinen, bemalte Lampenschirme und etwas abgetretene Teppiche erinnern an bescheidene bürgerliche Wohnkultur. An der Wand hängen Farbfotos sparsam bekleideter, doch gut gewachsener Mädchen. Eine Sammlung von Platten und Tonbändern sorgt für die akustische Unterhaltung. Bemerkenswert vor allem scheint mir die reichhaltige Bibliothek mit sachkundig ausgewähltem Lesestoff für Interessenten der verschiedensten Gebiete. Wenn sich alle Männer hier gut miteinander vertragen, woran kein Zweifel besteht, können sie es schon eine Weile aushalten, »beinahe am Nordpol«.

Jeder trägt einen Vollbart, so kurz oder kraus, wie der seit ihrer Ankunft gediehen ist. Das scheint in Eureka der Mode zu entsprechen, die obligatorisch ist. Auf korrekte Kleidung kommt es weniger an, man muß sie schon eher als schlampig bezeichnen. Aber die freundliche, gastfreie Art der Eurekaner ist kaum zu überbieten. Als ich frage, wo hier ein Automat für Zigaretten sei, fliegen gleich drei oder vier Schachteln auf den Tisch. Die Herren dulden nicht, daß wir uns selbst das Essen holen, sie bringen es herbei. Der Chef des Hauses opfert sogar eine Pulle Whisky zu unserer Begrüßung.

»Der nächste Liquorshop liegt in Grönland«, sagt er dazu, »wenn wir mal 'ne Gelegenheit haben, die Nachbarn in Thule zu besuchen . . . ich meine, die amerikanischen Freunde dort, dann holen wir uns die Stärkung herüber. Den Einfuhrzoll müßte man eigentlich bezahlen, aber bisher haben wir noch kein Zollamt in Ellesmere-Land gefunden.«

Darüber frohes Gelächter und die Gläser nochmals gefüllt.

Draußen laufen drei Hunde frei und zufrieden herum. Aber der besondere Liebling des Küchenchefs ist ein fast weißer Wolf, der sich zur Fütterung heranwagt, wenn der Koch an der Hintertür erscheint und nach ihm pfeift.

»Da sind noch andere in der Nähe«, meint der Tierfreund, »bis auf dreißig Schritt hab' ich sie schon 'rangeholt. Die krieg' ich auch so weit, daß sie mir aus der Hand fressen. Man muß nur Geduld haben mit Wölfen, dann werden sie lieb und brav. Die wissen genau, daß sie unseren Huskies nichts tun dürfen. Sonst herrscht ja tödliche Feindschaft zwischen Hund und Wolf, aber hier nicht . . . hier geht's überhaupt sehr friedlich zu.«

Ich dachte an die Vierzig-Dollar-Prämie für einen erlegten Wolf und noch vierzig Dollar fürs Fell.

»Kommt da keiner auf den Gedanken, ein paar Wölfe zu schießen, es wäre doch leicht verdientes Geld.«

»Meine Bratpfanne auf den Schädel des Schuftes, der so was tut«, rief der Koch ergrimmt, »und einen Saufraß würde ich der ganzen Sippschaft vorsetzen, mindestens vierzehn Tage lang!«

Es hat noch niemand schlimme Absichten gegen Wölfe gehegt.

Der stellvertretende Stationschef war bereit, mich auf einer Wanderung an den Fuß der Berge zu begleiten. Was man schon von oben gesehen hatte, wurde noch deutlicher und erstaunlicher, nämlich die relativ üppige Vegetation. Leider fehlen mir die botanischen Kenntnisse, um Name und Art zu nennen. Es war kein Vergleich mit der Kargheit von Bathurst oder gar von Clyde und Kap Christian. Hier blühten Blumen so groß wie ein Fünfmarkstück, und Gräser reichten mir bis zu den Knien.

»Wir haben mehr als hundert verschiedene Blütenpflanzen«, sagte der Landeskenner, »es gibt hundertfünfzig Arten von Insekten und achtzehn Vogelarten. Außer Wölfen, Eisbären und Moschusochsen verkehren hier noch Karibus, Füchse, Hasen und natürlich die vielen Lemminge. Ich hab' die Arten nicht gezählt und auch nicht studiert. Aber so steht's im Bericht der Hazen-Lake-Expedition, und das muß wohl stimmen.«

Es mußte stimmen, denn nicht weniger als zwanzig Wissenschaftler, jeder mit verschiedenen Spezialaufträgen, hatten vier Sommer lang ihr Zeltlager am Hazen-Lake aufgeschlagen, und der liegt noch fünfhundert Kilometer nördlicher als Eureka.

»Bananengürtel des Eismeers« wird der westliche Rand des Eureka-Fjords genannt, weil seine sonnige, windgeschützte Lage diese vergleichsweise üppige Vegetation hervorbringt. Die mittlere Juli-Temperatur liegt zwischen 6 bis 10 Grad Celsius und hat schon 18 Grad Wärme erreicht. Im Winter allerdings fällt das Thermometer bis auf 50 Grad unter Null.

»Seit Mitte Mai, als der strenge Frost verschwand, haben wir nur drei Regentage erlebt«, berichtete mein Begleiter, »fast immer hatten wir strahlende Sonne. Die Nebelwolken gestern waren eine seltene Ausnahme. Wir können allen Blaßgesichtern sonnige Ferien garantieren, nicht nur bei Tage, auch für hundert Nächte. Ich könnte mir denken, und ich glaub' sogar bestimmt, daß in kommenden Zeiten hier Hotels und Sanatorien entstehen . . .«

Auf dem Heimweg sprach er von den Anfängen Eurekas, die nicht lange zurückliegen. Weil das Schiff mit dem Baumaterial im Packeis der Lancaster-Bucht festlag, wollte man zuerst eine Landebahn herrichten, um nach und nach die notwendigsten Sachen einzufliegen. Man hätte damit ein ganzes Jahr gewonnen. Als erstes wurde ein Traktor an riesigen Fallschirmen abgeworfen. Die Schirme öffneten sich aber nicht, und vom Traktor wurden später nur Trümmer gefunden. Erst der dritte Traktor gelangte unbeschädigt auf den Boden und begann sogleich mit der Arbeit. Dann folgte eine Planiermaschine und anderes Gerät. Das genügte, um die Landebahn zu bauen. Der Rest war nur noch Routine und eine Frage der Kosten.

»Die Büffel machten's möglich«, rief Paul, als wir zurückkamen, »der Flug nach Alert wurde gnädigst gestattet.«

Es war den Moschusochsen am Hazen-Lake zu verdanken. Für einen Ausflug von Eureka lag das Gebiet zu hoch im Norden. Der Brennstoff hätte für den Weg hin und zurück nicht gereicht. In Alert tanken oder nicht tanken, davon hing es ab. Nun war die Landung genehmigt und damit ein Flug zum nördlichsten Punkt der Welt, wo es noch ein paar Menschen gibt. Wie man uns sagte, hatte noch nie eine Person ohne amtlichen Auftrag jene Stelle betreten und bestimmt noch kein Deutscher.

Als wir zum Flugfeld kamen, sah man dort zwei Hunde der Station beim munteren Spiel mit einem Wolf. Unsere Stimmen störten, das Raubtier lief davon. Aber die Hunde folgten, offenbar in der Absicht, dem wilden Freund klarzumachen, daß nichts zu befürchten sei. Der Wolf mußte es wohl glauben, denn er kam mit den Hunden zurück. Das Spiel ging weiter.
»Das sehen Sie nicht alle Tage«, meinte der Postenchef, »der Wolf ist nämlich 'ne läufige Wölfin, und da gibt's wohl gleich 'ne Paarung. Manche Zoologen wollen nicht glauben, es wäre zwischen Hund und Wolf in voller Freiheit möglich. Aber wie man sieht, ist auf beiden Seiten die Bereitschaft vorhanden.«
Es ging nur darum, welcher von beiden Huskies der Wölfin am besten gefiel. Wir stiegen in die Maschine, sie rollte langsam an, die drei Tiere eilten neben der Beechcraft her. Als der feste Boden zurückblieb, sahen wir die Wölfin mit nur einem Hund hinter dem nächsten Hügel verschwinden. Auf die Jungen ihres Wurfs darf man gespannt sein.
Wir waren noch keine fünf Minuten in der Luft, als schon Muskoxen gesichtet wurden. Das grüne Kraut und üppig wucherndes Moos der Fosheim-Halbinsel bot ihnen reichlich Nahrung. In der Umgebung eines verschilften Teichs zählten wir 27 Exemplare mit 3 Kälbern, dann noch mehr und nochmals mehr. So viele auf begrenztem Raum waren es noch nie gewesen. Dabei konnte man gewiß nicht alle sehen, denn sie zogen aus Seitentälern heran und hinein. Was sich dort befand, blieb ein Geheimnis. Wenn wir alle diese Täler absuchten, kostete das zuviel Benzin, und der Rest reichte nicht mehr bis Kap Alert.
So folgten wir dem zweihundert Kilometer langen Greely-Fjord direkt nach Norden. Er war herrlich schön und schimmerte im Licht der Sonne. Rechts und links glänzten Gletscher ohne Ende. Es wäre eine Wiederholung zu sagen, daß sie noch niemand bestieg.
Wo sollten die Bergsteiger auch herkommen, und wo sollten sie kampieren? Sie müßten eine Versorgungsbasis haben, die es in erreichbarer Nähe nicht gibt. Die ehemaligen Polizeiposten in Craig-Harbour, Fort Conger und am Alexandra-Fjord sind längst wieder geschlossen. Die Wüste Sahara ist dicht bevölkert im Vergleich mit Ellesmere. Dort gibt es viele hundert Oasen, aber hier nur Grise-Fjord, Eureka und Alert. Eine Viertelmillion Quadratkilometer, nur an drei Punkten bewohnt, das weiß man zwar, aber wir Mitteleuropäer können uns ein derart leeres Land nicht vorstellen.
Der Fjord teilte sich in zwei Arme, wir fliegen geradeaus über Tundra und Hochflächen. Nach mehr als zwei Stunden seit dem Abflug in Eureka lag vor uns der Hazen-Lake, siebzig Kilometer lang und zwölf Kilometer breit. Nach Westen hin erhob sich ein gewaltiges, unabsehbares Gebirge. Fächerförmig hat sich von oben her ein Gletscher ausgebreitet, der seinen eisigen Strom bis nahe an den See her-

anschiebt. Blaugrün und hellbraun ist das übrige Land und meistens flach, so weit man nach Norden sehen kann.

Nur zur Hälfte hatte die Sonne des späten August den Hazen-Lake aufgetaut. Das freie Wasser ist von wunderbar smaragdgrüner Farbe, die auch dem Eis grünlichen Schimmer verleiht. Am Westufer sind noch die Reste jenes Expeditionslagers zu sehen, das von 1957 bis 1961 hier bestand. Die Wissenschaftler sind damals mit Hundeschlitten, Motorschlitten und Packhunden weit herumgezogen. Sie stellten fest, daß die Gletschermasse 730 Meter tief auf dem Gestein liegt und daß die Seetiefe bis zu 300 Meter beträgt. Obwohl der Hazen-Lake nur für wenige Wochen teilweise auftaut, leben darin sieben verschiedene Fischarten, zu denen auch schlanke Eislachse gehören. Sie können bis zu einem Meter lang werden, aber nicht schwerer als zwölf Pfund. Fast alle Tiere und Pflanzen, die man im »Bananengürtel von Eureka« entdeckte, sind auch am Hazen-Lake vorhanden, dessen Länge ungefähr dem Bodensee entspricht. Was Fauna und Flora am nördlichsten See der Erdkugel zu bieten haben, sollen Restbestände aus einer wärmeren Epoche sein. Weshalb sie erhalten blieben, das müssen die Klimatologen erklären. Ich kann es nicht.

Die Archäologen fanden auch Reste menschlicher Siedlungen an dem geheimnisvollen See. Die Datierung der Knochenfunde reicht anderhalb tausend Jahre zurück und endet vor fünfhundert Jahren. Auch das bestätigt, ja beweist sogar die Vermutung eines milderen Klimas der Arktis, das sich im sechzehnten oder zu Beginn des siebzehnten Jahrhunderts relativ rasch verschlechterte. Es wurde zu kalt für Eskimo.

Als sich das Standlager der zwanzig Wissenschaftler am See befand, hatte man Zeit genug, den gesamten Bestand der Polarbüffel viele Male zu zählen. Das übereinstimmende Ergebnis war knapp 200 Köpfe. Wir sahen binnen einer halben Stunde, ohne Umwege zu machen, 156 Muskoxen, und dabei waren 13 Kälber. Mit gut und gerne der doppelten Anzahl ist zu rechnen. Das Problem mit dem Brennstoff ließ leider nicht zu, daß wir länger suchten.

Und nun das Ende der Welt, die letzte Landspitze vor dem Pol und der nördlichste Standort einer menschlichen Behausung. Wir landeten neben der Station von Kap Alert auf fast genau 83 Grad nördlicher Breite. Eine moderne Verkehrsmaschine hätte von hier den Nordpol in etwa vierzig Minuten erreicht, unsere Beechcraft wäre in knapp drei Stunden dort gewesen, aber nicht mehr zurückgekommen, ohne aufzutanken.

Vor der Küste lag Packeis, und so weit man sah, war das Polarmeer lückenlos geschlossen. Das muß nicht immer so sein, ein Sturm von Osten, Westen oder Süden kann es im Sommer rasch auseinandertreiben. Sogar im Winter kommt es gelegentlich vor, daß sich Spalten öffnen. Als man die Station aufbaute, brachten

starke Eisbrecher das schwere Material nach Alert. Doch seitdem wird der vorgeschobene Posten nur aus der Luft versorgt. Trotz enormer Kosten ist das immer noch billiger als der weite Umweg mit Eisbrechern.
Während die Maschine über das Flugfeld rollte, fuhr schon ein Jeep neben uns her. Der Fahrer gab deutlich zu verstehen, daß die Beechcraft erst am Ende der Landebahn stoppen sollte.
»Ich bin die Polizei«, sagte der baumlange Mensch mit Texashut, als wir zu Boden sprangen, »bitte bleiben Sie hier . . . der Sprit wird Ihnen gebracht. Wir sind nicht kleinlich, wir handeln nur nach Vorschrift.«
Von der Station waren gerade noch die Dächer und Antennen zu sehen. Was sonst dazu gehörte, lag hinter einem Hügel verborgen. Und hätte einer von uns mehr davon erblickt, als erlaubt war, müßte er aus begreiflichen Gründen den Mund halten. Jener Mann, der auf das Hüten der hiesigen Geheimnisse bedacht war, erfüllte seine Pflicht auf denkbar liebenswürdige Weise. Er bot Zigaretten an und plauderte angenehm, ließ uns aber nicht aus den Augen.
»Sie wollen gewiß Ihr Wasser abschlagen nach dem langen Flug«, erriet der Beamte unsere dringenden Wünsche, »tun Sie's gleich hier, wir sind ja unter Männern.«
Es war in der Tat die einzige Möglichkeit, da es gar nichts gab, wohinter man sich verbergen konnte.
Die Benzinfässer rollten an, Tom und Dennis begannen den Sprit in die Tanks zu füllen. Eine gute halbe Stunde konnte damit vergehen. Einer von den jungen Männern, die mit den Fässern gekommen waren, erklärte mir die Gegend. Die schneebedeckte Steilküste im fernen Osten war die Küste von Grönland, zwischen der Newman-Bucht und dem Osborn-Fjord. Im Westen schoben sich zwei felsige Vorsprünge ins Eismeer, Kap Joseph Henry und Kap Hecla, beide aus der polaren Entdeckungsgeschichte wohlbekannt. Noch berühmter wurde aber seinerzeit die kaum noch sichtbare dritte Landspitze, das Kap Columbia. Von dort war Robert Peary im März des Jahres 1909 zur Entdeckung des Nordpols aufgebrochen. Ich schaute durchs Glas, um das Kap gebührend zu bestaunen.
»Seien Sie nicht so neugierig«, tadelte Paul auf deutsch, »so was macht hier keinen guten Eindruck.«
Die Augen des jungen Mannes wurden so groß wie Untertassen.
»Mensch, ich werd' verrückt . . . da reden die deutsch miteinander und denken, ich versteh's nicht. Bin doch selber aus Karlsruhe, vor sechs Jahren mit den Eltern eingewandert. Na, so was . . . ich werd' wirklich verrückt.«
Und ich hatte mir eingebildet, der erste Deutsche in Alert zu sein. Paul zählte nicht mehr, er war ja längst Kanadier.
»Hey, Sergeant . . . der Mann hier kommt aus Germany. Kann er durchs Fernglas schauen oder nicht?«

»Er kann machen, was er will«, kam die Antwort. »Was er nicht machen kann, weißt du ja!«

Nach drei Seiten durfte ich schauen und fotografieren, nur die vierte war tabu. So machte ich mich auf den Weg bis ganz ans Ende der Landebahn, dort wo sich das Packeis am Ufer staute. Ich suchte das letzte Blümchen im Schotter, eine winzige Blüte einer Saxifragenart. Die schob ich sorgfältig in meinen Paß, wo sie bis zur Heimkehr trocknen sollte. Wer genug Geld hat, kann seine Frau mit den schönsten und teuersten Orchideen beglücken, aber nicht mit der garantiert nördlichsten Blume auf Erden. Als ich Paß und Preßblume in die Tasche schob, fiel mir ein, daß ich jetzt von drei Milliarden Menschen der nördlichste auf festem Boden war. Zwar habe ich kein erhebendes Gefühl dabei empfunden, aber die Tatsache ließ sich nicht bestreiten.

Die Tanks waren gefüllt, ich eilte zurück, und wir starteten sogleich. Wie es der leichte Wind befahl, hob sich der Vogel in der Nordrichtung vom Boden. Ein paar Kilometer weit flogen wir über das Eismeer dem Pol entgegen, bis Tom die Maschine hoch genug hatte, um in weitem Bogen auf Südkurs zu gehen.

»Jetzt regen sich die Russen auf«, meinte er gut gelaunt.

»Wieso denn . . .?«

»Die sehen uns auf ihren Radarschirmen, wissen aber nicht, was wir vorhaben. Gleich klingelt im Weißen Haus das rote Telefon . . .!«

»Fang keinen Krieg an, Tommy, ich hab' genug vom letzten Mal . . .«

»Ist schon gut . . . sind schon wieder über Land.«

Während die Beechcraft schräg in der Kurve lag, sah ich klar und deutlich die Umrisse des Kap Columbia. Von dort aus war der Nordpol entdeckt worden oder . . . auch nicht. Von dort aus hatte Peary das so lange und leidenschaftlich erstrebte Ziel der Polarforschung erreicht oder . . . die Welt belogen.

Heute ist der Zahltag für Kindergeld,
das reicht auch für Zigaretten verschiedenster Sorten.

Die Kajaks aus Walroßhaut sind selten geworden.

Moschusochsen auf einer einsamen Insel der Arktis. Wenn Gefahr droht, bilden die Polarbüffel zur Verteidigung einen »Igel«.

Eskimo in der Sommerfrische. Während der relativ warmen Jahreszeit verlassen die Eskimos ihre kleinen Häuser, um die Zelte ihrer Jagdlager zu beziehen.

Old Crow, ein Dorf der Luchu-Indianer am Stachelschweinfluß. In solchen Blockhütten lebten die Indianer schon, bevor die Weißen kamen.

Kinder der Chipewyan-Indianer in Fort Providence, einer ehemaligen Siedlung der Pelzhändler. Sie liegt an jener Stelle, wo der Mackenziestrom den Großen Sklavensee verläßt. Die Hudson Bay Company, schon vor 300 Jahren gegründet, fehlt in keinem Indianerdorf des kanadischen Nordens.

Der Kampf um den Pol

Zwei Männer, die einst Freunde waren, marschierten auf getrennten Wegen zum Pol. Beide hatten schon lange den leidenschaftlichen Ehrgeiz, als erster auf jenem Punkt der Erdkugel zu stehen, wo nach allen Seiten hin Süden ist. Viele Forscher hatten es schon versucht, keinem war es gelungen. Wer den Pol erreichte, dessen Name würde unsterblich sein.

Robert Edwin Peary hieß der eine und *Frederick Albert Cook* der andere. Beide waren Amerikaner, doch nach Werdegang und Wesensart grundverschieden. Peary, im Jahr 1856 geboren, stammte aus einer gutbürgerlichen Familie, hatte an einer technischen Hochschule studiert und war als Zivilingenieur bei der Marine angestellt. In dieser Eigenschaft hatte er zwei Jahre bei Vermessungsarbeiten für ein Kanalprojekt in Nicaragua zugebracht. Aber sein persönliches Interesse galt Forschungen in der noch großenteils unbekannten Arktis. Er fuhr 1886 nach Grönland, um eine Zwei-Mann-Expedition über das Inlandeis zu führen. Er kam 160 Kilometer weit und bis zur Höhe von 2500 Metern. Dann mußten die beiden umkehren. Fünf Jahre später unternahm Peary mit Dr. Frederick Cook und noch sieben anderen Begleitern seine nächste Expedition. Auf einer Reise von 1200 Kilometern, die vom Nordosten Grönlands zum Nordwesten führte, wurde festgestellt, daß Grönland eine Insel war. Peary entdeckte am Inglefield-Fjord eine bisher unbekannte Eskimogruppe, damals die nördlichsten Menschen der Welt. Mit diesen Annoatok* schloß er Freundschaft in der Hoffnung, sie würden ihm bei weiteren Forschungsfahrten behilflich sein. Sie waren es auch, denn mit einer zuverlässigen Mannschaft aus Annoatok nebst einigen weißen Begleitern er-

* Die Siedlung lag nördlich von Etah. In manchen Berichten und auf vielen Landkarten wird nur Etah genannt.

forschte Peary während der nächsten neun Jahre das weite Gebiet von Ellesmere-Land sowie den Westen und Nordwesten von Grönland. Schon 1898 faßte er den Entschluß, bis an den Nordpol vorzustoßen. Peary hatte vermögende und einflußreiche Freunde, zu denen auch der damalige Präsident Theodore Roosevelt gehörte. Sie gründeten den Peary-Arctic-Club, sammelten Geld und ließen nach Angaben des Polarforschers ein Expeditionsschiff bauen, das man »Roosevelt« taufte.

Während es noch in der Werft lag, erkundete Peary den bestmöglichen Anweg zum Nordpol, wieder begleitet von Frederick Cook. Im Jahre 1905, als die »Roosevelt« endlich zur Verfügung stand, unternahm Peary das große Wagnis. Mit den besten Schlittenführern von Annoatok gelangte er bis 87,6 Grad nördlicher Breite, also näher an den Pol als jeder andere Mann bisher. Aber dort zwang ihn der Mangel an Lebensmitteln zur Umkehr.

Peary ließ nicht locker. Es war Ziel und Zweck seines Lebens geworden, als erster Mann den Pol zu erreichen. Rücksichtslos gegen sich und andere, setzte er alles auf eine Karte. Da er nun fünfundfünfzig Jahre alt war, konnte er nicht mehr lange warten. Seine Körperkräfte ließen nach, und zudem wünschten seine Geldgeber endlich einen sensationellen Erfolg. So gut wie noch nie wurde Pearys letzte Expedition vorbereitet. Die Presse feierte schon im voraus seinen Sieg. Präsident Roosevelt kam zum Abschied an Bord der »Roosevelt«. Die Fahnen wehten, viele tausend Menschen winkten, und Musikkapellen spielten die Nationalhymne. Am 11. August 1908 war Peary in Annoatok, wo er seine vielbewährten Eskimo an Bord nahm. Dann schob sich das Schiff durchs Eis nach Kap Sheridan im Norden von Ellesmere-Land. Dort ließ man es einfrieren und verbrachte an Bord der »Roosevelt« den Winter.

Es war Pearys wohlbedachter Plan für seinen letzten und schon fast verzweifelten Vorstoß zum Pol, wieder jene Methode anzuwenden, die zwei italienische Forscher, der Herzog degli Abruzzi und Cagni, erfunden hatten. Hierbei ging es um Teilung der Expedition in mehrere Gruppen. Nur eine sollte schließlich das gesteckte Ziel erreichen. Die anderen gingen erst voraus, erkundeten den besten Weg, bauten Iglus und ließen Lebensmittel zurück. Die entscheidende Gruppe folgte mit weitem Abstand der Spur ihrer Vorgänger. Sie hatte eine relativ leichte Reise, sie bewegte sich gewissermaßen von einem gemachten Bett zum anderen und schonte ihre Kräfte. Aber dann, nach dem letzten Lager, das schon vorbereitet war, führte sie den weiteren Vorstoß allein. Die anderen Gruppen hatten ihre Pflicht erfüllt und kehrten auf dem gleichen Weg an den Ausgangspunkt zurück. Da die Iglus stehenblieben, mit Proviant, Brennstoff und anderen Notwendigkeiten wohlversorgt, fanden die Männer des sogenannten Stoßtrupps alles darin vor, wenn sie ihrerseits zurückkehrten. Sie konnten sich daher für den Endspurt mit verhältnismäßig leichtem Gepäck begnügen und kamen viel schneller voran, als wenn sich die ganze Expedition gemeinsam bewegt hätte. Es war auch selbstverständlich, daß der Stoßtrupp die besten Hunde hatte und von den besten Eskimo begleitet wurde.

So wollte auch Peary verfahren. Vier Annoatoker, deren Ausdauer schon erprobt war, sollten zu seinem Stoßtrupp gehören und außerdem Matthew Henson, der sich schon bei Pearys anderen Expeditionen als besonders tatkräftiger Mann bewährt hatte. Dieser Henson, man glaubt es kaum, war ein Neger aus den USA. Er stand seit vielen Jahren in Pearys Diensten und war ihm treu ergeben. Auf diesen zähen und kräftigen Mann, der gelernt hatte, wie ein Eskimo zu leben und zu reisen, konnte sich Peary verlassen.

Am 22. Februar 1909 verließ Robert E. Peary mit sieben weißen und einem schwarzen Begleiter, mit 59 Eskimo, 140 Hunden und 23 Schlitten, jeder mit 500 Pfund Gepäck beladen, die eingefrorene »Roosevelt« und marschierte zunächst an das Kap Columbia, wo man das Standlager errichtete. Wenige Tage später zogen die Vortrupps auf das Eis hinaus. Am 18. April, auf 87° 47′ n. Br., trennte sich Peary von der letzten Gruppe und begann mit Henson sowie den vier Eskimo den entscheidenden Vorstoß. Bis zum Nordpol betrug die Entfernung noch 210 Kilometer.

Frederick Albert Cook, 1865 geboren, war der Sohn armer Leute und mußte schon als Zehnjähriger hart auf der Farm seines Vaters arbeiten. Er war ein hochintelligenter Junge, der ohne Anleitung die erstaunlichsten Dinge herstellte, unter anderem so gute und so leichte Transportschlitten, wie man sie in der Gegend noch nie gesehen hatte. Er durchzog die Catskill-Berge, kampierte bei tiefen Temperaturen im Freien und fühlte sich dort am wohlsten, wo keine Menschen waren. Er kam mit vierzehn Jahren nach New York, verdiente sich sein Schulgeld als Träger in den Markthallen und als Botenjunge bei einer Druckerei. Dann wurde er »milkboy«, um mehr Zeit für seine Ausbildung zu haben. Das Verteilen der Milchflaschen vor den Haustüren begann um ein Uhr morgens, erst kurz vor Beginn des Schulunterrichts war Frederick Cook damit fertig. So ging es noch jahrelang weiter, als er sich entschlossen hatte, Medizin zu studieren. Sein Arbeitstag hatte achtzehn Stunden, geteilt zwischen dem Lebenserwerb und angestrengtem Studium.

Cook bestand 1891 sein Abschlußexamen und meldete sich auf Grund einer Zeitungsannonce bei Robert Peary, der für seine nächste Expedition einen jungen und körperlich leistungsfähigen Arzt dringend brauchte. Peary war sehr zufrieden mit ihm, besser kann man über einen Mitarbeiter gar nicht urteilen, als es nach Rückkehr von der Expedition in Pearys Berichten geschah. Dr. Cook seinerseits war trotz aller Strapazen und Gefahren vom Leben in der Arktis begeistert. Er nahm 1893 und 1894 noch an zwei anderen Expeditionen teil, die aber nicht von Peary geführt wurden. Gelegentlich einer Schiffshavarie im Treibeis ruderte Cook allein im offenen Boot etwa 150 Kilometer weit durch treibende Schollen, um Hilfe zu holen. Nach drei Jahren als praktischer Arzt in New York begleitete Dr. Cook eine belgische Expedition ins Südliche Eismeer. Roald Amundsen, der spätere Entdecker des Südpols und der Nordwest-Passage, war gleichfalls Teilnehmer dieser Forschungsfahrt und wurde zu einem der treuesten Freunde Dr. Cooks. Dann folgte 1901 wieder ein Unternehmen mit Robert Peary in die Arktis. Nach seiner Rückkehr heiratete Cook die Witwe eines Arztes, blieb aber nicht lange in New York, sondern wandte sich nach Alaska, um dort die Erstbesteigung des Mount McKinley zu versuchen, des höchsten Berges von Nordamerika. Er kam nicht bis ganz hinauf, wiederholte jedoch den Versuch drei Jahre später und erreichte den Gipfel.

Wann Cook den Entschluß faßte, an den Nordpol zu marschieren, ist nicht bekannt. Es fehlten ihm aber die Mittel und die Unterstützung der Presse. Allgemein wurde von Peary erwartet, daß er den Pol entdeckte. Zehn Jahre schon hatte er alles darangesetzt, ihm mußte es schließlich gelingen. Peary war der Forscher, dem man den Erfolg am meisten wünschte. Er stand hoch in der Gunst des Präsidenten, für ihn setzte sich die Presse ein, und er hatte wegen seiner unermüdlichen Ausdauer die Sympathie der Amerikaner errungen.

Da wollte es ein Zufall, daß Dr. Cook dem Multimillionär John R. Bradley begegnete, der sich in den Kopf gesetzt hatte, in der Arktis auf Eisbären und Walrosse zu jagen. Bradley suchte einen landeskundigen Begleiter, für ihn war Frederick Cook der richtige Mann. Aber die Herren vereinbarten noch mehr. Von Cooks wagemutigen Vorschlägen stark beeindruckt, war Bradley schließlich bereit, dessen Expedition an den Pol zu finanzieren. Aber natürlich erst, wenn die Jagd zu Ende war. Um Peary nicht zu alarmieren, der seinerseits wieder zur Arktis aufbrechen wollte, ließen Cook und Bradley nichts von ihrem Plan verlauten. Nur von einer Jagdexpedition war weiterhin die Rede.

Bradley bestellte ein Spezialschiff, das er ganz bescheiden auf den Namen »Bradley« taufte. Am 3. Juli 1907 verließen die beiden Polarjäger den Hafen Gloucester in Massachusetts. Nur die nächsten Verwandten standen am Hafenpier, als die »Bradley« hinausfuhr. Die Presse berichtete in keiner Zeile von dem Unternehmen. Die Fahrt verlief ohne Zwischenfälle, und Bradley war mit dem Erfolg seiner Jagd in arktischen Gewässern sehr zufrieden. Er hatte auch nichts dagegen, daß sein Jagdbegleiter mit den Eskimo eifrigen Tauschhandel trieb. Zweihundert wertvolle Blaufuchsfelle, ein paar Kisten Elfenbein der Walrosse und bis zu drei Meter lange Narwalzähne konnte Cook erwerben. Er hoffte, der Erlös werde zum Kauf eines kleinen Hauses genügen.

In Annoatok ging Dr. Cook am 27. August an Land, um während des kommenden Winters dort zu bleiben. Nachdem man einen Schuppen gebaut und alle Ausrüstungen nebst Pelzen darin untergebracht hatte, dampfte Bradley mit der »Bradley« nach Hause.

Cook brauchte kein Schiff, das bei ihm blieb oder ihn später abholte. Es war sein Plan, von Annoatok über das Eis nach Ellesmere-Land zu ziehen und nach Durchquerung der Insel von der Nordspitze des Axel-Heiberg-Landes den Marsch an den Pol zu wagen. Nur Eskimo sollten ihn begleiten. Ein junger Amerikaner deutscher Abkunft namens Rudolf Francke, der mit Bradleys Schiff gekommen war, hatte die Aufgabe, das Lager in Annoatok zu verwalten. Wenn Cook dann eines Tages zurückkam, wollte er mit Francke und zwei Hundeschlitten an der Westküste Grönlands so weit nach Süden reisen, bis man zu einer Siedlung kam, die gelegentlich den Besuch von Schiffen erhielt. In Upernavik, so hoffte Cook, würde sich eine Möglichkeit finden, um über Dänemark heimzukehren.

Am 19. Februar begann der Marsch nach Westen zum Axel-Heiberg-Land. Mit zwei Eskimo, zwei Schlitten und 26 Hunden marschierte Cook voraus. Die zweite Gruppe mit vier Eskimo, vier Schlitten und 54 Hunden folgte vierzehn Tage später. Sie hatte die Aufgabe, einige Lebensmitteldepots für die Rückkehr anzulegen und die Ausrüstung für das Standlager zur Nordspitze des Axel-Heiberg-Lands zu bringen. Bei Temperaturen von 40 bis 46 Grad Celsius unter Null wurde ohne Zwischenfall eine Entfernung von 830 Kilometern zurückgelegt. Schon am 15. März war Cook mit den ersten Schlitten am Kap Stallworthy, drei Tage später traf auch die andere Gruppe dort ein. Zwei Mann blieben vorerst beim Standlager, mit den übrigen vier ging Dr. Cook dem Pol entgegen. Aber von denen schickte er schon nach achtzig Kilometern zwei Eskimo gleich wieder zurück. Sie sollten mit den beiden anderen von Kap Stallworthy nach Annoatok heimkehren. Ihm selbst blieben nur die beiden Eskimo Ahwelak und Etukishook, zwei brave, kräftige, aber noch völlig unzivilisierte Burschen von etwa zwanzig Jahren. Die gesamte noch vorhandene Ausrüstung wurde auf zwei Schlitten mit 26 Hunden transportiert. Am 21. März 1908 war diese Gruppe allein auf dem Weg zum Pol. Während der gleichen Zeit befand sich Peary noch in New York.

Danach vergingen fast sechzehn Monate ohne ein Lebenszeichen von Frederick Cook. Indessen kam Peary nach Annoatok, überwinterte auf der »Roosevelt«, marschierte zum Kap Columbia und begann seinerseits den Vorstoß zum Pol.

Am 1. September 1909 dampfte ein dänisches Schiff, die »Hans Egede«, von Upernavik kommend und nach Kopenhagen unterwegs, in den Hafen von Lerwick auf den Shetland-Inseln. Dr. Frederick Cook befand sich an Bord. Hier war die erste Telegrafenstation, von der Cook melden konnte:

»Erreichte am 21. April 1908 den Nordpol.«

Binnen wenigen Stunden war die große Sensation in allen Hauptstädten der Erde bekannt. Extrablätter wurden ausgerufen, eine Welle der Begeisterung ergriff die Menschen, und der Name Cooks wurde mit einem Schlage weltberühmt. Vergessen war Robert Peary, denn nun beherrschte Dr. Frederick Cook die Schlagzeilen der Presse. Ein Amerikaner war der erste Mensch am Pol. Fahnen heraus, schulfrei für alle Kinder der USA und heller Jubel im ganzen Land.

Schon nach zwei Tagen eine neue Sensation. Da telegrafierte Robert Peary aus Labrador:

»Ich habe den Pol! Am 6. April dieses Jahres wurde die amerikanische Flagge an den alten Nordpol genagelt!«

Der Ärmste schien noch nicht zu wissen, daß ihn Cook überrundet hatte. Man bedauerte den Verlierer, bewunderte aber den Sieger um so mehr.

Nach abermals zwei Tagen hatte Peary die Nachricht von Cooks triumphaler Rückkehr erhalten, und er sandte ein Telegramm nach New York, das die Welt erschütterte:

»Gebt nichts auf die Behauptung Dr. Cooks. Er war nicht außer Sicht von Land, er hat der Öffentlichkeit einen Bären aufgebunden. Das werde ich beweisen.«

Damit begann erst der eigentliche Kampf um den Pol. Er wurde vor den Augen aller Welt mit beispielloser Erbitterung geführt, aber bis zum heutigen Tag noch nicht entschieden.

Der Verlauf des Duells, das nach dem Tode der beiden Gegner von ihren Anhängern weitergeführt wurde, läßt sich auf wenigen Seiten nicht schildern. Mit den Büchern, die teils für Peary und teils für Cook Partei ergriffen oder die zu geringem Teil auch neutrale Stellung bezogen, kann man Schränke füllen. Und die Publikationen hören nicht auf. Was früher die Welt bewegte und womit sich damals jeder gebildete Mensch beschäftigte, darüber spricht heute nur noch ein Kreis von Experten und privaten Interessenten des erregenden Themas. Aber sofort wird die alte Verbitterung wieder ausbrechen, wenn einer, der an Cook glaubt, mit einem, der Peary mehr vertraut, ins Diskutieren gerät.*

Die wichtigsten Punkte öffentlicher Anklage und Verteidigung waren die folgenden: Peary sagte, daß schon die heimliche Vorbereitung von Cooks Unternehmen dessen schlechtes Gewissen beweise. Damit habe Cook verhindern wollen, daß man seine ehrlichen Absichten prüfte.

* So erging es mir beim letzten Besuch des Explorer-Clubs in New York, dem anzugehören ich die Ehre habe, als erster Deutscher seit vielen Jahren. (Man kann die Aufnahme nicht selbst beantragen, sondern wird in den Klub gewählt.) Cook war Mitbegründer des Explorer-Clubs und Peary langjähriges Mitglied. Als ich nur die beiden Namen erwähnte und harmlos fragte, wie denn nun die Glaubwürdigkeit des einen oder anderen zu beurteilen sei, ging es gleich los. Würdige Herren gerieten in grimmigen Zorn und lieferten sich lautstarke Wortgefechte. Auch bei dieser Gelegenheit, mehr als sechzig Jahre nach der umstrittenen Entdeckung des Pols, konnten sich die Gelehrten nicht einigen.

Cook sagte, er habe kein Aufsehen erregen wollen, um nach einem etwa mißglückten Versuch nicht als Blamierter vor der Öffentlichkeit zu stehen.
Peary sagte, es sei bodenlos gemein gewesen, daß Cook ausgerechnet Annoatok zum Startpunkt der Expedition gewählt habe, wo er sich selbst seit Jahren einen Stützpunkt geschaffen hatte. Cook wußte doch, daß Peary demnächst von dort aufbrechen wollte, und hätte er auch nur einen Funken von Ehrgefühl im Leibe gehabt, wäre er nicht auf den heimtückischen Gedanken verfallen, ihm vorauszueilen. Es war doch aller Welt bekannt, daß Peary nach neunjährigen Versuchen ein moralisches Alleinrecht darauf hatte, den Pol zu erreichen.
Cook sagte, die Nordwestspitze Grönlands sei die einzig mögliche Basis für eine Expedition zum Nordpol, außerdem wäre er selbst schon vorher dort gewesen, und überhaupt könne niemand die Eskimo von Annoatok für sich allein beanspruchen. Davon abgesehen, habe jedermann das gleiche Recht wie Peary, an den Pol zu gehen. Versuche, die jemand schon gemacht hatte, könnten nichts daran ändern.
Peary sagte, daß Cook die Sicht des Landes überhaupt nicht verlassen hätte. Wie seine beiden Eskimo bei der Befragung durch Pearys Dolmetscher ausgesagt hatten, sei Cook mit allen seinen Begleitern schon am zweiten Tag wieder nach Kap Stallworthy zurückgegangen, wo er sich vierzehn Monate lang verborgen hielt.
Cook sagte, er habe seine beiden Eskimo zu absolutem Stillschweigen verpflichtet, weil er nicht wollte, daß die Nachricht vom Erreichen des Pols in die Welt gelangte, bevor er sich selbst auf der Heimreise befand. Es könne schon deshalb nicht wahr sein, daß er sich vierzehn Monate lang verborgen habe, weil er doch fast verhungert sei. Beim Verbleib auf Ellesmere-Land oder dem Axel-Heiberg-Land hätten ihm seine Depots zur Verfügung gestanden. Aber die waren noch immer unberührt, da er beim Rückweg vom Pol mit dem Eis abgetrieben wurde und er deshalb die Depots nicht erreichen konnte. Er hatte mit den beiden Eskimo nur von der Jagd gelebt, und die weiten Umwege bei dem Rückmarsch waren von den Möglichkeiten der Jagd bestimmt worden. Den Winter 1908/09 hatten sie kärglich in einer Höhle bei Kap Sparbo verbracht.
Peary sagte, daß Cook gar nicht in der Lage sei, schlüssige Beweise dafür vorzulegen, daß er am Pol gewesen sei. Dazu gehörten doch Kartenblätter mit den Standorten eines jeden Tages, auch die Messung von Temperaturen, Luftfeuchtigkeit und Windrichtung.
Cook sagte, aufs tiefste gekränkt, daß ihm Peary diese Aufzeichnungen entwendet habe. Er selbst wollte sie nach seiner Rückkehr vom Pol nicht auf die gewagte, 1250 Kilometer lange Schlittenreise nach Upernavik mitnehmen, sondern hatte sie in der Obhut von Rudolf Francke gelassen. Da waren die Beweise am sichersten aufgehoben, falls Cook ein Unglück zustieß. Doch als Peary wieder nach Annoatok

zurückkam, weigerte er sich ganz entschieden, die Papiere und sonstige Habe Cooks auf seinem Schiff zu befördern. Auf Pearys Anweisung wurden die wichtigen Papiere nebst den Instrumenten und Tagebüchern Cooks unter einem Steinhaufen vergraben. Und dort waren sie nicht mehr zu finden. Mit dem gleichen Recht, wie Peary nun Beweise fordere, könnte auch Cook von ihm Beweise verlangen. Auch Peary hatte nur seinen Neger und die vier Eskimo bei sich gehabt. Ihm standen jedoch sieben weiße Amerikaner zur Verfügung, als er Kap Columbia verließ. Weshalb denn hatte er sich nicht von einem in Geographie ausgebildeten Mann begleiten lassen, der hinterher bestätigen konnte, daß der Pol wirklich erreicht wurde?

Peary sagte, daß er nach so vielen Opfern und vergeblichen Versuchen das Recht hatte, die Entdeckung des Pols für sich allein zu beanspruchen. Diese Ehre wollte er mit niemandem teilen.*

Cook sagte, am Nordpol sei nur schwimmendes Eis, deswegen könne man dort keine bleibende Markierung anbringen. Dasselbe hatte auch Peary berichtet, und so ist es tatsächlich.

Peary sagte, es sei ganz unmöglich, daß 500 Pfund Pemmikan ausgereicht hätten, um Cook, die beiden Eskimo und die Schlittenhunde 82 Tage lang auf dem Polareis bei Kräften zu halten.

Cook sagte, daß er nach und nach die Hunde erschossen habe, um sich mit seinen Eskimo davon zu ernähren.

Peary sagte, daß angeblich auf dem Weg zum Pol von Cook entdeckte Bradley-Land wäre gar nicht vorhanden.

Cook sagte, Luftspiegelungen könnten ihn getäuscht haben, wie das auch bei den sogenannten Mirages in Sandwüsten oft geschehen sei. Davon abgesehen, würde das angeblich von Peary entdeckte Crocker-Land auch nicht existieren.

Als man Roald Amundsen, der inzwischen zu weltweitem Ruhm gelangt war, nach seiner Auffassung befragte, gab er die diplomatische Antwort: »Die Glaubwürdigkeit eines Entdeckers ist nach seinem Vorleben und Allgemeinverhalten zu beurteilen.«

Das sprach mehr für Cook als für Peary. Alle Forscher und Gefährten, die eine Expedition mit Cook unternommen hatten, rühmten seine Bescheidenheit, seine Hilfsbereitschaft wie auch seine unermüdliche Ausdauer, den Mut und die Tüchtigkeit. Peary selbst hatte ihm seinerzeit das allerbeste Zeugnis ausgestellt, desgleichen Bradley und Rudolf Francke. Peary dagegen war für seinen maßlosen Ehrgeiz und rücksichtslosen Egoismus bekannt.

* Der Neger Henson und die vier Eskimo waren also »niemand«. Dabei erklärte Matthew Henson vor dem Untersuchungsausschuß des Kongresses, daß Peary während der letzten Tage vor dem Pol völlig erschöpft und apathisch auf dem Schlitten saß. Er konnte nicht mehr gehen!

Zugunsten Dr. Cooks äußerte sich auch der amerikanische Millionär Harry Paine Whitney. Er war ähnlich wie Bradley ein Mann mit abenteuerlichen Neigungen, der Peary begleitet hatte, um in der Arktis zu jagen. Bei den Eskimo in Annoatok hatte es Whitney so gut gefallen, daß er sich eine Hütte bauen ließ, um während des Winters dort zu bleiben. So wurde er Zeuge von Cooks Rückkehr nach Annoatok und dessen Weiterreise nach Upernavik. Whitney sagte:
»Cook wollte erst seine Aufzeichnungen mitnehmen, aber dann erkrankte einer seiner Begleiter, und weil ihm deshalb die weite Fahrt nach Südgrönland noch riskanter schien, ließ er seine Instrumente und Aufzeichnungen in Mr. Franckes Obhut zurück. Ich versprach Dr. Cook, für deren sichere Beförderung nach New York zu sorgen. Als jedoch Mr. Peary wieder nach Annoatok kam, verbot er mir trotz meiner Proteste, diese wichtigen Unterlagen an Bord der ›Roosevelt‹ zu bringen. Weil er allein über dieses Schiff zu bestimmen hatte, mußte ich schweren Herzens seine Anweisung befolgen. Mr. Francke und ich haben sodann die Bücher, die Papiere sowie die Instrumente sorgfältig verpackt, um sie weit außerhalb des Lagers unter einem Steinhügel zu verwahren. Mir fällt schwer zu begreifen, daß man sie dort nicht mehr finden kann. Es muß festgestellt werden, daß Mr. Peary zehn Jahre zuvor den Norweger Otto Sverdrup in gleicher Weise behandelt hat, als dieser in Smith-Sound kreuzte. Er weigerte sich, auch nur das geringste von Sverdrups Aufzeichnungen mitzunehmen. Es gibt keine Ausdrücke, die scharf genug sind, um Mr. Peary zu verdammen, der sich bemüht, die Öffentlichkeit gegen Dr. Cook zu beeinflussen und dessen Charakter zu schwärzen.«*
Whitney hatte auch mit angesehen, wie Peary nach seiner Rückkehr von Kap Columbia den Warenschuppen Dr. Cooks aufbrechen ließ, um alles, was seinem Rivalen gehörte, an sich zu nehmen, auch die Blaufuchsfelle, das Walroß-Elfenbein und die Narwalzähne. Dies geschah trotz einer Tafel an der Tür, die deutlich besagte, wer der Eigentümer war. Peary erklärte jedoch, daß Cook spurlos verschollen sei und bestimmt nicht mehr lebte. Somit habe er das Recht, über dessen Nachlaß zu verfügen.**
Rudolf Francke mußte die Wegnahme der Sachen dulden, denn er war an Skorbut erkrankt und darauf angewiesen, daß ihn Peary auf der »Roosevelt« in die Heimat zurückführte. Wie Francke sagte, wäre er sonst in Annoatok elend gestorben. Für Franckes Mitnahme hat dann Peary 100 $ Schiffspassage von Bradley verlangt. Der hatte Dr. Cooks Expedition finanziert, und dazu gehörte auch Franckes Heim-

* Whitney in »Colliers Magazine« vom 16. Oktober 1909 und im »Boston Herald« vom 29. September 1909. Im übrigen war Whitney der Meinung, daß sowohl Peary wie Cook den Nordpol erreicht hatten.
** Ein seltsames »Recht«, denn Cook war verheiratet und Vater einer Tochter. Übrigens hatte es ein merkwürdiger Zufall gewollt, daß Mrs. Cook und Mrs. Peary die Telegramme, wonach ihre Männer den Nordpol erreicht hatten, am gleichen Tag im gleichen Ort von dem gleichen Postboten erhielten.

schaffung. Einen Teil seines Eigentums bekam Dr. Cook nach langen Streitereien zurück, aber nicht den schönsten und längsten Narwalzahn. Peary ließ das wertvolle Stück polieren und schenkte es dem Präsidenten Theodore Roosevelt als Souvenir aus der Arktis.

Es spricht für Dr. Cook, daß er anfangs nicht bezweifelte, auch Peary habe den Nordpol erreicht.

»Ich hoffe es sogar«, sagte er in Kopenhagen, als die Nachricht einlief, »seine Beobachtungen werden meine bestätigen.«

Erst Pearys leidenschaftliche Anklage, er habe die Öffentlichkeit betrogen, veranlaßte Cook zum Gegenangriff. Noch in Kopenhagen stellte er sich einem Gremium von Professoren zur Verfügung, die seine Angaben so eingehend wie nur möglich prüften. Der Polarexperte Professor Torp und der Astronom Professor Stramgren, beide die führenden dänischen Fachleute ihrer Zeit, kamen zu dem Ergebnis: »Wir stellten Dr. Cook eine lange Reihe mathematischer, technischer, astronomischer und naturwissenschaftlicher Fragen, die sich vorwiegend mit Punkten seiner Beweisführung befaßten. Dr. Cook bestand die Prüfung vollkommen, er hat alle Fragen zufriedenstellend beantwortet.«

Aber deshalb hörten die Angriffe nicht auf, sondern steigerten sich zu Verleumdungen der übelsten Art. Cook wehrte sich, so gut er konnte. Aber ihm fehlten Geldmittel für die Propaganda seiner Sache und die Gewandtheit bei öffentlichem Auftreten. Die Presse begünstigte Peary, der mit den Besitzern großer Blätter befreundet war. Wie man sagt, wurden 350000 Dollar gesammelt, um auf jede nur mögliche Weise für die Anerkennung Pearys als Entdecker des Nordpols zu werben. Und er genoß die Gunst Theodore Roosevelts, Präsident der Vereinigten Staaten.

Cook hatte auch keinen Sinn für gute Geschäfte. Das erste Angebot der Presse, nämlich 20000 Dollar für die Veröffentlichung seiner Abenteuer, schien ihm so glänzend zu sein, daß er gleich darauf einging. Als es zu spät war, wurden ihm 500000 Dollar geboten. Peary wartete lange genug, bevor er seine Rechte aus der Hand gab. Er soll mehr als eine halbe Million verdient haben.

Wie Amundsen gesagt hatte, hing die Glaubwürdigkeit eines Entdeckers von seinem Vorleben ab. So wurde nun die Behauptung verbreitet, Cook sei auch nicht der Erstbesteiger des Mount McKinley gewesen. Sein damaliger Begleiter bestätigte unter Eid, daß sie beide gelogen hatten. Jene Beschreibung Dr. Cooks von der letzten Etappe des Aufstiegs und von Einzelheiten auf dem Gipfel sollte freie Erfindung sein. Da machten sich im nächsten Jahr zwei Bergsteiger auf den Weg zum höchsten Berg Nordamerikas, um Klarheit zu schaffen. Sie fanden alle Aussagen Dr. Cooks bestätigt, pflanzten eine Fahne auf den Gipfel und kehrten zurück. Um sie mundtot zu machen, wurde jetzt erklärt, auch diese beiden Männer seien

Schwindler. Drei Jahre danach wurde der Mount McKinley wieder bestiegen, und zwischen den Steinen hoch droben steckte noch ein Stück von der Flaggenstange. Allem Anschein nach hatte man Cooks Begleiter bei der Erstbesteigung mit einer hohen Geldsumme bestochen, einen Meineid zu leisten. Was den Mount McKinley betrifft, war Dr. Cook gerechtfertigt.

Aber Peary konnte nicht dulden, daß sein Gegner im Ansehen der Öffentlichkeit Fortschritte machte. Andere Zeugen für sein unehrenhaftes Verhalten traten auf, um Beweise gegen Cook zu liefern. Fälschungen und andere Verfehlungen wurden behauptet und konnten mangels Gegenbeweises nicht in jedem Fall widerlegt werden. So übel zog man den guten Ruf des Dr. Cook durch den Schmutz, daß sich anständige Leute empörten. Ein Mann, der die Arktis von ihrer schlimmsten Seite erlebt hatte, raffte sich auf, um zu beweisen, daß Peary den Pol nicht erreicht hatte. Das war Adolphus Washington Greely, inzwischen zum General befördert und bei der Armee hoch geschätzt. Er hatte nach Pearys Bericht und eigenen Erfahrungen genau berechnet, daß es nicht möglich war, in so kurzer Zeit so weit über das Polareis zu reisen, wie Peary behauptete. Wenn das mitgebrachte Foto wirklich den Nordpol darstellte, konnte man daraus ersehen, daß die damaligen Eisverhältnisse keine schnelle Schlittenfahrt. erlaubten. Aber Peary hatte nach seinen Angaben vom 2. bis 9. April 1909 einen Tagesdurchschnitt von 74 Kilometern zurückgelegt und sogar 240 Kilometer in nur 56 Stunden. Bei solchen Reisen über das Polareis konnte bestenfalls nur einer der Männer auf dem Schlitten Platz nehmen, sonst wurden die Hunde zu müde. Mindestens einer mußte immer nebenher laufen, bei schlechten Eisverhältnissen sogar alle Teilnehmer der Expedition. Es war aber kein Mensch imstande, über einen Monat hindurch ein Tagestempo von mehr als siebzig Kilometern durchzuhalten. Auch die Hunde können es nicht. Fridtjof Nansen hatte erklärt: »Meine beste Leistung auf dem Polareis waren bei ausgesprochen guten Verhältnissen vierzig Kilometer am Tage. Dann gaben mir die Hunde zu verstehen, daß sie müde waren.«

Dr. Cooks Geschwindigkeit hielt sich in diesem Rahmen. Er hatte nach seinen Angaben nur einmal die Tagesleistung von 46 Kilometern erreicht. Auch hatte er ein Foto des angeblichen Nordpols mitgebracht. Am Schatten eines Eskimo, der dort auf dem Schlitten saß, ließ sich erkennen, daß die Sonne im Winkel von 12 Grad einfiel. Das war genau die Höhe der Sonne am Pol um die Zeit, zu der Cook behauptete, er sei dort gewesen.

Dann erzählten einige Jahre später seine beiden Eskimo, sie wären doch sehr enttäuscht gewesen, an dem Nordpol nichts Besonderes zu sehen. Aber Dr. Cook sei »wie ein Medizinmann« auf der leeren Eisfläche herumgesprungen. Dann hätte er sich wieder beruhigt und nach einem Tag die Rückkehr befohlen.

Das Hin und Her im Krieg der Polarforscher und der Presse bewog schließlich den Kongreß zu einer parlamentarischen Untersuchung. Es ging nicht so sehr um Cook, sondern um die Feststellung, ob nun Peary den Pol erreicht hatte. Obwohl dessen vermögende Freunde und Theodore Roosevelt klar zu erkennen gaben, welches Ergebnis sie wünschten, wurden Robert Peary nur außerordentliche Verdienste um die Erforschung der Polarwelt bescheinigt. Er hatte sich in Widersprüche verwickelt und bei der Frage nach Details keinen allzu guten Eindruck gemacht.*

Aber der Präsident und großenteils auch die Presse waren für Robert Peary. Seine Niederlage vor dem Untersuchungsausschuß wurde nicht ernst genommen. Cook reiste nach Borneo und überließ seinem Rivalen das Feld. Aber bei nachdenklichen Menschen war dessen Ruf lädiert, und vor allem die Kenner der Arktis neigten mehr zur Glaubwürdigkeit Frederick Cooks.

Drei Jahre nach Pearys Tod, der 1920 verstarb, wurde Dr. Cook im Staate Texas wegen schweren Betrugs zu dreizehn Jahren Gefängnis verurteilt. Er hatte als Präsident der »Petroleum Producers Associations« wertlose Aktien unter Vorspiegelung falscher Tatsachen angeboten und gut verkauft. Auf den Ländereien, wo die Ölquellen sein sollten, sprudelte nichts. Zu seiner Verteidigung konnte der Angeklagte nur sagen, daß er in gutem Glauben gehandelt habe. Das Gericht zog nicht in Erwägung, daß Dr. Cook selbst den höchsten Anteil dieser Aktien erworben hatte. Kein Profit vom Verkauf der anderen war in seine Tasche geflossen. Bis zu seinem Ende blieb Dr. Cook der festen Überzeugung, daß er nichts verbrochen hatte, sondern ein Opfer von Intrigen war, um ihn als Entdecker des Nordpols endgültig auszuschalten. Denn einem so schwer bestraften Betrüger konnte doch gewiß niemand mehr etwas glauben.

Während Dr. Cook fünf der dreizehn Jahre im Zuchthaus Leavenworth absaß, wurde Öl auf den verkauften Feldern gefunden. Deren Wert stieg auf das Hundertfache, und die Hauptaktionäre verdienten Millionen. Dr. Cook wurde auf Bewährung entlassen. Wenige Tage vor seinem Tode, am 5. August 1940, gab ihm ein anderer Präsident Roosevelt die bürgerlichen Ehrenrechte zurück.

Es konnte aber nichts mehr daran ändern, daß Dr. Frederick Cook durch seine Gefängnisjahre in den Augen der Öffentlichkeit ein Betrüger war. Im Kampf um den Pol hatte nun endgültig Peary gewonnen.

Er gilt in den meisten Nachschlagewerken und Handbüchern als der rechtmäßige

* Es wurde Peary nachgewiesen, daß er sich schon bei früheren Expeditionen mehrmals verrechnet hatte. So ist der von ihm entdeckte »Peary-Kanal«, der einen großen Teil des nordwestlichen Grönlands als Insel abtrennen soll, in Wirklichkeit nicht vorhanden. Dagegen wurde Cooks Entdeckung einer großen Insel westlich von Axel-Heiberg-Land bestätigt. Es ist die Meighen-Insel. Auch zwei von Cooks unberührten Proviantdepots sind später gefunden worden. 46 Jahre nach Pearys angeblicher Fahrt zum Pol wurde auf treibendem Eis auch eines seiner Lager entdeckt, natürlich in ganz anderer Gegend. Immerhin ein Beweis für die Langlebigkeit von Schollen im Polareis.

Entdecker des Nordpols, vielfach ohne Cook zu erwähnen. Nur die Gelehrten streiten sich noch immer, wer denn nun wirklich den Pol entdeckt hat.
Wenn man Peary nicht glaubt und auch Dr. Cook nicht so ganz traut, wer ist dann der erste Mensch am Pol gewesen?
Flugzeuge, Luftschiffe oder gar Unterseeboote zählen nicht. Auf den Weg über das Eis kommt es an, sonst wäre es ja keine Kunst und großartige Leistung. Auch Fahrten mit Motorschlitten, die aus der Luft versorgt werden und durch Funk in Kontakt mit der Außenwelt stehen, können sich nicht mit selbständigen Polarforschern messen.
Also, wenn Cook und Peary beide nicht am Pol waren, wer kommt dann als nächster in Betracht?
Dann hat, unter den obigen Voraussetzungen, bis zum heutigen Tage noch niemand den Nordpol erreicht.

Inuvik am Mackenzie

So klein war mein Haus, daß ich die Tür aufstoßen mußte, um in Hose und Stiefel zu steigen. Aber was man brauchte, um sich in dem winzigen Raum geborgen zu fühlen, war alles vorhanden. Ein gutes Bett, ein schmaler Tisch und ein Lehnstuhl fanden gerade noch Platz. Sechs Haken an der Wand ersetzten den Kleiderschrank, ein Besen in der Ecke nebst Putzlappen und Kehrichtschaufel machten deutlich, daß Sauberkeit erwünscht war und daß der Bewohner selbst dafür zu sorgen hatte. Ein kleiner elektrischer Ofen diente zur Erwärmung an kühlen Tagen, die Lampe besaß einen Schirm aus rosarotem Plastik, und an den beiden Fenstern gab es nicht nur Drahtgitter, die vor Moskitos schützten, sondern auch schwarze Vorhänge zur Verdunkelung während der taghellen Nächte. Den Waschraum und die Toilette erreichte man nach kurzem Gang durchs Freie. Auch diese Räume waren gepflegt und niemals überfüllt. Zu jeder Zeit konnte man den dortigen Hähnen heißes Wasser für Tee und Kaffee entnehmen.

Da ich keine Reise ohne komplette Ausrüstung einer Miniküche unternehme, war ich durchaus in der Lage, mir so manche wohlschmeckende Mahlzeit selbst zu bereiten. Eine gewissenhafte Überlegung, wie das in der kleinen Bude zu geschehen habe, war allerdings nötig. In dem knapp acht Kubikmeter großen Raum war noch mein nicht geringes Gepäck aufgestapelt, eine hastige Bewegung hätte diesen Turmbau zum Einsturz gebracht. Aber ich war endlich allein und freier Herr meines Standquartiers. Niemand drängte zum Aufbruch, ich konnte schalten und walten, wie es mir gefiel. Zudem war die Hausmiete überaus billig, denn sie kostete nichts.

Das hatte ich jenem Tag in Göttingen zu verdanken, als ich mit knapper Not meinen Doktor erwarb. Die Herren des Scientific Research Laboratory von Inuvik,

denen so leicht nichts entgeht, hielten mich deshalb für einen Wissenschaftler von eminenter Bedeutung. Sie glaubten allen Ernstes, daß ich ein Kollege aus Germany sei, der Fauna oder Flora polarer Zonen erforsche. Solchen und anderen Experten bietet man ganz selbstverständlich die Gastfreundschaft des Instituts.
»Warum gutes Geld für ein schlechtes Hotel verschwenden«, hatte mich der Chef des staatseigenen Unternehmens gefragt, »wir stellen doch gerne unsere Cabins auch fremden Gelehrten zur Verfügung!«
»Aber ich hab' doch kein Recht ... ich kann doch nicht ...«
»Sie schreiben Bücher und haben studiert. Wo ist Ihr Gepäck, wir laden's gleich in meinen Wagen, und ich fahr' Sie 'rüber. Mit der kleinsten Cabin müssen Sie allerdings vorliebnehmen, die anderen sind schon vergeben.«
Ich nahm vorlieb und fühlte mich wohl im Kreis der Polarforscher, deren Alter schon bei zwanzig begann und bei keinem über vierzig hinausreichte. Wir trafen uns bei gemütlichen Kaffeepausen, bei Filmvorführungen des Abends und zu angeregter Plauderei gegen ein Uhr morgens. Dann kamen noch ein paar junge Schwestern des Hospitals hinzu, was die Stimmung wesentlich belebte.
Abgesehen von der Beobachtung eines Nuklear-Monitors, der radioaktive Strahlen aus dem Weltraum empfängt, ist es nicht Aufgabe des Research Laboratory, eigene Forschungen zu betreiben. Vielmehr wurde es geschaffen, um die Forschungsarbeit und Forschungsreisen anderer Wissenschaftler zu erleichtern. Die kommen mit bestimmten Aufträgen aus allen Teilen Kanadas, der USA und gelegentlich sogar aus Europa. Sie finden in Inuvik nicht nur freies Quartier, sondern auch Arbeitsräume, Laboratorien, Dunkelkammern und eine reichhaltige Bibliothek, die alle polaren Forschungsgebiete umfaßt. Die gesamte Ausstattung für arktische Expeditionen wird ihnen kostenfrei zur Verfügung gestellt, ebenso die guten Ratschläge von Landeskennern. Nur drei kanadische Wissenschaftler gehören zum Stab des Instituts, alle übrigen sind Gäste des Hauses. Manche reisen bald wieder ab, während andere viele Monate bleiben. Das System wurde wohlüberlegt geplant und hat sich bestens bewährt.
»Früher bestanden die Schwierigkeiten der Polarforschung zu neunzig Prozent aus Problemen des Transportes, weil man alles und jedes über weite Entfernungen mitbringen mußte«, sagte mir Dick Hill, der Leiter des Research Laboratory, »heute ist das umgekehrt, denn wir können den Kollegen fast alles leihweise überlassen, was sie brauchen. Und womit wäre Ihnen gedient?«
Ich mußte warten, bis Nachricht von Paul Kwaterowski kam, welcher Ausflug in die weite Wildnis der nächste sei. Das konnte lange dauern oder nur wenige Tage. Vorläufig hatte ich nichts anderes zu tun, als die bisherigen Erlebnisse auf Tonband zu diktieren. Dann schickte ich normalerweise die Bänder nach Hause, und dort wurden sie abgetippt. Aber leider war das zur Zeit nicht möglich, denn

ein Streik, der schon wochenlang dauerte, hatte die kanadische Post lahmgelegt. Wann er zu Ende ging, konnte niemand voraussagen.

»Erzählen Sie mir doch von Inuvik«, bat ich Mr. Hill, »wie ist der Ort entstanden und aus welchem Grunde gerade hier?«

Weil das Gelände günstig lag und nie vom Mackenzie überschwemmt wurde, hatte man seinerzeit diesen Platz als neuen Mittelpunkt auf dem arktischen Festland bestimmt. Damals bestand auch der Plan, die Bewohner Aklaviks für eine Umsiedlung nach Inuvik zu gewinnen, was sie jedoch ablehnten. Auch ohne ihre Mitwirkung schritt die Durchführung des umfassenden Projekts voran, und bis heute gelang das weit besser als in Frobisher-Bay. Was die Kombination von Geld, Verstand und Energie zu leisten vermag, dafür ist Inuvik ein musterhaftes Beispiel, jedenfalls in den Augen eines Besuchers. Wo sich heute eine moderne Kleinstadt von über dreitausend Bewohnern ausdehnt, lebte vor 1956 kein einziger Mensch. Alle Gebäude, Straßen und Anlagen der Versorgung sind nagelneu. Obwohl die Pläne am grünen Tisch entstanden, viele tausend Kilometer weit vom Delta des Mackenzie entfernt, macht das Ergebnis den besten Eindruck. Man ist so großzügig vorgegangen, als würde im Laufe der Zeit die zehnfache Zahl von Bürgern erwartet. Breit sind die noch nicht asphaltierten Straßen und riesenhaft groß der Flugplatz, zu dem man gut zwanzig Minuten hinausfahren muß. Ein Flußhafen wartet auf noch viel größere Schiffe, als bisher dort anlegten. Zur schon bestehenden Sir-Alexander-Mackenzie-Schule für 600 Schüler kam für mindestens die gleiche Zahl soeben noch eine zweite hinzu. Man ist auch im Begriff, das ohnehin schon weitläufige Krankenhaus zu vergrößern. Ein Hallenschwimmbad wurde gerade eröffnet, während ich dort war, und neue Sportplätze sind im Entstehen.

Eine besondere Eigenart von Inuvik, der man überall begegnet, sind die Utilidors. Nur mit »Nützlichkeiten« läßt sich das sonst kaum gebrauchte Wort übersetzen. Es handelt sich um kilometerlange, eng miteinander verbundene Kästen aus verzinktem Blech, deren Durchmesser ungefähr einen Meter beträgt. In diesen quadratischen Behältern, die Inuvik kreuz und quer durchziehen, liegen Wasserleitung und Kanalisation, teilweise auch die Stromkabel und Röhren der Fernheizung. Damit die Utilidors auch im strengsten Winter nicht einfrieren, bläst ein ausgeklügeltes System bei Minustemperaturen warme Luft hindurch. Bei uns liegen solche Leitungen im Boden, wo sie der Frost nicht erreicht. Aber in der Gegend von Inuvik müssen sie oberirdisch verlaufen, weil der Grund schon bei 30 bis 40 Zentimeter selbst im Sommer steinhart gefroren ist. So waren Utilidors die beste und billigste Lösung des Problems, auch wenn ihr Anblick das Stadtbild erheblich stört.

Im Gegensatz zur mißglückten Planung von Frobisher-Bay und Baker-Lake hat

Inuvik einen städtischen Mittelpunkt erhalten, wo sich Post und Polizei, Behörden, Schulen und so weiter befinden. Dort ist auch das Sinnbild von Inuvik im bescheidenen Stadtpark zu sehen. Zu einer vergoldeten Kugel führen drei Bogen aus Stahl. Sie sollen die Weißen, die Eskimo und die Indianer symbolisch darstellen, die in der neuen Metropole des hohen Nordens zusammentreffen. Inuvik ist ein Wort der Eskimo, das Treffpunkt bedeutet.

Die Verteilung der Rassen ist keineswegs gleich, den 50 Prozent Weißen stehen 40 Prozent Eskimo und nur 10 Prozent Indianer gegenüber. So zeigt sich auch hier die Konzentration der weißen Kanadier in den großen Ortschaften, während nur sehr wenige in den kleinen Siedlungen leben. Zweifellos wird sich Inuvik zur bedeutendsten Stadt der kanadischen Arktis entwickeln, so wie man es wünscht, doch auf Kosten der Entvölkerung des übrigen Landes.

Wie das vor sich geht, ist deutlich zu sehen, wenn man Inuvik mit einem Begleiter durchwandert, der die Verhältnisse kennt und erklärt.

Am Ufer des Mackenzie, etwa hundert Meter nördlich des besiedelten Raumes, stehen sechs oder sieben Zelte der eben eingetroffenen Eskimo. Sie wollen nur Besorgungen machen und bei dieser Gelegenheit Freunde wiedersehen, die sich in der neuen Stadt niederließen. Aber der Besuch hat sich wochenlang, vielleicht schon monatelang ausgedehnt. Das beweist die wohnliche Ausstattung der Zelte und die Menge des Abfalls dahinter. Die Leute haben sich Fahrräder angeschafft, die Frauen tragen Halbschuhe und die jungen Mädchen flotte Kleider. Inuvik hat manches zu bieten, was sie sonst vermissen. Findet der Mann passende Arbeit, sei es auch nur gelegentlich für ein paar Stunden, dann will er gerne noch länger bleiben. Die Familie zieht alsdann in eine Wohnkiste, ungefähr sechs Meter lang und zwei Meter breit, wie sie die Regierung zur Verfügung stellt, um neue Bürger seßhaft zu machen. Mit elektrischem Licht und Ölheizung sind dafür nur 30 Dollar pro Monat zu bezahlen. Das ist für arktische Begriffe sehr billig, denn 30 Dollar entsprechen dem Durchschnittslohn von drei Tagen für ungelernte Arbeit. Wer einmal in der Kiste sitzt, wird auch dann nicht ausquartiert, wenn er diese geringe Summe schuldig bleibt. Die Wohlfahrt hilft ihm weiter, und das Kindergeld kommt noch hinzu. Der Nachwuchs geht in die Schule oder den Kindergarten, den Frauen gefällt die Nähe des chromglitzernden Supermarktes, und die Mädchen finden bald einen Freund, der sie ins Kino führt. Wenn der Eskimo oder Indianer nur einigermaßen strebsam ist, werden ihm manche Möglichkeiten steigenden Einkommens geboten. In einer Ortschaft, wo so viel gebaut und eingerichtet wird, braucht man auch ungelernte Kräfte, und die werden binnen Kürze angelernt.

Damit beginnt die zweite Etappe des Aufstiegs, ein Fertighaus mit drei Räumen wird zur nächsten Unterkunft der Neubürger. Inklusive Strom und Heizung beträgt die Monatsmiete rund 50 Dollar. Gelingt es dem Mann oder sonst einem

Mitglied der Familie, dauernd Anstellung zu bekommen, die wenigstens mit 200 Dollar monatlich bezahlt wird, so folgt die dritte Stufe der Verbesserung. Man zieht in ein modernes Apartmenthaus mit Bad und Wasserspülung. Diese Wohnung ist für ungefähr 2000$ käuflich zu erwerben, wobei langjährige Abzahlung möglich ist. Wer statt dessen ein ganzes Haus besitzen will, gar ein Wohnhaus mit zwei Etagen, muß bei bescheidener Anzahlung etwa 6000$ abstottern, wenn er bei den Bauarbeiten kräftig mithilft. Sonst kostet ihn das Eigenheim 10000 Dollar, wobei die menschenfreundliche Regierung noch den ungefähr gleichen Betrag als verlorenen Baukostenzuschuß dazugibt. Sie gibt ihn deshalb, weil die Familie ihre Tüchtigkeit und ihren Willen zur Fortentwicklung bewiesen hat. Solche Leute will man in Inuvik seßhaft machen. Aus dem gleichen Grund werden komplett eingerichtete und mit allem modernen Komfort versehene Holzhäuser auf dem Mackenzie herangebracht. Auf Tiefladern rollt man die Eigenheime zum Grundstück, wo schon alle Anschlüsse vorhanden sind. Ein Zusammensetzen aus Einzelteilen entfällt, man kann noch am gleichen Tag mit Kind und Kegel einziehen. Auf zehn bis zwölf Jahre verteilt, sind 18000 Dollar dafür zu bezahlen. Hat der Familienvater inzwischen ein Handwerk erlernt, fällt es ihm nicht schwer, den Betrag von Monat zu Monat abzuzahlen. Es könnte auch eine seiner Töchter als Hilfsschwester im Hospital monatlich 250 bis 350 Dollar verdienen.

Manche Eskimo leben schon heute besser als so manche weiße Familie. In erstaunlich kurzer Zeit haben sie alle Stufen des Aufstiegs hinter sich gebracht und wurden zu musterhaften Bürgern Inuviks. Zwar darf man eine so rasche Entwicklung nicht verallgemeinern, da sie nur wenigen Familien gelingt. Aber selbst diese wenigen beweisen, was den Menschen einer Rasse möglich ist, die man gelegentlich noch als primitiv bezeichnet. Es gibt wohl keine andere Bevölkerungsgruppe auf Erden, der schon acht bis zehn Jahre genügen, um sich einem vollkommen neuen Leben anzupassen, ja die untere Schicht der Weißen materiell wie kulturell zu überrunden. Sonst brauchen Naturvölker mehrere Generationen zur totalen Umstellung, wie auch das Beispiel der Indianer beweist, die trotz ihres viel früheren Kontaktes mit den Pelzhändlern weit hinter den Eskimo zurückblieben.

Wer sich mit dem Eskimo Viktor Allan unterhielt, einem Musterbeispiel des Selbsterziehers, wird erhebliche Mühe haben, ihm zu glauben, daß er nur drei Jahre lang eine Missionsschule besucht hat. Denn Viktor beherrscht nicht nur fehlerfreies Englisch mit bestem Akzent, sondern schreibt auch erstklassige Artikel für die Presse, hält interessante Vorträge, ohne abzulesen, und besucht internationale Kongresse, die ihn bis nach Australien geführt haben. Er ist Chef einer Werkstatt der Marine und besitzt ein schönes Haus in der feinsten Gegend von Inuvik. Während Abfall und Gerümpel so manches andere Eigenheim umgeben, blühen Blumen und Büsche im Garten dieses Eskimo. Seine Tochter Anita ist

eine olympiareife Skikanone und war bei internationalen Wettkämpfen unter den ersten Damen des Langlaufs.
»Wir leben im besten Land der Welt«, sagte mir Viktor Allan, »wir Eingeborenen der Northwest-Territories haben eine Regierung, die uns alle Türen zu Fortschritt und Bildung öffnet. Aber die Stufen müssen wir selbst hinaufgehen, das kann uns niemand abnehmen. Wer auf einen Lift wartet, der ihn mühelos zur zehnten Etage bringt, bleibt zeitlebens im Parterre.«
Pater Adam mit dem wallenden weißen Bart, der schon zweiunddreißig Jahre im Lande weilt, sah nicht alles in so rosigem Licht. Die so großzügig gewährte Wohlfahrt verleitet oft zu andauernder Faulheit, war seine Ansicht. Man sollte Bargeld nur an Bedürftige auszahlen, die wegen hohen Alters oder Krankheit nicht zur Arbeit fähig sind. Dagegen müßten die Arbeitsfähigen gegen ausreichenden Lohn zu einer Tätigkeit verpflichtet werden, die von allgemeinem Nutzen ist. Es sei wirklich nicht zu begreifen, daß sich Schrott und Müll zu Haufen türmen, während man das gute Geld der Steuerzahler an Nichtstuer verschwende.
Bei den meisten Unterhaltungen mit erfolgreichen Leuten wurde immer wieder von dem Problem gesprochen, gutes Personal zu finden. Daran fehlte es in jeder Sparte, auch bei den Behörden, Schulen und selbst bei der RCMP, die früher als vorbildlichste Einrichtung des Landes galt. Man stellte die Behauptung auf, daß nur etwa 20 Prozent der Beamten und Angestellten in vollem Maß ihre Aufgaben erfüllten. Diese »Aktiven« müssen weitere 50 Prozent mitschleppen, die gerade noch das Nötigste auf schlampige Weise erledigen, während der verbleibende Rest auf Kosten der Arbeitswilligen überhaupt nichts tut. Damit waren auch solche gemeint, die theoretisch eine Anstellung hatten und Bezüge kassierten.
»Darunter sind Typen, wie man sie sonst gar nicht mehr kennt«, sagte mir Pater Adam, »die haben ihre Zigarettenstummel auf meinem Tischtuch ausgedrückt, und sie dachten nicht daran, sich die schmierigen Hände zu waschen, bevor sie zum Essen kamen. Die haben in meiner Gegenwart gotteslästerlich geflucht und mich dann um ein Darlehen angeschnorrt. Hätte ich denen was gegeben, wären sie gleich zum Liquorshop gelaufen. Aber wenn der Wald brennt und man braucht Freiwillige zum Löschen, läßt sich keiner von den lumpigen Kerlen blicken.«
Dagegen ist Tom Butters, früher Administrator von Inuvik, ein Idealist von reinster Überzeugung. Auf alle Ämter und Geschäfte hat er verzichtet, um statt dessen eine Zeitung namens »Drum« herauszugeben, die einzige Zeitung im Norden der NWT. Sie erscheint wöchentlich, ist großenteils nur hektographiert und konnte bisher nicht über eine Auflage von 1200 Exemplaren hinausgelangen. Die Redaktion besteht aus dem Herausgeber allein, der auch selbst die Texte abzieht und sein Blatt verschickt. Er teilt den Raum, wo alles geschieht, noch mit einem

Geschäftsmann, der handwerklichen Bedarf verkauft. Dennoch ist die »Drum« – »Trommel« auf deutsch – ein bedeutendes Blatt für den hohen Norden, denn es prangert Mißstände an, ergreift die Initiative zur Durchführung neuer Ideen und läßt als parteiloses Organ jeden zu Worte kommen. Keine Siedlung ohne ehrenamtlichen Korrespondenten, der mehr oder minder ungelenk der »Drum« berichtet, was sich während der letzten Wochen in seiner Umgebung zutrug. Auch Indianer und Eskimo sprechen sich aus, ganz so, wie es ihnen gerade in den Sinn kommt. Tom Butters ändert daran kein einziges Wort, aber gerade das verleiht seinem Blatt den besonderen Charakter. Einige Artikel erscheinen in Silbenschrift der Zentral-Eskimo oder in französischer Sprache, damit jeder Leser zu seinem Recht kommt. Was die indianische Korrespondentin Dora Gully aus Fort Franklin zu berichten hatte, will ich versuchen, auf deutsch wiederzugeben:

»Leute haben Fischnetze durchs Eis gehängt, aber Eis treibt weg und Netze auch weg. Kein Fisch für Hunde, wir machen Futter für Hunde. Sommerzeit viel Fische und Warmwetter für Fischen leicht. Ich jetzt traurig über so wie jetzt ist. Ich gewohnt bin viel arbeiten für Leben sonst. Als Mann mein noch lebt ich auch machen Fisch, Trappen, Jagen. Ich muß tun damit Kinder essen . . . Ich nicht warten kann für mein Mann bis er fischen und jagen. Ich weiß er ist guter Jäger wenn Lust haben dafür. Aber ich konnte gut helfen zu machen ihn glücklich. Alle Männer jetzt kommen zurück von Trapline. Ein alter Mann war über 70 Jahre alt. Sein Name Edward Blondin. Er weg für zwei Monate, kommt zurück für Weihnacht. Sein Sohn geht mit. Er sagt sie haben 100 Pelze. Dieser alte Mann über 70 Jahre arbeitet wie Jungmann. Ich denke er ist 76 Jahre. Und er hat verloren ein Auge. Er hat jetzt ein Auge nur aber er kann noch schießen Elch oder zwei. Manche Männer wollen wieder gehen zur Trapline aber kein Hundefutter für Reise und weiter Weg. Sie werden gehen doch. Junge Leute haben viel Spaß Weihnachten immer tanzen Abend bis Neujahr. Jetzt gehen 23 Kinder zur Schule. Manche sind nicht sehr klein, aber sehen aus sehr klein für Schule. Manche von ihnen gehen zur Schule gern. Ich bald wieder schreiben. Grüße freundlich von Dora Gully.«

»Schreiben Sie doch auch für die ›Drum‹«, meinte Tom Butters, »machen Sie Vorschläge zur Entwicklung des Tourismus. Sie wissen doch, was fehlt und was zu machen wäre. Aber die ›Drum‹ zahlt ihren Autoren kein Honorar . . . ich biete Ihnen nur ein Elchfilet bei mir zu Hause, wären Sie damit zufrieden?«
Auf dem schmalen Tisch meiner Cabin verfaßte ich einen sechsseitigen Artikel, den Tom Butters ohne Streichung in der »Drum« erscheinen ließ. So blieb in dieser Nummer kaum noch Platz für Leserbriefe und lokale Ereignisse übrig.

Meine Vorschläge waren wohlüberlegt, wie ich glaube, und ich hatte sie den Möglichkeiten des Landes angepaßt. Jene Fremden, denen ein paar Ferienwochen in den NWT gefallen würden, die verlangten keinen besonderen Komfort, aber sie wollten aus den Ortschaften heraus, um die Weite und Wildnis des Landes zu genießen. Zu sauberen Blockhütten an verträumten Seen, wo sich die Biber tummelten, sollte man die Touristen bringen. Der Besuch in den Jagdlagern der Indianer und Eskimo war in meinem Entwurf vorgesehen. Sprachkundige Führer, ordentliche Boote und wasserdichte Zelte sollten zur Verfügung stehen. Menschen aus der Großstadt suchten die unberührte Romantik des Nordens, nicht die schmuddelige Atmosphäre drittklassiger Hotels mit anhaltender Lärmentwicklung. Aber vorläufig bestand für fremde Privatleute so gut wie keine Möglichkeit, in die freie Natur hinauszukommen. Das mußte ihnen ermöglicht werden.
Doch ich fand weder Gegenliebe noch Verständnis, wie später die Zuschriften erwiesen. Auch die Chance, durch Betreuung der Touristen gut zu verdienen, schien kein Anreiz zu sein. Während die Alaskaner nach den Dollars der Fremden jagen und nach allen Regeln der Kunst den Schwarm der Touristen anlocken, bleiben die Nordwester lieber unter sich, obwohl sie doch sehr hilfsbereit und gastfrei sind, wenn der Fremde vor ihnen steht. Aber in diesem Augenblick ist er kein Fremder, sondern ein Gast ihrer Gegend. Jedoch der Gedanke, daß viele hundert, ja sogar Tausende Besucher den gewohnten Alltag störten, erregte Ablehnung und sogar Widerwillen. Gerade aus diesem Grund sind die NWT noch so unberührt von der Außenwelt.
Gerne wäre ich mit einem Boot und sachkundigem Begleiter durch die schmalen Creeks des Mackenzie-Deltas gefahren, um auch diese entrückte Welt kennenzulernen. Aber zunächst war das nicht möglich. Tom Butters hatte zwar den geeigneten Mann gefunden, doch er wollte von dem gemeinsamen Ausflug nichts wissen.
»Mein Boot ist ein Arbeitsboot und kein Fahrzeug zum Vergnügen«, war seine wenig freundliche Antwort.
»Sie tun's ja nicht zum Vergnügen, nennen Sie mir doch Ihren Preis.«
»Für Geld mach' ich so was erst recht nicht!«
Schließlich fand sich ein junges schwedisches Ehepaar, das meinen Wunsch für 30 Dollar pro Tag gern erfüllte. Es war eine hochinteressante Fahrt bei schönstem Wetter und strahlender Sonne. Wir saßen am Lagerfeuer inmitten des Deltas, brieten Karibu-Steaks am Weidenspieß und betrachteten mehrere Biber bei ihrer emsigen Arbeit. Es konnte nicht besser sein, und ich genoß einen Ausflug jener Art, von der Touristen träumen.
»Warum haben nur Sie verstanden, was ich wollte?« fragte ich meine Begleiter.
»Wir sind Stadtmenschen aus Stockholm, und ich glaube, nur Großstädter wissen

die Wildnis zu würdigen. Deshalb sind wir vor drei Jahren 'rübergekommen und wollen auch bleiben.«
Sieben Deutsche gab es in der kleinen Stadt, darunter den siebzigjährigen Taxichauffeur Bruno Wiedemann, dessen Beruf es war, Fluggäste auf den Flugplatz zu bringen. Dafür bekam der alte Bruno jeweils 5 Dollar, was ihm ein behagliches Leben ermöglichte. Auch die Bäckerei Inuviks gehörte einem deutschen Einwanderer und erfreute sich ebenso zahlreicher wie zufriedener Kundschaft. Eine Oberschwester aus Dortmund bat mich liebenswürdigerweise zum Dinner in den Speiseraum des Hospitals. Sie sagte selbst, das Essen sei nordwestkanadisch, und so war es auch. Aber im Gesellschaftsraum der Angestellten und Ärzte verbrachten wir recht angenehm die folgenden Stunden. Da konnte jeder hinkommen, der hinreichend bekannt war. Fotos wurden herumgezeigt, Dias auf die Leinwand geworfen und Karten gespielt. Man bildete Gruppen und trennte sich wieder. Junge Männer hielten junge Mädchen im Arm, wie das im Halbdunkel so üblich ist. Weibliche Eskimo und Indianer, als Hilfsschwestern angestellt, gehörten natürlich auch zur Gemeinschaft. »Wenn die einen Freund haben«, sagte mir die Oberschwester, »besonders wenn er neu ist, dann verlieren sie den Rest ihres Verstandes. Sonst kann man nicht über sie klagen.«
Eine indianische Nurse hatte ohne weiteres gekündigt, nur weil man ihr nicht zum dritten Male erlauben wollte, den Nachtdienst zu verschieben. Sie wollte aber mit ihrem Freund ins Kino und erst am Morgen wieder erscheinen. Da half weder gutes Zureden noch strenger Hinweis auf die übernommenen Pflichten. »Sie wurde fristlos entlassen, es ging nicht anders. Jetzt muß der Staat auch noch die beiden Kinder von dem dummen Ding ernähren. Vielleicht ist schon ein drittes unterwegs.«
Wie man sagt, ist Gary Wagner der reichste Mann von Inuvik. Als Gerhard Wagner kam er vor sieben Jahren aus der Nähe Stuttgarts in die NWT, um weiterhin den Beruf eines gelernten Tischlers auszuüben. Getreu dem schwäbischen Grundsatz: »Wir heiraten Nachbars Kind, dann wissen wir, woran wir sind«, hatte er sich seine junge Frau aus der Heimat mitgebracht. Bei dem strebsamen Fleiß des Gary Wagner konnte es nicht ausbleiben, daß aus dem Lohnarbeiter schon bald ein Unternehmer wurde. Inuvik bot seinem ideenreichen Kopf und seiner unermüdlichen Schaffenskraft so manche günstige Möglichkeit. Nun gehören ihm schon ein Dutzend Häuser, und er baut ein neues Hotel mit dem Namen »Eskimo Inn«, das demnächst seine Pforten öffnen wird. Dieser Konkurrenz wird das miserabel geführte andere Hotel zweifellos erliegen. Der schwäbischen Küche und Sauberkeit, gepaart mit vernünftigen Preisen, kann wohl niemand widerstehen.*

* »Wir eröffnen im Juli«, schreibt mir Gary soeben, »aber schon zeigt sich so viel Interesse, daß wir im nächsten Jahr noch einen Seitenflügel mit 90 Zimmern dazubauen.«

Obwohl er gerade Strohwitwer sei, möge ich doch abends vorbeikommen, hatte mir Gary gesagt, wir würden uns selbst dies oder jenes in der Küche zurechtmachen. Aber vor halb zehn dürfe ich nicht kommen, bis dahin habe er noch dringend zu tun. Damit er auch wirklich frei und fertig war, verzögerte ich mein Erscheinen um eine halbe Stunde. Dann sah ich den erfolgreichen Unternehmer hoch droben auf einer Leiter an dem Neubau seines Hotels.

»Was tun Sie denn noch zu so später Stunde?« rief ich hinauf, obwohl man deutlich sehen konnte, daß er Nägel einschlug.

»Dollarle spare . . .«, rief er zurück, »gute Dollarle spare, ha no, bei den horrende Löhn, wo die Leut hier krieget.«

Dann stieg er zum Boden herab, und wir gingen in seine Wohnung hinauf. Es sah dort relativ so ordentlich aus, wie es bei einem Mann nur sein kann, dessen Frau für acht bis zehn Wochen in der Ferne weilt. Gary und ich bereiteten mit vereinten Kochkünsten ein Mahl, das unsere Gattinnen durch Einfallsreichtum verblüfft hätte. Weintrauben mit Lachs sowie Erdbeeren im Eierkuchen sind besonders bekömmlich, wenn man kanadischen Kognak folgen läßt. Und Gary erzählte mir, wie es möglich war, mit billigen Krediten so intelligent zu bauen, daß schon binnen wenigen Jahren die Mieter alle Kosten bezahlt haben.

»Mir hännet gar net viel in de Tasch ghabt, als mir komme sind«, meinte er mit stolzem Lächeln, »aber jetscht kann i meiner Frau 'ne rote Sportwage schenke, wenn sie mit Bub und Mädle von Ibiza zurückkommet. Da hat sie mit den Eltern mal Ferie gmacht in unserm Häusle.«

Wenn es so einfach war, in relativ kurzer Zeit derartigen Erfolg zu haben, warum machten es nicht die anderen Leute genauso?

»Jeder könnt's mache, jeder hat die gleiche Möglichkeit, wenn er nur zugreife wollt' und sehe könnt', was einen hier voranbringt . . .«

Die besten Möglichkeiten sind wohl schon vergeben, denn Gary hat sie ergriffen. Das Unvermögen so vieler anderer ist sein Vermögen.

Als besonders streng zu hütendes Geheimnis vertraute er mir an, daß am nächsten Nachmittag Pierre Trudeau, der Ministerpräsident von Kanada, ganz überraschend Inuvik besuchen werde. Aber aus Gründen der Sicherheit durfte das erst nach Ankunft des Regierungschefs bekanntwerden. Mit Flüsterstimme, damit ja kein Spion mithören konnte, versprach ich, das Geheimnis zu wahren.

Als ich bald danach am Verlagsraum der »Drum« vorüberkam, eilte Tom Butters heraus, um mich wissen zu lassen, daß er mich zum Auslandskorrespondenten seines Blattes ernannt hatte. Den gestempelten Presseausweis drückte er mir gleich in die Hand.

»Damit kommen Sie durch jede Absperrung«, meinte er kameradschaftlich, »schon morgen werden Sie den Ausweis brauchen, denn im strengsten Vertrauen . . .

der Ministerpräsident ist nach Inuvik unterwegs. Aber vorläufig darf's noch niemand wissen.«
Auch von Dick Hill wurde ich zu absolutem Schweigen verpflichtet, als er mir das gleiche Geheimnis anvertraute. Jene Giftschlange von der Post, der es besondere Freude machte, mir immer wieder zu sagen, daß noch lange gestreikt würde, segelte beim Verlassen des Mackenzie-Hotels mit süßem Lächeln auf mich zu. »Morgen mittag wird der Big-Boss hier eintrudeln. Sie können sich dann bei ihm persönlich beschweren, daß die Post nicht funktioniert. Aber reden Sie nicht darüber, bevor der Pierre durch Inuvik rollt. Ich will nicht schuld daran sein, wenn die Leute schon jetzt faule Tomaten sammeln!«
Als der Morgen graute, das heißt um halb drei in der Früh, wurden insgeheim Triumphbögen aufgestellt und mit Girlanden geschmückt. Die Mounties trugen ihre scharlachroten Galauniformen und alle Schulkinder ihre hübschesten Kleider. Schon gestern hatte wohl jeder Bürger Inuviks unter dem Siegel der Verschwiegenheit von dem Staatsgeheimnis erfahren.
Falls der Premierminister politische Gegner hatte, hier im Städtchen war nichts davon zu merken. Jedem Nordwester war wohlbekannt, was der Staatsmann in den Territorien schon geleistet hatte. Lange bevor er in sein hohes Amt berufen wurde, hatte Pierre Trudeau mit seltenem Wagemut die Wildwasser des Coppermine-River bezwungen. Dagegen mußte alles verblassen, was man sonst von ihm wußte oder vermutete.
Wie gegen Mittag verkündet wurde, wollte sich der Ministerpräsident um neun Uhr abends der Bevölkerung Inuviks vorstellen und eine bedeutende Rede halten. Alle Bürger der Ortschaft hatten freien Zutritt. Im großen Saal der Sir-Alexander-Mackenzie-Schule sollte die Versammlung stattfinden, und hinterher, so wurde gesagt, gab es dann Kaffee und Kuchen für jeden Zuhörer.
Mit meiner Pressekarte in der Hand begab ich mich eine Viertelstunde zuvor an den genannten Ort. Niemand wollte den Ausweis sehen, und noch keine zwanzig Personen hatten sich eingefunden. Das war keineswegs Ausdruck einer Geringschätzung gegenüber dem Premier, sondern nur die Folge der Erfahrungen, daß sich Politiker um mindestens eine Stunde verspäten. Als fünf Viertelstunden vergangen waren, hatte sich der Raum einigermaßen gefüllt. Aber nur die Kinder von zwei bis zwölf Jahren, die sich munter plaudernd in den ersten Reihen drängten, waren festlich gekleidet. Die Erwachsenen und Halberwachsenen, sofern sie nicht zum offiziellen Kreis gehörten, hatten in überwiegender Mehrheit auf eine Krawatte verzichtet. Keinem der Blindgänger, die etwa ein Viertel der Versammlung stellten, war es in den Sinn gekommen, sich zu waschen oder gar zu rasieren.
Als die Uhr zwanzig Minuten nach zehn zeigte, wurde Pierre Trudeau ohne besonderes Zeremoniell in den Saal geleitet. Immerhin, alle Leute standen auf und

klatschten zur Begrüßung. Dem Premier folgte Mr. Stuart Hodgson, der Commissioner für die Northwest-Territories sowie ein Schwarm von Trägern geringerer Würden. Sechs hochgewachsene Mounties in prachtvoller Gala stellten sich vor das Podium, während ihr beleibter Chef, der hörbar schnaufte, auf einem Stuhl in der ersten Reihe niedersank.

Es folgten die üblichen Begrüßungsworte, wobei der Commissioner für die NWT beachtlichen Humor und Geist verriet. Danach begab sich der Premier ans Pult und gewann mit beispiellosem Geschick sogleich das Interesse aller Zuhörer. Was er sagte, waren gewiß nicht mehr als jene Versprechungen, die man bei solchen Gelegenheiten zu erwarten hat, aber seine Art des Redens und die Redewendungen gingen zu Herzen. Jedes Wort war haargenau auf die Mentalität der Nordwester abgestimmt. Brausender Beifall unterbrach den Regierungschef mehrere Male. Damit auch die Frankokanadier einen Grund zur Begeisterung fanden, beschloß Pierre Trudeau – der ja selber einer ist – die halbstündige Ansprache auf französisch. Sogar ein Gruß an die Eskimo auf eskimoisch durfte zuletzt nicht fehlen. Nach donnerndem Applaus der Allgemeinheit betrat eine traditionell gekleidete Eskimogruppe die Bühne, um Trommeltänze vorzuführen. Für mich waren sie eine Enttäuschung, denn in Alaska wird weit Besseres geboten. Aber dort tanzen die Eskimo für Touristen und haben wohl ihre wirkungsvollen Tänze von Choreographen des Broadway gelernt.

Während Kaffee und Kuchen für etwa fünfhundert Personen gereicht wurde, ließ es sich Tom Butters nicht nehmen, mich dem Commissioner vorzustellen. Der war über meine Person schon informiert, und nach einigen freundlichen Worten brachte er mich zum Chef der kanadischen Regierung. Dieser hatte erstaunlicherweise von meinem Artikel in der »Drum« gehört und kam sogleich darauf zu sprechen.

»Ja, ich kenne das Problem des Tourismus in den Territories. Da bietet uns die Zukunft große Möglichkeiten, aber wir müssen beim Anfang beginnen . . . ganz am Anfang. Das geschieht jetzt, Sie werden's in Yellowknife sehen. Dort besteht nun eine Tourist-Abteilung, und sie hat schon einiges. getan. Wir wären auch dankbar für Touristen aus Europa, gerade die Deutschen reisen doch gerne.«

»So ist es, Exellenz, aber meine Landsleute werden in den NWT die Romantik der nordischen Wildnis suchen und sind dann enttäuscht, wenn man sie auf Flugplätzen stehenläßt. Dort müßte man die Fremden empfangen und in die Weite des Landes hinausbringen . . .«

»Es wird geschehen, glauben Sie mir, aber so schnell geht's leider nicht. Die Freunde der freien Natur müssen in den NWT vorangehen, dann folgen die Touristen. Wir werden ihnen die Wege ebnen. Vielleicht helfen Sie uns, die NWT bekanntzumachen?«

»Aber nicht für faule Touristen, Exzellenz, dies Land würde seinen Reiz verlieren, wenn hundert Autobusse durch die Wildnis rollen.«

Pierre Trudeau verzog das Gesicht, als sei ihm schon dieser Gedanke eine bittere Medizin.

»Es wäre gut für die wirtschaftliche Entwicklung«, sagte er, »aber dann fahren wir beide mit den Hundeschlitten zum Nordpol.«

Am Fluß der Stachelschweine

Die Post streikte noch immer, seit vier Wochen kein Brief von daheim und kein Bericht von mir an Frau und Freunde. Nur ein sündhaft teures Telefonat zwischen Inuvik und München hatte wenigstens erklärt, woran das lag. Für mich war der lange Streik nur lästig, aber verlustreich für viele Geschäftsleute. Wer kein Telefon besaß, war für die Dauer des Streiks von allen Verbindungen mit der Außenwelt abgeschnitten. Wie man sagte, sollten aber die Gehälter der Postleute weit unter dem Durchschnitt liegen, weshalb ihr Lohnkampf nicht ganz unbegründet erschien.

Zweimal täglich besuchte ich das Büro des Gamewarden von Inuvik, um zu erfahren, welches Abenteuer mir als nächstes bevorstand. Da war verschiedenes geplant, aber aus dem einen oder anderen Grund mußte man damit noch warten. Die Karibujäger hatten ihre Vorbereitungen noch nicht beendet, für den Lockhardt-River fehlte es an zuverlässigen Karten, und die Fishing-Lodge am Coronation-Golf war zur Zeit noch besetzt. Für die Bärenjagd in den Mackenzie-Bergen hielt man Pferde für erforderlich, die aber bisher ihr Ziel nicht erreicht hatten.

»Üben Sie Geduld, wenn's auch schwerfällt«, ließ mir Paul Kwaterowski ausrichten, »einen Vorrat an tiefem Schlaf können Sie für später brauchen. Noch eine Woche wird vergehen, bevor ich Sie aus Inuvik abrufe.«

Doch mir fehlte die Geduld, sieben bis acht Tage am gleichen Ort zu vertrödeln. Inuvik hatte ich von innen und außen kennengelernt. So modern und betriebsam wie das Städtchen war, lud es doch nicht zu längerem Verweilen. Es fehlte die Romantik des wilden Nordwestens, und von der freien Natur war kaum ein Hauch zu spüren. Das leicht verschlampte, aber urgemütliche Aklavik erschien mir trotz allem bedeutend reizvoller. Erst wollte ich für die Wartewoche in Andys vergam-

melte Umgebung zurückkehren, hatte aber dann einen viel besseren Einfall, nämlich Old Crow am Porcupine-River. Wie eine Anzahl von farbigen Fotos bewies, die mir Dick Hill gezeigt hatte, bestand das Indianerdorf am Stachelschwein-Fluß noch ganz aus Blockhütten der ursprünglichen Art. Das Leben sollte noch so verlaufen wie zu Zeiten des blühenden Pelzhandels. Als mir gesagt wurde, die Landung auf einer Kiesbank im Fluß sei im allgemeinen mehr als fraglich, zur Zeit aber möglich, war mein Entschluß gefaßt.
Nur ein Flugunternehmen, die Great Northern Airways, bedient Old Crow. Die Maschinen fliegen dann weiter nach Dawson und Whitehorse, denn nur für das kleine Dorf der Luchu lohnt sich die Mühe nicht. Ebenso wie diese beiden aus den Tagen des »Goldrausches« wohlbekannten Orte liegt auch »Alte Krähe« jenseits der Felsenberge im Yukon-Territorium. Durch Whitehorse und Dawson führt der Alcan Highway, die berühmte Fernstraße von den USA nach Alaska, während sich Old Crow inmitten unberührter, sonst vollkommen menschenleerer Wildnis befindet. Kein Flugplatz ist dort vorhanden. Nur bei niederem Wasserstand erscheinen mehrere Inseln aus Kiesgeröll, die eine Landung der Verkehrsmaschine erlauben. Aber welche der Inseln sich jeweils zu diesem Zweck am besten eignet, muß von Fall zu Fall der Pilot entscheiden. Dann meldet er den Landeplatz seiner Wahl per Funk dem Polizeiposten in Old Crow, und von dort wird ein Boot zu der Kiesbank entsandt.
Es kann sein, daß sie von der Ortschaft eine Stunde oder noch weiter entfernt liegt. Zwar dauerte in alten Zeiten die Fahrt vom Mackenzie nach Old Crow viel länger, aber man konnte sich fast immer darauf verlassen, eines Tages dort anzukommen. Heute muß man darauf gefaßt sein, daß es der Pilot für geraten hält, nach Dawson weiterzufliegen, und mit ihm alle Passagiere, die nur bis Old Crow bezahlt haben. Dann wird beim Rückflug erneut eine Landung versucht. Wenn sie wieder nicht möglich ist, steigen die Fahrgäste dort wieder aus, wo sie abflogen.
Unsere Maschine war eine DC-6 älterer Bauart, hatte aber den Vorteil, nur eine relativ kurze Bahn für Start und Landung zu benötigen. Unter elf Passagieren, die an Bord stiegen, war ich der einzige nach Old Crow, selbst der Pilot konnte nicht begreifen, was ich dort wollte. Seines Wissens hatte noch kein Ausländer ohne besondere Veranlassung das einsame Dorf besucht. Um so besser für mich, dann war es noch weitgehend frei von fremden Einflüssen.
Frachtraum und Passagierkabine waren dasselbe. Wurden mehr Versorgungsgüter als Fluggäste befördert, klappte man einfach die Sitze an die Wand, um davor das Gepäck zu verstauen. Eine indianische Stewardeß zeigte mir auf Fotos, daß gelegentlich auch vollbepackte Schlitten mit zehn bis zwölf Hunden die Reise mitmachten. Für manche der modernen Trapper war das einfacher, als erst nach an-

strengender Schlittenfahrt von zwei bis drei Wochen den Beginn ihrer Trapline zu erreichen. Die an Pelztieren besonders reichen Gebiete nordwestlich von Old Crow machten Sonderausgaben möglich. Dort im Grenzgebiet zwischen Kanada und Alaska sollte auch die Qualität der Winterfelle hervorragend sein. Sogar einen Volkswagen hatte man unlängst mit der gleichen Maschine von Dawson nach Inuvik gebracht. Während des Winters war es die beste und auch billigste Möglichkeit gewesen, denn über den Alcan Highway konnte der Wagen auf eigener Achse nach Dawson fahren. Zum Einladen wie Ausladen hatte man allerdings einen Kran benötigt und die meisten Sitze entfernt.

Wir überflogen das Delta, danach eine dünnbewaldete, von vielen Sümpfen befeuchtete Gegend und bald darauf eine hügelige Landschaft mit sehr breiten Tälern. Die Hügel wurden danach höher und steiler, von Bäumen oder Sträuchern war nichts mehr zu sehen. Drunten spalteten tiefe Schluchten das Hochgebirge, an den schattigen Hängen lag noch der Schnee des letzten Winters, und blankes Eis glänzte auf den Gipfeln. Das waren die Richardson-Mountains, die nördlichste Fortsetzung der Mackenzie-Berge. Seit Menschengedenken sind weder Indianer noch Eskimo in dies wilde Gebirge eingedrungen. Dem Vernehmen nach sollen aber die weißen Wildschafe in den Richardson-Bergen sehr zahlreich sein und teilweise kapitale Trophäen tragen. Aber zu beschwerlich ist die Jagd und viel zu weit der Anmarsch. Nirgendwo gibt es in der Nähe eine Möglichkeit, zu landen oder zu wassern. So sind die Richardsons ein Wildreservat, das keines gesetzlichen Schutzes bedarf, um Schonung zu genießen. Es war wunderbar, im Flug darüber zu schweben, um von hoch oben in eine Welt zu schauen, die keinen Besuch erlaubt.

Die Berge blieben zurück, fast ohne Übergang folgte eine Ebene ohne sichtbares Ende. Moorwiesen dehnten sich aus, gelbbraune Flüsse durchströmten das Land, ein verschilfter See reihte sich an den nächsten. Fichten und Birken waren selten, nur Weidengestrüpp konnte hier den Stürmen widerstehen. Knapp anderthalb Stunden waren wir in der Luft, als drunten ein breiter Fluß mit zahlreichen Windungen erschien. »Fluß der Stachelschweine« nennen ihn die Indianer, Porcupine-River sagen auch die Kanadier. Seine vielen Zuflüsse kommen aus den Richardsons und den Ogilvie-Mountains. Am Ende strömt das klare Wasser des Porcupine in den mächtigen Yukon und fließt mit ihm durch ganz Alaska. Die Grenze zwischen diesem Staat und dem Yukon-Territory ist nur ein gerader, fast 1600 Kilometer langer Strich auf der Landkarte. Es gibt dort keine Menschen, die es interessieren könnte, ob sie als Kanadier oder Amerikaner gelten. Die Staatsgrenze ist ohne Markierung, wer sie überschreitet, kann es nicht bemerken. Dies ist wieder ein Beweis dafür, wie eng die USA und Kanada zusammenarbeiten.

Außer den Bewohnern von »Alte Krähe« lebt niemand im nördlichen Yukon,

nur diese eine Siedlung besteht am Porcupine-River. Aber sie ist nicht so alt, wie es den Anschein hat, sondern wurde erst 1904 gegründet, als der indianische Laienprediger John Teason die im Lande verstreuten Luchu zum anglikanischen Glauben bekehrte und an einer Stelle zusammenfaßte. Der Name des Orts ist der Name des damaligen Häuptlings, der nach seinem Totemtier »Alte Krähe« genannt wurde. Viel älter als »Old Crow« waren Rampart-House und La-Pierre-House, zwei Vorposten der Hudson-Bay-Company. Beide sind längst verlassen, aber die von Gesträuch überwucherten Blockhäuser sollen noch bestehen und dienen gelegentlich einem Jäger als Zuflucht. Sie waren in alter Zeit wichtige Stationen auf der Zweitausend-Kilometer-Reise von McPherson am Mackenzie-Delta zu den russischen Handelsposten am Unterlauf des Yukon-River. Aber man braucht sie nicht mehr, seitdem das Flugzeug kam. Nur die Royal Canadian Police unternimmt noch in jedem Winter eine Schlittenreise von Old Crow nach McPherson, um nicht aus der Übung zu kommen.
Der Pilot zog die Maschine bis fast auf den Fluß hinunter. Er überflog drei oder vier kahle, kiesgraue Inseln, wendete nach der letzten und kehrte wieder zurück. Die breiten Räder setzten auf, viele tausend Steine spritzten, und polternd fegte der Riesenvogel über die rauhe Bahn. Etwa fünfzig Schritt vom Ende der Insel entfernt standen wir still. Die beiden Stewardessen schoben mit zarter Hand die Leiter durch die Kabinentür und hängten sie ein. Alle Passagiere wollten draußen umherspazieren, aber sie wurden höflich ersucht, beim Ausladen der Fracht zu helfen. Es genügte nicht, die Kisten und Säcke neben die Maschine zu stellen, man mußte sie bis zum Rand des Wassers tragen, weil das Flugzeug beim Start die ganze Länge der relativ schmalen Insel benötigte.
»Sie müssen hier 'ne gute Stunde warten, bis ein Boot kommt, um Sie abzuholen«, sagte mir der Pilot. »Eine Landung näher bei Old Crow war leider nicht möglich.«
Morgen abend sollte die Maschine wiederkommen, aber sie war dann voraussichtlich schwer beladen und brauchte eine längere Bahn, als ihr heute zur Verfügung stand. Wenn bis dahin kein Regen fiel, was kaum zu befürchten war, mußte wohl der Wasserstand im Porcupine-River weiter zurückgehen, und dementsprechend größer wurde die Insel.
»Und wenn nicht . . .?«
»Tja, dann bleiben Sie bis auf weiteres in Old Crow und genießen die Gastfreundschaft einer kinderreichen Familie. Bei denen kommt's auf eine Person mehr oder weniger nicht so an.«
Ich hoffte sehr, daß er landen konnte.
Bald darauf saß ich mutterseelenallein auf meiner Kiesbank im Stachelschwein-Fluß und überlegte, was zu machen sei, wenn mich niemand abholte und strö-

mender Regen das Wasser steigen ließ und ich gezwungen war, die »Insel« zu verlassen.

So verging eine halbe Stunde, eine volle Stunde und noch eine halbe dazu. Keine Wolke zog über den hellblauen Himmel, und harmlos strömte das glasklare Gewässer an der flachen Insel vorüber. So vollkommen war die Einsamkeit, als wäre es mir bestimmt, für immer an diesem Fleck zu bleiben. Ohne fremde Hilfe war es nicht möglich, von hier fortzukommen, auch fehlten auf der Kiesbank alle Möglichkeiten, um ein Leben wie Robinson Crusoe zu fristen. Ich tauchte meine Hände ins Wasser und fand es so kalt wie die Fluten des Eismeers.

Aber man hatte den gestrandeten Passagier nicht vergessen. Endlich war in der Ferne das Tuckern eines Bootes zu vernehmen. Um die Biegung stromab kurvte eine Scow mit Außenbordmotor, die hurtig herankam. Zwei Männer saßen darin und ein junges Mädchen von schlanker Gestalt, das freundlich winkte. Von allen Sorgen befreit, winkte ich zurück, und schon stieß das Fahrzeug knirschend ans Ufer.

»Tut mir leid, daß Sie lange gewartet haben«, sagte die junge Indianerin, »aber wir hatten eine Motorpanne und mußten reparieren.«

»Das macht gar nichts, ich hab' mich hier ganz wohl gefühlt.«

Die Männer schleppten das Gepäck ins Boot, wobei sie brummend meine Hilfe ablehnten. Das hübsche Mädchen bot mir eine Zigarette und reichte Feuer.

»Was haben Sie vor in Old Crow, wer hat Sie geschickt?«

»Niemand hat mich geschickt, ich bleibe nur bis morgen abend und will mir die Ortschaft ansehen.«

»Da gibt's nichts zu sehen. Sie werden enttäuscht sein, wie rückständig wir noch leben. Ich möchte gerne in eine Stadt, aber Johnny will nicht, weil er beim Trapping gut verdient.«

Wir stiegen ein und fuhren ab, wobei uns die Strömung half, den Fluß sehr flott hinabzugleiten. Leider wurde nichts aus einer anregenden Unterhaltung mit der reizenden Person, die fehlerfreies Englisch sprach. Das Mädchen war müde, legte sich auf eine Wolldecke und schlief sogleich wie ein Murmeltier in zusammengerollter Stellung. Mir blieb nur der Anblick ihrer Formen, die durch straff anliegende Blue jeans und einen knapp sitzenden Pullover vorteilhaft zur Geltung kamen. Die beiden Männer verstanden nur Luchu, mit ihnen war kein Wort zu wechseln.

Eine Landschaft von bezaubernder Schönheit zog an uns vorüber. Dunkle Fichten, vom Sturm zerzaust, säumten die Ufer, während bucklige Inseln von Birken und Weiden bedeckt waren. Hier hatte der Herbst schon begonnen, die Gräser und das Schilf, die Kräuter und Blätter schimmerten in satten Farben. Auf beiden Seiten erhoben sich sanft ansteigende Hügel, die nach Westen zu blauen Bergen emporwuchsen. Im Fernglas war zu erkennen, daß ihre Gipfel bis über die Schneegrenze hinaufreichten. Über uns zogen Wildgänse nach Süden.

Die Hütten von Old Crow lagen hoch über dem Steilufer auf einer Halbinsel. Doch waren zunächst nur die Dächer zu sehen und zahlreiche flache Boote an der Landestelle. Erst glaubte ich, der Mann am Motor wollte vorüberfahren, als er mit elegantem Schwung so geschickt aus der Mitte des Stromes auf das Ufer zustieß, daß unser Fahrzeug bis zur Hälfte über den Sand hinaufrutschte. Drei Buben im Alter von fünf bis acht Jahren eilten herbei, um beim Ausladen tätig zu werden.

»Meine Kinder sind gut erzogen«, erklärte mir die junge Indianerin, »sie sollen mal ordentliche Leute werden.«

»Sie haben schon Kinder . . . es ist kaum zu glauben!«

»Ja, diese drei Jungen und noch zwei Mädchen, aber die sind noch klein. Ich nehme an, Sie wollen zum Reverend, meine Buben werden Sie hinbringen.«

Irgendwo mußte ich beginnen, den Kontakt mit der Bevölkerung aufzunehmen. Da war der Geistliche eine gute Verbindung, falls er meinen Besuch nicht als Störung seiner Ruhe empfand. Die Jungen griffen bereitwillig nach meinem leichten Gepäck und liefen voran. Über einen ausgetretenen Pfad ging es hinauf, vorbei an vielen angepflockten Hunden, die zur Begrüßung jaulten und mit dem Schweif wedelten. Vorerst war kein Mensch zu sehen, da es bei echten Indianern als ungehörig gilt, einem Fremden gegenüber Neugier zu verraten. Nirgendwo entdeckte ich ein Fahrzeug oder hörte einen Motor. Die Wege verliefen nicht geradlinig, sondern durchzogen die weit auseinanderliegende Ortschaft in Schlangenlinien. Man hatte nicht alle Bäume gefällt, sondern den Rest des Waldbestands übriggelassen. So standen die graubraunen Holzhäuser in einem natürlichen Park, und das gab Old Crow den Anschein, die Villenkolonie ruhiger Rentner zu sein. Jede Familie lebte auf dem Grundstück ihrer Wahl im eigenen Häuschen, und doch bildeten alle zusammen eine vertraute Gemeinschaft.

Manche der Blockhütten wurden durchs Gewicht ihrer Stämme bis über die Schwelle in den Boden gedrückt. Andere standen auf klobigen Pfählen, und über eine kurze Treppe stieg man zum Eingang hinauf. Weit hingen die Dachkanten über, um die Balkenwände vor Regen und Schnee zu beschützen. Die verglasten Fenster waren klein und die Schornsteine kurz. Mit Lehm und Grasplaggen hatte man die meisten Dächer gedeckt, so daß auf vielen Hütten eine struppige Wiese lag. Gebleichte Geweihe von Elch und Karibu waren an so manchen Giebel genagelt. Lange Wäscheleinen mit flatternden Röcken, Blusen, Hemden und Hosen, oft in sehr bunten Farben, bewiesen den Wunsch nach Sauberkeit. Neben und hinter den Häusern standen die Vorratsschuppen, vielfach in der Form eines Wigwams. Die spitzgiebeligen Caches erhoben sich zwei bis drei Meter hoch über dem Boden, und ihre Pfähle waren mit rostigem Blech beschlagen, damit keine Nagetiere daran hinaufkamen. Zelte aus brüchig gewordener Leinwand dienten bis zum Beginn des Winters als Schlafplätze für die halbwüchsigen Kinder. Schlitten und deren Zubehör lagerten auf Gestellen, oder man hatte sie an die Hauswände gehängt. Der sonst übliche Abfall und das Gerümpel verbrauchter Kisten war nicht zu sehen. Ich nehme an, daß man allen überflüssigen Kram ganz einfach über die Böschung in den River schüttete. Der Reverend und seine Frau bewohnten ein Blockhaus, das sich nur durch einen von Wildrosen überwachsenen Zaun von den anderen unterschied. Mr. Exum, ein Mann von turmhafter Größe, trat vor die Tür und streckte mir die Hand entgegen.

»Kommen Sie herein, wir wollten gerade Kaffee trinken, und Ihre Tasse steht schon auf dem Tisch.«

Seine Frau war eine der vier Lehrkräfte im Ort und soeben mit der Durchsicht von Schulheften beschäftigt. Ihr Mann hantierte mit der Kanne, brachte Gebäck auf den Tisch und führte das Gespräch. Er konnte sich in seinem Haus nicht aufrichten, sonst wäre er mit dem Kopf an die niedere Decke gestoßen. Es war alles recht behaglich in den Räumen, so ganz, wie man sich ein Pfarrhaus in der Idylle ländlichen Lebens vorstellt.

»Unser Dorf scheint neuerdings lebhaftes Interesse zu finden«, meinte der Reverend, »aus aller Welt kommen die Besucher, um in Old Crow dies oder jenes zu studieren. Da waren im Frühjahr zwei Leute vom National Filmboard hier, dann ein englischer Sprachforscher, und zur Zeit haben wir eine junge Dame aus Ottawa in unserer Mitte, die sich mit der Soziologie indianischer Frauen befaßt. Tja, und da kommt nun noch ein Forscher aus Deutschland . . . was ist Ihr Fachgebiet, wenn ich fragen darf?«

»Gar keins, ich hab' nur allgemeines Interesse an Land und Leuten. Vielleicht schreib' ich ein Buch darüber.«

Die Frage des Reverends, was für ein Buch das sein sollte, konnte ich nicht so klar beantworten, wie er das offenbar wünschte. Hatte ich mir denn kein bestimmtes Thema zur Aufgabe gestellt, wie etwa die Morphologie des Bibers oder die Phrenologie der Indianer? Nein, das war nicht der Fall, mich interessierte das Leben von Menschen und Tieren ganz allgemein, die Landschaft, das Klima, und auch der Jagd war ich nicht abgeneigt. Der Geistliche sah darin keinen Grund für weite Reisen. Er schüttelte mißbilligend den Kopf. Wer nicht Spezialist der einen oder anderen Sparte war, schrieb womöglich Romane oder andere unwahre Geschichten. Zu den Wissenschaftlern, die man ernst nehmen mußte, gehörte so einer nicht. Mr. Exum wurde merklich kühler und gab seiner Frau durch einen Blick zu verstehen, daß man sich hüten mußte, mir Auskünfte zu erteilen. War doch nicht abzusehen, für welche Zwecke ich sie mißbrauchte.

»Pater Mouchet weiß über Land und Leute am besten Bescheid«, sagte er nach längerer Pause, »wir sind nicht so lange in Old Crow wie er. Ich würde Sie gern zu ihm bringen, aber er ist leider mit einer Gruppe von jungen Leuten in die Berge gezogen.«
»Wie schade, ich hatte schon von ihm gehört. Er soll ja ein großer Sportsmann sein und indianische Skiläufer trainieren, mit erstaunlichem Erfolg, wie es heißt.«
Darauf ging Mr. Exum nicht ein, vielleicht waren seine Beziehungen zur Konkurrenz nicht besonders herzlich.
»Am besten wird's wohl sein, ich bringe Sie zur Polizeistation«, meinte er statt dessen, »dort wird man Ihnen alles, das glaube ich sicherlich, über Land und Leute berichten, was Sie nur interessieren könnte.«
Wir begegneten unterwegs dem Häuptling von Old Crow, einem ernst dreinblikkenden Mann mittleren Alters namens Charly Abel, der nebenbei als Pedell der Schule amtierte. Da er nur wenige Worte der englischen Sprache verstand, mußten wir uns mit Händeschütteln begnügen.
Mr. Exum sagte beim Weitergehen, daß Charly gestern einen starken Elch geschossen habe. Jede sonstige Beute kann der Jäger für sich behalten, aber für einen Elch gelten andere Sitten. Den schenkt man seinem besten Freund, und der muß zum Verzehr die ganze Dorfgemeinschaft einladen. Alle Frauen helfen bei der Zubereitung, wobei jede einen Teil bekommt und sich die größte Mühe gibt, etwas Besonderes daraus zu machen. Dann wird alles gegen Abend in den Beratungsraum des Dorfes gebracht, wo man die verschiedenen Gerichte gemeinsam verspeist. Die Teilnahme am Festschmaus gilt als Ehrenpflicht. Wer nicht erscheint, beleidigt sowohl den Jäger wie den Gastgeber.
Ebenso wie jede andere Siedlung dieser Größenordnung besaß auch Old Crow Schule und Post, Funkstation und Hospital, dazu noch die Polizeistation mit zwei Beamten. Infolge des reichen Kindersegens waren vier Lehrkräfte notwendig, um das Pensum von neun Schuljahren zu erfüllen. Die großen Ferien umfaßten auf Wunsch der Familienväter die Zeit von Mitte Januar bis Mitte April. So konnten ihnen die Söhne beim Trapping zur Verfügung stehen, und die Mädels mußten den Müttern beim Bearbeiten der Felle behilflich sein. Dank des vorbildlichen Gesundheitsdienstes waren auch hier Todesfälle so selten geworden, daß ihnen fünf- bis sechsmal soviel Geburten gegenüberstanden.*

* Nach neuesten Erhebungen ist die Geburtenquote in den NWT und Yukon doppelt so hoch wie im übrigen Kanada, nämlich 38,6 auf 1000 Personen. Fast 18 Prozent der Neugeborenen sind unehelich. Die Quote der Sterbefälle beträgt 6,8 auf 1000 und liegt damit um ein Siebentel niedriger als der gesamtkanadische Durchschnitt. Etwa ein Drittel der Todesfälle betraf Kinder unter einem Jahr, und das war bedeutend mehr als im übrigen Kanada, doch verschwindend wenig im Vergleich zur früheren Zeit. Die häufigste Todesursache der Erwachsenen sind Unfälle und deren Folgen. Die Indianer erreichen im Durchschnitt ein höheres Alter als die Eskimo und die weißen Kanadier.

Für das kleine Hospital genügte eine Nurse, die Hilfe herbeirief, wenn sie mit einem schweren Fall nicht fertig wurde. Die Funkstation bediente ein Lehrer, der nebenbei noch als Administrator eingesetzt war. Inklusive der beiden Mounties, von denen einer Frau und Kinder besaß, lebten zwölf weiße Kanadier in der Siedlung am Porcupine, während sich die Luchu auf 260 Köpfe vermehrt hatten. Eigentlich, so verriet mir der Reverend, mußte man sie als Takudh bezeichnen, denn so nannten sich die Leute selbst, und so hieß auch ihre Sprache. Aber leider war der Name Luchu, oder besser gesagt Loucheux, an ihnen hängengeblieben. Dabei gab es niemand in Old Crow, der wirklich schielte.
Was ich mehr bedauerte als den überholten Namensstreit, waren unpassende Gebäude in Alte Krähe. Das Hospital, die Schule und auch die Polizeistation waren aus Fertigteilen zusammengesetzt, so wie es allenthalben geschah. Doch hier wirkten diese modernen Bauten wie die Faust ins Auge. Es wäre besser und viel geschmackvoller gewesen, sie dem Blockhausstil des übrigen Ortes anzupassen. Die Katholische Mission hatte es getan, auch die Post befand sich in einem Blockhaus und war nur durch ein Schild neben der Tür als solche zu erkennen. Antennen für den Radioempfang sowie die verglasten Fenster waren sonst die einzigen, nicht zu übersehenden Beweise der neuen Zeit.
Von jedem, der vorüberging, freundlich begrüßt, kamen wir zur Polizeistation. Von außen wie von innen war sie mehr mit der Sparkasse eines Vororts zu vergleichen als mit einem Posten der RCMP im wilden Nordwesten, so wie man glaubt, daß er sein mußte. Schmucklose Wände, glatter Fußboden und gähnende Leere ließen den hellen Büroraum noch größer erscheinen, als er tatsächlich war. Hinter einem langen, glänzend polierten Tisch saß ein adrett uniformierter Constable von kaum zwanzig Jahren, der kaum den Eindruck machte, überlastet zu sein. Der Reverend stellte mich vor und teilte dem Mountie mit, daß ich mancherlei Fragen zu stellen hätte. Dann nickte er mir zu und entfernte sich.
»Ich weiß nichts, überhaupt nichts«, sagte der blutjunge Beamte, »bin erst seit drei Wochen hier, und der Sergeant ist verreist . . .«
»Aber Sie kennen doch die genaue Zahl der Einwohner, und wann erscheint das nächste Versorgungsschiff auf dem Porcupine?«
»Ich weiß nichts, überhaupt nichts, bin ja erst vor drei Wochen gekommen . . . Fragen Sie doch unseren Special Constable, der stammt von hier und weiß alles. Er wird draußen bei den Hunden sein . . .«
Als Special Constables werden Eingeborene bezeichnet, die als landeskundige Gehilfen und Männer für alles zu den Polizeiposten im Nordwesten gehören. Neben guten menschlichen Qualitäten und Pflichtbewußtsein ist die Kenntnis der englischen Sprache Voraussetzung für ihren verantwortlichen Dienst. So war auch hier der Special Constable namens Jimmy ein tatkräftiger Mann der Praxis, wenn

nicht gar die eigentliche Seele des Geschäfts. Sein Alter schätzte ich auf vierzig Jahre, und sicher verbarg sich in seiner gedrungenen, muskulösen Gestalt sehr viel Ausdauer und Körperkraft. Grinsend streckte er mir die Hand entgegen.
»Willkommen, Sir, was steht zu Diensten?«
»Die Hunde möchte ich sehen, die berühmten Schlittenhunde von Old Crow.«
Sie werden für die Zwecke der Polizei schon seit vielen Jahren in Alte Krähe gezüchtet. Der Posten am Porcupine ist einer der letzten, der sich noch mit Aufzucht in eigener Regie beschäftigt und etwa zwanzig prächtige Hunde besitzt. Sie zu pflegen und anzulernen war eine der Aufgaben des Special Constable, die er mit Sachkenntnis erfüllte. Die Hunde befanden sich in einem weitläufigen, mehrfach unterteilten Zwinger, waren sehr kräftig gebaut und trugen ein dichtes, glänzendes Fell. Das hatten sie vor allem ihrer guten Ernährung zu verdanken. Wie der Special sagte, war die Hundehaltung außerordentlich teuer, wenn es in so vorbildlicher Weise geschah. Der Betrieb von Motorschlitten hätte viel weniger gekostet, aber ganz ohne Hunde wollte die RCMP eben doch nicht sein. Es galt einen Rest von Tradition zu wahren. Und es war auch denkbar, daß man aus besonderen Gründen in eine Gegend gelangen mußte, die nur mit Hundeschlitten erreichbar war.
»Sie wissen ja, die Eskimo spannen ihre Hunde in der Form eines Fächers vor ihren Schlitten«, sagte Jimmy, »bei uns laufen Sie hintereinander, sonst kommen sie nicht durch Wälder und enge Schluchten. Dabei hängt alles vom Leithund ab. Er muß auf Zuruf gehorchen und selbst den besten Weg durchs Gestrüpp bestimmen. Nur wer den Leithund zum Freund hat, kann weite Strecken ohne viel eigene Mühe zurücklegen.«
Nicht die weißen Beamten unternahmen alljährlich die Schlittenfahrt nach McPherson und zurück, sondern der Special Constable mit einem anderen Indianer. Sie waren zwölf bis vierzehn Tage unterwegs, schliefen in Zelten oder verlassenen Trapperhütten.
Nach drei Ruhetagen am Ziel begann schon wieder die Rückreise. Es war eine Übungsfahrt wie auch die Abschlußprüfung jener Hunde, die Jimmy neuerdings trainiert hatte. Ausflüge von einem oder auch mehreren Tagen wurden während des Winters in jeder Woche unternommen. Man half den Trappern beim Befördern ihrer Lasten, holte Kranke aus den Jagdlagern oder suchte nach Verschollenen. So oder so fand sich ein Grund, um die Hunde zu bewegen. Sie konnten je nach Beschaffenheit des Geländes eine Last von 300 bis 600 Kilo flott bewegen, und als Lohn ihrer Mühe bekamen sie anderthalb Kilo Kraftfutter pro Tag.
»Bis zu welchem Alter müssen sie arbeiten?«
»Schon im achten oder neunten Jahr ist's mit der Ausdauer vorbei«, sagte der Special Constable mit betrübtem Gesicht, »dann lohnt sich's nicht mehr, so einen Hund zu ernähren. Der arme Kerl wird in den Wald geführt und erschossen.

Das ist 'ne schlimme Sache, glauben Sie mir, denn er weiß, was mit ihm geschieht und bittet um sein Leben. Aber es hilft ja nichts . . .«

Der Special bekam feuchte Augen, was man bei Indianern nur selten bemerkt. Ich stellte gleich andere Fragen und hörte von ihm, daß außer einer gelegentlichen Prügelei kein Anlaß bestand, in Old Crow polizeilich einzugreifen. Die Gefängniszelle war seit Jahren nicht mehr benutzt worden. Von Diebstahl konnte keine Rede sein, wenn ein Indianer dem anderen etwas wegholte. Er nahm die Sache nur in Gebrauch, wobei er möglicherweise vergaß, sie dem Eigentümer wiederzubringen. Deswegen holte man nicht gleich die Polizei, das wurde untereinander ausgemacht, oder der Häuptling regelte den Fall auf friedliche Weise.

Was den Konsum von Alkohol betraf, so hielt er sich in Grenzen. Einen Liquorshop gab es nicht, vielmehr wurden berauschende Getränke an Ort und Stelle aus Waldbeeren gebraut, und zwar mit Genehmigung der zuständigen Behörde. So hatte es der Gesundheitsdienst gewünscht, weil die heimliche Herstellung nach den alten, primitiven Methoden viel größeren Schaden gestiftet hatte als jene Schnäpse, die man jetzt nach dem Rezept der Weißen gewann. Zu verhindern war das Brennen doch nicht, so aber stand es unter hygienischer Kontrolle.

»Mit der Wohlfahrt nehmen's manche Leute nicht so genau«, mußte Jimmy zugeben, »sie verkaufen mehr Felle, als sie zugeben, und lassen sich Hilfsgelder auszahlen. Da muß man aufpassen. Aber die guten Trapper sind stolz, die wollen kein Geschenk von der Regierung.«

Während des letzten Jahres hatte ein Mann allein fast 4000 Bisamratten gefangen und pro Stück 60 Cents dafür bekommen. Sein Gesamterlös war viel Geld in Old Crow, denn man wohnt im eigenen Haus und lebt in der Hauptsache von der Jagd sowie den Fischen im River. Wer etwa sechzig Kilometer den Fluß hinauffuhr, kam in eine Gegend, wo es unglaublich viele Biber gab. Man bekam 25 bis 55 Dollar für jedes Fell, entsprechend der Qualität.*

Neulich hatten drei Mann in drei Tagen 30 Felle erbeutet, und eine ähnliche Ausbeute war keineswegs selten. Karibus zogen in großer Zahl durch das Land, auch Elche waren nicht schwer zu finden. Vorgestern hatte Fred Inatvik einen Grizzly am Crow-River erlegt, das Fell hing vor seiner Hütte, und ich sollte es mir ansehen.

* In der Zeitschrift »Drum« wurden soeben die letzten Pelzpreise veröffentlicht. Dabei handelt es sich wohlgemerkt um Rohfelle, wie sie der Trapper dem Pelzhändler liefert. Die sorgfältige Zubereitung, also das Gerben und so weiter, kann diese Preise bis auf doppelte Höhe treiben. Auch dann ist der Mantel oder die Pelzmütze noch lange nicht fertig.
Wildnerz: 1. Qualität 30-40 $, 2. Qualität 15 $, 3. Qualität 8 $ (Man beachte die enorme Preisspanne!)
Marder: 1. Qualität 23-25 $, 2. Qualität 17-19 $, 3. Qualität 7-9 $
Biber: Superb 50-60 $, I. Qualität 43-48 $, 2. Qualität 2-34 $, 3. Qualität 7-13 $
Luchs: I. Qualität 55-68 $, 2. Qualität 40-46 $, 3. Qualität 25-35 $
Wolf: je nach Qualität 35-85 $
Eisbär: je nach Größe und Qualität 275-400 $

Man hatte es gar nicht schlecht in Old Crow, niemand litt unter materiellen Sorgen. Schon deshalb nicht, weil nach alter Gewohnheit der eine dem anderen half. Von dieser Hilfsbereitschaft hatte Mrs. Sheridan viel Rühmendes zu berichten. Sie war jene Dame, die schon seit sechs Monaten hier in einer Hütte hauste, um das Sozialverhalten der indianischen Frauen zu studieren. In Old Crow war das am besten möglich, weil sich im Gegensatz zu anderen Orten relativ wenig verändert hatte.
»Zwar leisten Frauen die schwerste Arbeit wie bei fast allen Naturvölkern«, bedauerte die junge Forscherin, »aber wenn man den Dingen auf den Grund geht, ist gerade deshalb der Mann von ihr abhängig. Er mag den strammen Max spielen, soviel er will, und nach außen hin das große Wort führen, aber das Innenverhältnis der Familie wird eben doch von der fleißigen Frau bestimmt. Was man bei uns als zerrüttete Ehe bezeichnet, gibt's bei den Takudh so gut wie gar nicht. Und eine Scheidung ist so selten, daß seit Jahren kein Paar daran dachte. Die jungen Mädchen sind's, die sich unter ihren vielen Freunden schließlich den Partner fürs Leben aussuchen. Der Mann glaubt zwar, er hätte gewählt, aber in Wirklichkeit war's Wunsch und Wille des Mädels.«
Mrs. Sheridan führte mich bei vier oder fünf Familien ein, mit denen sie auf vertrautem Fuße stand. Als Dolmetscher diente ihr die vierzehnjährige Tochter des Bärenjägers Freddy Inatvik. Wir wurden überall freundlich empfangen und mit Tee oder Kaffee bewirtet. Ich verteilte Süßigkeiten an die Kinder, worauf mir dann gerne gestattet wurde, das Familienleben mit Weitwinkel und Blitzlicht zu fotografieren. Doch für Mrs. Sheridan, die sehr reizvoll aussah und schon so lange allein hier lebte, wurde es immer peinlicher, in meiner Gesellschaft aufzutreten. Man glaubte, ich sei ihr Gatte, der sich reumütig bereit gefunden hatte, das Eheleben wiederaufzunehmen. Es fehlte nicht an indiskreten Bemerkungen in dieser Hinsicht.
»No, he is not my husband«, rief Mrs. Sheridan schon beim Eintreten. »Nein, das ist nicht mein Mann . . . erst in sechs Wochen werde ich von meinem Mann abgeholt!«
Das Kind übersetzte, und zurück kam die Antwort:
»Dann mußt du aber deinen Freund vorher wegschicken, sonst bekommst du Prügel von deinem Mann.«
Nachdem Mrs. Sheridan den falschen Verdacht mehrmals von sich gewiesen hatte, schien es mir geraten, daß wir uns trennten.
Meine nächste Station war der Kaufladen des Halbindianers James Nitra, ein weißgestrichenes Blockhaus über dem Steilufer des Flusses. Von der Decke hingen Fallen jeder nur möglichen Art, Gewehre der verschiedensten Preislage lagen auf allen Schränken, Patronen füllten ein ganzes Regal. Dazu bunte Stoffe, Leder-

stiefel, Mokassins, Pelzmützen, Geräte für Angler und Fischnetze. Natürlich auch Kisten und Kästen mit Mehl, Pulvermilch und Haferflocken, sowie Konserven, Büchsenbutter, Tabak, Zigaretten und alles nur mögliche Handwerkszeug. Es war ein vollgestopfter Laden wie seinerzeit im Wilden Westen. Man kennt das ja aus einschlägigen Filmen. James Nitra mußte alles führen, was in Old Crow gebraucht wurde, aber nichts durfte er haben, was hier fremdartig war und deshalb liegenblieb. Es gab keinen anderen Händler im Umkreis von fünfhundert Meilen. Auch die Pelze gingen durch seine Hände und ebenso alle Waren, die einmal im Jahr der Flußdampfer beförderte.

Dieses betagte Schiff trug den bemerkenswerten Namen »Brainstorm« – »Gedankenblitz« –, obwohl es sich nur langsam bewegte. Mit einer Lastbarke im Schlepptau verließ der Dampfer, sobald sich die Ströme vom Eis befreit hatten, die bedeutende Ortschaft Dawson am Alcan Highway und mühte sich den Yukon hinauf, der schon bald die Grenze überquerte. Dann ging es weiter durch Alaska nach Norden, bis Fort Yukon erreicht wurde, wo das Schiff mit seiner schwerbeladenen Barke in den Porcupine-River einbog. Nach Westen dampfend, gelangte die »Brainstorm« wieder auf kanadisches Gebiet und erreichte schließlich bei Old Crow den Endpunkt ihrer Fahrt. Doch hatte während des letzten Jahres ein Sturmwind die Lastbarke mit allem Inhalt versenkt.

»Da mußte ich meinen Laden dichtmachen und hab' den Winter in Vancouver verbracht«, sagte James Nitra, »ich hatte ja nichts zu verkaufen.«

»Und Ihre Kunden in Old Crow?«

»Die wurden durch 'ne Luftbrücke versorgt, und 'ne Menge Geld hat's die Regierung gekostet.«

Ein Mann, der weder rauchte noch trank und keiner Frau das Jawort gegeben hatte, amtierte als Posthalter von Old Crow. Seine Mutter war eine Luchu gewesen und sein Vater der anglikanische Erzdiakon des Nordwestens, Malcolm Macdonald mit Namen. Dreißig Jahre hatte dieser fromme Mann dazu gebraucht, um die Bibel, hundert Psalmen und heilige Schriften in die Takudh-Sprache zu übersetzen, deren Verbreitung weit nach Alaska hineinreicht. Der Sohn war nicht so bedeutend, aber mit seiner Stellung als Posthalter zufrieden. Von wenigen Ausnahmen abgesehen, konnten nur die halbwüchsigen Kinder lesen und schreiben, aber sie schickten keine Briefe in die Welt. So beschränkte sich der Kundenkreis des Posthalters auf die wenigen Weißen im Ort. Für Telegramme war die Funkstation zuständig und für schwere Frachten der Händler James Nitra. So schob denn Mr. Macdonald eine beneidenswert ruhige Kugel. Er bewohnte den einen Raum des gemütlichen Amtes, wogegen er in dem anderen seine Pflicht erfüllte, sofern sich Gelegenheit dazu bot. Als ich eintraf, saß er in einem Schaukelstuhl neben dem verbeulten Yukonofen und kochte Kaffee.

»Hab' schon von Ihnen gehört«, rief er, »und dachte mir, daß Sie kommen. Da ist ein Stuhl und hier 'ne Tasse. Ich hab' Zeit, soviel Sie wollen . . . mein Beruf reibt mich nicht auf.«
Mr. Macdonald, über sechzig Jahre alt, war eine Fundgrube für alte Geschichten. Als junger Mann hatte er die Schlittenpost geführt, die einmal im Monat von McPherson nach Dawson eilte, und im Sommer hatte er mit dem Kanu die Post auf dem Wasserweg vom Mackenzie an den Yukon befördert. Ja, das waren noch Zeiten gewesen, und da gab es so manche Gefahr zu bestehen. Macdonald berichtete von Erlebnissen, daß einem, der sie womöglich glaubte, die Haare zu Berge standen. Grimmige Grizzlys wollten sich an seiner Post vergreifen, hungrige Wölfe hatten seine Schlitten verfolgt, und nur mit knapper Not war er weißen Halunken entkommen, die ihm mordlustig auflauerten. Aber damals galt noch die stolze Devise:
The Royal Mail must go through!
»Ja, so haben wir gedacht und gehandelt«, rief er jugendlich beschwingt, »die Königliche Post mußte durchkommen, wenn auch der Mann zugrunde ging. Das war noch Dienst am Kunden und Respekt vor der Krone im Postwappen. God save the Queen . . . ich bin vom alten Schlag und mach' den verdammten Streik nicht mit. Bei mir können Sie Marken kaufen und Ihre Briefe abgeben. Ich erfülle meine Pflicht und drück' einen Stempel drauf. Aber beim nächsten Kollegen bleibt alles liegen . . . so ist das wohl heute mit den jungen Leuten!«
Herein kam eine Indianerfrau von mittlerem Alter sowie beachtlicher Fülle des Leibes. Sie beherrschte in Wort und Schrift die englische Sprache, ja sie war als Schriftstellerin in weiten Kreisen bekannt. Nicht nur, daß Edith Josie über das tägliche Leben in Alte Krähe der »Drum« berichtete, sie verfaßte auch Beiträge für Hausfrauenzeitschriften in den USA. Ein flinker Reporter hatte Ediths Lokalberichte gesammelt und als Büchlein herausgegeben. Allerdings war der Autorin nicht klargeworden, daß sie von ihren amerikanischen Lesern als komische Person mißdeutet wurde. Was sie nach ihrer Art zum Ausdruck brachte und vollkommen ernst gemeint war, hielt man draußen für indianischen Humor. Jetzt bat sie um Beförderung eines Beitrages an ihren Verleger in den USA. Darin beschrieb Mrs. Josie die gesundheitsfördernde Wirkung von Bädern im Stachelschwein-Fluß. Weil die Kinder von Old Crow im eisigen Wasser planschten, ohne daß sie ernstlich erkrankten, war damit die Heilkraft des Porcupine erwiesen. Edith Josie erwarb die Briefmarke, frankierte den Umschlag und ließ ihn von Mr. Macdonald stempeln. Dann wurde auch sie mit Kaffee bewirtet.
»Edith, du bist großartig«, sagte der Posthalter, »ohne dich hätte ich heute noch keinen Kunden gehabt.«
Aber es sollte noch ein zweiter kommen, den man in Old Crow noch nie gesehen

hatte. Ich traf ihn schon drunten am Fluß, als er einem vollbepackten Kanu entstieg.

»Wo ist die Post?« fragte er gleich. »Ich muß zu Hause melden, daß die schwerste Strecke hinter mir liegt.«

Vom kanadischen Poststreik wußte er nichts, weshalb ich meinerseits fragte, wo er denn so lange gewesen war.

»Erst bin ich vom Hay-River über den Großen Sklavensee gefahren und dann 'runter den Mackenzie bis Arctic-Red-River und von dort den Peel 'rauf nach McPherson. Da war ich zum letztenmal auf der Post, und sie haben noch nicht gestreikt.«

Für eine Reise von McPherson bis Old Crow hatte der Alleinfahrer volle vier Wochen gebraucht, denn sein Sprit war zur Neige gegangen. Er mußte paddeln, dann sogar das Kanu hinter sich herziehen, und zwar gegen den reißenden Strom. Zwischen dem Bell-River und dem Rat-River war noch eine Portage von mehreren Meilen zu überwinden, was vier Gänge mit schwerem Gepäck erforderte. Weil auch der mitgenommene Proviant nicht reichte, hatte der erschöpfte Flußwanderer gefischt, gejagt und Fallen gestellt. In der Not ist das jedem erlaubt, davon abgesehen, brauchte es ja niemand zu erfahren. Danach hatte ihn die Strömung des Bell-River in den Porcupine getragen und relativ bequem nach Old Crow gebracht. Aber ein weiter Weg lag noch vor ihm.

»Ich will zum Yukon und auf dem Yukon durch ganz Alaska ans Eismeer. Von dort flieg' ich zurück nach Philadelphia, da bin ich angestellt bei 'ner Bank und mach' weiter bis zum nächstenmal. Der Chef ist großzügig, er nimmt mich wieder . . .«

Was der junge Mann geleistet hatte und noch leisten wollte, war großartig. Abermals war es ein Beweis dafür, daß heute die kühnsten Freunde der Wildnis aus der Großstadt kommen, aber nur wenige aus dem Lande selbst.

Der Flußwanderer begab sich zur Post und hoffte, beim Händler den richtigen Sprit für seinen Außenborder zu finden. Ich ging auf die Suche nach einer Bleibe für die kommende Nacht. Mein Zelt hatte ich leider in Inuvik gelassen. Wegen der Moskitos, die allenthalben in der Luft herumschwirrten, genügte es nicht, unter freiem Himmel in den Schlafsack zu kriechen. Sicher hätte mir jeder Weiße eine Schlafstelle gewährt, aber es stand zu befürchten, daß ich die Fragen nach dem Zweck meines hiesigen Besuches nicht zufriedenstellend beantworten konnte. War ich doch nicht imstande, eine Behörde oder Firma zu nennen, die mir für Old Crow einen Auftrag erteilt hatte. So blieben nur die Indianer, doch waren ihre Häuser mit Kindern gefüllt und boten weder Ruhe noch Platz für erholsamen Schlaf. Der Bärenjäger Inatvik löste das Problem, als ich ganz am Ende des Ortes einen Hügel gebleichter Geweihe von Elch und Karibu betrachtete. Die hatte ein

halbindianischer Trapper liegenlassen, der schon vor Jahren abgereist war, ohne daß man wußte, ob er jemals wiederkam. Seine Blockhütte stand neben dem Knochenhügel, und Inatvik hatte den klobigen Schlüssel in Verwahr.
»Da kannst du wohnen, solange es dir bei uns gefällt«, ließ er durch Vermittlung seines schulpflichtigen Sohnes verlauten, »meine Frau hat neulich das Haus wieder saubergemacht. Aber Mäuse haben die Matratze zernagt, es ist nicht mehr viel davon übrig.«
Mir genügte ein Dach über dem Kopf sowie Schutz vor den stechlustigen Mücken. Ich dankte sehr und bezog mein Quartier. Der bescheidene Hausstand des Trappers war noch vollständig vorhanden, sogar Petroleum für die Lampe und Feuerholz für den Herd. Er konnte sein gewohntes Leben gleich wiederaufnehmen, wenn er eines Tages vielleicht doch zurückkehrte. Auf dem selbstgezimmerten Wandschrank lagen eine vielbenutzte Schulfibel und ein vergilbtes Heft, dessen Blätter mit unsicheren Schriftzügen bedeckt waren. Offenbar hatte sich der Mann bemüht, die Kunst des Lesens und Schreibens zu erlernen. Unter der letzten Zeile sagte ich dem Unbekannten meinen Dank für seine Gastfreundschaft. Ob er eines Tages die paar Worte zu Gesicht bekam, war allerdings zweifelhaft.
Gerade hatte ich meinen Schlafsack ausgerollt, als im Auftrag des Häuptlings ein Indianerjunge erschien, um zu fragen, wo ich denn bliebe. Das Festmahl habe schon begonnen, nur der Fremde aus dem Trapperhaus wäre noch nicht da. Demnach gehörte jeder zur Schar der Gäste, der sich zufällig in Old Crow befand. Es war so selbstverständlich, daß niemand daran gedacht hatte, mich eigens aufzufordern. Nun wurde ich durch einen Boten geholt.
Der schmucklose Saal im Gemeindehaus war bis zum letzten Platz auf dem Bretterboden dicht besetzt. Es fehlte kein Opa und kein Säugling, die gesamte Bevölkerung war restlos versammelt. Wer sich nicht mehr in den Raum hineinzwängen konnte, saß draußen auf der Treppe oder lehnte an der Hauswand. Jede Familienmutter hatte ihren Teil des Elchs in einem großen Kessel mitgebracht und war schon dabei, die tiefen Teller zu füllen. Nur für die weißen Gäste war ein Tisch vorhanden, mit einem fleckenlosen Tuch darauf und geschmückt mit kanadischen Fähnchen. Dort saßen die Lehrer, der Reverend mit seiner Frau, der junge Constable, die rundliche Schwester des Hospitals und der sportliche Kanufahrer aus Philadelphia. Ein Stuhl für mich war frei geblieben. Nach kurzer Begrüßung durch den Gastgeber begann auch die Bewirtung am weißen Tisch. Lächelnde Frauen boten uns eine ganz besondere Delikatesse, nämlich gebackenes Elchhirn mit Moosbeeren und feingeschnittenen Kräutern. Das schmeckte ebenso gut wie eigenartig. Weil die erstklassige Köchin mein Wohlgefallen an ihrer Leistung bemerkte, brachte sie mir gleich eine zweite und dann noch eine dritte Portion, die ich kaum noch bewältigte. Das war bedauerlich, denn nur um eine Vor-

speise hatte es sich gehandelt. Viele andere Gänge wurden noch aufgetragen, so daß man den Eindruck gewann, der Elch sei mindestens so groß wie ein Elefant gewesen.
»Der Elch wär' für alle die Leute auch nicht genug«, sagte mir der Oberlehrer, »da hat eben jede Frau aus dem eigenen Vorrat noch was hinzugetan. Das ist so Sitte bei den Takudh, aber sie wollen nicht, daß man's merkt.«
Die Nurse hatte Sorgen wegen eines siebenjährigen Buben, der seit heute früh von Magenschmerzen geplagt wurde. Sie verschlimmerten sich von Stunde zu Stunde trotz aller Medikamente, die man dem Patienten verabfolgt hatte. Auch dem Auspumpen des Magens war keine Besserung gefolgt.
»Wenn's bis morgen früh nicht vorbei ist«, sagte die Schwester, »muß der Junge nach Inuvik, dann sind meine Mittel erschöpft.«
Der Kanufahrer riet, spaßeshalber einen Medizinmann der Luchu zu befragen. Taktvoll war das nicht, aber die Nurse nahm es gelassen auf.
»Diese Leute wußten manches, was wir nicht wissen, obwohl auch viel Unfug dabei war. Ich hätt' gar nichts dagegen, wenn sich ein Medizinmann den Jungen ansehen würde, aber leider gibt's keinen mehr in Old Crow oder . . . er gibt sich nicht zu erkennen. Die Behandlung würd' ich dem Hexer keinesfalls überlassen, doch seine Meinung hätte ich mir angehört, das kann nicht schaden.«
Der Reverend mischte sich ein und benannte einige Drogen der modernen Praxis, die man aus Heilkräutern indianischer Medizinmänner entwickelt hatte. Es war eben nicht alles nur Hokuspokus, was die Geisterbeschwörer damals taten. Doch die Nurse hörte ihm nicht mehr zu, sondern stand auf und eilte zu ihrem Patienten.
Einer nach dem anderen verließen die weißen Gäste ihren vornehmen Tisch, um inmitten der Indianer unterzutauchen. Das gehörte sich so und entsprach auch dem Wunsch der Luchu. Dank der selbstgebrannten Schnäpse wurde die Stimmung immer fröhlicher. Man erzählte sich amüsante Geschichten, von denen ich leider nichts verstand. Laut wurde darüber gelacht, vor allem die Frauen waren sehr vergnügt dabei.
»Das Gelächter geht ausschließlich auf Kosten der Männer«, meinte die charmante Mrs. Sheridan, die ich nicht sogleich erkannt hatte, weil sie bei ihren Freunden saß und einen buntbestickten Schal trug, der ihr das Aussehen einer Indianerin verlieh.
»Sie meinen, daß sich die Frauen über ihre Männer lustig machen?«
»Genau das, und den Männern fehlt's an Schlagfertigkeit. Sie können's den Frauen nicht heimzahlen. Das zeigt doch, wer am meisten zu sagen hat, obwohl's fast immer heißt, die indianischen Weiber lebten in der Furcht vor ihren Herren. Hier erlebt man das Gegenteil, meinen Sie nicht auch?«

Vielleicht hatte sie recht. Nicht nur die Liebe geht durch den Magen, wie man so sagt, auch die Herrschaft im Haus wird weitgehend von der Köchin bestimmt. Und was das betrifft, mußte man zugeben, daß die Damen von Old Crow auf beste Weise ihre Pflicht getan hatten. Erst gegen Mitternacht löste sich die Gesellschaft auf, wobei dann auf dem Weg nach Hause so mancher Gatte der weiblichen Führung bedurfte.

Am anderen Morgen wußte man schon im ganzen Dorf, daß es dem kleinen Henry noch schlechter ging als gestern. Sein Gesicht sollte grün sein, und er litt furchtbare Schmerzen. Die Nurse hatte per Funk gemeldet, daß nach ihrer Ansicht akute Lebensgefahr bestand, worauf der Chefarzt von Inuvik, übrigens ein Türke, sogleich auf Überführung des Patienten bestand. Die Maschine der NAC sollte ihn mitnehmen. Jeder, dem ich begegnete, sprach davon. Die Sorge um das kranke Kind war zur allgemeinen Sorge von Old Crow geworden. Wer behauptet, die Indianer seien gefühlskalt und hätten kein Verständnis für den Kummer ihrer Mitmenschen, hat sie nie in einer solchen Lage erlebt. Es mag richtig sein, daß sie Tote nicht lange betrauern, sondern deren Abgang als ganz natürliches Ereignis hinnehmen. Aber bis es soweit ist, umgibt man die Kranken mit jeder nur denkbaren Anteilnahme.

Mit Inatvik unternahm ich einen Ausflug in die Wälder nördlich des Porcupine. Er hoffte auf Karibus zu stoßen, aber wir fanden keine frische Fährte, der beharrlich zu folgen sich gelohnt hätte. Wir überquerten wohl ein Dutzend murmelnde Bäche, zogen durch dichtes Gestrüpp und bestiegen zahlreiche Hügel, doch ohne Erfolg. Dann mußte ich auf Rückkehr bestehen, um nicht die Maschine zu verpassen.

Der kranke Junge krümmte sich vor Schmerzen, als ihn die Eltern zum Boot brachten. Ein so verzweifeltes Kindergesicht hatte ich selten gesehen. Tränen liefen über die grüngelbe Haut, und die Lippen zuckten. Der Bub war gewiß seinem Ende nahe, wenn nicht ein Wunder geschah, und zwar so schnell wie möglich. Die Mutter sollte mitkommen, aber sie hatte noch einen Säugling daheim und mußte bleiben. Der Vater übernahm die Begleitung bis ans Flugzeug. Er trug den Jungen auf seinen Armen ins Boot, und sogleich fuhren wir davon.

Kaum hatten wir die Kiesbank erreicht, war schon die Maschine zu hören. Sie zog erst zwei Schleifen und flog bodendicht über die ganze Länge der Insel, bevor der Pilot zur Landung ansetzte. Die Belastung machte es diesmal notwendig, jeden Meter Kiesfläche auszunutzen. Erst ganz am Ende kam die DC-6 zum Stehen, beschrieb auf den eigenen Rädern eine Kurve und war somit zum neuen Anlauf bereit.

Die Stewardessen schoben die Leiter hinaus und winkten, daß wir eilen sollten, an Bord zu kommen. Der Pilot war über Sprechfunk alarmiert worden, und man

hatte ihm gesagt, daß keine Minute zu verlieren war. Der Vater reichte seinen stöhnenden Jungen hinauf, ging dann gleich davon und setzte sich mit abgewandtem Gesicht wieder ins Boot.
Ich war noch nicht bis zu meinem Platz gelangt, da wurde die Tür schon geschlossen, und im Gedonner beider Motoren erfolgte der Start auf rauher Bahn.
Nur drei Passagiere saßen in der sonst mit Kisten und Kästen gefüllten Kabine. Der älteste von den Fluggästen trug einen Backenbart wie der Kaiser Franz Joseph und eine schwarz-weiß karierte Kopfbedeckung wie Sherlock Holmes. Seinem seltsamen Benehmen nach schien er nicht ganz bei Trost zu sein. Es war unmöglich, seiner Anbiederung zu entgehen. Er kam heran und überreichte mir eine lithographierte Visitenkarte, worauf Lord Soundso stand sowie der klangvolle Name eines Schlosses in Schottland. Ob nun beides der Wahrheit entsprach oder den Spaß eines harmlosen Verrückten bedeutete, ließ sich nicht erkennen. Der Mann wirkte vornehm – trotz seiner flackernden Augen. Es konnte schon sein, daß er der Sproß eines alten, doch degenerierten Geschlechts war. Einen Spleen hatte er zweifellos.
»Mein Beruf ist Globetrotter, kann ich wohl sagen, und was treiben Sie?«
»Ich bin Sammler von Sternschnuppen, aber verraten Sie mich nicht, so was ist verboten.«
»Aber Sie könnten mir eine verkaufen, was kosten die denn?«
Vielleicht war er nur ein Spaßvogel, der gerne auf die Scherze anderer Leute einging. Von seinen abenteuerlichen Reisen in die fernsten Winkel der Welt redete der fragwürdige Lord so sachkundig, als sei er wirklich dort gewesen. Ich stellte gezielte Fragen, und er konnte sie alle beantworten.
Indessen bemühte sich die Stewardeß mit ebensoviel Güte wie Hilflosigkeit um das stöhnende, wimmernde und schreiende Kind. Die Indianerin war wohl selbst eine Luchu, denn sie versuchte mit dem Jungen zu reden, aber der gab keine Antwort. Sein Gesicht war jetzt so grün wie Gras, und er hatte die Augen verdreht.
»Er wird gleich sterben«, meinte der Lord, »ich kenn' diesen Anblick, das sind die Folgen einer Vergiftung. Wir müssen alle mal hinüber, aber bei dem armen Kerlchen kommt's zu früh.«
Die Maschine schwankte in heftigen Böen. Wir mußten uns anschnallen und hörten, wie sich hinter uns die Fracht bewegte. Ich zählte die Minuten, weil bei diesem Wetter zu befürchten war, daß der Pilot den Stürmen ausweichen mußte. Wir wären dann möglicherweise zu einem Platz geflogen, wo es für den Jungen keine Hilfe gab.
Aber nach einer Viertelstunde hörte das Schwanken auf, und wir schwebten über dem Delta des Mackenzie. Der arme Bub hatte kaum noch Kraft, um zu schreien.

Die Stewardeß, in deren Arm er lag, war grau vor Angst, denn sie glaubte, das Ende sei gekommen.

Als die Maschine den Boden berührte, fuhr eine Ambulanz vor die Gangway. Es ging alles so schnell, daß der Wagen schon mit Sirenengeheul davonbrauste, als wir noch dabei waren, unser Gepäck zu ergreifen.

Im Hospital standen die Ärzte bereit. Sofort begann die Operation, und zwar im letzten Augenblick, da es noch möglich war. Blinddarmdurchbruch soll es gewesen sein, aber es gelang, den Jungen zu retten.

Die wunderbare Welt am Sklavensee

Es war am 20. September 1934, als John Baker und Henry Muir, zwei wetterharte Prospektoren, den Yellowknife-River hinabfuhren, mit der Absicht, am Ufer des Duck-Lake goldhaltigen Quarz zu entdecken. Die Zeit war schon vorbei, da man sein Glück versuchte, ohne jede Ahnung, wo es vielleicht zu finden sei. Geologen hatten schon längst vermutet, daß sich in der Umgebung des Großen Sklavensees so manche Bodenschätze der verschiedensten Art befanden. Bereits gegen Ende des achtzehnten Jahrhunderts, als Peter Pond und Alexander Mackenzie den See befuhren, wurde eine Gruppe der Chipewyan-Indianer von ihren Stammesgenossen die »Gelben Messer« genannt, weil ihre Waffen zum Teil aus Kupfer bestanden. Die »Yellowknives« wohnten an dem Fluß, der heute ihren Namen trägt, und Yellowknife hieß auch die Halbinsel, wo Baker und Muir an jenem denkwürdigen Tag kampierten, an der die heutige Hauptstadt der Nordwest-Territorien gegründet wurde. Doch auf einen Grundstein legten die Gründer keinen Wert, sie wollten nur in ihrem Zelt übernachten, um schon früh am nächsten Morgen weiterzufahren. Aber daran hinderten sie hochgehende Wellen und eiskalter Wind. Weil ihnen das untätige Warten auf besseres Wetter zu langweilig wurde, wanderten sie durch die Gegend und prüften dabei, wie es ihre Gewohnheit war, das Gestein der felsigen Hügel. Kaum tausend Schritte von ihrem Zelt entdeckten Muir und Baker eine golddurchsetzte Quarzader von etwa 90 Meter Länge.

Das war nur der Anfang, nicht mehr als eine bescheidene Andeutung jener unabsehbaren Goldschätze, die sich noch im Boden verbargen. Schon im nächsten Frühjahr begann die Arbeit des Schürfens und Förderns. Was man herausholte, übertraf die Erwartungen bei weitem. Verschiedene Bergbaugesellschaften schalteten sich ein, und schon waren mehr als hundert Männer emsig bei Yellowknife beschäftigt, deren Zahl sich von Monat zu Monat vermehrte. Für den Bau von Hütten oder Blockhäusern hatten die Goldgräber keine Zeit. Sie lebten in Zelten, schliefen auf Holzpritschen und begnügten sich mit einfachster Kost. Sie waren nicht mehr selbständige Digger wie seinerzeit beim Goldrausch in Kalifornien und Alaska, sondern arbeiteten im Auftrag großer wie kleiner Unternehmer. Aber der Lohn war hoch, und Anteile am Gewinn kamen noch hinzu. Da mußte jede Stunde genutzt werden.

Wer Yellowknife damals besuchte, glaubte im Wilden Westen des vorigen Jahrhunderts zu sein, so roh und rauh ging es zu, wenn die Männer ihre Tagesarbeit hinter sich hatten. Das Goldgräberdorf am Großen Sklavensee war wohl die letzte Siedlung jener Art, die wir heute nur noch auf Leinwand und Bildschirm sehen. Im Café Wildkatze und im Corona-Hotel wurde um die Wette getrunken, um hohe Einsätze gespielt und bei Gelegenheit auch gewaltig gerauft. Die sogenannten Glamour-Girls trafen ein, um auf ihre Weise an den Bodenschätzen teilzunehmen. Zunächst war das Corona-Hotel nur ein Zeltbau mit Theke, Tisch und Küche, man schlief auf Pritschen, während die anderen Leute lärmten, und der Schlafsack war mitzubringen. Sogar für die Übernachtung im Freien wurde ein Dollar berechnet, nur wegen der kratzenden Grammophonmusik, die man mithörte.

Weil es damals noch keine Möglichkeit gab, sich alkoholische Getränke auf legale Weise zu beschaffen, blühte der Schmuggel trotz polizeilicher Kontrollen. Das beste Versteck während des Transportes waren die Schwimmer der Flugzeuge. Oft waren diese praktischen Hohlräume bis zur Hälfte mit Whisky und Gin gefüllt. Bei Nacht pumpte man die hochprozentige Flüssigkeit in Fässer, wobei weder der Preis noch der Hochgenuß durch eingesickertes Wasser eine Änderung erfuhren. Die Sache kam erst auf, als ein Mountie bemerkte, daß die Schwimmer beim Eintreffen der Maschine so ungewöhnlich tief einsanken, obwohl keine Passagiere und nur wenig Fracht das Flugzeug belasteten.

Zwar entstanden nach und nach Häuser, Büros, Banken, Kaufläden und alles, was sonst zu einer kleinen Stadt im Nordwesten gehört, aber nur mit Flugzeug oder Flußschiff war Yellowknife zu erreichen. Wer einen Ausflug nach Edmonton unternahm, mußte für den Weg hin und zurück 210 Dollar bezahlen, nach heutigem Geldwert 2000 DM. Dazu waren nur wenige Leute bereit. Erst 1961 war die Straßenverbindung fertig, und damit begann ein völliger Wandel der Zustände. Yellowknife wurde ein modernes Gemeinwesen für brave Bürger und friedliche Familien, wo so gut wie nichts mehr an die wilden Sitten der ersten Jahre erinnert. Die Zehn-Tonnen-Lkw legen die Entfernung von Edmonton nach Yellowknife an einem Tage zurück und die Autobusse in 18 Stunden. So ist nun der Verkehr mit der Außenwelt billig und bequem. Man lebt nicht mehr in ferner Wildnis, sondern im zivilisierten Kanada. Vor allem der Straße war es zu verdanken; sie ist die Lebenslinie von Yellowknife und macht noch für lange Zeit das Projekt einer Bahnlinie entbehrlich.

Zwei Goldbergwerke allein, die Con-Mine und die Giant-Mine, haben bis Ende 1966 reines Gold im Wert von 200 Millionen Dollar in Barren gegossen. Milliarden warten noch darauf, ans Tageslicht zu gelangen. So ist durchaus begreiflich, daß Yellowknife von etwa 5000 Menschen bevölkert wird. Man könnte sogar fragen, warum es nicht mehr sind.

Am 17. Januar 1967 wurde Yellowknife von der kanadischen Bundesregierung zur Hauptstadt der NWT erhoben und ist nun Sitz aller Territorialbehörden.

Aber was ist ein Territorium, möchte man wissen, weshalb sind die NWT keine kanadische Provinz? Weil es sich wegen der geringen Bevölkerungszahl nicht lohnt, für das riesengroße Land jene kostspielige Bürokratie einzurichten, die sonst eine Provinz mehr oder minder selbständig verwaltet. Auch so, wie es ist, decken die Einnahmen der NWT nur einen Bruchteil der öffentlichen Ausgaben. Den großen Rest muß die kanadische Bundesregierung beisteuern – zu Lasten der Gesamtbevölkerung von Kanada. Ähnlich verhält es sich mit Yukon, gleichfalls ein Territorium. Für beide Gebilde besteht in Ottawa ein »Ministerium für die Territorien«, dessen Chef der Bundesregierung angehört. Dort entscheidet man die wichtigsten Angelegenheiten und schmiedet die Pläne zur weiteren Entwicklung des Landes. So merkwürdig es klingt, die kanadische Hauptstadt war bis zum Jahre 1967 auch die Hauptstadt der NWT. Aber Schritt für Schritt wird den Nordwest-Territorien ein größeres Maß von Selbstverwaltung zugebilligt mit dem Fernziel, eine Provinz entstehen zu lassen, wenn eines Tages die Voraussetzungen gegeben sind. Seit Januar 1967 residiert ein Commissioner für die NWT, von der Bundesregierung ernannt, in Yellowknife und leitet die dortige Territorial-Regierung. Sogenannte Councilors, zum Teil gewählt und zum Teil bestimmt, amtieren als Volksvertretung.

Vielen Nordwestern paßt dieser Zustand nicht, und sie behaupten, die Territorien würden von der Regierung in Ottawa wie eine Kolonie behandelt. Man sagt, die private Initiative könne sich nicht entfalten, und staatliche Bevormundung hemme das freie Spiel der Kräfte. Man beklagt den allzu starken Einfluß der Minengesellschaften und vor allem der Ölkonzerne, deren oft arrogantes Auftreten den Eindruck erweckt, als könnten sie nach eigenem Ermessen verfahren. Aber sie bringen viel Geld ins Land und holen dessen Schätze aus dem Boden.

Solange die Nordwester nicht selbst imstande sind, den vollen Betrag für die Fortentwicklung ihres Landes aufzubringen, bleibt ihnen nichts anderes übrig, als sich mit den vorhandenen Verhältnissen abzufinden. Sie leben trotz mancher Mängel um sehr vieles besser als die meisten Menschen auf Erden.

Als mich Paul Kwaterowski am Flugplatz abholte, sagte er beiläufig, daß sich seine Dienststelle wie auch sein Wohnsitz nunmehr in Yellowknife befinden. Die Zusammenfassung aller Behörden in der neuen Hauptstadt hatte diesen Wechsel erfordert. Während wir über die arktischen Inseln flogen und dabei fünf Wochen unterwegs waren, hatte Christel Kwaterowski den Wohnungswechsel durchgeführt.

»Da hat Sie unser Rundflug davon abgehalten, Ihrer Gattin bei der Umsiedlung zu helfen. All die viele Arbeit, und der Mann stand nicht zur Verfügung.«

»Ja, das habe ich sehr bedauert, aber es war nicht zu ändern . . . der Dienst geht vor, so hab' ich es stets gehalten.«

Sein Gesicht blieb ernst, nur der Tonfall ließ vermuten, daß er gerade während des Umzugs ganz gern in der Nähe des Nordpols geweilt hatte. Bei seiner Rückkehr empfing ihn dann ein neues, fix und fertig eingerichtetes Haus.

»Die Hunderippen, mit denen Sie demnächst auf Karibus jagen, sind erst vorgestern aufgebrochen. Bis die Leute an Ort und Stelle sind, kann's noch 'ne Weile dauern. Es ist ein weiter Weg bis dorthin, doppelt und dreifach so weit wie in der Luftlinie. Acht bis zehn Tage lang können Sie noch was anderes unternehmen, dann fliegen wir los.«

Mir war alles recht, auch die Umgebung von Yellowknife hatte so manches zu bieten. Die Landschaft schillerte in den bunten Farben des Herbstes, und wenn der erste Nachtfrost kam, war es mit Mücken und Moskitos vorbei.

»Ich werd' mir einen Wagen mieten und alle Wege abfahren, soweit das möglich ist.«

»Nicht so eilig mit privaten Entschlüssen«, warnte der Freund, »Sie haben erst noch eine Menge anderes zu tun. Sie müssen die hohen Herren der Regierung besuchen, ein paar Vorträge halten und den Leuten von der Presse zur Verfügung stehen. Bisher hatten Sie nur das Vergnügen, jetzt kommen die Pflichten.«

Seine Gattin erkannte auf den ersten Blick, was ich am nötigsten brauchte. Sie sagte, das Bad sei frei, und es störe niemanden, falls ich länger als üblich in der Wanne bliebe. Ihre Augen hefteten sich auf meine Stiefel, und es war mir vollkommen klar, daß sie es lieber sah, wenn ich nicht damit hineinkam. Also trat ich auf Strümpfen in das Haus meiner Freunde und mußte zugeben, daß ein Sandkorn gestört hätte. Wieder war der Haushalt so gepflegt und makellos wie damals in Fort Smith. Nichts, aber auch gar nichts ließ darauf schließen, daß der Umzug erst vierzehn Tage zurück lag.

»Und all das haben Sie allein, ohne die tatkräftige Hilfe des Hausherrn fertiggebracht?«

»Ja, natürlich, sonst wär's noch nicht fertig. Und wie gesagt, das Bad steht zu Ihrer Verfügung . . .«

Seit sieben Wochen hatte ich diese Wohltat nicht mehr genossen. Nach der Färbung des Wassers zu schließen, konnten es auch sieben Jahre gewesen sein.
Am nächsten Morgen begann die Runde der Behördenbesuche, vor allem mußte ich dem Commissioner und dem Vize-Commissioner danken, die Paul gestattet oder nicht daran gehindert hatten, mich bei dem Polflug mitzunehmen. Die Herren waren überaus liebenswürdig und meinten, das sei doch selbstverständlich. Es folgten drei Berichte von je dreißig Minuten ins Mikrophon des kanadischen Rundfunks, die zunächst in den NWT, dann auch im ganzen Land gesendet wurden. Was der Kommentator dazu bemerkte, war überaus schmeichelhaft, aber in Wirklichkeit habe ich mit dem Meißner Porzellan nichts zu tun und kann kaum behaupten, der Erleger des größten Grizzly aller Zeiten zu sein. Daran fehlen noch ein paar Zentimeter. Aus dem Interview beim »North Star« wurde ein doppelseitiger Artikel mit mehreren Bildern, der mich zum meistgelesenen Schriftsteller im deutschen Sprachraum beförderte. Mir wäre es schon recht, aber nach wie vor steht Karl May (!) an der Spitze, und noch manch anderer geht mir voran.
Es ließ sich nicht vermeiden, beim Jahrestreffen der Travel Association die Festrede zu halten. Zu den Teilnehmern gehörten etwa hundert Personen aus drei kanadischen Provinzen sowie den Territorien, die sich auf irgendeine Weise mit dem Tourismus befaßten oder daran verdienten. Goldene Manschettenknöpfe waren mein Lohn, wobei der edle Rohstoff dem Boden in der Nähe von Yellowknife entstammte. Ohne Verdienst um Land und Leute erhielt ich vom Commissioner das Staatswappen in Emaille.
Was mir der Premierminister an jenem Abend in Inuvik gesagt hatte, entsprach den Tatsachen. In Yellowknife gab es eine staatliche Stelle, die sich hoffnungsvoll damit befaßte, dem künftigen Tourismus die Wege zu ebnen. Max McConnel hieß der Chef, Tom Auchterlonie und John Guldner amtierten als seine nächsten Mitarbeiter. Alle drei gehörten zur Gruppe der »Aktiven«, wie denn überhaupt die maßgeblichen Männer in Yellowknife ganz besondere Energie, Fleiß und Hingabe an ihre Arbeit bewiesen, die man draußen im weiten Land nicht allenthalben bemerkt. Hier wußte man, worum es ging, und konnte jede Frage beantworten. Die Offenheit, mit der Mängel zur Sprache kamen, war erstaunlich.
Dem Travelarctic Service, wie sich das Amt für den Tourismus nennt, macht es nicht geringe Sorge, daß jugendliche Rowdys mit Vorliebe die Campingplätze heimsuchen, wenn die Saison vorüber ist, um alles zu zerstören, was nicht grundsolide dasteht. So muß man entweder einen Wächter dort anstellen oder jeden Gegenstand, der zerstörbar ist, am Ende der Reisezeit entfernen. Nur Plexiglas eignet sich für die Fenster, sonst werden sie eingeschlagen. Tische wie Bänke müssen im Boden verankert sein, damit sie nicht im See verschwinden. Bisher wurde aber noch kein Tourist belästigt oder hatte sonstwie Grund, sich zu beklagen.

Doch es gab während meines Aufenthalts in der Gegend zwischen Yellowknife und den nächstgelegenen Ortschaften kein einziges Straßenschild, das nicht von Gewehrschüssen durchlöchert war. Es muß für die Burschen mit rauhen Sitten ein besonderes Vergnügen sein, gerade diesen Unfug anzurichten.
»Aber wir werden damit fertig«, meinte Max McConnell, »es ist nur eine Frage der Zeit. Wir sind im Begriff, eine Fahrstraße nur für Touristen zu bauen, den sogenannten Ingraham-Trail. Er hat schon eine Länge von siebzig Meilen und wird von Jahr zu Jahr um etwa vierzig Meilen weitergezogen. Die Strecke führt an Seen und Wasserflächen vorbei, überhaupt an den landschaftlich schönsten Plätzen, die sich finden lassen. Da gibt's schon Cabins mit allem notwendigen Komfort, eine Aufsicht gehört dazu, und Lebensmittel sind zu haben. Man kann fischen, man kann Boote mieten, und im Hochsommer können die Leute auch baden, wenn ihnen das Wasser nicht zu kalt ist.«
Yellowknife ist der Mittelpunkt, von dort aus will man allmählich die Umgebung für Touristen erschließen. Der riesige See und die Wälder, felsige Inseln und die zahlreichen Flüsse sind für Ferien in der Wildnis aufs beste geeignet, sofern man sie erreichen kann. Die Straßenverbindung nach Süden erlaubt die Anreise mit der Familienkutsche nebst umfangreichem Gepäck, vielleicht auch mit dem eigenen Boot. Wer keines mitbringt, aber doch die Seen befahren möchte, kann in Yellowknife ein Boot oder Kanu mieten, auch den Außenbordmotor mit Zubehör, falls erwünscht. Die Hudson-Bay-Company gestattet den Kunden, das Kanu bei jedem anderen Posten der HBC abzuliefern, so daß Rückkehr an den Ausgangspunkt nicht erforderlich ist.*
Die Karte für das Angeln und Fischen kostet nur wenige Dollars, gilt aber dennoch für alle Gewässer der NWT Der Sportfischer aus unseren Breitengraden gerät in Gefahr, den Verstand zu verlieren, wenn er die Menge, die Größe und die Vielfalt der Fische in den nordwestkanadischen Flüssen und Seen erblickt. Mit der Ausnahme von nur wenigen Punkten hat noch niemand dort gestanden, wo man seine Angel auswirft oder sein Netz ins kühle Wasser hängt. Was das Gewicht der Forellen betrifft, genügt es zu sagen, daß der Berufsfischer Joe Nault gegen Ende August 1968 im Großen Sklavensee eine Riesenforelle aus dem Netz holte, die er nur mit Mühe heben konnte, denn sie wog 76 Pfund. Den absoluten Rekord hält eine Forelle aus dem Athabaska-See mit 102 Pfund!
Wie schon mehrfach erwähnt, endet die von Edmonton ausgehende Fernstraße in Yellowknife. Weiter ins Land hinein führt nur der Ingraham-Trail. Es stimmt tatsächlich, daß er in erster Linie für Touristen angelegt wurde. Der Trail führt

* Man sollte sich aber vorher über alle Möglichkeiten bei der staatlichen Dienststelle für den Tourismus erkundigen, weil bisher noch nicht alles, was auf dem Papier steht, zur praktischen Wirklichkeit wurde. Anschrift dieser Stelle: TRAVELARCTIC, Yellowknife, NWT, Kanada.

zu keiner Ortschaft, auch wenn er eines Tages viel länger sein wird als heute. Nur an dieser Fahrstraße sowie an einigen Stellen des Mackenzie-Highway, der Yellowknife mit dem Süden verbindet, sind Cabins und Campingplätze vorhanden, und zwar jeder an einem Fluß oder Wasserfall. Mehr als diese Plätze können Touristen auf dem Landweg nicht erreichen, die übrigen 99,9 Prozent der NWT bleiben ihnen verschlossen. Selbst wenn noch viele Straßen hinzukommen und wenn sich die Zahl der Touristen von 7000 im vorigen Jahr verhundertfacht, kann sich der Wanderer noch immer in wegloser Wildnis verirren.*

Immerhin, die Campingplätze am Ingraham-Trail und am Mackenzie-Highway bieten die Möglichkeit, von dort aus mit Boot oder Kanu relativ mühelos in unberührte Landschaft einzudringen. Schon die Fahrt eines halben Tages genügt, um in völlig unberührter Natur alleine zu sein. Es spielt keine Rolle, ob man sich nur zwanzig oder zweitausend Kilometer weit von Stadt oder Straße entfernt, die Einsamkeit ist die gleiche!

»Vor kurzem hat man auf dem Horn-Plateau ein paar Schwefelquellen entdeckt«, sagte mir Max McConnell, der Chef von Travelarctic, »wollen Sie mitkommen, wenn ich morgen darüber fliege?«

Aber selbstverständlich, und mit einer viersitzigen Cessna starteten wir um acht Uhr früh. Das Horn-Plateau, eine baumlose Landschaft in etwa 700 Meter Höhe, befindet sich südlich des La-Martre-Sees und ist Quellgebiet des Horn-River. Wir überquerten zuerst die Nordbucht des Sklavensees mit zahllosen felsigen Inseln und schauten danach auf viele tausend Quadratmeilen dichten Waldes hinab. Als der Unterlauf des Horn-River erreicht war, folgte der Pilot dem Lauf des Flusses nach Nordwesten. So gelangten wir über das Plateau und fanden die schwefligen Quellen. Sie hatten drei oder vier Plätze der Landschaft überspült und zitronengelb gefärbt. Aber kein Dampf stieg von dort in die klare Luft.

»Das hab' ich mir fast gedacht«, meinte McConnell, »sonst hätten wir schon früher von den Quellen gewußt. Also kein Grund, an künftige Heilbäder oder ähnliches zu denken. Aber vielleicht können wir ein Naturschutzgebiet daraus machen.«

Den Versuch einer Landung mußten wir aufgeben, weil zu viele Steinblöcke auf dem Boden lagen. Bisher hatte, soweit McConnell wußte, noch niemand die Schwefelquellen besucht. Sie waren nur aus der Luft gesehen worden.

»Warum soll das ein Naturschutzgebiet werden«, fragte ich, »wo doch kein Mensch die Verlassenheit stört?«

»Eben deshalb hat niemand was dagegen. Was meinen Sie denn, wer alles protestiert, wenn sich nur die Spur eines privaten Anrechts konstruieren läßt!«

* Nach Spanien beispielsweise ziehen alljährlich 12 Millionen Touristen, und dennoch gibt es dort so manches Gebiet und Gebirge, das nur selten ein Fremder betritt, obwohl Spanien um so vieles kleiner ist als die NWT.

Jetzt war die richtige Zeit, um für Generationen die landschaftlichen Schönheiten und Naturwunder zu bewahren. Was später auf größte Schwierigkeiten stieß, vielleicht auch Millionen an Entschädigung verschlang, konnte man heute durch einfachen Beschluß der Territorial-Regierung gesetzlich verankern. Es kostete nichts und störte niemanden, aber damit war das betreffende Gebiet für alle Zeiten gegen jede Art von Eingriff geschützt.
Wir flogen weiter nach Fort Simpson am Mackenzie, um aufzutanken. So sah ich den hübschen Ort zum zweitenmal und hatte wieder eine interessante Unterhaltung mit dem kenntnisreichen Manager des Simpson-Hotels. Aber schon nach einer knappen Stunde kehrten wir auf direktem Flugweg nach Yellowknife zurück.
»Morgen bekommen Sie mehr zu sehen«, meinte McConnell, als wir uns trennten, »um sieben müssen wir starten, sonst wird die Zeit zu knapp.«
Wohin die Reise gehen sollte, sagte er nicht.
Wieder war Bill Hettrick, ein Nachkomme deutscher Einwanderer, unser Pilot, aber wir benutzten diesmal ein Wasserflugzeug. Es war eine Piper-Super-Cub für vier Personen, den Piloten mitgerechnet. Außer Max McConnell und mir stieg noch Tom Auchterlonie in die Kabine. Mit einem langen Schweif sprühenden Wassers hinter sich nahm die Maschine Anlauf zum Start, und hinweg über Yellowknife schwebten wir nach Osten.
»Da sehen Sie den Ingraham-Trail«, sagte McConnell und deutete auf ein schmales, graues Band. Es berührte ein Dutzend Buchten des Sklavensees und beschrieb so manchen Bogen, um noch andere Wasserflächen zu erreichen.
»Bis auf weiteres ist der Ingraham für uns das wichtigste Vorhaben«, verriet mir Auchterlonie, »weil die Mehrheit der Touristen mit dem Wagen kommt. Sie hängen am Trail und wollen nicht weg davon . . . es sei denn mit dem eigenen oder gemieteten Kanu. Die Flugtouristen sind so gering an Zahl, verglichen mit den Autofahrern, daß es vorerst kaum einen Sinn hat, große Pläne für sie zu schmieden. Das kommt später, und vielleicht kommt's auch bald. Aber die Cabins und Campingplätze am Trail sind vorläufig wichtiger. Jedes Jahr ein gutes Stück weiter, darum geht's jetzt!«
Wo letzten Endes der Ingraham-Trail aufhören sollte, war eine berechtigte Frage. Weder McConnell noch Auchterlonie konnten antworten. Es hing von den Mitteln ab und vom Gelände. An die Mündung des Coppermine-River hatte man gedacht, ebenso an die Westküste der Hudson-Bucht. Aber bis das eine oder andere Ziel in Sicht kommt, werden gut zwanzig Jahre vergehen.
Die größte Länge des Sklavensees, dem wir uns erneut zuwandten, beträgt in der Ost-West-Richtung fast 400 Kilometer, gleich der Entfernung von Frankfurt nach Kiel. Die McLeod-Halbinsel, allein etwa 150 Kilometer lang, aber relativ

schmal, durchzieht den östlichen Teil und macht aus ihm zwei inselreiche Buchten. An diesem Landrücken, der sich bis zur Höhe von hundert Metern aus dem Wasser hebt, flogen wir vorbei. Der Anblick bei strahlender Sonne läßt sich mit Worten nicht annähernd schildern, wie es in Wirklichkeit war. Die senkrechten Felswände bestanden nicht aus dem gleichen Gestein, sondern zahlreiche Schichten lagen horizontal übereinander, und davon hatte jede eine andere Färbung. Sie schimmerten im hellen Sonnenlicht wie eine Sammlung bunter Bänder, mit denen ein phantasiebegabter Riese die Felsen bespannt hatte. Und als dieses Schauspiel zu Ende war, begann ein neues, das sich womöglich noch seltsamer darbot. Denn nun bildete jede Formation eine Terrasse für sich, und die Farben waren in Stufen gestaffelt. Über der dunkelblauen Fläche des Sklavensees, aus dem alles emporwuchs, glänzte eine Unzahl von kleineren Seen, die wegen des Permafrostes keinen Abfluß fanden. Sie lagen auf der gigantischen Treppe, als habe der vorerwähnte Riese jede Stufe ausgehöhlt und mit Wasser gefüllt. Wo der Inhalt überlief, schäumten Kaskaden zur nächsten Terrasse hinunter. Der Herbst hatte das Moos, die Flechten, die Gräser und Kräuter so entschieden umgefärbt, daß man glaubte, Millionen blühender Blumen zu sehen. Goldgelb und hellgrün, auch tiefrot, silberhell und dunkelviolett, es war jede Schattierung der Skala vorhanden.

»Genügt's Ihnen fürs erste?« erkundigte sich McConnell.

»Es genügt mir für Jahre der Erinnerung.«

»Erwarten Sie noch mehr, denn wir sind bald über dem Lockhardt-River . . .«

Der Pilot nahm Kurs nach Nordwesten. Die wunderbare Halbinsel blieb zurück, und eine Bucht tauchte auf, in der zwölf bis fünfzehn felsige Inseln schwammen, deren schlanke Form und hoher Aufbau einer Versammlung von Kriegsschiffen täuschend ähnlich sah. Die »Versteinerte Flotte« werden sie daher genannt.

Wir flogen weiter über Land und schauten nur auf Fichtenwälder. Aber dann erschien der Lockhardt-River in einem Labyrinth von grüner Wildnis und grauem Gestein. Auf einer vielgewundenen Strecke von etwa achtzig Kilometern zwängt er sich durch zwanzig Felsentore, füllt ein Dutzend smaragdgrüne Bergseen und schäumt über zahlreiche Abstürze. Zwei Augen im Kopf genügen nicht, um diese wilde, einmalige, unglaubliche Schönheit zu erfassen. Und das alles war umgeben von dem nordischen Urwald in herbstlicher Pracht, von Klippen aus Granit und bemoostem Felsgeröll. Es war zuviel der Herrlichkeit auf Erden.

Bill Hettrick kreiste über den stärksten Stromschnellen und schönsten Fällen, damit die Sonne hinter uns stand, während wir einen Farbfilm nach dem anderen verknipsten.

»Können wir nicht wassern und an Land gehen?« bat ich Max McConnell.

»Das hat noch niemand gewagt . . . die Seen sind zu kurz und die Strömung zu stark. Auch über Land dürfte es sehr schwierig sein, an die besten Stellen des

Lockhardt heranzukommen. Da sperren Schluchten den Weg und reißende Bäche ... man müßte sich erst einen Weg durchs Unterholz schlagen.«

In jedem Land Europas, auch in jedem Staat der USA würden schon längst asphaltierte Straßen den fabelhaften Strom begleiten, Hotels mit hundert Zimmern wären entstanden, und Millionen von Besuchern könnte man alljährlich an den Aussichtspunkten zählen. Aber hier wußte man von keinem weißen Mann, der jemals dieses Wunderwerk der ungebändigten Natur vom Boden aus bestaunt hatte.

»Wäre es nicht jammerschade, wenn Staudämme und Stahltürme das Bild verändern würden?« fragte McConnell.

»Es wäre eine Schande«, sagte Auchterlonie, und der Pilot meinte, das dürfte niemals geschehen. Zwar hatte ich kein Recht, dabei mitzureden, hielt aber doch jeden menschlichen Eingriff am Lockhardt-River für ein schamloses Verbrechen.

»So könnte man's nennen«, erklärte der Chef des Touristenamtes, »deshalb werden wir der Regierung vorschlagen, den Lockhardt nebst Umgebung zu schützen.«

So wurde es in der kleinen Kabine beschlossen, während der nächsten Tage zu Papier gebracht und schon gegen Ende des Jahres vom Commissioner und Council genehmigt. Das neue Schutzgebiet, etwa siebzig Kilometer lang und zwanzig Kilometer breit, wird eines Tages weltberühmt sein. Aber man wird sich an die Leute nicht mehr erinnern, die dafür sorgten, daß hier der ursprüngliche Zustand erhalten blieb.

Den beiden Männern vom Travelarctic war es gleichgültig, sie taten nur ihre Pflicht. Als nächstes hatten sie die Aufgabe, am Sklavensee drei Fishing-Lodges zu inspizieren. Das waren private Camps für Sportfischer, vorwiegend Amerikaner, die es sich leisten konnten, für ein bis zwei Wochen ihre Angeln in den Gewässern der NWT auszuwerfen. Es sind keine Touristen üblicher Art, sondern passionierte Angler, die Land und Leute kaum beachten. Der Fisch ist alles, und sonst gilt gar nichts. Mit Chartermaschinen treffen sie bei den Fishing-Lodges ein, zwanzig bis dreißig Personen zu gleicher Zeit. Und dort werden sie wieder abgeholt, wenn der nächste Schub die Quartiere füllt. Das erfolgt ohne Zwischenlandung von Winnipeg oder Edmonton. Abgesehen von Bootsfahrten in die unmittelbare Nähe der Lodges werden keine Ausflüge gemacht. Die Angelreise ist nur ein weiter Sprung von der Großstadt an das Fischwasser in der Wildnis und nachher wieder zurück. Im Vergleich zur Größe der NWT sind auch die Fishing-Lodges nur winzige Staubkörner in der unvorstellbaren Weite des Landes. Es gibt insgesamt nicht mehr als zehn oder zwölf im Bereich von über drei Millionen Quadratkilometern. Die Preise sind hoch, weil die Saison auf wenige Wochen beschränkt ist. Fast alle Lodges gehören Unternehmern aus den USA, und man

zahlt in amerikanischen Dollars. Für die Northwest-Territories bleibt davon nur übrig, was die Manager an Lebensmitteln beziehen oder den indianischen Bootsführern als Tageslohn bewilligen.
Nachdem wir das Westufer des großen Artillery-Lake überflogen hatten, ging es in weitem Bogen zurück an den Sklavensee. Vor der Slavelake-Fishing-Lodge setzte Bill unseren Vogel aufs Wasser, und er schwamm an den goldgelben Strand, wo ihn hilfreiche Hände festmachten. Eben kamen die Sportfischer von ihrer Morgenpirsch, wenn man das so nennen darf, frohgemut zurück und hielten lachend ihre glitzernde Beute hoch, damit sie auch jeder bewundern konnte. Schon die auffallende Form und Farbe der Hütte, ebenso die knallbunten Karos der Hemden ließen erkennen, daß, ungeachtet ihres Alters, die Mehrzahl der Männer waschechte Yankees waren. Ihre Laune konnte nicht besser sein, und weithin waren ihre Stimmen zu hören, als einer nach dem anderen seine Fische an die Waage hängte.
Den heutigen Rekord gewann eine Seeforelle von 32 Pfund, während der absolute Rekord des Jahres 56 Pfund betrug. Hechte von 20 Pfund sowie Äschen von 5 Pfund waren keine Seltenheit. Die Slavelake-Fishing-Lodge konnte zweiunddreißig Gäste in einfachen Zimmern unterbringen. Für je zwei Fischer stand ein Boot mit Außenbordmotor und ein indianischer Begleiter zur Verfügung. Morgens um halb neun fuhr man hinaus, kam zum Mittagessen zurück, um dann bis sechs Uhr abends wieder in den See zu stechen. Mehr als eine bestimmte Anzahl von Fischen darf man nicht erbeuten. Eine strenge Vorschrift verlangt, daß man die Jungfische ihrem Element zurückgibt. Was der Angler fangen und behalten darf, wird in der Fishing-Lodge geräuchert, und am Ende seines Aufenthaltes kann der Besitzer die schuppige Beute mitnehmen. Die besonders großen Exemplare sind nicht für den Verzehr bestimmt, sondern ihr stolzer Eigentümer läßt sie daheim als Wandschmuck präparieren. Denn auch Fische sind Trophäen, wenn man sich dem Sport des Angelns verschrieb. Dafür sollten gerade die Jäger mitfühlendes Verständnis haben.
Wie der Waidmann keine Kosten scheut, um stattliche Gehörne und Geweihe zu erbeuten, so greift auch der wohlhabende Angler tief in die Tasche, falls es sich nicht vermeiden läßt. Für eine Woche in der Slavelake-Fishing-Lodge sind 650 Dollar zu bezahlen. Allerdings enthält dieser Preis den Flug hin und zurück, von Edmonton oder Winnipeg, sowie die Kosten für Boot und Begleiter und das Zurechtmachen der Fische für den Heimtransport.
Während Bill Hettrick und ich noch im Kreis der Sportfischer weilten, überzeugten sich die Beamten des Travelarctic, daß in hygienischer und sonstiger Hinsicht alles in Ordnung war. Nach einer Stunde hob sich unsere Maschine wieder in die Luft.

»Da unten liegt das alte Fort Reliance«, sagte Tom Auchterlonie nach etwa zwanzig Minuten. »Sie wissen doch Bescheid ... John Franklin hat dort überwintert.«
Mir zuliebe zog der Pilot so tief hinunter, wie gerade noch möglich war, und kreiste über der historischen Stelle. Aber ich konnte von der befestigten Zuflucht des berühmten und später verschollenen Polarforschers nicht mehr entdecken als den gemauerten Kamin in einer Lichtung des Waldes. Seitdem John Franklin, Kapitän der Königlichen Marine und bald darauf zum »Sir« erhoben, mit seinen Begleitern dort unten den grimmig kalten Winter von 1829 auf 1830 verbracht hatte, war zuviel Zeit vergangen. Vom Gebälk konnte nichts mehr übrig sein.
»Wenn Sie auf die Karte schauen«, riet Max McConnell, »sehen Sie schon aus den Namen, daß gleicherweise Briten und Franzosen an der Entdeckung des Nordens beteiligt waren. Manche ließen auch die indianischen Bezeichnungen bestehen. So ergibt das ein buntes Bild der Sprachen.«
So war es, und so las man: Les Iles Terribles ... Talheitli-River ... Iron Islands ... François-Bay ... Etschitan-Mountain ... Devils Channell ... Plateau des Oiseaux ... Nonatcho-Lake ...
Beim neuen Fort Reliance betraten wir abermals festen Boden, um die Trophy-Lodge zu inspizieren. Sonst war auch hier von dem einst bedeutenden Handelsposten nicht mehr geblieben als eine Funkstation des Department of Transport. Die Hudson-Bay-Company hatte ihren Posten verlassen, weil er nicht mehr lohnte. Die alten Gebäude standen leer auf einer Höhe über dem Strand, von Wildrosen berankt und von Gestrüpp umwuchert. Auch die RCMP sah keinen Anlaß mehr, hier eine Station zu unterhalten. Nun gehörten diese Räume zur Lodge und dienten dem Manager als Privatwohnung. Tom Auchterlonie, der über zwanzig Jahre lang ein Mountie gewesen war, hatte als junger Constable einige Monate hier verbracht.
»Es mußte ein Wechsel stattfinden«, berichtete er von damals, »weil sich die beiden Beamten des Postens nicht vertrugen. Sie sprachen während des ganzen Winters kein Wort. Was der eine dem anderen mitteilen mußte, wurde auf Zettel geschrieben und ans Küchenfenster geheftet. Ein Strich auf dem Fußboden teilte Diele und Wohnzimmer. Der böse Feind durfte die Markierung nicht übertreten. Um sich gegenseitig ihren Anblick zu ersparen, soweit das möglich war, ging der eine zu Bett, wenn der andere aufstand. Bis ihr Chef von dem Blödsinn erfuhr, waren immerhin neun Monate vergangen. Und so was hat's in den alten Zeiten öfter gegeben ... das liegt eben an der menschlichen Natur.«
Bis ungefähr zum Jahr 1920 mußten sich die Polizeibeamten noch selber ihr Blockhaus bauen, und nur einmal in zwölf Monaten wurden sie mit den Notwendigkeiten des Lebens versorgt. Man erwartete von ihnen, daß sie durch Jagen und Fischen wesentlich zu ihrem Unterhalt beitrugen, ohne Vernachlässigung ihres

Dienstes selbstverständlich. Heimaturlaub gab es nur in jedem dritten oder vierten Jahr, falls ein Vertreter zur Verfügung stand. Dennoch meldeten sich damals bei der Royal Canadian Mounted Police zehnmal mehr Kandidaten, als man einstellen konnte.

Tom Auchterlonie führte mich zu einem Schuppen, den niemand mehr brauchte. Es war der Raum gewesen, wo man die Geschirre für die Schlittenhunde aufbewahrte und reparierte. In einer Kiste lag noch, verschimmelt und teilweise von Mäusen zernagt, eine Menge von durcheinandergeworfenen Hundeschuhen. Wenn sich der Schnee mit Eis überzog, weil es getaut hatte und dann wieder fror, konnten die Hunde nicht laufen, ohne sich an der Eiskruste blutige Pfoten zu holen. Deshalb mußten sie Schuhe aus Wildleder tragen, von den Indianern sachkundig hergestellt. Auf dem Schlitten lag für jeden Hund ein doppeltes Reservepaar, um zerschlissene Pfotenschützer gleich zu ersetzen. Das machte für ein Gespann von 12 HS – Hundestärken – insgesamt 96 Schuhe!

»Die Hunde wußten genau, was gut für sie war«, sagte Tom Auchterlonie, sie hielten mir die Pfoten hin und versuchten nie, die Schuhe abzubeißen. Doch ich kann Ihnen sagen, ein Vergnügen war's gerade nicht, bei klirrendem Frost achtundvierzig Pfoten zu bekleiden!«

Wir wollten eine Frau besuchen, die es noch heute verstand, Hundeschuhe der ersten Qualität herzustellen. Sie trug den schönen Namen Delphine, gehörte zum Volk der Chipewyan und war seit dreißig Jahren die Gattin des fast blinden Trappers Gustave d'Auost. Da er seine Fallen nicht mehr stellen konnte und sein Augenlicht nicht mehr genügte, um zu jagen und zu fischen, hatte seine bewundernswerte Frau all diese Aufgaben übernommen.

Wir durchschritten ein Sommerlager der Chipewyan, wo es mehr Kinder als Erwachsene gab, und gelangten nach einer Viertelstunde zum »Château Wolverine«, wie der alte Gustave sein komfortables Blockhaus genannt hatte. Wir wurden von Madame D'Auost wie alte Freunde begrüßt und gleich mit dampfendem Kaffee bewirtet.

»Ja, es geht gut, wir haben uns nicht zu beklagen«, meinte Gustave d'Auost trotz seiner schwachen Augen, »Delphine ist noch rüstig, und ich entwickle einen guten Appetit.«

Dazu lachte er, daß die Wände dröhnten. Es gab nur Petroleumlicht, und den Yukonofen mit Holzbetrieb hatte man noch nicht durch Herd und Heizung mit Öl ersetzt. Anstelle von Teppichen lagen Bärenfelle auf dem Boden. Langläufige Flinten hingen von der Wand, Felle waren zum Trocknen auf Bretter gespannt, und frisch geölte Fallen verrieten, daß die Hausfrau demnächst plante, wieder auf Biberfang zu gehen.

»Zehn Jahre lang hab' ich droben am Peel-River getrappt«, erzählt Gustave, »dann bin ich 1930 nach hier gekommen und hab' meine Delphine geheiratet, damit der Pfarrer zufrieden war. Was Besseres konnt' ich gar nicht tun, wie Sie sehen. Solange die Frau ordentlich arbeitet, hat der Mann keine Not zu leiden. Das ist 'ne alte indianische Weisheit.«

Aber sie läßt sich in Europa nicht durchführen, noch viel weniger in den USA. Tom und ich wurden von Bill Hettrick geholt, denn schon wieder mußten wir weiter. Der Frontier-Lodge bei der Mündung des Snowdrift-River galt die nächste Inspektion. Es war die dritte und letzte der Fishing-Lodges am Sklavensee. Andere von Bedeutung sind meines Wissens an dem Binnenmeer nicht vorhanden. Jerry Bricker, ein Kanadier deutscher Abstammung, war Manager und Besitzer zugleich. Nur zwanzig Gäste kann er aufnehmen, aber zu ihm würde ich am liebsten gehen, wenn ich passionierter Angler wäre. Seine Lodge ist bequem und geschmackvoll eingerichtet, mehr wie eine Familienpension als ein unpersönliches Sporthotel für leidenschaftliche Angler. Auch die Gäste waren von der gemütlichen Sorte, mit denen sich leben läßt. Was Bricker besonders gut versteht, ist das Räuchern von Forellen nach individuellem Geheimrezept. Er hat sich einen besonderen Ofen gemauert, verwendet nur frisches Birkenholz und läßt es genau zweiundzwanzig Stunden glimmen. Aber was sonst noch zu geschehen hat, sagt er nicht. Jene Kostprobe, die er uns auftischte, war von erlesenem Wohlgeschmack. Doch niemand kann seine Räucherforellen kaufen, der nicht zum Kreis der guten Freunde zählt.

Bricker war so freundlich, Tom und mir ein Boot nebst Begleiter zu überlassen. Da die Pflichten des Tages erfüllt waren, stand die restliche Zeit zur freien Verfügung. Wir glitten durch schilfumsäumte Buchten, passierten romantische Inseln und kamen in den rasch strömenden Stark-River, der von dunklen Tannen beschattet wurde. Hier sollte das beste Fischwasser der Gegend für Greylings sein, die dem Vernehmen nach ungefähr dasselbe sind wie Äschen bei uns. Kaum zehn Minuten vergingen, da hatte Tom schon zwei dieser Fische ohne viel Mühe geangelt, im Gewicht von drei und fünf Pfund. Das soll viel sein für Greylings, und er war so zufrieden damit, daß er keine anderen mehr wollte.

»Fahren wir lieber nach Snowdrift, das ist 'ne ganz interessante Siedlung, aber sie wird immer weniger . . .«

»Wie meinen Sie das?«

»Landflucht nennt man's im Süden, und hier ist es eigentlich dasselbe. Die größeren Orte mit ihrem besseren Leben locken die Eingeborenen aus dem Hinterland, erst recht natürlich die Weißen. Yellowknife und Hay-River, Pine-Point, Providence und Fort Resolution haben magnetische Anziehungskraft. Von dort führen Straßen zur belebten Welt, und das ist wohl die Hauptsache.«

In Snowdrift, wo wir nach halbstündiger Bootsfahrt anlangten, lebten früher fast

sechshundert Leute, aber nur knapp zweihundert sind noch vorhanden. Viele der altersgrauen Blockhäuser stehen leer, am Ufer liegen vermorschte Boote, und daneben hängen verfaulte Fischnetze auf windschiefen Gerüsten. Die aus Stammholz zusammengesetzte Kirche, mehr als hundert Jahre alt, ragt aus einem verwilderten Friedhof. Der Geistliche hat noch andere Gemeinden zu versorgen und ist meistens abwesend. Zwar hat die Regierung eine neue Nursing-Station und Schule gebaut mit Wohnhäusern für zwei Lehrkräfte, aber bald wird es an Schülern fehlen. Dabei liegt das Indianerdorf sehr romantisch auf einer bewaldeten Halbinsel mit weitem Blick über See und Buchten. Der Fischfang ist gut, ebenso die Jagd und das Trapping. Doch es fehlt an Vergnügen moderner Art, an der Verbindung zur Außenwelt, und es gibt keinen Liquorshop.
Was bei uns das Wirtshaus ist, das Café oder sonst ein Treffpunkt geselliger Menschen, muß hier die Treppe vor dem Laden der Hudson-Bay-Company ersetzen. Auf den sonnenbeschienenen Holzstufen sitzen alte und junge Leute, die miteinander schwatzen oder gar nichts tun. Unser Erscheinen wird lebhaft begrüßt, denn nur selten verirren sich Fremde nach Snowdrift. Wir stehen Rede und Antwort, verteilen Zigaretten, albern mit den Kindern und lassen uns muntere Blicke der jungen Mädchen gern gefallen. Dann werden wir von dem freundlichen Manager in den Laden gebeten, der nach Landessitte sehr starken Kaffee gebraut hat. Wie es nicht anders sein kann, wird schon bald vom Niedergang der Ortschaft gesprochen. Der Manager meint, daran sei vor allem die Einstellung des Schiffsverkehrs auf dem Sklavensee schuld. Snowdrift hatte noch bis vor sechs Jahren regelmäßigen Besuch von Dampfschiffen und Motorschiffen, die auch Passagiere beförderten. Jetzt kommen hin und wieder nur Transporter, aber sie werden immer seltener, weil die abnehmende Bevölkerung nicht mehr soviel braucht wie früher. So fehlt auch jene Abwechslung, die jeder Schiffsbesuch mit sich brachte. Keine Fluglinie sah Veranlassung, den verschlafenen Ort ins Programm ihres Verkehrs aufzunehmen. Nur bei Bedarf oder wenn eine Maschine bestellt wird, was natürlich sehr teuer ist, läßt sich ein Flugzeug in Snowdrift blicken.
»Ich bin auch der Administrator, außerdem Funker und Posthalter«, erklärte uns der Manager, »aber alles zusammen belastet mich kaum. Mehr als fünf bis sechs Briefe pro Woche hab' ich nicht zu stempeln, und wann die hinausgehen, das hängt von 'ner guten Gelegenheit ab.«
Ich war schon immer der Meinung, daß der Flugverkehr in Ländern wie den NWT nur einige bevorzugte Punkte wesentlich fördert, jedoch für den räumlich größten Teil des Landes keinen Fortschritt bedeutet. Während Straße, Flußschiffe und Eisenbahn die Wildnis erschließen, braust das Flugzeug darüber hinweg, ohne eine Spur zu hinterlassen. Hier am Sklavensee war der Nachteil noch schlimmer, der Flugverkehr hatte die Schiffahrt ausgeschaltet und damit so manche Siedlung

von der Außenwelt abgeschnitten. Verkehrswege, die vorher offenstanden, sind ausgerechnet vom modernsten Transportmittel gesperrt worden. Das sollte sich jeder klarmachen, der immer wieder hören und lesen muß, die unaufhaltsame Zivilisation habe nunmehr alle Winkel der Welt erfaßt. Oft ist das Gegenteil richtig.

Tom Auchterlonie und ich hatten es nicht nötig, wieder ins Boot zu steigen, wir wurden statt dessen von unserer Maschine in Snowdrift abgeholt. Es war auch besser, keine Zeit mehr zu verlieren, denn die Sonne hatte sich tief gesenkt. Wir flogen durch die Nacht, als die Lichter von Yellowknife in Sicht kamen. Noch im Fluggebäude wurde Max McConnell ans Telefon gerufen und führte ein langes Gespräch.

»Wir sollen zwei Menschen suchen, die in der Tundra verschollen sind«, sagte er mir danach, »wenn Sie nichts Besseres vorhaben, können Sie mitkommen. Das wäre aber schon morgen früh, und es kann ein paar Tage dauern.«

Verschollen in der Tundra

Jene beiden Männer, die wir suchen sollten, waren Kanuten. Sie hatten Mitte Juni Yellowknife verlassen, und zwar mit dem kühnen Plan, auf Wasserwegen noch vor Wintersbeginn die Ortschaft Bathurst-Inlet am Arktischen Ozean zu erreichen. Dabei mußten sie erst die menschenleeren Wälder nördlich des Sklavensees auf Flüssen und Seen durchqueren, danach die kaum bekannte Tundra bis über den Polarkreis hinaus. Beide hatten Erfahrung, standen im Alter von etwa 35 Jahren und im Ruf, sehr ausdauernde Sportsleute zu sein. Der eine hieß Fred Blake und war Oberlehrer, der andere nannte sich Lewis Webster und war Assistent an einem geographischen Institut. Wie die meisten der passionierten Waldläufer und Wasserfahrer, denen man heute, wenn auch nur selten, in nordischer Wildnis begegnet, lebten sie für gewöhnlich in einer Großstadt.

Karten standen ihnen zwar zur Verfügung, aus denen sich der Verlauf aller wichtigen Gewässer entnehmen ließ, aber da man die Landschaft großenteils nur aus der Luft vermessen hatte, wußten die Karten nicht anzugeben, wie sanft oder rasch die Flüsse strömten. Der Wasserstand konnte wechseln, und es war damit zu rechnen, daß man Strudel oder Stromschnellen antraf, wo die Karte einen scheinbar glatten Verlauf des Weges anzeigte. Hatte es zu wenig geregnet und der Wasserstand war tief gefallen, mußten Blake und Webster die Mühen weiter Portagen auf sich nehmen.

Aus Gründen der Sicherheit besaß jeder sein eigenes Kanu, und jedes Stück ihrer Ausrüstung war zumindest doppelt vorhanden. Sie hatten keinen Motor an ihren Fahrzeugen, weil sie für so eine weite Strecke den Brennstoff nicht mitnehmen konnten. Sie mußten also paddeln oder sich von der Strömung treiben lassen. Was die Verpflegung betraf, waren sie vorwiegend auf Jagd und Fischfang angewiesen. Um weithin sichtbar zu sein, falls man sie suchen mußte, waren die Plastik-Kanus knallgelb gestrichen, und auch die beiden Zelte bestanden aus gelbleuchtendem Material. Außerdem hatten Blake und Webster mit der RCMP und mit Travelarctic vereinbart, im Notfall einen möglichst großen Steinmann zu bauen, von dem ein langes, gelbes Band im Wind flattern sollte. Waren sie nicht dort geblieben, hatten sie jedenfalls eine Nachricht in dem Steinhaufen hinterlassen. Sie selbst trugen scharlachrote Kleidung, damit man aus der Luft gleich sehen konnte, ob sie bei ihren Zelten waren oder nicht. Weil sie über so große Entfernung ein Sendegerät von erheblichem Gewicht gebraucht hätten, war keines in den Kanus vorhanden. Es mußte an jedem Pfund gespart werden, um sich bei den Portagen nicht übermäßig zu belasten.

Das Unternehmen diente nicht nur dem rauhen Vergnügen der beiden Sportsleute, sondern galt auch der Forschung und sollte womöglich kommenden Generationen tüchtiger Touristen einen Wasserweg nach Norden öffnen, den man bisher nicht kannte. Ebendeshalb fühlte sich Travelarctic verpflichtet, den Verbleib der Kanuten festzustellen. Sie hatten sich noch nicht bei der Wetterstation des DOT am Contweyto-See gemeldet. Wäre ihre Expedition planmäßig verlaufen, hätte es schon längst geschehen müssen. Diese Vier-Mann-Station in der Tundra war der einzige bewohnte Punkt, den Blake und Webster auf der monatelangen Fahrt antrafen, wenn sie überhaupt so weit kamen. Da sie die Station bis jetzt nicht erreicht hatten, war es ihnen kaum noch möglich, vor Einbruch des Winters nach Bathurst zu gelangen. Was auch geschehen war, man mußte sie finden.

Max McConnell war verhindert mitzukommen, an seine Stelle trat John Guldner, ein anderer der hervorragend fleißigen Mitarbeiter des Tourist-Amtes. Außerdem war Tom wieder dabei, ebenso Bill Hettrick als Pilot. Mit der gleichen Maschine wie gestern erfolgte der Start um sieben Uhr früh.

»Wir sind für alle Eventualitäten gerüstet«, versicherte Tom Auchterlonie, »Zelt, Schlafsack, Gewehr und Proviant für sechs bis sieben Tage stecken im Stauraum. Man kann nie wissen, wo man bei so 'ner Suche die nächste Nacht verbringt.«

»Und wo werden wir suchen . . .?«

»Überall zwischen hier und dem Contweyto-See. Wir haben's ja auf der Karte, wo sie fahren wollten. Fragt sich nur, ob's auch überall möglich war . . . und wo sie nun hängen.«

Wir folgten keiner bestimmten Himmelsrichtung, sondern bestimmten Flüssen und aneinander hängenden Seen. Wir taten in der Luft das gleiche, was drunten die beiden Kanuten geplant hatten. Dabei war es selbstverständlich, daß auch unser Flugweg bei weitem länger war als die Luftlinie zwischen zwei Punkten. Die großen Seen mußten wir ganz umrunden, da man nicht wußte, welches Ufer die Verschollenen bevorzugt hatten. Die Landschaft war meistens flach und dicht bewaldet. Nur wenige kahle Granithügel ragten aus dem Meer der Tannen, Fichten und Lärchen empor. Wir blieben über dem Beaulieu-River, bis er im Beniah-See sein Ende fand. Danach folgten wir in nordöstlicher Richtung dem langen, von vielen Inseln bedeckten Waburton-Lake, der so manchen Umweg kostete, weil uns zahlreiche Buchten zwangen, auch dort hineinzuschauen. Beim Judy-Lake gerieten wir in Schneetreiben, und Bill mußte tief hinunter, damit wir das Ufer noch sehen konnten. Am Lac du Gras schien wieder die Sonne, und am Courageous-See flogen wir über die Baumgrenze. Von gelben Zelten, Kanus oder flatternden Bändern war nichts zu sehen, obwohl sich acht Augen darum bemühten.

Die Zeit verging, und der Brennstoff wurde weniger, aber die Suche blieb ohne Erfolg. Die Tundra, von der man zu Unrecht sagt, daß sie reizlos sei, leuchtete in herrlichen herbstlichen Farben. »Barren-Grounds« ist eine vielgebrauchte englische Bezeichnung für Landschaften solcher Art, doch wer diesen Ausdruck für die Tundra erfand, hat sie nur im Winter gesehen, aber nicht im Sommer und Herbst. Da kann von »unfruchtbaren Gründen« keine Rede sein, auch wenn Bäume und hohe Gebüsche fehlen. Dafür leuchtet das Grün, das Gelb, das tiefe Rot und helle Violett der nur fußhohen Vegetation, die jeden Quadratmeter Boden bedeckt. Und so weit das Auge reicht schimmern kornblumenblau die Teiche, Tümpel und Seen. Bäche sind überall, Flüsse durchziehen die bunte Steppe, schillernde Sümpfe breiten sich aus. Buckliges Gestein liegt verstreut auf dem Rücken der Tundra.

Wir flogen um den Lac du Sauvage, den weitverzweigten Thonokied-See und dann noch um den Aylmer-Lake. Da die Sicht durch nichts behindert wurde und es nur darauf ankam, die Ufer zu beobachten, hätten wir die Zelte sehen müssen, vorausgesetzt, daß sie da waren. Alle Möglichkeiten wurden in Betracht gezogen. Hatten Blake und Webster vielleicht auf einem anderen Weg die Rückkehr versucht? Das wäre sehr leichtsinnig gewesen, denn es gilt die Regel, daß man im Notfall an Ort und Stelle bleibt, wenn Hoffnung besteht, daß man gesucht wird. Erfahrene Leute wußten das und richteten sich danach. Eher war schon denkbar, daß sich die beiden im Labyrinth der Wasserwege verirrt hatten. An spurloses Verschwinden infolge einer Katastrophe glaubten wir nicht. Die Kanus waren dank ihrer Luftkammern unsinkbar. Sie würden jedenfalls übrigbleiben, falls die Paddler in einer wilden Stromschnelle ertranken. Aber so kenntnisreiche Kanuten gerieten nicht in derartige Gefahren. Die wagten keine Schußfahrt durch Wildwasser, ohne es sich vorher anzusehen.

»Noch 'ne knappe Stunde können wir uns leisten«, sagte Hettrick nach einem Blick auf die Benzinuhr, »dann muß ich auftanken.«

Bei der Wetterstation am Contweyto-See war das möglich, außerdem hatte Bill

noch eigene Depots höher im Norden, wo sie kein anderer finden konnte, weil niemand hinkam.
»Dann versuchen wir's noch am Muskox-Lake und Ghurka-Lake«, meinte Auchterlonie, »es wird zum Contweyto reichen.«
So richtete Bill seine Maschine fast genau nach Osten. Dort war zuerst der Muskoxe-See, und den wollten wir umrunden, bevor der Ghurka an die Reihe kam.
»Vorne links zwei gelbe Punkte«, bemerkte John Guldner so seelenruhig, als sei das gar nichts.
Bill ging bis auf dreißig oder vierzig Meter hinunter, flog zu den beiden Zelten und dicht darüber hinweg. Zwei Gestalten in scharlachroter Kluft winkten hinauf. Es schien ihnen gutzugehen, da sie auch lebhaft herumsprangen. Ihre Kanus lagen am Ufer, daneben rauchte ein Lagerfeuer.
»Es scheint, als würden sie uns gar nicht brauchen«, vermutete Tom.
»Aber 'ne wochenlange Verspätung haben sie auf jeden Fall«, sagte Guldner mit leichtem Vorwurf. Da rutschten wir schon übers Wasser und rauschten dem Strand entgegen. Aber die Maschine festzumachen, hätte Zeit gekostet. Bill blieb am Steuerknüppel, während wir auf den Schwimmern standen, um mit den Scharlachroten zu reden. Zum Händeschütteln kam es vorerst nicht, weil uns drei Meter kaltes Wasser von dem Ufer trennte.
»Was ist denn los mit euch«, rief Tom hinüber, »was habt ihr denn so lange gemacht?«
Blake und Webster hielten sich vorgebeugt, hatten ihre Hände in den Taschen und wirkten nicht gerade fröhlich.
»Schwer geschuftet, was denn sonst?« kam es zurück, so als wären wir eine Bande von Playboys. »Zuwenig Wasser an den schwierigen Stellen . . . das verdammte Gelump tagelang geschleppt und dann noch die Kanus geholt. Eine Schinderei sondergleichen, aber irgend 'ne Gefahr oder so was Ähnliches war nicht dabei.«
Ob sie genug zu essen hätten, ob ihnen etwas fehlte, brauchten sie Hilfe irgendwelcher Art?
»Ja, 'ne Badewanne und zwei Logenplätze in der Oper, sonst geht's uns gut. Wollt Ihr nicht zum Dinner bleiben . . . Filet von Karibus und frische Forellen am Weidenspieß, das können wir anbieten.«
Sie waren dennoch sehr abgemagert, hatten eingefallene Gesichter und struppige Bärte.
»Nun hört man auf zu flaxen, wir haben nicht zum Spaß nach euch gesucht«, rief sie Tom in den Ernst des Lebens zurück, »mit so viel Verspätung kommt ihr nicht mehr nach Bathurst-Inlet. Aber der Contweyto-Lake ist zu machen, und ich schlage vor, ihr bleibt in der Wetterstation, bis euch die nächste Maschine abholt.«

Genauso hatten es sich Blake und Webster gedacht. Die Kanus mit aller Ausrüstung sollten dort bleiben, im nächsten Sommer ginge es dann weiter ans Eismeer. Wir brauchten nicht mehr für sie zu tun, als ein paar Briefe mitnehmen. Das war alles. Am Ende eines Stocks wurde die Post hinübergereicht.
»Na denn, guten Rutsch zum Contweyto«, riefen wir zum Abschied.
»Besten Dank für den freundlichen Besuch«, riefen sie zurück, »und daß ihr nicht die Briefe verschlampt!«
Sie wären etwas schrullig geworden, meinte Guldner, als wir nach dem Start wieder hochstiegen. Diese Art von Humor war nicht so echt, wie es den Anschein hatte. Worauf Auchterlonie sagte, damit wollten sie nur ihre Enttäuschung überspielen. Sie hatten ihr ehrgeiziges Programm nicht geschafft, sondern nur den halben Weg bis nach Bathurst. Das war bitter nach so großer Anstrengung. Aber man dürfe sich eben nicht zu viel vornehmen, und selbst durchtrainierte Leute überschätzten oft ihre Ausdauer.
Schon eine halbe Stunde später saßen wir bei Erbsen mit Speck in der Wetterstation am Contweyto-Lake. Aus vier jungen Leuten bestand die Besatzung, von denen einer nur für die Küche zuständig war und, wie man sagte, seine Pflicht zufriedenstellend erfüllte. Die Blechbaracke, worin die Mannschaft hauste, war gut möbliert und strahlte von Sauberkeit, obwohl nur Junggesellen darin lebten. Jeder hatte sein eigenes Schlafzimmer, und allen gemeinsam stand ein geräumiges Wohnzimmer zur Verfügung. Wo keine Landkarte die kahlen Wände verhüllte, hingen in Lebensgröße erstklassige Farbfotos hübscher Mädchen, die nichts anhatten. Ein Trost, wenn auch nur ein recht schwacher Trost für die fehlende weibliche Gesellschaft. Immerhin wurde den Wetterfröschen pro Jahr ein bezahlter Urlaub von drei Monaten gewährt, und für den Dienst in der Tundra erhielten sie eine beachtliche Zulage. Hin und wieder bekamen sie Besuch von einem Piloten, der auf seinem weiten Weg zu den arktischen Inseln hier auftankte. Während der Eisschmelze im Frühjahr und der Eisbildung im Spätherbst war es für jeweils drei bis fünf Wochen nicht möglich, auf dem See zu wassern oder mit Skikufen zu landen. So lange blieb die Station nur durch Sprechfunk mit der Welt verbunden. Der Winter war entsetzlich kalt, bis auf 50 Grad Celsius unter Null fiel die Außentemperatur, wenn eisige Stürme wehten. Dann brauchte man zehn bis zwölf Gallonen Heizöl pro Tag, um die Bude wohnlich zu wärmen. Schön war dagegen der Sommer und noch viel schöner der Herbst. Indigoblau war der riesige See und hellrosa der flache Sandstrand am Ufer. Man konnte fischen, Wildenten schießen und weite Wanderungen unternehmen. Der Koch hatte sich für ein drittes Jahr verpflichtet, weil es ihm so gut gefiel, auch die anderen wollten gerne ihren Dienst am Contweyto-Lake wiederholen.
»Was halten Sie davon«, fragte mich Tom Auchterlonie, »wenn wir die gute Ge-

legenheit benutzen, um am Tree-River zu übernachten? Da liegt 'ne kleine Fishing-Lodge nahe der Mündung, die müssen wir uns sowieso mal ansehen.«

»Es wäre undenkbar, meine Herren, daß ich Ihren Pflichten im Wege stehe!«

Also weiter nach Norden, wieder dem Arktischen Ozean entgegen. Die Landschaft war flach oder nur leicht gewellt, sie lag auch höher als zuvor und war nicht mehr von Sümpfen durchsetzt. Mit einem geländegängigen Wagen, so glaubte ich, könnte man sie nach allen Seiten hin durchqueren. Ich traute meinen Augen nicht, als mitten in dieser Unendlichkeit fünf oder sechs weißgestrichene Fertighäuser erschienen. Nur sehr kleine Häuser zwar, aber offensichtlich erst vor kurzem hier aufgestellt. Daneben lagen Schlitten, rotbemalte Benzintonnen und Abfallkübel, aber kein Mensch war in der Nähe. Wer sollte hier leben?

»Die letzten Eskimo der inneren Tundra«, klärte mich Bill Hettrick auf, »es sind nur fünf Familien mit ungefähr dreißig Personen. So wie's früher viel mehr getan haben, ziehen die noch als echte Nomaden durch die Gegend. Im Sommer haben sie ihre Zelte, im Winter bauen sie Iglus . . . oder haben sie gebaut. Jetzt können sie die piekfeinen Hütten beziehen, ein Geschenk der Regierung, komplett mit Ölheizung und was sonst noch 'reingehört, Transportmaschinen mit Schneekufen haben alles hergebracht. Ab und zu kommt der Doktor . . .«

Doch er trifft die paar Leute nur an, wenn die Kälte am schlimmsten ist. Sonst befinden sich die letzten der kanadischen Inland-Eskimo auf der Wanderschaft. Sie folgen im Herbst und Frühjahr den Herden der Karibus, fischen in den Seen, fangen Hasen und Schneehühner in Schlingen. Wie Bill Hettrick sagt, hat es sie viel Überwindung gekostet, sich wenigstens einige Wochen in den Hütten niederzulassen. Aber auf die Dauer konnten sie an den Wohltaten der Zivilisation eben doch nicht vorübergehen.

»Wie lange werden sie noch in der Tundra bleiben? Im Keewatin-Distrikt sind doch alle an die Küste gezogen oder nach Baker-Lake. Warum sind die hier noch eine Ausnahme?«

»Das möcht' ich auch wissen«, meinte der Pilot, »aber an der Küste sind schon welche, die von der Zivilisation die Nase voll haben. Die trauern ihrem alten Leben nach, und ich könnt' mir denken, daß sie eines Tages wieder in die Tundra gehen.«

Die Maschine flog tief und immer tiefer über das flache Gebiet. Erst waren es noch sechzig Meter, dann vierzig, dann zwanzig, und dann sah es so aus, als würden wir landen . . . mit dem Wasserflugzeug!

Im Zweihundert-Kilometer-Tempo sauste unsere Maschine über die Granitbuckel der Tundra. Es war nervenzerfetzend . . .

»Warum macht er das nur?« stöhnte ich.

Tom und John regten sich nicht auf, da sie wohl der Ansicht waren, man könne

nur einmal sterben. Und so ging es am schnellsten. Aber sie glaubten den Grund für Bills rasanten Tiefflug zu wissen. Er wollte prospektieren, das heißt an der Färbung des Gesteins erkennen, ob es bestimmte Mineralien enthielt.
»Irrtum, liebe Leute, das wär' bei der Geschwindigkeit kaum zu machen. Ich möcht' für unseren Freund die Karibus finden . . . das ist alles.«
Warum nicht aus der Höhe, wo man doch einen viel weiteren Überblick hatte? Ja, den hätte man zwar, aber dann sähen die Karibus den graubraunen Gesteinsbrocken zum Verwechseln ähnlich. In so einer Landschaft wie hier waren sie nur gegen den Hintergrund des hellen Himmels zu erkennen.
»Gehen Sie wieder 'rauf, Bill, ich hab' für die Karibus jetzt gar nichts übrig!«
»Hoppla, da ist schon 'ne Herde«, rief der rasende Pilot und hob die Maschine, »da sehen Sie, wie die Biester laufen!«
Hundert, vielleicht auch zweihundert graubrauner Tiere eilten über die Tundra. Der Riesenvogel hatte sie aufgescheucht und in die Flucht gejagt.
Das wären noch zuwenig für seinen Geschmack, ließ Bill verlauten, er legte Wert darauf, mir viel Besseres zu bieten. Also wieder hinunter und nochmals die verfluchte Jagd so dicht über dem Boden. Schon nach zehn Minuten, die mir als Ewigkeit erschienen, hatte er die nächste Herde entdeckt, und zwar eine Herde ohne sichtbaren Anfang und Ende.
»Schätze, es sind fünftausend . . . oder doppelt soviel.«
Von mir aus konnte auch eine Million nicht an Übertreibung grenzen, denn nach allen Seiten hin war die Tundra von Tieren bedeckt. Die eine Gruppe war in Bewegung, die andere äste, und wieder andere standen nur herum. Es war eine unübersehbare, ungeheure Menge, die ihre Wanderschaft zurück in die Wälder begonnen hatte. Alle Tiere hatten die gleiche Richtung, doch für den geschlossenen Zug war die Zeit noch nicht genug fortgeschritten.
»Daran fehlt noch eine Woche oder so«, meinte John Guldner, »dann formieren sie eine kilometerlange Kolonne . . . eine Kolonne, die tagelang vorüberzieht, wenn's so viele sind wie hier.«
Die Geweihe waren noch im Bast, und da auch die Kühe damit ausgestattet sind, schaukelte über jedem erwachsenen Tier das hellgraue Gestänge. Bei den Bullen war es größer, bei den Kälbern noch nicht entwickelt. Der Wind spielte mit den Halsmähnen und ließ sie flattern. Wo sich Gruppen zusammendrängten, entstand ein Wald von Geweihen. Doch alles hat ein Ende, viel zu schnell war der phantastische Anblick vorbei, die leere Tundra hatte uns wieder.
»Nicht mehr als zehntausend, bestimmt nicht mehr«, bedauerte Bill, »aber für heute muß es genügen.«
Welch unschätzbare Menge von Karibus die Tundra im Sommer ernährt, bewiesen die ausgetretenen Pfade am Boden. Wir flogen eine gute halbe Stunde darüber

hin, wobei der eine Wechsel dicht neben dem anderen lag. Seit Jahrtausenden folgen die Herden immer dem gleichen Weg, denn sie wissen, wo der Jahreszeit entsprechend die besten Weideflächen zu finden sind. Wenn der Schnee geschmolzen ist und die Vegetation der Tundra wieder erwacht, sammeln sich die Herden am Rande der Wälder und wandern über tausend Kilometer hinaus auf die freien Flächen, wo sich die Masse auflöst. Dann bewegt sich jede Gruppe, dreißig bis dreihundert Tiere, allein durch das grenzenlose Gelände, um sich Ende August wieder mit der großen Menge zu vereinen. Bevor der Winter mit eisigen Polarstürmen über die Tundra hereinbricht, sind alle wieder im Schutz der Wälder, bis auf jene Kranken, Alten und Schwachen, die sich Wölfe und Grizzlies geholt haben.

Vor uns eine Kette rostbrauner Hügel mit felsigen Rücken, dahinter eine reizlose Fläche mit nur geringer Vegetation und am Horizont der blaue Schimmer des Coronation-Golfs. Schollen und Eisflächen waren verschwunden, nur das freie Wasser glänzte im Sonnenlicht.

Als wir die Küste erreichten, fiel sie fast senkrecht hinab, und was man draußen sehen konnte, waren steil aufragende Inseln. Wäre ich hier vom Himmel gefallen und glimpflich angekommen, ich hätte wahrscheinlich geglaubt, am Gestade eines südlichen Meeres zu sein. So stark leuchtete das Licht auf Felsen und Flut und so wunderbar schimmerte das tiefblaue Wasser.

»Dort ist der Tree-River«, sagte Tom Auchterlonie, »und da fliegen wir hinein.«

Unsere Piper-Cub senkte den linken Flügel, beschrieb über der Bucht eine Kurve und glitt der Öffnung des Tree-River entgegen. Wir passierten ein breites Felsentor, gingen tief und tiefer, und dann zischte schon das Spritzwasser hinter den Pontons.

Vom Ufer, wo Zelte und Hütten standen, löste sich ein Motorboot. Es zog unsere leichte Maschine über rollende Wellen zum Strand. Dort halfen ein paar Eskimo, sie über die Flutmarke hinaufzuschieben. Aber die Lodge lag viel weiter stromauf. Mindestens eine halbe Stunde verging, bis es der starke Bootsmotor gegen die rauschende Strömung geschafft hatte, uns ans Ziel zu bringen.

Die teuerste Fishing-Lodge war von innen und außen die bescheidenste. Wenn sie voll belegt war, schliefen vier Personen in einem Zelt, das man über feste Pfosten gespannt und mit einem Bretterboden versehen hatte. Die Einrichtung bestand aus Feldbetten, einem Tisch mit vier Stühlen, Ölofen und knapper Waschgelegenheit. Wer keine Ansprüche stellte, brauchte nicht mehr. Zum Essen ging man hinüber in einen Wellblechschuppen, wo man sich auf harten Bänken niederließ, aber so reichliche Mahlzeiten erhielt, daß eine für zwei hungrige Personen gereicht hätte. Um drängenden Wünschen der Natur abzuhelfen, begab sich der Gast in eine von vier wackligen Bretterbuden, die sich leider an überhöhter Stelle

befanden. Bei dunkler Nacht und strömendem Regen, besonders, wenn Eile geboten schien, mochte gar mancher bezweifeln, ob er den Anstieg noch schaffte, bevor es zu spät war.
Nur sechzehn Sportfischer konnte die Lodge beherbergen, nur vom 1. August bis zum 15. September war sie geöffnet. Mit dem Flugpreis von und nach Winnipeg kostete eine Woche in der Tree-River-Lodge 950 $. Wenn man die Nebenausgaben noch hinzurechnet, waren das rund 5000 Mark. Aber dafür tummelten sich Eislachse der größten Art und feinsten Sorte im Wildwasser des River. Weil für passionierte Angler kein Fisch existiert, dessen Erbeutung noch höher im Kurs steht als der Arctic Char, legt man dafür jeden nur möglichen Betrag auf den Tisch. Was für den Waidmann der Rothirsch mit sechzehn Enden, ist für den Sportfischer der Eislachs am Coronation-Golf.
Wir waren mit einem älteren, sehr freundlichen Ehepaar aus Cincinnati die einzigen Gäste der Lodge. Das hatte zur Folge, daß uns der schottische Verwalter gründlich verwöhnte. Die Steaks hingen auf beiden Seiten über den Teller hinaus. Zu den köstlichen Moosbeeren wurde heiße Schokolade gereicht, und dazu gab es noch Orangen aus Florida. Whisky hatte ich mitgebracht, Tom Rotwein und das ältere Ehepaar sogar Sekt aus San Francisco.
»Versuchen Sie mal unser Wasser«, riet der sparsame Schotte, »es schmeckt geradeso gut.«
Das mochte leicht übertrieben sein, aber dennoch ist das Wasser des Tree-River etwas ganz Besonderes. Man trinkt es mit Genuß und gewissermaßen über den Durst. Das belebende Naß streichelt die Zunge und erfrischt den Gaumen. Ich kann nicht sagen wie und warum, aber auf irgendeine Weise spürt man die Reinheit der Polarwelt im Geschmack. Das haben amerikanische Fachleute schon lange entdeckt, und ihrem Vorschlag entsprechend hat die Regierung der USA, man höre und staune, den schier unglaublichen Plan gefaßt, die Bürger von New York mit dem wunderbaren Wasser des Tree-River zu versorgen. Dazu wäre eine Rohrleitung von etwa 5000 Kilometer Länge mit einem Durchmesser von sechs bis sieben Meter sowie zahlreichen Pumpstationen erforderlich. Die Anlage würde Milliarden kosten und der Betrieb noch viele Millionen dazu. Auch der kanadischen Regierung müßte man für die Entnahme eine gewiß nicht geringe Summe bezahlen.
»Wenn Sie meinen, der Gedanke wäre zu phantastisch, um wahr zu sein«, lachte der Verwalter, »dann reden Sie morgen mit dem Mann in der Blechbude gegenüber. Das ist einer vom Hydrologischen Institut, der nichts weiter tut als messen, testen und so 'ne Sachen. Das sind schon die Vorbereitungen für den tollen Plan. Er sagt aber selbst, wenn's gemacht wird, dann erst in zwanzig oder dreißig Jahren.«

Als ich später in Yellowknife davon erzählte, sagte man, es sei sehr fraglich, ob die Kanadier ihr delikates Wasser so einfach den Yankees überließen. Wenn es wirklich so gut war, wie die sagten, wollte man es selbst trinken. Auf keinen Fall dürfe man gestatten, daß die Eislachse von Tree-River nach New York schwimmen.

Am nächsten Morgen schaute ich zu, wie meine Freunde fischten. Sie taten es an Stromschnellen, wo sich der Arctic Char mit Vorliebe einfindet. Kaum hatte John Guldner die Angel geworfen, hing schon ein Achtpfünder am Haken. Nach aufregendem Gekurbel und Herumspringen konnte er ihn landen. Fast zur gleichen Zeit holte Tom Auchterlonie ein Exemplar von elf Pfund heraus. Kaum hatte ich den edlen Lachs genügend bewundert, hatte John wieder einen. Indessen war auch Bill nicht erfolglos geblieben und besaß schon drei. Das amerikanische Paar hatte die gesetzlich erlaubte Quote längst überschritten, und so mußten nun die Eheleute jeden Eislachs, den sie fingen, gleich wieder ins Wasser werfen. Auch das war ein großartiger Sport, wie beide sagten. Die Opfer des Sports waren gewiß anderer Auffassung, konnten sich aber nicht äußern, denn Fische sind stumm.

Mit dem wanderlustigen Schotten unternahm ich einen Fußmarsch von sechs Stunden, der uns am River entlang bis zu einem idyllischen See im Hinterland führte. Eine Kaskade nach der anderen rauschte über bemooste Felsen, in der sprühenden Gischt leuchteten Regenbogen, und wo ein Wasserfall hinabstürzte, hörte man den Donner schon von weitem und sah eine Wolke in der sonst klaren Luft. An den Ufern war das feuchte Moos so tief, daß man bis über die Knöchel einsank, und das Weidengestrüpp stand bis zwei Meter hoch. Beides war dem relativ engen Flußtal zu verdanken, das sich der Tree-River gegraben hatte. Die furchtbaren Stürme des Winters kamen nicht hinein, sondern brausten darüber. Deshalb konnte hier eine Vegetation bestehen, die vergessen ließ, daß von hier aus gesehen der Polarkreis im Süden lag. Da die Weiden so hoch wie Bäume wuchsen, jedenfalls nach Meinung der Eskimo, hatte man den River »Baumfluß« genannt. Tree-River war ja nur die Übersetzung des entsprechenden Wortes der Eskimosprache.

Wir sahen Abdrücke von Bärentatzen, nicht älter als zwei bis drei Tage. Sie waren noch mehr als die Menschen am Fischfang beteiligt und durchwühlten während der Nacht auch die Abfalltonnen beim Camp. Wie so oft an fischreichen Gewässern, wurden auch hier die Bären von Füchsen begleitet, denn es blieb von jeder Mahlzeit der Großen für die Kleinen immer etwas übrig. Eine Schnee-Eule flatterte davon. Lemminge schlüpften in ihre Löcher, und wir vernahmen das Getrappel von Karibus.

Als wir den Tree-River-See erreicht hatten, war es schon Zeit für den Heimweg. Der weiten Aussicht wegen stiegen wir die Böschung hinauf und gingen am Rand

der Hochfläche zurück. Im Westen wie im Osten, etwa zwanzig Kilometer vom Fluß entfernt, begrenzten kahle Bergrücken den Horizont.
»Waren Sie schon mal dort oben?« fragte ich den Schotten.
»Dazu hab' ich keine Zeit, da ist noch niemand gewesen, soviel ich weiß.«
Welch ein Land, das keiner kennt! Es wartet noch immer auf Entdecker, man kann noch in vielen Tälern und an zahlreichen Flüssen der erste sein.
Was ich vom Großen Bärensee hielte, erkundigte sich Tom, als wir bei Tisch saßen und den Whisky mit Wasser vom Tree-River mischten.
»Vom Bärensee kann ich nichts halten, weil mir sein Anblick noch nicht vergönnt wurde . . .«
»Dann wird's aber Zeit, er ist ja der größte von allen Seen in den Territories. Morgen fliegen wir hin.«
Aus Gründen der Sparsamkeit sollte es geschehen, denn ohnehin mußten dort drei Fishing-Lodges amtlich besucht werden. Da wir für den Umweg nur anderthalb Flugstunden brauchten, war es billiger, die Inspektion gleich durchzuführen, als erst wieder von Yellowknife zu starten.
Mit Eislachsen in Cellophan teilten wir die enge Kabine. Keine Bewegung war möglich, ohne die kalte Hülle zu berühren. Und je besser allmählich die Heizung wärmte, desto mehr roch die Piper-Cub nach einem Fischrestaurant. Dafür bot die Landschaft, die sich drunten ausbreitete, willkommene Ablenkung. Das war nicht die übliche Tundra, sondern eine Hochfläche aus rosarotem Gestein. Die wandernden Gletscher einer anderen Erdepoche hatten das Felsplateau glattgeschliffen und blank poliert. Von der Arbeit des wandernden Eisgebirges, die sicher Millionen Jahre beansprucht hatte, waren Rinnen und Mulden übriggeblieben, die ohne Ausnahme in der gleichen Richtung verliefen. Darin hatte sich Wasser gesammelt, das so wunderbar blau zum Himmel aufschaute, als würde es von unten beleuchtet. Nur diese beiden Farben, rosarot und marineblau, waren auf dem weiten Hochplateau zu sehen, aber gerade deshalb wirkte es wie die Schöpfung eines gottbegnadeten Malers. Würde es einem Sterblichen gelingen, ähnliches auf eine Leinwand zu pinseln, wäre ihm auf jeder Ausstellung der erste Preis gewiß, falls es mit rechten Dingen zugeht. Auch meine Freunde waren hingerissen von dem unvergleichlichen Anblick. Sie sagten, daß sich in dem Boden wertvolle Mineralien befänden, aber bis auf weiteres könne man wegen der hohen Transportkosten nichts damit anfangen.
Wie ein Gebilde aus dem Märchenland erschienen sieben rosarote Steinhütten an einem blauglänzenden See. Da hatte man mehrere Jahre hindurch versucht, Silber und Nickel zu gewinnen, aber den Versuch aus den eben erwähnten Gründen wieder aufgegeben. Die gemauerten Hütten standen nun leer. Wem es hier gefiel, der konnte einziehen und bleiben, solange er wollte.

Bald danach überflogen wir den Coppermine-River, und zwar bei den Bloody Falls. Den abschreckenden Namen verdanken die Wasserfälle Samuel Harne, dem ersten weißen Mann am »Fluß der Kupferminen«. Er reiste in Begleitung von Indianern, und als diese 1772 an den Fällen eine Gruppe harmloser Eskimo antrafen, konnte Harne nicht verhindern, daß seine Gefährten über ihre traditionellen Todfeinde herfielen. So war »Bloody Falls« die passende Bezeichnung für den Ort eines so blutigen Gemetzels.

Eine halbe Stunde später war die Baumgrenze erreicht, danach vergingen nur noch wenige Minuten, bis wir den größten See des kanadischen Nordens vor uns sahen. Selbst aus 300 Meter Flughöhe war das jenseitige Ufer nicht zu erkennen. Der Bärensee hat viele Buchten, die jede für sich unseren Bodensee an Länge und Breite übertreffen. Inseln ohne Zahl, die meisten bewaldet und manche gebirgig, erheben sich aus dem blaugrauen Wasser. Dunkle Tannenwälder umgeben das Binnenmeer auf allen Seiten, was ihm eine düstere, ja sogar unheimliche Atmosphäre verleiht. Auch die lückenlos mit Nadelholz besetzten Berge an seinen Ufern tragen dazu bei. Der Große Bärensee bietet kein begeisternd schönes Bild, sondern man hat mehr das Empfinden bedrückender Verlassenheit.

Mit ihm verglichen, sind die Ränder des Sklavensees dicht bevölkert, denn am Bärensee befindet sich nur ein Indianerdorf, Fort Franklin mit knapp 150 Bewohnern. Sonst sind nur zwei Wetterstationen vorhanden sowie einige Fishing-Lodges, die aber von Mitte September bis Mitte Juli ihre Pforten schließen.

Früher war es anders, da herrschte in Port Radium am Ostufer ein hektischer Betrieb. Es ging um äußerst wichtige Rohstoffe, deren Endprodukt unter anderem zur Herstellung von Atombomben gebraucht wird. Was in Hiroshima und Nagasaki den Tod von über hunderttausend Menschen bewirkte, hatten die Uranminen am Großen Bärensee geliefert. Inzwischen wurden in anderen Ländern reichere Lager entdeckt, so daß man die Uranerze vom Großen Bärensee nicht mehr benötigt. Port Radium ist heute eine Geisterstadt, wo nur ein paar Wächter hausen. Unbefugte dürfen nach wie vor die Anlagen nicht betreten.

Zuerst besuchten wir die luxuriös ausgestattete Arctic-Circle Fishing-Lodge in der McTavish-Bucht, danach eine andere in der Cameron-Bay und als dritte die Conjuror-Bay-Lodge am Südufer. Viel ist darüber nicht zu sagen, weil der Sport und die Versorgung der Gäste in ungefähr dem gleichen Rahmen verläuft wie am Sklavensee. Der noch größeren Entfernung wegen liegen die Preise um durchschnittlich 100 Dollar höher, und die Saison ist um etwa eine Woche kürzer. Dafür besteht die Chance, gelegentlich einen Fisch zu fangen, dessen Gewicht dem Weltrekord nahe kommt. Was uns auffiel, war der Unterschied des Publikums von Lodge zu Lodge. Ein ausgesprochen internationaler Kreis bevölkerte das Sporthotel an der McTavish-Bucht. Im nächsten Camp herrschte Massenbetrieb. Alles war auf neureiche Amerikaner zugeschnitten, von denen sich die meisten noch benahmen, als wohnten sie in einer billigen Vorstadt. Wer den Speisesaal betrat, glaubte in einem Bahnhofsrestaurant zu sein. Der Besitzer war in jüngeren Jahren Dressur-Reiter gewesen, und seine Gattin hatte Löwen gebändigt. Aber wie die meisten Zirkusleute wußten sie auch mit Menschen gut umzugehen, was in Anbetracht der trinkfreudigen Gäste auch nötig war. Wir staunten über eine schrill schreiende Frau, die vergeblich nach einem Koffer suchte, obwohl er neben ihr stand. Sie trug knallrote, enganliegende Hosen, eine kanariengelbe Jacke und auf ihrem strahlend blond gefärbten Haar einen mexikanischen Sombrero. Sogar in Elefantenkreisen hätten ihre gewaltigen Hinterbacken beachtliches Aufsehen erregt.

»Die paßt an den Bärensee«, sagte Bill Hettrick, »wie Pudding ins Trompetenrohr!«

Als wir die Cameron-Bay überflogen, um bei der letzten Lodge zu landen, sah ich drunten mindestens hundert Holzhütten. Aber dort lebte niemand mehr. Alle Indianer vom Stamme der Hasen, seinerzeit mehr als fünfhundert, hatten längst ihr Dorf verlassen. Mit ihnen waren auch die Händler und Mounties, die Lehrer, Pfarrer, Funker und Nursen weggezogen. In den Siedlungen am Mackenzie-River, teilweise auch in Yellowknife, sollten jetzt die Eingeborenen zu finden sein.

Bald hatten wir auch die dritte Lodge überstanden, die Maschine stieg auf dreitausend Meter und nahm geraden Kurs auf Yellowknife. Wir überflogen einen ausgedehnten Waldbrand und sahen züngelnde Flammen, die sich gierig weiter in die Wildnis fraßen. Aber bald erreichten sie den Bärensee, und dort mußten sie verlöschen.

Der inselreiche Hottah-See tauchte auf und verschwand. Danach flogen wir lange über den vielgewundenen Camsoll-River, dem eine Kette von Seen folgte. Zu ihnen gehörte auch der Faber-Lake, so genannt nach dem deutschen Reiseschriftsteller Karl Faber, der als passionierter Waldläufer viele Jahre in der nordischen Wildnis verbrachte. Nur noch seine Knochen und seinen Rucksack hatte man gefunden.

Wieder war es schon dunkel, als endlich die roten Lichter an den Funkmasten von Yellowknife erschienen.

»Und wohin geht der nächste Flug, falls ich teilnehmen darf . . .?«

»Was das betrifft«, sagte Tom Auchterlonie, »war's vorläufig der letzte. Aber 'ne hübsche Bootsfahrt steht auf dem Programm. Eine Erkundung der Wasserwege für Kanufahrer . . . ich meine für Touristen. Dabei könnten Sie mitmachen, falls es beliebt.«

Mit der Jagd auf Karibus, in Gesellschaft der Hunderippen, war noch immer nicht der rechte Zeitpunkt gekommen. So schien die Bootsfahrt ins Unbekannte das

Beste, was ich vorläufig machen konnte. Aber zunächst benutzten wir Autos. Die schmalen Kanus, jedes mit einem Außenborder, waren darauf festgebunden. Zur Reisegesellschaft gehörte noch Freddy, der dreizehnjährige Sohn John Guldners. In dem einen Wagen saßen Tom Auchterlonie und ich, in dem anderen Vater nebst Sohn. Wir fuhren in etwa zwei Stunden bis zum vorläufigen Ende des Ingraham-Trail, wobei sich Gelegenheit bot, die Touristen-Camps zu besichtigen. Alle verdienen eine Empfehlung, schon wegen ihrer ausgesucht romantischen Lage an bildschönen Buchten. Man kann dort zelten oder in Cabins wohnen. Wer seine Mahlzeiten nicht am offenen Lagerfeuer zubereiten will, kann es auf einem Camping-Herd tun, der fest im Boden verankert ist, aber sich auf seinem Sockel in die jeweils herrschende Windrichtung drehen läßt.

Am Endpunkt des Trails luden wir die Kanus ab, setzten sie ins Wasser eines Creeks und packten die Ausrüstung hinein. Auf drei Tage und zwei Nächte war der Ausflug geplant. Was wir voraussichtlich brauchten, mußte sich an Bord befinden. Tom studierte die Liste und sortierte die Sachen. Es fehlte auch bei den Guldners nichts, also konnte die Wasserfahrt beginnen.

Es war Sinn des Unternehmens, festzustellen, zu welcher Reiseroute man Touristen raten konnte, die nichts weiter wollten, als ein paar Tage in ungestörter Wildnis zu verbringen. Bei der Fortbewegung auf dem Wasser war das sehr viel leichter als zu Fuß, weil ja das Boot alle Gepäckstücke trug. Wer paddeln wollte, konnte es tun, mit dem kleinen Motor am Heck war es jedoch bequemer. Wie schon gesagt, nützt auch die beste Landkarte nichts, wenn der Wasserwanderer keine Ahnung hat, wie die Strömung verläuft und ob er imstande ist, sie zu überwinden. Gefährlich oder besonders anstrengend durfte die Fahrt nicht sein, das Travelarctic-Büro wollte sie auch Leuten vorschlagen, die noch keine langjährige Erfahrung hinter sich hatten.

Wir waren die Pfadfinder, wir mußten die bequemen, absolut gefahrlosen Wege erst entdecken, bevor man den Touristen der kommenden Jahre dazu raten konnte. Vieles war dabei zu beachten, was bisher noch keine Karte erkennen ließ. Inseln, Halbinseln und Landspitzen können sehr wohl die Strömung an vielen Stellen umkehren. Es gibt auch Strudel ohne ersichtlichen Grund sowie Engpässe, wo sich Stromschnellen bilden. Man muß Untiefen vermeiden, deren scharfkantiges Gestein ein Boot unter Wasser aufschlitzen kann. Dagegen hilft weder Blech noch Plastik, weil die Wände und der Kielboden wegen der Gewichtsersparnis so dünn wie nur möglich sind. An Hand seiner Karten und nach Befragen von Experten hatte sich John Guldner eine solche Fahrstrecke ausgedacht. Ob sie seine Hoffnungen erfüllte, blieb jedoch abzuwarten. Weil das noch fraglich war, trugen wir Schwimmwesten. Deren scharlachrote Farbe hatte vor allem den Zweck, das Auffinden eines Ertrunkenen zu erleichtern.

Wollte ich schildern, wie die Fahrt im einzelnen verlief, wäre das eine dauernde Wiederholung. Geographische Angaben sind nicht möglich, weil die meisten Bäche und Buchten, auch die kleinen Seen und selbst größere Inseln bisher nicht getauft waren. Oft mußten wir kehrtmachen, da entweder die Strömung zu stark war oder der Wasserstand zu niedrig. Wenn es uns mit größter Vorsicht gelang, über Untiefen hinwegzukommen, war das nichts für gewöhnliche Touristen. Statt dessen mußte irgendwo anders eine leichtere Passage gefunden werden.

Schon am ersten Tag hatte ich drei Leica-Filme und fünf Rolleis verknipst, viel mehr, als ich jemals brauchen konnte. Aber es ging nicht anders, die Herrlichkeit der Landschaft übte in dieser Hinsicht einen Zwang aus, dem man nicht entgehen konnte. Da waren zauberhafte Inselchen mit nur einer verbogenen Birke darauf, die sich im Wasser spiegelte. Dies Bild mußte man haben und das nächste auch. Das Birkenlaub glänzte wie gegossenes Gold, und die weiße Rinde schimmerte wie Seide. Dann eine Durchfahrt zwischen bemoostem Gestein, aus dessen Spalten Tannenbäumchen hervorkrochen. Manche der stillen Creeks waren so schmal, daß sich über ihnen die Äste von beiden Ufern vereinten. So glitten wir durch einen Tunnel in buntem Laub. Mit schnurrendem Motor eilten die Kanus über diese oder jene Spiegelfläche, bis wir an eine schilfumsäumte Bucht gelangten, die scheinbar keinen Ausweg bot. Aber nach der Karte mußte eine Verbindung zum nächsten See vorhanden sein. Wir stellten die Motorchen ab, griffen zu den Paddeln und hatten nach einer Weile die Öffnung entdeckt.

Gegen Mittag betraten wir eine sandige Halbinsel, suchten trockenes Holz und entfachten ein Campfeuer. Tom und die beiden Guldner teilten meine Vorliebe für Bratfleisch am Weidenspieß. Die Benzinkocher blieben im Boot, ebenso das Geschirr mit Bestecken, Pfeffer und Salz genügten, dazu noch ein Stück Butter, um die Steaks zu bestreichen. Wir aßen mit den Fingern, wie es sich beim Picknick in der Wildnis gehört, und genossen das schöne Wetter des Indianersommers. Erdhörnchen verzehrten die Reste, und ein Vogel namens Whisky-Jack, der getreue Begleiter einsamer Trapper, leistete uns Gesellschaft.

»Ein paar Stangen an den richtigen Stellen«, meinte Tom, »das genügt schon, um den Weg zu markieren. Vielleicht wird noch ein roter Pfeil angenagelt, damit sich auch der naivste Tourist zurechtfindet.«

Mehr war nicht nötig, und billiger konnte es kaum geschehen. Dennoch war damit dem fremden Kanufahrer ein Weg durchs Labyrinth der Gewässer geöffnet. Ohne die wiederholte Erklärung Tom Auchterlonies hätte ich nicht geglaubt, daß wir niemals weiter als etwa siebzig Kilometer Luftlinie vom Ende des Ingraham-Trail entfernt waren. So einsam, so vollkommen unberührt war die Gegend, als würden wir durch tausend oder zweitausend Kilometer von der nächsten Siedlung getrennt.

»Eine zweimotorige Cessna aus Yellowknife«, hatte sich der junge Guldner ausgerechnet, »könnte in zwanzig Minuten hier sein.«
Sicher konnte sie das, aber keine Hütte, kein Pfad und kein Draht, überhaupt keine Spur menschlichen Wirkens ließ vermuten, daß die Hauptstadt der Northwest-Territories so nahe lag.
Einmal war das Schilf so hoch und so dicht, daß wir lange Zeit die Durchfahrt zum nächsten See nicht fanden. Wir drangen ans Ufer, stiegen aus und suchten sie zu Fuß. Endlich entdeckten wir einen Bach, der nur meterbreit war, aber er führte nach wenigen Minuten zu einer weiten, von Birkenwald umgebenen Bucht. Und das war es! Von dort aus öffneten sich viele Wasserwege. Wir gingen an denselben Bach zurück, und dabei stellte sich heraus, daß er die Verbindung war, die wir brauchten. Nur hatte das Schilfdickicht die Einfahrt völlig verborgen. Später mußte sie deutlich markiert werden, sonst war sie nur mit besonderem Glück zu finden.
Wir holten die Kanus, gebrauchten allein die Paddel und hatten bald die enge, von Laub und Zweigen überdachte Durchfahrt passiert. In der schönen Bucht wimmelte es von Fischen. Sie waren in dem klaren, von Licht durchfluteten Wasser so deutlich zu sehen, als schwebten sie in reiner Luft. Hechte waren es, einen halben Meter lang und manche noch länger. Meine Freunde griffen zu ihren Angelgeräten, denn hier mußte man es tun. Diese Stelle war geradezu ein Fischteich, und zwar ein übervölkerter Fischteich. Man brauchte keinen Köder an den Haken, die Hechte schnappten auch ohne Lockspeise. Schon nach ein paar Minuten hatten wir drei von den feinen Fischen im Boot. Nun sollte ich es versuchen, ohne jede Übung und Erfahrung. Aber hier war es ein Kinderspiel, auch wenn ich den ersten und zweiten Hecht verlor, weil ich nicht gleich verstand, mit der Kurbel umzugehen. Den dritten bekam ich, den vierten auch. Und warf schon den fünften zurück, wie es perfekte Angler tun, die mehr als genug haben.
Tom entfernte den Haken vom Blinker, und siehe da, es ging auch ohne Haken. Die Hechte schnappten den Blinker und hielten ihn so fest, daß sie beim Hochziehen daran hängenblieben. Erst nach Sekunden ließen sie los und fielen zurück. Die Fische sprangen aus dem Wasser, wenn man den Blinker darüber hielt, so als hätten sie selber Spaß an dem Sport. Da griff der junge Guldner zu einer Bratpfanne, während sein Vater wieder die Angel mit dem Blinker durch die Luft zog, etwa einen halben Meter über dem Wasser. Ein Hecht wollte gleich danach schnappen. Der Bub stieß rasch die Bratpfanne vor, und John Guldner machte so geschickt das Manöver mit, daß der Fisch in die Pfanne klatschte.
»Erzählen Sie das niemandem«, warnte Tom, »sogar der Baron Münchhausen würde zu weit gehen, wenn er behauptet, ihm seien die Fische in die Bratpfanne gesprungen!«

Aber so war es wirklich, dafür habe ich drei Zeugen.
Als die Zeit fürs Nachtlager kam, fanden wir eine romantische Insel mit altem Baumbestand, wo wir die Zelte aufschlugen. Das Feuer prasselte, der Suppentopf dampfte, und wir drehten die Weidenspieße über glühenden Holzkohlen. Der See kühlte die Getränke, und wir freuten uns des Lebens. Als die Sonne versank, bot sie im Wechsel glühender Farben ein herrliches Schauspiel. Dann wurde es Nacht, und alle Sterne blitzten. Wir rückten näher an die glimmende Glut und erzählten Geschichten.
Als wir gegen Abend des dritten Tages wieder den Ingraham-Trail erreichten, wünschte ich mir nichts Besseres, als jeden Herbst in dieser Landschaft zu verbringen. Nicht die zurückgelegte Entfernung ist ausschlaggebend, sondern das Leben im Einklang mit der Natur. Ebenso wie der Morgen, Mittag und Abend gehören auch Wind und Regen dazu. Um so mehr genießt man nach dem Tagesende die Behaglichkeit im Zelt und Schlafsack. Ich würde sogar auf den Motor am Boot verzichten, weil er die Stille stört. Paddeln ist gesund, zumal es nicht darauf ankommt, möglichst schnell ein bestimmtes Ziel zu erreichen. Je länger wir Rast hielten an einem idyllisch gelegenen Platz, desto mehr hatten wir gesehen. Biber waren vor uns aufgetaucht, Elche waren vorübergezogen, ein Stachelschwein hatte uns angestarrt, sogar ein Braunbär wollte wissen, wer sich in seiner Gegend herumtrieb. Kann man noch mehr verlangen?
Nein, man kann es nicht, aber noch mehr wurde mir angeboten. Mit Paul Kwaterowski, seiner Frau und dem jungen Gamewarden Ellis Land flog ich am übernächsten Morgen zu den Hunderippen in die Tundra. Weil niemand genaue Hinweise geben konnte, wo sich ihr Jagdlager befand, war das wieder eine Art von Menschensuche. Das Vorhaben der Karibujäger hatte sich anders entwickelt, als ursprünglich geplant war. Indianer machen zwar Pläne, aber halten sich nur selten ans vorgesehene Programm und noch seltener an die vereinbarte Zeit. Gerade die Hunderippen von Rae, einer Ortschaft etwa hundert Kilometer nordwestlich von Yellowknife, gelten als eigensinnig und rückständig. Dabei sind alle überaus fromm, trinken nur wenig Schnaps und gehorchen ihrem katholischen, aus Polen stammenden Geistlichen aufs Wort, wenn sie in seiner Nähe sind. Sechzig Mann waren ausgefahren, um den Fleischbedarf ihrer Familien für den kommenden Winter zu decken. Aber kaum lag das heimatliche Dorf hinter ihnen, hatten sich die Jäger in vier oder fünf Gruppen getrennt. Davon glaubte jede, sie wüßte am besten, wo reiche Beute zu machen sei.
»Das hier kommt ungefähr in Frage«, sagte Kwaterowski und zog mit dem Bleistift einen Kreis auf seiner Karte, »in diese Gegend fahren sie für gewöhnlich. Das kann sechs Tage oder auch zehn dauern, wie eben der Motor funktioniert . . . wenn er funktioniert. Gejagt wird dann so lange, bis genug Wildbret und Felle

beisammen sind, um alle Boote bis an die Wasserlinie zu füllen. Dann brauchen sie für die Rückfahrt noch länger, zwölf Tage oder vierzehn Tage. Auf Zeit kommt's ja nicht an . . . ich glaub' nicht mal, daß sie die Tage zählen.«

Wir flogen über den Schlangenfluß und den Schlangensee, danach über die Baumgrenze und weiter nach Norden. Es begann zu regnen, es fing an zu schneien. Wir jagten durch Nebel und wieder ins Sonnenlicht. Am Weißen-Wolf-See lagen mehrere Kanus mit dem Kiel nach oben, doch gab es keine Zelte in der Nähe. Etwas später sahen wir mitten in der Tundra ein paar Stangen, woran Fetzen flatterten. Da hatten einmal Jäger gehaust, aber es mußte schon lange her sein.

Endlich, am Rawalpindi-See*, ein großes Zelt und drei frisch gestrichene Kanus auf hellem Sand. Wir gingen hinunter, stiegen ans Ufer und begrüßten nacheinander vierzehn Hunderippen. Nur zwei Buben von elf und dreizehn Jahren konnten sich mit uns verständigen.

Ja, sie kamen aus Rae, und hier war ein guter Platz. Mehr als hundertfünfzig Karibus hatten sie schon erlegt, aber ungefähr doppelt so viele wurden noch gebraucht. Eine andere Gruppe von achtzehn Mann befand sich am übernächsten See.

»An was für einem See«, fragte Kwaterowski, »wie heißt er?«

»Tschulipatlikobamsti«, sagte der Führer auf hunderippisch.

»Er weiß es nicht«, übersetzte der ältere Junge, »See haben nicht Namen . . . ist aber groß.«

Weil er dazu die Richtung angab, mußte der See zu finden sein. Freund Paul riet dem Gamewarden und mir zum Verbleiben am hiesigen Platz, er wollte mit seiner Frau zur größeren Gruppe.

»Diese beiden Männer haben gute Gewehre«, sagte er den Indianern, »sie helfen euch bei der Jagd. Ihr bekommt alles, was sie erbeuten.«

Beifälliges Gemurmel war die Antwort, Paul verteilte Tabak und Zigaretten, wofür ihm versprochen wurde, seine »Brüder« gut zu behandeln. Dann wurde unser Gepäck aus der Maschine geholt, das Ehepaar stieg wieder hinein, und schon bald war von dem Metallvogel nichts mehr zu sehen oder zu hören. Für eine Woche, vielleicht auch mehr, blieben nun Ellis und ich allein mit den Hunderippen. Fast genau 250 Kilometer Luftlinie trennte uns von der nächsten Ortschaft, das war Rae im Süden und Coppermine im Norden.

Den Lagerplatz durften wir nicht selbst wählen, er wurde uns angewiesen. Er befand sich etwa hundert Schritt vom Gemeinschaftszelt der Indianer, außerdem lag noch ein Hügel zwischen uns. Die Jäger waren höflich und hilfsbereit, aber

* Rawalpindi heißt die Sommerhauptstadt von Pakistan, mit den NWT hat sie bestimmt nichts zu tun. Es gibt noch den Ghurkasee und andere geographische Namen in der Nähe des Rawalpindi-Sees, die darauf schließen lassen, daß ihr Entdecker und Taufpate ein Brite war, der zuvor in Ostindien gelebt hatte.

sie hielten auf Abstand. Bewußt oder unbewußt machten sie uns klar, wem die Tundra gehört. Der weiße Mann war ein Gast, dem Ehre gebührt, aber er hatte hier nichts zu bestimmen. Wenn man es sich mit Vernunft überlegt, hatten sie vollkommen recht.

Wir wohnten in einem Zelt mit ungefähr zehn Quadratmeter Bodenfläche, hatten gute Luftmatratzen, warme Schlafsäcke und ausreichenden Proviant. Es fehlte kein Stück der Ausrüstung. Statt einer Woche konnten wir notfalls auch drei oder vier am Rawalpindi-See zubringen. Was den Gefährten betraf, konnte ich mir keinen besseren wünschen. Ellis Land gehörte erst seit kurzem zum Game-Department, doch mit ganz besonderem Pflichteifer. Er war ein gebildeter Mann von vielseitigen Interessen, so daß es nie an Gesprächsstoff fehlte. Noch in diesem Jahr gedachte er das Mädchen seiner Wahl vor den Altar zu führen. Seine Braut war das Kind deutscher Eltern und hatte ihm deutsche Gedichte beigebracht, die er mir gerne vortrug, ohne den Wortlaut zu verstehen.

Niederes Weidengestrüpp, rotblühendes Moosbeerenkraut und schneeweißes Wollgras umgab das Zelt, als wäre eigens für uns dieser nordische Garten angelegt worden. Gleich dahinter lag ein dunkler Teich mit Schilf und schwimmenden Wasserpflanzen. Zum sandigen Gestade des blauschimmernden Rawalpindi gingen wir nur wenige Schritt. Wo der weitgespannte See zu Ende war, konnte man nicht sehen. Hügelige Inseln und vorgeschobene Halbinseln hemmten den Blick in die Ferne. Infolge des Regens der vergangenen Tage verschwendeten Kraut, Gras und Erde würzigen Duft. Es war ein Genuß zu atmen, man spürte mit jedem Zug einen Hauch der Tundra in den Lungen. Nicht nur, daß man überall die herbstlichen Farben sah, man konnte den Herbst auch schmecken.

Die höflichen Indianer machten uns einen Besuch, den wir ebenso höflich erwiderten. Sie boten uns Fleischbrühe mit Karibumark, wir offerierten Tee mit viel Zucker. Nur über die kleinen Dolmetscher war eine Unterhaltung möglich. Der ältere Junge namens Charly bewies dabei viel Geschick und verstand es auch, Fragen zu übersetzen, die das Leben der Hunderippen daheim betrafen. Von ihm erfuhren wir, daß Louis Mantelas, der hier das Wort führte, auch in Rae von Bedeutung war. Der Oberhäuptling aller Hunderippen, Jimmy Bruneau mit Namen, hatte schon das gesegnete Alter von ungefähr neunzig Jahren erreicht und konnte nicht mehr all seine Pflichten erfüllen. So stand ihm nun der etwa dreißigjährige Louis Mantelas zur Seite. Nach dem Gesetz der Weißen hatte er keine nennenswerten Befugnisse, dafür aber einen starken persönlichen Einfluß. So wie mir der Junge die Namen seiner Jagdgefährten nannte, brachte ich sie zu Papier. Es mag den geneigten Leser interessieren, wie am Ende die Liste aussah:

Charly und Louis Mantelas
Michel Rabelais
Harry Kweena
Johnny Old-Chocolate (alte Schokolade)
Philippe Tatza
Jimmy Cassarole (Kochtopf)
Jimmy Drynak
John Beaulieu
Harry Fullbelly (voller Bauch)
Bruneau Fisheyassfu
Joe Champlain
Freddy Onefootinhell (Ein-Fuß-in-der-Hölle)

Wie man sieht, ein Gemisch von indianischen, französischen und englischen Nachnamen. Die englischen waren zunächst nur spaßige Beinamen, blieben jedoch dem Träger lebenslänglich erhalten und vererbten sich auf seine Nachkommen. Früher hatten alle Indianer nur einen Namen, den man gelegentlich wechselte. Dann aber verlangte das Gesetz die Registrierung mit dem Namen der Familie und einem persönlichen Namen. Wer noch nicht beides hatte, mußte für Ergänzung sorgen, anderenfalls wurde ihm der zweite Name zugeteilt. Wie Onefootinhell zu seiner Benennung kam, war einfach zu erklären. Aber nicht er, sondern sein Vater hatte sich diesen Namen zugezogen, als er total betrunken in der Missionskirche erschien. Der Priester unterbrach den Gottesdienst, drohte dem Sünder mit himmlischen Zorn und schloß seine Strafpredigt mit den Worten: »Du hast schon einen Fuß in der Hölle.« Das gefiel den Freunden des Gescholtenen so gut, daß sie ihn fortan »Ein-Fuß-in-der-Hölle« riefen. Und so nannte er sich selbst, als es zur Registrierung kam.

Die Jagd der Indianer bestand zum größten Teil aus Geduld. Sie suchten nicht nach den Karibus, sondern warteten, bis die zu ihnen kamen. Hinter dem Lager hob sich eine Hügelkette etwa dreißig Meter hoch, und über diese Anhöhe verlief ein ausgetretener Wanderwechsel der Herden. Im Abstand von Stunden, Tagen oder Wochen erschienen dort die Karibus, wenn sie von Anfang bis Ende September wieder in die Wälder zogen. Sie konnten nicht anders, es war seit undenklichen Zeiten ihre Gewohnheit, nur diesem Wechsel zu folgen. Nicht jene meilenlangen Massen von vielen, vielen Tausend erschienen, sondern nur Herden von einigen hundert Tieren. Die große Versammlung fand später statt, noch weiter im Süden. Auch die Hunderippen aus Rae folgten einer Gewohnheit, wenn sie nur in diesem Gebiet jagten, das immerhin so groß war wie England oder Schottland. Durch Verhandlungen der Häuptlinge oder als Ergebnis der Stammeskämpfe in längst vergessener Zeit war es ihnen zugefallen. Alles Getier, das darin lebte, die Karibus in erster Linie, war ihr Eigentum. Es spielte keine Rolle, daß sich die Zeiten geändert hatten und daß nach dem Gesetz der Weißen nun die gesamte Tundra allen Eingeborenen zur Verfügung stand. Die Hunderippen blieben bei der Überlieferung ihres Volkes und ihrer Stammesgruppe. Im eigenen Gebiet waren ihnen die Wechsel der Karibus gut bekannt. Jede der Jagdgesellschaften hatte sich für einen der günstigsten Plätze entschieden, und dort warteten sie ab, bis wieder eine Herde heranzog.

Es gibt jedoch Einzelgänger unter den Karibus, die oft sehr starke Geweihe tragen. Davon einen aufzuspüren, war spannender und interessanter als das langweilige Warten auf passende Gelegenheit. Doch hatten die Indianer dafür kein Verständnis, zumal sie auf kapitale Trophäen nicht den geringsten Wert legten. Die Geweihe waren in ihren Augen nutzloses Gerümpel.

»Karibu kommen hier«, sagte Charly, der Dolmetscher, »dann wir schießen, und Fleisch ist hier. Nicht tragen weiten Weg, nicht müde werden.«

»Wir kommen mit, aber nicht ganzen Tag . . . nur halben Tag.«

Aber schließlich waren Jimmy Cassarole und auch Charly bereit, eine Ausnahme zu machen.

Schon nach einer Stunde blieb Jimmy »Kochtopf« zurück, nach der zweiten das Hunderippchen. Sie hatten sich noch nie so weit vom Lager entfernt, und ich nehme an, daß ihnen die unbekannte Gegend nicht geheuer war. Um den Rückweg zu finden, setzte ich auf hochgelegenen Punkten einen Steinmann, und wenn ich den gerade noch sehen konnte, baute ich den zweiten. Die Indianer machen es genauso, denn es ist gar nicht wahr, daß sie über einen angeborenen Richtungssinn verfügen.

Als ich gut drei Stunden vom Lager entfernt war, fiel mir ein starker Bulle zum Opfer. Ich hatte ihn schon aus weiter Entfernung gesehen und beim Durchqueren eines rasch strömenden Flusses beobachtet. Er blieb dann stehen, um zu äsen, und ich konnte im Gegenwind auf Schußweite herankommen. Es war keine besondere Leistung, und das Geweih erreichte nicht die Stärke meiner alaskanischen Trophäen, obwohl sich der Bulle im besten Zustand befand. Außerdem war das Geweih noch im Bast, es lohnte also nicht die Mühe des Präparierens und der Mitnahme nach München.

Als ich den Indianern meldete, daß ein aufgebrochenes Stück Wild für sie bereitlag, legten sie keinen Wert darauf, es zu holen. Die Bären, die Wölfe oder die Füchse konnten sich daran satt fressen.

So hatte ich ein stattliches Tier umgebracht, das niemandem nützte. Ich marschierte nochmals zurück, schnitt mit dem Jagdmesser die besten Teile aus dem Ziemer und trug sie keuchend zu unserem Zelt.

»Das war nicht nötig«, meinte Ellis, als er beim Abladen half, »Charly hat schon mehr gebracht, als unser Magen verträgt.«
»Und ich wollte den Leuten helfen . . . die können sich in Zukunft selbst versorgen, ganz nach ihrer Methode!«
Es war eine scheußliche Methode, wie sich am nächsten Vormittag herausstellte. Von lebhaftem Geknatter aufgescheucht, liefen wir über den Sandhügel, um zu sehen, was bei den Indianern vor sich ging. Sie lagen drüben hinter Steinblöcken und verschossen ihre Munition auf eine Karibu-Herde, die unbeirrt von dem Gefechtslärm über die Anhöhe trabte. Gegen den klaren Himmel zeichnete sich jedes Tier so deutlich ab wie ein Scherenschnitt. Die Entfernung betrug kaum sechzig Meter, aber mindestens neun von zehn Schüssen rissen nur Löcher in die Luft. Wenn einer zufällig traf, wurde das Opfer angeschweißt oder verstümmelt. Nur wenige fielen sofort. Es war ein Anblick, der uns das Herz im Leibe umdrehte. Wir sagten nichts, holten aber die Gewehre und schoben Patronen hinein.
»Gute Jagd«, rief Klein Charly, als wir bei den Jägern ankamen, »so muß man es machen . . . nicht weit tragen, alle kommen hier. Schon viele sind tot, andere werden bald tot.«
Wie viele Opfer den Fangschuß von Ellis und mir bekamen, hat keiner gezählt. Wir schossen ebenso auf gesunde Tiere, damit es die Indianer nicht taten. Die waren auch intelligent genug, die eigenen Patronen zu schonen.
»Habt ihr jetzt genug?« mußte Charly den indianischen Führer fragen.
»Noch nicht viel genug . . . kann noch mehr in Kanu packen.«
Aber endlich hatten die nachfolgenden Karibus begriffen, was auf der Anhöhe mit ihnen geschah. Ganz gegen ihre Gewohnheit änderten sie die Richtung, und keines kam mehr in Schußweite.
»Wie soll man erklären, daß die Indianer so miserable Schützen sind?« fragte ich den Gamewarden. »Sie haben doch immer von der Jagd gelebt, und sie hatten Zeit genug, den Umgang mit Schußwaffen zu lernen . . .«
Bei den Eskimo war es genauso, und bei den Schwarzen in Zentralafrika hatte ich das gleiche erlebt.
»Ich glaub', es ist ein Fehler«, meinte Ellis, »daß wir's mit unseren Augen sehen. Letzten Endes geht's den Eingeborenen doch nur um Fleisch und Felle. Beides hätten sie auch ohne uns bekommen, nur etwas später.«
Wenn man aus dem vollen schöpft und für Tiere keine Art von Mitleid empfindet, war im Endeffekt die scheußliche Methode eben doch erfolgreich, und sie machte viel weniger Mühe als das Waidwerk unserer Art. Die Hunderippen hatten Zeit, und im Laufe der Zeit kam genug Wildbret zusammen, um die Boote zu füllen. Als hilfsbereite Freunde wurden Ellis und ich zum Festmahl geladen, und wir bekamen die besten Stücke aus dem Kochkessel. Wir stifteten Zucker, Butter,

Tee und Tabak. Während wir aßen und tranken, verschwand der Sonnenball in einem Farbenrausch sondergleichen. Es war eigenartig zu sehen, wie die letzten Strahlen das dünngeschnittene, schon seit mehreren Tagen zum Trocknen aufgehängte Wildbret durchdrangen. Sowenig passend es auch klingt, hatte man doch den Eindruck, als wäre jeder Fleischfladen das Fenster einer mittelalterlichen Kirche.

Schon manchen Abend hatte ich mit Indianern verbracht, ebenso im Freien und am Feuer wie hier. Aber heute war das irgendwie anders. Wir saßen dicht beisammen und waren doch weltenweit voneinander entfernt. Zwischen den dreizehn Hunderippen in der eigenen Tundra und den beiden Fremden mit weißer Haut bestand keine menschliche Verbindung. Nur mit Hilfe der beiden Buben war eine Unterhaltung möglich, aber die mußten wir ständig fördern, sonst wäre sie eingeschlafen. Als Wölfe heulten, die gewiß angeschweißte Karibus hetzten, ließ ich Louis Mantelas fragen, warum denn seine Leute gar nichts taten, um das Raubwild zu erbeuten. Vierzig Dollar Prämie und den gleichen Betrag für das Fell, das war doch nicht zu verachten?

»Hunderippen können nicht totmachen Wolf . . . weil sind etwas dasselbe wie Freunde.«

Die Haubentaucher auf dem See riefen durch die Nacht, und es klang wie das Geschrei kleiner Kinder. Johnny Old-Chocolate ließ uns sagen, das seien auch Kinder, und zwar ertrunkene Kinder, die aus dem Jenseits nach ihrer Mutter verlangten. Worauf Ellis, um die düstere Stimmung aufzuheitern, die Frage stellte, wie man einen Haubentaucher am besten zubereite. Da es niemand wußte, weil die Loon ungemein zäh sind, gab er selbst die Antwort. Der Vogel müsse zusammen mit drei Steinen so lange kochen, bis die Steine ganz durchweicht seien. Dann sollte man den Loon wegwerfen und die Steine verzehren.

»Das geht nicht«, sagte der Indianer, »die Steine sind viel zu hart, die werden nicht weich.«

Auch Spaß war keine Brücke, die zur anderen Seite führte.

So redete ich vom Zurechtfinden auf weiten Wegen durch die Tundra, wenn man die Gegend nicht kennt. Da war Mantelas der Meinung, es sei zwar gut, Steinmänner zu bauen, aber im dichten Nebel nützten sie nichts. Seinem Vater war es so ergangen, vor etwa dreißig Jahren. Er wollte oder konnte nicht warten, bis der Nebel verschwand. Er verirrte sich und kam nicht zurück ins Lager. Man mußte ihn seinem Schicksal überlassen. Die anderen Jäger paddelten mit ihrer Beute nach Hause, und bald war der Verschollene nur noch Erinnerung, die allmählich verblaßte. Aber er lebte noch, und eines Tages erschien der Totgeglaubte bei seiner Familie in Rae. Es war ihm keine Patrone mehr geblieben, nur mit seinem Jagdmesser hatte er Karibus erlegt. Damals verstand man noch diese Kunst und andere Künste ebenso, die heute vergessen sind. Vater Mantelas lebte vom Fleisch und vom Blut, er machte sich Kleider und Pelzschuhe aus den Fellen. Als die Gewässer der Tundra steinhart gefroren waren, konnte er in die Wälder gelangen. Einem Mann wie ihm fiel es nicht schwer, Feuer zu reiben. Er stellte Fallen für Hasen und Schneehühner, er wohnte in einer Höhle, und als das Frühjahr wiederkam, baute er sich ein Boot aus Birkenrinde. Nach dem Stand der Sonne und Sterne fand er schließlich den Weg in sein Dorf.

»Würde das heute noch einem jungen Mann gelingen?«

»Jetzt haben wir Gott, um zu helfen«, ließ der junge Mantelas antworten, »wir beten zu ihm . . . dann wird guter Mensch gerettet, schlechter Mensch muß in Hölle.«

Sie waren fest davon überzeugt, sie glaubten an das Kruzifix auf ihrer Brust wie früher an die Zaubermittel der Medizinmänner. Jeder trug an seiner Halskette ein christliches Symbol oder zumindest einen frommen Spruch. Das eine wie das andere lag auf der bloßen Haut, um es vor profanen Blicken zu verbergen. Manche der Gebilde hatten ein erhebliches Gewicht. Ich las auf einer Holztafel: »Wenn ich das bei mir habe, brenne ich nicht im höllischen Feuer.«

Später habe ich mit dem Priester in Rae gesprochen, von dem die frommen Leute dergleichen bekommen. Er sagte, die Furcht vor dem Teufel ersetze die bösen Geister des alten Glaubens. Deswegen sei ihr Sinn auf den Christengott gerichtet, der sie bei gutem Betragen vor dem Satan schütze und ihnen die Pforte des Himmels öffne. Pater Mokwa gab zu, daß die Methode der Einschüchterung an sich überholt sei und ihm auch nicht gefalle. Aber bei den Hunderippen könne man noch nicht anders verfahren, mit der Zeit würde es dann schon besser.

Wir waren bereits in unserem Zelt, als ich glaubte, dumpfen Gesang zu hören. Das kam vom Lager der Indianer, und ich ging langsam zurück. Sie knieten mit gefalteten Händen neben ihren Feuern und hielten die Augen geschlossen, wobei sich ihre Lippen bewegten. Und dasselbe geschah in gleicher Weise an jedem Abend. So konnte es weder Teufel noch bösen Geistern gelingen, einen aus ihrer Mitte wegzuholen.

Ellis Land war den ganzen Tag über damit beschäftigt, die Unterkiefer erlegter Karibus zu sammeln, weil sie für biologische Untersuchungen, besonders für die Bestimmung des Alters, gebraucht wurden. An keine Pflicht gebunden, dehnte ich meine Wanderungen immer weiter aus. Sechs Stunden hin und sechs zurück, mehr konnte ich nicht wagen, sonst überfiel mich die Nacht. Die grenzenlose Einsamkeit der Tundra wird nur so recht empfinden, wer sie ganz allein durchstreift. Aber ich glaube schon, es kann auf die Dauer zu viel sein. Die stille, grenzenlose Landschaft hat unsichtbare Krallen, die mehr und mehr ins Herz dringen. Sosehr ich das ziellose Wandern genoß, war es mir doch lieb, am Ende des Tages mit Ellis zu sprechen. Sonst wäre über kurz oder lang ein Selbstgespräch nicht ausgeblieben.

Während der vierten Nacht tobte ein Sturm über das Land. Er rüttelte heftig an unserem Zelt, brachte bittere Kälte mit und warnte unmißverständlich vor dem kommenden Winter.

»Mit dem guten Wetter in der Tundra ist nun endgültig Schluß«, sagte Ellis, »die Karibus kommen nicht mehr. Die Indianer müssen weg, und wir haben auch nichts mehr verloren in dieser Gegend.«

265 Felle wurden aufgekauft und am Strand gestapelt. Die Indianer packten ihre Sachen zusammen, beluden die Kanus, bis sie nur noch eine Handbreit aus dem Wasser ragten, und fuhren nach kurzem Abschied davon. Wir verbrachten noch zwei Tage mit Lesen und Schlafen, während strömender Regen auf das Segeltuch klatschte. Aber im Zelt war es trocken und warm, wir brauchten mit Brennstoff nicht zu sparen.

Dann endlich, als sich der Himmel vorübergehend aufklärte, wurden wir abgeholt.

Schon Anfang September war Winter in der Tundra, aber in den Mackenzie-Bergen begann erst die beste Zeit der Jagd auf Grizzlies und Elche.

»Das Erlebnis sollten Sie noch mitnehmen«, meinte Paul Kwaterowski, »wir fliegen in eine Gegend, wo noch kein weißer Mann gejagt hat . . . Sie können sich auf allerhand gefaßt machen!«

Jagd auf Elche und Grizzlys

Man darf nicht alles glauben, was die Leute erzählen. Wenn der Whisky von innen wärmt und ein prasselndes Feuer von außen. Wenn der Vollmond glänzt und der River rauscht, wird so manche Fabel der Phantasie als echtes Abenteuer dargestellt.

Auch heute war die Stimmung dazu angetan. Wir befanden uns am Red-River in den Mackenzie-Mountains. Wir waren die einzigen Menschen im Umkreis von zweihundert Kilometern. Nach Westen hin erhoben sich die Berge zu gletscherbedeckten Höhen, über deren Grat die gedachte Grenze gegenüber dem Yukon-Territorium verlief. Unser Feuer loderte am Rand einer Böschung, die fast senkrecht zum Flußtal abfiel. Es war anderthalb Meilen breit, aber davon beanspruchte der Red-River nur einen geringen Teil. Er hatte sich in mehrere Arme aufgelöst, die sich ihren Weg zum mächtigen Mackenzie zwischen einer Unzahl von Kiesbänken suchten. Hinter uns standen die Zelte, daneben waren sieben Pferde angepflockt, die im Stehen schliefen. Ein dichter Wald aus Schwarzfichten umgab den Lagerplatz von drei Seiten. Nur zu dem mondbeschienenen Tal mit dem silberschimmernden Fluß war der Ausblick offen. Am jenseitigen Ufer stiegen die Berge von Stufe zu Stufe immer höher. In den Schluchten wohnte die Nacht, auf den Gipfeln glänzte Schnee.

Wir waren auf einem See zwischen bewaldeten Hügeln, der eine halbe Stunde entfernt lag, heute nachmittag angekommen. Paul Kwaterowski und ich. Die Pferde hatten unser Gepäck zum Lager gebracht, wo sich schon vier Personen befanden. Herbert Geoffrey, seit kurzem als Jagdführer zugelassen, wollte in diesem September zum erstenmal einen Fremden führen. Dieser Fremde, ein freundlicher, wohlbeleibter Arzt aus Tallahassee in Florida, saß mit uns am Feuer. Ron

Bradley hieß der junge Mann, dessen Aufgabe es war, die Pferde zu versorgen und erlegtes Wild heimzuschaffen. Pete Potter, ein ehemaliger Goldsucher, etwa siebzig Jahre alt und davon fünfzig in den Northwest-Territories, war der Koch, der Holzfäller, der Tellerwäscher und überhaupt der Gehilfe für alles. Das Lager bestand erst seit acht Tagen und vorläufig nur aus vier Zelten. Aber im kommenden Jahr sollte hier ein Blockhaus mit allem Zubehör gebaut werden. Anders als in Alaska, wo sich die Jagdführer mitunter gegenseitig stören, hat in den NWT jeder sein eigenes Revier. Es wird ihm vom Game-Department zugeteilt, und keinem anderen ist es gestattet, dort Jagdgäste zu führen.*

Das Herbert zugeteilte Revier hatte eine ungefähre Ausdehnung von 10 000 Quadratmeilen, also rund 3 Millionen Hektar nach unserem Flächenmaß. Das Königreich Belgien ist nicht ganz so groß. Aber im Königreich Herberts I. wohnt kein einziger Mensch, auch den heutigen Indianern ist das Gebiet nicht oder nicht mehr bekannt. Kein Trapper läßt sich dort blicken, und kein weißer Jäger, den man kennt, hatte bisher das wilde Bergland durchstreift. Das lag nicht allein an der weiten Entfernung von den besiedelten Punkten, sondern am Mangel von Landeplätzen. Für Wasserflugzeuge stehen in Herberts Jagdgebiet nur drei oder vier Seen zur Verfügung, während Rädermaschinen so gut wie gar keine Fläche ohne Hindernis finden. Boote irgendwelcher Art können den Red-River nicht befahren, weil die Strömung zu stark ist. So waren wir nach menschlichem Ermessen, wie Paul Kwaterowski gesagt hatte, wirklich die ersten weißen Jäger in dem unermeßlichen Revier.

* Wer nicht seit mindestens einem Jahr in den NWT wohnhaft ist, gilt als »Non-Resident«, er darf nur in bestimmten Zonen jagen und nur mit einem zugelassenen Jagdführer, was ungefähr 150 $ pro Tag erfordert. Die Reviere der Jagdführer, z. Z. kaum ein halbes Dutzend, liegen westlich der Mackenzie-Berge. Vorhandene Wildarten sind Karibus, Elche, Bären, Bergschafe (Ovis dalli) und Wölfe, aber keine Schneeziegen. Sehr große Braunbären und Elche mit besonders kapitalen Schaufelgeweihen sind seltener als in Alaska, aber die Karibus der Berge tragen oft stärkere Geweihe als in der Tundra und in den Wäldern. Die Wölfe sind mitunter zu zahlreich und halten den Wildbestand kurz, doch gibt es auch Gebiete, wo es von Elch und Karibu wimmelt. Wenn auch der fremde Jäger in den NWT auf bestimmte Zonen beschränkt ist und ohne zugelassenen Führer dort nicht jagen darf, hat er andererseits den Vorteil, daß ihm ein riesiges Gebiet für die vereinbarte Zeitdauer allein zur Verfügung steht. Der Jagdführer kann zwei Gäste zur gleichen Zeit betreuen, wenn das vorher ausgemacht wurde, aber er braucht einen guten Gehilfen, um noch einen dritten oder vierten Gast anzunehmen. In diesem Fall trennen sich die beiden Gruppen, so daß keine die andere jemals stört. Den Eingeborenen und auch den »Residents« der NWT ist es nicht verboten, in die Reviere der Jagdführer einzudringen, aber das wird so gut wie nie geschehen. Dort leben keine Indianer, und für die weißen Nordwester, denen es vorwiegend auf Wildbret ankommt, sind die Entfernungen zu groß. Ohne das eigene oder gecharterte Flugzeug bleibt das Innere der Mackenzie-Berge unerreichbar, zumal die Flüsse nicht befahrbar sind. Es ist für die Residents sehr viel einfacher, im Hinterland ihres Wohnorts zu jagen. Dabei entfallen die hohen Transportkosten für die Ausrüstung und das erbeutete Wildbret. So darf man wohl behaupten, daß es für passionierte Jäger nordischen Wildes kaum eine Gegend auf Erden gibt, wo die Waidmänner so selten sind wie in den Mackenzie-Mountains. Das Game-Department in Yellowknife, NWT, Kanada, erteilt alle zweckdienlichen Auskünfte und übersendet den Interessenten auch eine Liste der Jagdführer. (Den Namen des Jagdführers in diesem Bericht habe ich verändert, um mich keiner Werbung schuldig zu machen, ebenso ist der Name seines Pferdepflegers frei erfunden.)

»Hoffentlich geht's uns nicht wie den ersten Weißen am South Nahanni«, sagte Pete, »mich würd's gar nicht wundern, wenn einer nach dem anderen von Sasquash geholt wird . . .«
»Red doch keinen Blödsinn, Mensch, so was gibt's nicht und hat's auch nie gegeben«, widersprach Herbert mit aller Entschiedenheit.
Gerade vor dem Gast aus Florida mußte er auf den guten Ruf seines Reviers bedacht sein. Aber der wollte nun erst recht wissen, was denn ein Sasquash sei, und auch ich hätte gern Näheres gehört.
»Na ja«, meinte Pete Potter, »der Chef vom Game-Department kennt ja den Nahanni, und heute sind die beiden Gentlemen drüber geflogen. Wie war der Eindruck, wenn ich fragen darf?«
Großartig war der Eindruck gewesen von diesem wilden, unglaublich zerklüfteten Gebiet. Der Südliche Nahanni, ein Nebenfluß des Liard, der seinerseits bei Fort Simpson in den Mackenzie mündet, durchbricht das Gebirge in tiefen Schluchten und stürzt in Abgründe. Er schießt schäumend durch Engpässe und donnert gegen Felswände, die himmelhoch aufragen. Schon manch fabelhaftes Schauspiel der Natur hatte ich in den NWT gesehen, aber der South-Nahanni übertraf sie alle. Eingebettet in dunkle Wälder und menschenleere Berge wirkt er unheimlich.
»Ja, unheimlich . . .«, rief der alte Pete, »da sagen Sie das richtige Wort. So ist der Nahanni . . . ein Fluß des Todes im Land des Verderbens. Dort hat sich der Sasquash schon manchen Kopf geholt . . . im Tal der Kopflosen, am Toten-Mann-See, auf der Knochen-Insel und so weiter. Aber reden wir nicht darüber, sonst verbringen die Herren keine ruhige Nacht.«
Wir sollten ihn zum Reden auffordern, das war klar, und natürlich taten wir ihm den Gefallen.
»Erzählen Sie schon, Pete, wir glauben Ihnen jedes Wort.«
Darauf müsse er auch bestehen, verlangte der alte Goldsucher mit todernstem Gesicht. Er wußte, von was er sprach, hier ging es nicht um Schauermärchen. Berichte der Polizei konnten die Wahrheit bezeugen, ernsthafte Untersuchungen waren zum gleichen Ergebnis gekommen, anerkannte Wissenschaftler hatten keinen Zweifel geäußert. Den Sasquash gab es wirklich, am South-Nahanni war der Teufel los.
Nicht erst am Nahanni, auch in Britisch-Kolumbien, tausend Meilen südlicher, hatte man den Sasquash gesehen, schon im Jahr 1884. Das war die erste Kunde von dem »Großfuß« gewesen, so genannt nach seiner überdimensionalen Fährte. Angestellte der Canadian Pacific Railway hatten das Geschöpf lange beobachtet und genau geschildert. Es war ein Mittelding zwischen Mensch und Gorilla, nur viel größer. Auf vier bis sechs Zentner schätzte man sein Gewicht. Der Sasquash besaß einen dichten, dunklen Pelz von Kopf bis Fuß, hatte einen aufrechten Gang

und war von gewaltiger Körperstärke. Einmal hatte man das Untier gefangen und zur Schau gestellt, aber das war schon so lange her, daß niemand mehr wußte, was aus ihm geworden war. Doch sollte uns deshalb kein Zweifel beschleichen. Es gab noch viele andere, unanfechtbare Berichte. Im Juli 1924 hatten fünf Prospektoren am Mount Saint Helen mit dem Bigfoot zu tun, nicht nur mit einem, sondern mit vielen. Die hatten unter wildem Gebrüll schwere Steine gegen die Menschen geschleudert, wollten in deren Hütten eindringen und warfen sich mit aller Wucht dagegen. Die Sache war damals durch die ganze Presse gegangen, also mußte es stimmen. Ähnliche Erfahrungen hatte Mrs. George Chapman, wohnhaft in Ruby Creek am Fraser-River mit einer Horde von Großfüßen gemacht. Die waren in ihren Vorratsschuppen eingebrochen, und hinterher fand man von den geräucherten Fischen nur noch zerstreute Reste. Der Trapper William Roe, ein absolut glaubwürdiger Mann, hatte im Oktober 1935 auf weniger als dreißig Schritt einem hünenhaften Sasquash gegenübergestanden, und das war so nahe gewesen, daß er später alle Einzelheiten beschreiben konnte. Mr. Roe wollte das Exemplar für ein Museum erlegen, aber dann ließ er die Waffe sinken, weil der Gesichtsausdruck des Bigfoot zu sehr an einen Menschen erinnerte.
Wem das noch nicht genügte, um an den Schneemenschen der Felsenberge zu glauben, dem mußten die Haare und Exkremente beweisen, daß er tatsächlich existierte. Die hatte man wiederholt gesammelt und eingehend untersucht. Selbst Zoologen, die von Natur aus mißtrauisch sind, mußten zugeben, daß sie von keinem Lebewesen stammten, das bisher bekannt war. Aber es gab noch mehr, noch sehr viel mehr untrügliche Beweise. So zum Beispiel jene vierzig Zentimeter langen Fußstapfen, die Robert Titmus, ein erstklassiger Tierpräparator, gefunden und mit Gips ausgegossen hatte. So etwas konnte niemand fälschen, die waren ohne Zweifel vollkommen echt. Als es Roger Patterson am 20. Oktober 1967 in der Nähe von Yakima gelang, einen Sasquash zu filmen – leider waren die Aufnahmen verwackelt –, wollte man ihm nicht glauben und sagte, es sei nur ein Mensch in Verkleidung. Aber ein ungenannter Gönner hatte dem jungen Patterson 75000 Dollar gestiftet, um eine neue Filmexpedition auszurüsten.
»Man wird den ewigen Miesmachern schon bald die letzte Skepsis austreiben«, versicherte Pete Potter, »aber für mich bestehen schon längst keine mehr. Und ich sag's noch mal, all die Toten und Verschollenen am South-Nahanni, die gehen aufs Konto des Sasquash . . . das ist übrigens ein Wort der Bergindianer und heißt nichts anderes als Großer Fuß. So ist das, Gentlemen, am Sasquash kommen auch die Fachgelehrten nicht vorbei.«
Man hält es kaum für möglich, aber einige Geologen und Anthropologen haben sich durchaus ernsthaft mit dem Fabeltier beschäftigt. Nach meiner Rückkehr überreichte mir zu diesem Thema ein interessierter Freund die Nr. 3 der Zeitschrift

»Das Beste« vom März 1969. Wie man weiß, handelt es sich dabei um eine fast wortgetreue Übersetzung des »Reader's Digest«, der meistgelesenen Zeitschrift überhaupt, mit einer Gesamtauflage von 28 Millionen. Unter der Überschrift »Schneemenschen in den Rocky Mountains« wird in jener Nummer die sagenhafte Gestalt des Sasquash auf sechs Seiten besprochen. Der Verfasser, James B. Shuman, läßt zwar die gebotene Skepsis walten, besonders was die angeblichen Filmaufnahmen des Untiers betrifft, aber es werden auch die Ansichten von zwei prominenten Fachgelehrten wörtlich zitiert. So erklärt John R. Napier, Chef der Abteilung Primatenbiologie am Smithonien Institute: »Die Möglichkeit, daß unbekannte menschenähnliche Wesen in Nordwestamerika existieren, sollte man nicht ohne weiteres verwerfen.« Noch deutlicher hat sich Donald Abbot geäußert, Anthropologe am Naturhistorischen Museum in Vancouver, British Columbia: »Sollte das uns vorliegende Beweismaterial das Werk von Schwindlern sein, dann wäre das eine der hervorragendsten Fälschungen, die jemals gelungen ist . . .« Doch mit salomonischer Weisheit fügt er dieser Erklärung den Nachsatz bei: »Ich halte eine Fälschung für ebenso unglaubhaft wie die Existenz eines solchen Wesens.«

Der Schneemensch des Himalaya, das Ungeheuer von Loch Ness und die riesenhafte Seeschlange des Südatlantiks sind ein beliebtes Thema der modernen Fabeldichter. Aber niemand konnte den Beweis erbringen, daß diese Lebewesen wirklich existieren. Auch vom Okapi, von Bambusbären und Eidechsen, die vier Meter lang sind, wurden die unglaublichsten Berichte veröffentlicht, bis . . . man sie einfing und in zoologischen Gärten zur Schau stellte.*

»Aber was ist nun mit dem Großfuß am South-Nahanni«, bohrten wir weiter, »was für Schandtaten legte man ihm zur Last?«

Pete Potter hatte nur darauf gewartet, ließ sich aber erst den Becher mit Whisky füllen, wobei er auf Wasser verzichtete.

»Was die Sasquash am Nahanni für Unfug treiben . . .«, wiederholte er im Ton tiefen Bedauerns, »geht wirklich zu weit. Sie reißen den Menschen die Köpfe ab . . . jawohl, das tun sie, so wahr ich hier sitze. Oft genug ist es geschehen, und deshalb wagt sich niemand mehr in die verfluchte Gegend. Dabei gibt's dort massenhaft Biber, Nerze, Hermelin, und es wimmelt von Elchen, Bären, Luchsen, Füchsen und so weiter, gar nicht zu reden von Gold . . . von 'ner großen Menge Gold, wie man so sagt.«

* Die vermeintlichen Eidechsen bzw. die »Drachen unserer Tage« sind Riesen-Warane (Varanus komodoensis), die nur auf der Sunda-Insel Komodo und benachbarten kleineren Inseln beheimatet sind. Soviel mir bekannt, bin ich 1957 der erste Deutsche gewesen, der diese urweltlichen Geschöpfe an Ort und Stelle fotografiert hat, und zwar mit Vergleichsobjekten, die eine verbindliche Schätzung ihrer Größe erlaubten. Dabei ergaben sich etwas über drei Meter für das größte »meiner« Exemplare. Unbewiesene Behauptungen sprechen von Komodo-Waranen, die sechs bis sieben Meter erreichen.

Das sei nun stark übertrieben, warf Geoffrey ein. Erstens wurde von dem Gold mehr geredet, als wirklich da war, und zweitens zog der alte Faille aus Simpson in jedem Sommer zum Nahanni und kam bei bester Gesundheit zurück. Auch sonst hatten mindestens ein Dutzend Leute am South-Nahanni getrappt, ohne daß ihnen Schlimmes widerfuhr.
»Ausnahmen sind das«, beharrte der alte Pete, »und wie man so sagt, bestätigen Ausnahmen die Regel.«
Eines sei jedenfalls sicher, bemerkte Kwaterowski, nämlich die Furcht der Indianer.
»Ich mußte sie gut bezahlen und ihnen noch besser zureden, sonst wären sie gar nicht mitgekommen. Jedem war anzusehen, daß er sich nicht wohl fühlte in der Gegend. Das Feuer durfte auch bei Nacht nicht ausgehen. Angeblich fürchten sich die Geister der Nacht vor lodernden Flammen und wagen sich nicht in die Nähe.«
»So ist es, genau wie's der Chef gesagt hat«, rief Potter erfreut, »die Angst vor dem Bigfoot steckt diesen Leuten im Leib. Und wer den Warnungen der Indianer nicht glauben wollte, hat's mit seinem Leben bezahlt. Die Liste der Opfer ist verdammt lang, Gentlemen, so lang ist die Liste der Kopflosen, daß einen der Schauder packt, wenn man davon erzählt. Rückt mal ruhig ein Stückchen näher ans Feuer, das beruhigt die Nerven. Mit Willy und Frank McLeod hat's angefangen, soviel ich weiß, damals im Jahr 1906. Ihr Vater, der Murdock McLeod, war Händler der HBC in Fort Liard, und dem erzählten die Bergindianer so viel von goldenen Nuggets in den Nebenflüssen am South-Nahanni, daß sich die beiden Söhne aufmachten, um möglichst schnell reiche Leute zu werden. Bald schickten sie eine Nachricht an ihren Vater, daß sie schon den dritten Ledersack mit goldenen Körnerchen gefüllt hatten. Da machte sich der dritte Bruder auf den Weg, um an dem reichen Segen teilzunehmen. Er fand die Cabine, aber kein Stäubchen Gold. Von Willy und Frank waren nur die Skelette übrig, aber denen fehlte der Totenkopf. Riesige Fußstapfen im Boden zeigten deutlich, wer die beiden Goldsucher ermordet hatte. Der Sasquatch war's gewesen, sogar mehrere hatten sich daran beteiligt und die Köpfe mitgenommen . . .«
»Das behaupten die Indianer«, rief Herbert dazwischen, »in Wirklichkeit sind die McLeods verhungert, erfroren oder sonst was, dann haben die Bären sie aufgefressen und die Knochen verstreut.«
Ebenso war es möglich, warf der Amerikaner ein, daß kriminelle Elemente von der Goldsuche gehört hatten. Denen waren die beiden Brüder zum Opfer gefallen.
»Es war aber nicht der einzige Fall«, blieb Potter bei seiner Erklärung, »so geht's ja weiter bis fort zum heutigen Tag.«
Auch von einem Mann namens Williams hatte man nur die kopflosen Reste ge-

funden. Danach kam Jorgensen an die Reihe, so um das Jahr 1910. Ihm folgte der grausame Tod von Shebbach, der übrigens ein Deutscher gewesen war, wie man sagt. Im Sommer 1932 wurde Red Powers von den Großfüßen umgebracht. Niemand anders konnte es den Umständen nach gewesen sein. Vier Jahre später erlitten Eppler und Mulholland das gleiche Schicksal. Obwohl die RCMP mit Spürhunden suchte, konnte man ihre Schädel nicht finden.
»Bedenken Sie bitte, Gentlemen, wie selten es sonst passiert, daß erfahrene Waldläufer zugrunde gehen. Heute kommt's fast gar nicht mehr vor. Aber beim Nahanni, da hat fast alle der Teufel geholt, und damit mein' ich den teuflischen Sasquash. Es sind noch mehr verschwunden, aber spurlos . . . von denen wurde überhaupt kein Rest entdeckt!«
»Die sind über den Christie-Paß nach Yukon gegangen«, sagte der Jagdführer mit Nachdruck, »im Winter war das viel einfacher als der Rückweg nach Simpson. Überhaupt ist das alles Unsinn mit dem Sasquash und so weiter. Nur eines stimmt bei dem Gebrabbel, der South-Nahanni ist von Anfang bis Ende 'ne besonders gefährliche Gegend. Aber das ist er nicht wegen phantastischer Ungeheuer, sondern weil da so wilde Schneestürme brausen und plötzlich alle jagdbaren Tiere verschwinden. Die Temperatur fällt über Nacht aus dem Thermometer . . . erfroren sind die Leute und verhungert, das ist alles.«
»So wird's sein, das möcht' ich auch annehmen«, meinte Kwaterowski, »aber es ist doch merkwürdig, daß die Indianer gerade von dem Nahanni behaupten, dort würde man von bösen Geistern aufgefressen.«
»Und das sind die Sasquash«, wiederholte Peter Potter, »es würde mich gar nicht wundern, wenn die sich auch hier herumtreiben. Das könnte den Kopf kosten, aber ich will's nicht hoffen. Es war ein schöner Abend, Gentlemen, so schön wie selten. Ich wünsche eine gesegnete Nachtruhe.
Diese Nachtruhe war knapp bemessen, schon eine Stunde vor Morgengrauen rief uns der alte Mann zum Frühstück an den großen Tisch im Freien. Dessen Platte hatte sich mit Eis überzogen. Sie warf das Licht der Petroleumlampe zurück, und wer neben seine Tasse schaute, sah auf der spiegelnden Tischfläche ins eigene Gesicht. Jeder Bartstoppel war deutlich zu sehen.
»Also, es bleibt dabei«, wiederholte Herbert die schon gestern getroffene Vereinbarung. »Ich werd' mit meinem Gast ins R-Tal Nummer 2 reiten, so weit's möglich ist, und dann geht's zu Fuß höher. Irgendwas werden wir schon erwischen . . .«
»So ein Schaufler mit 'ner Auslage von sechzig Inches, das dürfte so ungefähr hinhauen«, wünschte sich der passionierte Waidmann.
»So was gibt's hier und vielleicht noch was Besseres«, rühmte Herbert sein Revier, »aber erst mal müssen wir so einen Bullen finden, und Sie müssen ihn treffen.

Also, wie gesagt, die beiden anderen Herren reiten mit Ron stromauf, überqueren bei L 3 den Fluß nach Westen und ziehen dann hoch zum 2-See. Dort haben sie ihr eigenes Lager, wenn's auch sehr bescheiden ist. Ron bringt die Pferde zurück, weil sie hier gebraucht werden. Am vierten Tag, so gegen elf Uhr, wenn's Wetter mitmacht, kommt Pauls Maschine aus Inuvik. Was sich am 2-See herumtreibt, weiß ich nicht, bin noch nie dort gewesen. Elche müßten da sein . . . Grizzlies wahrscheinlich und vielleicht ein paar gute Schneeschafe an den Hängen hoch droben. Ich wünsche guten Erfolg . . . Eure Pferde sind gesattelt.«

Mit den Rs und den Ls und den Ziffern waren die Seitentäler links und rechts gemeint und mit 2-See der zweitgrößte See in dem riesengroßen Revier. Allmählich wollte Geoffrey die Gegend mit Namen versehen und auf seiner Karte vermerken, aber es war noch nicht soweit. Er hatte zwar alles überflogen, jedoch nur wenig am Boden erkundet.

Was seinen Gehilfen betraf, den etwa zwanzigjährigen Ron Bradley, hatte er eine Niete gezogen. Zwar behauptete der junge Mensch, er sei mit Pferden aufgewachsen, aber seine Umgangsformen mit den armen Rössern bestanden vorwiegend aus Treten, Schlagen und Brüllen. Er befestigte unser Gepäck, vornehmlich Säcke und Körbe, nur mit Bindfaden und meinte, das wäre vollkommen in Ordnung. Offenbar hatte er einem *horsewrangler*, wie man die Betreuer der Packtiere nennt, noch niemals bei der Arbeit zugeschaut. Das Beladen der Tiere, die Verteilung des Gewichts und das Festzurren der Verschnürung ist nämlich eine besondere Kunst, die sowohl Erfahrung wie Pferdeverstand voraussetzt. Beides fehlte dem Blödling, und er ließ sich auch nicht beraten. Als ich meinen Gaul mit Zucker fütterte, um dessen Sympathie zu gewinnen, meinte der Pferdeführer, ich würde »Scotty« nur verderben. Der sei Fußtritte gewöhnt, und die würde er begreifen.

Paul und ich konnten anstandslos in den Sattel steigen, aber der rohe Ron wurde in hohem Bogen abgeworfen. Er rollte ächzend über den Schotter, doch ich muß gestehen, unsere Sympathie war mehr beim Roß als beim Reiter. Immerhin, er rappelte sich gleich wieder auf, sprang nochmals in den Sattel, und es gelang ihm, sich bis auf weiteres dort zu halten.

Abgesehen vom pausenlosen Geschwätz unseres Begleiters, war der Ritt im Morgengrauen ein wundervolles Erlebnis. Frische Waldluft wehte uns entgegen, der River schäumte über blankes Gestein, und das Weidengebüsch streifte unsere Stiefel. Rauhreif hatte allenthalben die Landschaft versilbert, und gar herrlich schimmerten die fernen Gletscherberge, als sie von den ersten Strahlen der Sonne berührt wurden. Bald danach verwandelten sich die Eiskristalle an den Zweigen und Gräsern in glitzernde Tropfen. Die Welt wachte auf, die Herbstfarben begannen zu leuchten. Paul zeigte auf eine frische Bärenfährte und meinte mit Recht, das sei wirklich ein kapitaler Bursche. Der feuchte Boden war ein Gästebuch, jeder

Besucher der letzten Tage hatte sich darin eingetragen. Wir lasen die Signatur einer Elchkuh mit Zwillingen, einer Gruppe Karibus sowie mehrerer Füchse und Stachelschweine, auch einen Vielfraß glaubte ich zu erkennen und eine Anzahl kleiner Pelztiere. Als wir den ersten Wildbach durchritten, waren die Fährten von drei Schneeschafen zu sehen und bald danach die Trittsiegel eines selten starken Karibus.

»Der ist ganz gewaltig, mit 'nem riesigen Geweih«, berichtete Ron mit Begeisterung, »den hab' ich schon zweimal dicht beim Lager gesehen, und ich wer' ihn noch kriegen!«

Dabei hatte er kein Recht, für sich zu jagen, weil ihm das nötige Permit fehlte. Er war nicht einmal Resident in den Territories und sollte die guten Trophäen den Kunden seines Chefs überlassen. Dessenungeachtet ging Rons Redefluß weiter, und in seiner abgrundtiefen Dummheit ließ er ausgerechnet den höchsten Beamten des Game-Department wissen, welche mehr oder minder illegale Beute er schon gemacht hatte. Falls seine Angeberei den Tatsachen entsprach, bekannte er sich nun am laufenden Band schuldig. Kwaterowski sagte kein Wort, aber es war wohl anzunehmen, daß sich Rons Tage am Red-River ihrem Ende zuneigten.

Es verging kaum eine halbe Stunde, da hingen die nur lose befestigten Lasten bis auf den Boden hinunter. Die beiden Tragtiere taten das Klügste, was sie tun konnten, und blieben stehen. Wir mußten absteigen und die Gepäckstücke aufs neue festzerren. Aber das war nicht von Dauer, weil ordentliche Riemen und Stricke fehlten. Trotz des wiederholten Zeitverlustes kamen wir gegen Mittag an jene Stelle, wo der Fluß zu überqueren war.

»Weiß nicht, ob wir 'rüberkommen«, meinte Ron, »das Wasser ist gestiegen, und mein verdammter Gaul geht nicht gern in so 'ne wilde Strömung. Ihr müßt das zuerst versuchen, vielleicht kommt dann meiner hinterher . . .«

Wenn der aber nicht hinterherkam und auch die Tragtiere nicht, dann waren wir auf der anderen Seite und die gesamte Ausrüstung auf dieser. Dennoch bewiesen Paul und ich den Mut von Männern, die vor keinem Wagnis zurückschrekken. Schon ein Schenkeldruck genügte, da schritten unsere braven Pferde in die gurgelnde Flut. Dann war es am besten, die Zügel locker zu lassen. Die Rösser wußten, was von ihnen verlangt wurde, und taten es nach ihrer Weise. Sie tasteten mit den Hufen nach festem Stand in überflutetem Gestein, und sie stemmten sich schräg zur heranbrausenden Strömung. Das eiskalte Wasser stieg über die Bügel, drang bald in die Stiefel und bespülte sogar den Sattel. Der Druck war so stark, daß ich glaubte, gleich würden die Pferde abgetrieben. Wenn sie den Grund verloren, ging es als Spielball der Wellen dahin. In der Eiseskälte hätten wir das nicht lange ausgehalten, ganz gleich, ob man noch im Sattel hing oder allein dem Fluß ausgeliefert war.

So gelangten wir bis zur Mitte des Stromes. Es gab noch einige schlimme Momente, aber dann hatten die Pferde wieder festen Grund gefaßt. Sie hoben sich höher aus der Flut, schritten rascher dem Ufer entgegen und stiegen erleichtert auf den sonnenbeschienenen Schotter.

Wir schauten zurück und sahen die Tragtiere gleich hinter uns. Ron hatte sie einfach sich selbst überlassen. Sie kamen schnaubend und triefend die Böschung hinauf, wo sie neben uns stehenblieben. Das Gepäck schleifte auf dem Boden und war völlig durchnäßt. Schließlich kam auch Ron herüber, da sein Pferd zu den Kameraden wollte. Er fluchte so gräßlich, wie man es auch im Nordwesten nur selten hört. Der hirnlose Mensch wünschte seinem Tier die Pest an den Hals, obwohl nur er selbst schuld war, daß ihn der brave Gaul nicht mochte.

Wir schütteten das Wasser aus unseren Stiefeln, versorgten das Gepäck, so gut es ging, gönnten den Pferden eine kurze Rast und ritten danach den nächsten Hügel hinauf. Der Fluß blieb zurück, denn unser Ziel lag im Westen. Wir kamen höher und immer höher, gelangten in ein breites Tal und schließlich auf eine Ebene, die von Felsenbergen begrenzt wurde. Das Gehen war sehr beschwerlich für unsere Pferde, denn in dem wuchernden Moos versanken ihre Hufe bis zu einem halben Meter tief. Sie durchdrangen sperriges Gestrüpp und schritten über sumpfigen Boden. Es wäre barbarisch gewesen, die erschöpften Tiere anzutreiben. Sie waren offensichtlich am Ende ihrer Kräfte, obwohl ihnen Ron stinkende Faulheit zum Vorwurf machte. Paul und ich stiegen ab, so daß auch dem Pferdeführer nichts anderes übrigblieb. Wir marschierten noch etwa eine Stunde zu Fuß, die geplagten Tiere hinter uns her ziehend, bis endlich der gesuchte See in all seiner dunklen Pracht erschien.

Er lag in einer etwa sechs Kilometer langen und drei Kilometer breiten Mulde, die ringsum dichter Tannenwald umgab. Die grauen Felshänge spiegelten sich in seiner Fläche, in der Mitte schwamm eine bewaldete Insel, am Ufer türmte sich abgetriebenes Holz, und krächzende Raben segelten uns entgegen. Es war alles in allem betrachtet ein Bild düsterer Romantik, zumal nun die Sonne verschwand.

Als Lagerplatz fanden wir eine sandige Stelle, etwa hundert Schritt vom See Nr. 2. Ein klarer Bach floß dicht daran vorbei, und gestürzte Stämme in der Nähe lieferten ausgetrocknetes Feuerholz. Schon bald loderten die gelbroten Flammen, das Zelt wurde aufgeschlagen und eingerichtet. Die abgesattelten Pferde legten sich nieder und schliefen mit ausgestreckten Gliedern im weichen Moos. Sie waren so erschöpft, daß sie kein Futter wollten, sondern nur ihre ungestörte Ruhe. Ron mußte bleiben, auch noch am nächsten Tag, weil die Pferde unbedingt Schonung brauchten.

Als ich am frühen Morgen mit Fernglas und Büchse zu einem grasbewachsenen

Hügel wanderte, von dem ich mir guten Ausblick erhoffte, kam Ron ohne weiteres mit. Er sagte, seine Augen würden schärfer sehen als jedes Glas, und er könne mir auch beim Zerlegen der Beute behilflich sein. Darauf ließ ich mich ein, während Paul bedeutend klüger war und vorgab, daß er am liebsten allein auf Pirsch ging. Er hatte noch kein Schneeschaf erlegt, aber vom Zelt aus hatten wir sehr hoch am Berg eine Anzahl weißer Punkte gesehen. Wenn ein starker Widder dabei war, wollte ihn mein Freund herunterholen. Aber der Anstieg war steil und der Weg sehr weit, Paul konnte vor dem Abend nicht zurück sein. Mußte er im Falle des Erfolgs seine Beute schleppen, wurde der Heimweg zur schweren, schweißtreibenden Arbeit.

»Ich lass' auf jeden Fall das Feuer brennen, bis Sie zurück sind«, sagte ich, »wenn's dunkel wird, haben Sie dann so 'ne Art von Leuchte.«

»Und ich mach's ebenso, man kann ja nie wissen, wer in die Nacht gerät.«

Das konnte man nicht, wenn Ron Bradley dabei war. Er nahm auch seine Winchester mit, lief ständig redend hinter mir her, wobei ich unter anderem erfuhr, daß er diese Gegend noch nie besucht hatte. So kamen wir zur Kuppe des Hügels, ließen uns dort nieder und betrachteten das Gelände. In hoch nördlich gelegenen Revieren ist es immer das beste, nach dem Wild des Landes von oben nach unten zu spähen, denn so kann der Jäger auch in den Wald hineinschauen. Die Bäume stehen viel weiter auseinander als bei uns, über kurz oder lang muß man größere Tiere erkennen, sofern sie vorhanden sind.

Was Ron behauptet hatte, war diesmal richtig. Er sah mit bloßen Augen ein paar Elche, die ich mit meinem zehnfachen Glas noch nicht bemerkt hatte. Zwei starke Schaufler standen mit Kühen und Kälbern zusammen. Die Entfernung betrug etwa anderthalb Kilometer, aber der Wind war schlecht.

»Wir müssen weit zurück«, schlug ich vor, »dann bis zum Berghang dort drüben, und danach pirschen wir uns im Gegenwind heran. Dort haben wir Deckung durch 'ne Bodenwelle . . . wenn wir uns Zeit lassen und jedes Geräusch vermeiden, müßte es gehen.«

Die Elche ästen in Richtung des Sees, und ich nahm an, sie würden bis zur Mittagsruhe in der Nähe bleiben. Nur hatte ich meine Rechnung ohne Ron gemacht. Der war schon losgerannt, mit dem Wind und geradewegs dem Wild entgegen. Ich lief dem Idioten nach, wollte ihn zurückholen, doch es war nichts zu machen. Das Jagdfieber hatte ihn gepackt, wenn auch ohne Rücksicht auf die primitivsten Regeln der Jagd. An den Gast im Gelände dachte er nicht mehr, falls er überhaupt zu denken vermochte.

Weil mir Wut und Enttäuschung ja doch nichts einbrachten, nahm ich wieder Platz auf dem Aussichtshügel, um mir den Mißerfolg des sogenannten Pferdepflegers aus der Ferne zu betrachten. Die Elche hatten schon Wind von ihm, bevor

er auf tausend Schritt heran war. Erst zogen sie langsam fort, dann stürmten sie in Panik davon. Und nichts mehr war von ihnen zu sehen.
Ich hoffte dem Rindvieh namens Ron niemals mehr im Leben zu begegnen, kehrte seiner Richtung den Rücken und betrachtete statt dessen das gegenüberliegende Ufer. Bis zum Wasser und teilweise ins braune Wasser hinein reichte der Wald. Aber es gab auch Lücken, wo die Bäche einströmten und wo das Weidengestrüpp nur fußhoch stand. Wenn das Wild zur Tränke kam, mußte es vor allem dort erscheinen. Ich schaute also immer wieder auf jene lichten Stellen, doch lange rührte sich nichts. Aber dann, es konnte keine Täuschung sein, geriet scheinbar ein Wurzelballen in Bewegung. Er war grau und kugelförmig, er rollte am Ufer entlang.
Das konnte keine Baumwurzel tun, auch kein Elch, kein Karibu oder sonst ein Schalenwild. Was ich sah und im Glas verfolgte, war ein Braunbär von ungewöhnlich heller Farbe. Er trug schon den Winterpelz. Ein sehr großer Grizzly ohne Zweifel, ein selten starkes Exemplar und ganz gewiß keine Bärin. Vermutlich wollte er nach Lachsen fischen, die jetzt zu ihren Laichplätzen hinaufzogen.
Die Rauchfahne einer Zigarette gab an, daß mir die Luftbewegung entgegenkam. Also hinunter ins Gebüsch und Schritt für Schritt in gebückter Haltung zum Waldrand. Wenn der Bär am Ufer blieb und dort weitertrottete wie bisher, konnte ich mit Glück und Geduld eine Stellung beziehen, wo er direkt auf mich zulief.
Aber es konnte sein, daß er Witterung von den Pferden bekam. Dann gab es zwei Möglichkeiten: Entweder war er vorsichtig und drehte ab, oder sein Hunger war so groß, daß er sich zu einem Überfall verleiten ließ. So mußte ich erst nachsehen, ob Ron seine Pflicht bei den Pferden tat.
Dort saß er nun und grinste dummdreist vor sich hin.
»Wer immer nur auf derselben Strecke hockt, so wie Sie's machen, der bekommt in hundert Jahren keinen Elch«, wagte er mir zu sagen.
»Darüber reden wir noch, jetzt geht's um einen verdammt großen Grizzly, der sich links drüben am See herumtreibt. Passen Sie auf die Pferde auf, Mann, sonst konnte hier bald der Teufel los sein. Haben Sie das begriffen oder nicht?«
Er murmelte eine dämliche Antwort, doch ich hörte nicht mehr hin.
Die Pirsch auf den Bären begann, und nun packte mich das Fieber der Jagd. Auch wenn es gar nicht wahr ist, daß der Grizzly grundlos angreift, ist er doch ein wehrhaftes Wild und liebt es nicht, daß man ihm zu nahe kommt. So war äußerste Vorsicht geboten. Lautlos, wie man es gelernt hat, bog ich Zweige und Gestrüpp beiseite. Die 9,3-mm-Mauser um die Schulter gehängt, kroch ich auf allen vieren durch knapp meterhohe Stauden und robbte über eine Bodenwelle. Jede Deckung nützend, drang ich durch den Wald und legte mich, etwa dreißig Schritt vom Ufer, in den Hinterhalt. Die Position war günstig, ich konnte den Schilfstreifen

gut übersehen und hatte vor mir eine vom Blitz gespaltene Fichte, die mich fast völlig verbarg. Wenn der Grizzly noch das gleiche tat wie zuvor, konnte man demnächst seinen prachtvollen Pelz bei mir daheim bestaunen!
Ich hörte Äste brechen und das Geraschel von Laub, aber nicht aus der erwarteten Richtung. Der Bär schien im Wald zu sein, vermutlich grub er nach Knollen oder hatte den Bau von Erdhörnchen entdeckt. Doch er blieb nicht am selben Fleck, er hatte anderes vor. Das knackende, raschelnde Geräusch kam näher. Mir konnte es recht sein, ich hielt die Büchse entsichert und schußbereit.
Da war seine graue Gestalt, aufrecht tappte der große Kerl durch den Fichtenbestand. Hätte ich im selben Augenblick den Finger krumm gemacht, wäre ein schreckliches Unglück geschehen.
Da stand kein Grizzly im Winterpelz, sondern Ron Bradley in seiner grauen Parka.
»Ich wollt' nur mal sehen, was hier los ist«, sagte er.
Was ich zurückschrie, läßt sich trotz aller Freiheiten, die man neuerdings von Literaten gewohnt ist, im Druck nicht wiedergeben. Alles war verpatzt, woran auch ich durch meinen Ausbruch unbeherrschten Zornes die Mitschuld trug. Der unmögliche Mensch rannte davon, während ich, zur Beruhigung meiner Nerven, beschloß, den See zu umrunden. Das erforderte sehr viel Zeit und Mühe, ohne daß ich ein Stück Wild zu Gesicht bekam. Bei der Rückkehr ins Lager war es schon dunkel. Ron hatte es für ratsam gehalten, sich aus der hiesigen Gegend zu entfernen, mitsamt den Pferden, die wir ja nicht mehr brauchten.
Paul saß am Feuer, rieb sich die bloßen Füße und machte nicht den Eindruck, glücklich zu sein.
»Dreimal hatte ich einen kapitalen, einen wirklich hochkapitalen Schneewidder im Fadenkreuz ... aber dreimal ist er mir im letzten Augenblick abgesprungen. Über rollenden Schotter bin ich hochgekrochen und in Abgründe 'runtergestiegen ... nichts war zu machen. Morgen versuch' ich's noch mal. Und wie war's bei Ihnen mit dem Jagdvergnügen?«
Ich klagte ihm mein Leid, was ja auch nichts half. Dann nahmen wir einen herzhaften Schluck aus der Pulle, verspeisten gekochte Hühner aus der Büchse und fielen in abgrundtiefen Schlaf.
Der Freund war schon beim Hellwerden auf den Beinen. Als ich noch das Wasser für meinen Kaffee kochte, stieg er bereits in die Berge hinauf. Mir war nicht nach ähnlicher Anstrengung zumute, ein ruhiger Tag der Erholung sollte es werden. Es war nur die Macht der Gewohnheit, daß ich zum gemütlichen Spaziergang die Mauser mitnahm. Schon wegen der Grizzlies sollte man es tun, denn eine Mutter mit Kind sieht in der fremden Gestalt womöglich einen Störenfried ihres Familienlebens. Ein Schuß in die Luft ist dann besser, als wegzulaufen.

Die Vorsicht schien berechtigt, da ich mehrmals die Fährten einer führenden Bärin erblickte, ebenso die Tatzenabdrücke eines großen Grizzly. Es war bestimmt derselbe, den ich gestern haben wollte. Nur nicht daran denken, sonst kam mir wieder die Galle hoch.

Am Rand einer Schlucht, in deren Tiefe wildes Wasser rauschte, setzte ich mich nieder, zog ein Stück Salami aus der Tasche und genoß die Septembersonne. Kein Waidmann wird es unterlassen, dabei die Gegend zu betrachten, denn er kann nicht anders. Es mochte auch sein, daß ich Paul Kwaterowski entdeckte, der irgendwo dort oben in den Felsen herumstieg.

Da sah ich allen Ernstes ein Blinkzeichen. Es konnte nur von ihm sein, obwohl ich nicht wußte, ob er einen Signalspiegel bei sich hatte. Das mehrfach wiederholte Zeichen kam vom oberen Rand der Baumgrenze. Die Bedeutung entging mir. Es waren keine Morsezeichen, aber vielleicht doch eine Meldung von Not oder Gefahr. Ich starrte durchs Fernglas und entdeckte zwei Spiegel auf einer klobigen Stange, die sich hin und her bewegten.

Nicht Kwaterowski trat sodann ins Freie, sondern ein mächtiger Elch. Was den Anschein von Spiegeln erweckt hatte, waren seine breit ausgelegten Schaufeln. Von der Sonne angestrahlt, vielleicht auch naß vom Durchstreifen feuchten Gebüschs, wirkten sie glänzend weiß. Je nachdem, wie sich der Bulle bewegte, sah das aus wie Signale von Menschenhand.

Um bis dort hinauf zu kommen, hätte ich mehrere Stunden gebraucht. Aber es wäre nach aller Voraussicht vergebliche Mühe gewesen, da es keine Deckung gab und der Elch bestimmt nicht so lange am selben Platz verblieb. Doch es war interessant zu beobachten, was er machte. Ein Elchbulle auf der Höhe seiner Entwicklung, vorläufig noch Einzelgänger, aber sehr wahrscheinlich auf der Suche nach weiblicher Gesellschaft, denn in diesen Tagen hatte die Brunft begonnen.

Er stieg langsam tiefer hinab, die Luft prüfend und das schwere Haupt nach rechts wie links bewegend. Vielleicht standen Kühe am See, von denen er Witterung bekam, aber ihren Standort hatte er noch nicht ausgemacht. Doch es schien nach einer Weile, als habe er jetzt ein bestimmtes Ziel. Diese Linie behielt er bei, trotz mancher Umwege, die das Gelände nötig machte.

Wenn ich geradewegs zum Lager ging, mußten sich seine und meine Linie schneiden. Ich hatte günstigen Wind, und ein leeres Bachbett, das zum See führte, bot ideale Deckung. Jetzt wurde es spannend.

Ich lief in die Senke, wo ich den Elch nicht mehr sah. Aber er konnte mich auch nicht sehen. Eile war geboten, sonst kam ich zu spät. Bis zu dem angenommenen Schnittpunkt war es bedeutend weiter, als ich gedacht hatte, denn bekanntlich unterschätzt man die Entfernung in den Bergen. In dem weichen, tiefen Moos versanken die Stiefel, und ich schnaufte. Wenn er das nur nicht hörte!

Mit pochenden Schläfen und keuchender Lunge kam ich zur entscheidenden Stelle. Ich war aufgeregter als sonst, weil sich die Entwicklung so überraschend ereignet hatte. Nun kam es darauf an, Ruhe zu finden und nichts mehr zu übereilen. Ich legte mich platt auf den Boden, robbte Stückchen um Stückchen den flachen, nur von Moosbeeren bewachsenen Hang hinauf, die Büchse vor mir her schiebend.

Dann war ich oben und sah keinen Elch. Aber er mußte in der Nähe sein, wenn nicht der Wind umgeschlagen oder mein Schnaufen mich verraten hatte.

Ich drehte den Kopf nach rechts und nach links, doch kein Elch ließ sich blicken. Es war wie verhext, er konnte nicht spurlos verschwunden sein. Ich hob mich langsam auf die Knie, um besser über die Kante zu schauen.

Dann ging es so schnell, wie man das gar nicht beschreiben kann. Er sah mich im gleichen Bruchteil einer Sekunde, da ich ihn sah.

Der Griff zur Waffe, und schon drehte er ab. Die Sicherung klappte um, da fiel er in raschen Trab.

Stecher gezogen und gezielt, doch fast war es zu spät. Gerade noch schräg, verdammt schräg, hatte ich das Blatt über Kimme und Korn.

Im Feuer brach er zusammen.

Er war nicht mein bester Elch, aber einer von den besten. Drei Tage später war es nicht möglich, sein gewaltiges Schaufelgeweih in die Kabine zu bugsieren, wir mußten es am Gestänge der Cessna befestigen.

Das Camp war kaum hundert Schritt von dem toten Elch entfernt. So hatte ich keine Mühe, die verwertbaren Teile für die menschliche Ernährung zu sichern, wie es das Gesetz befiehlt.

Als ich endlich die rote Arbeit ruhen ließ, um mir Tee zu kochen, mit reichlich Rum darin, erlebte ich wieder eine Überraschung. Der große Grizzly hatte uns besucht, in den Vorräten gewühlt und Schinken gestohlen. Am hellichten Tag, es war kaum zu glauben, aber der Abdruck seiner Tatzen bewies die Art seines Vorgehens. Wir waren noch glimpflich davongekommen. Er hatte weder das Zelt zerfetzt noch die Büchsen zerknackt, was Bären sonst gerne tun.

Wer so leichtsinnig war wie dieser Braune und vor menschlicher Witterung nicht davonlief, den konnte man überlisten.

Dafür gab es eine unfehlbare Methode, nämlich den stinkenden Rauch von angebranntem Speck. Wie das gemacht wird, hatte ich bei Spitzbergen gesehen, als der Käpten unseres Polarschiffes einen weißen Bären zum Zweck von Filmaufnahmen über dichtgedrängten Eisschollen bis unmittelbar vor die Kamera holte. Man braucht dazu nur einen großen Topf, ein paar Putzlappen und den Speck. Damals hatten wir Robbenspeck, hier hatte ich eine Fünf-Kilo-Büchse mit Schweinespeck. Als eiserner Proviant für Notfälle war er gedacht, und wir hatten ihn schon auf allen Flügen mitgenommen. Jetzt fand er eine nützliche Verwendung.

Der beste Köderplatz waren natürlich die Reste meines Elches. Da wurde der Duft von brennendem Speck noch durch den frischen Blutgeruch ergänzt. Dieser Kombination vermochte kein Grizzly zu widerstehen, und so ein verwegener Bursche schon gar nicht.

Erst baute ich aus Tannenzweigen und Weidengestrüpp eine tadellose Tarnung mit weichgepolstertem Sitz und Auflage für die Mauser. Natürlich war der Wind zu berücksichtigen, ebenso die Stellung des Mondes, sobald er am nächtlichen Himmel erschien. Er durfte nicht hinter mir stehen, sonst hätte der Grizzly vielleicht doch eine Bewegung erkannt. Den Kessel stellte ich auf drei Steine und füllte ihn fast zur Hälfte mit Büchsenspeck. Dazwischen wurden die Putzlappen gesteckt. Sie hatten etwa dieselbe Aufgabe wie der Docht in einer Kerze. Nur mußte ich sie erst gehörig einfetten, nachher braucht man sich nicht mehr darum zu kümmern. Die Hitze verwandelt den Speck in eine halbflüssige Masse, die jeden Lappen durchdringt und am Brennen erhält. So ein Fettfeuer lodert nicht mit hellen, hohen Flammen, sondern es glüht mit kleinen, dunkelroten Zungen, wobei mehrere Stunden vergehen, bis der Vorrat erschöpft ist.

Ich hätte ja gerne Paul dabei gehabt, doch er war bei Anbruch der Dunkelheit noch nicht zurück. Für mich aber kam die Zeit des Handelns. Etwas Sprit aus dem Campkocher erleichterte das Anzünden. Die Lappen brannten sofort, der Speck wurde an den Rändern braun und begann sich aufzulösen. So war es gut, besser konnte es nicht sein. Ich zog mich in meine getarnte Stellung zurück, legte das Gewehr in die frei gelassene Lücke und wartete mit waidmännischer Geduld auf den großen Grizzly. Er konnte schon bald erscheinen, und es konnte Mitternacht werden. Vielleicht kam er gar nicht, denn Bären sind unberechenbar.

Wenn Paul das glühende Feuer erblickte, nahm er bestimmt sein Glas und sah die Bescherung. Dann wußte ein erfahrener Mann wie er, um was es sich handelte. Von ihm war keine Störung zu befürchten, er würde das Camp aus der anderen Richtung erreichen.

Dem Topf entströmte ein unglaublich penetranter Gestank. Die feine Nase des Bären mußte ihn bis zum anderen Ufer wittern, daran bestand kein Zweifel. Ich hielt mir das Taschentuch vor die Nase, um es in der Nähe auszuhalten.

So vergingen die erste und die zweite Stunde. Der Mond kam aus seiner Versenkung, und er übergoß den schwelenden Rauch mit seinem Schimmer. Das ergab im Zusammenwirken mit der roten Glut ein unheimliches, ja fast höllisches Bild.

Ich begann zu frieren und vermißte einen scharfen Schluck. Doch dafür war es zu spät, ich hätte mich beizeiten damit versorgen müssen.

Mir wurde plötzlich so heiß wie in einem Dampfbad. Der Grizzly war da, ohne daß ich sein Kommen bemerkt hatte. Seine plumpe Gestalt hockte drei Schritt links von dem rauchenden Kessel. Ich sah im Mondlicht den runden Kopf, den dichten Pelz auf den Schultern und sogar den Widerschein des Feuers in seinen Augen. Er traute sich wegen der Hitze nicht an den stinkenden Topf, statt dessen riß er Fleischfetzen von dem Elchgerippe. Der Anblick war so phantastisch in dieser Stimmung von Nacht und Rauch, von Mondlicht und Feuer, daß ich die Büchse nicht gleich zur Hand nahm. Dafür war noch Zeit, der Bär würde warten, bis die Flämmchen erloschen, und das konnte ich auch.

Zehn Minuten, eine Viertelstunde, fast eine halbe Stunde saß ich unbeweglich in meiner Tarnung, nur das fabelhafte Bild genießend. Dann mußte es sein, wozu war man Jäger? Die Glut näherte sich ihrem Ende, der Grizzly rückte näher und hob sich auf seine Hinterpranken.

Er wollte den Kessel berühren, verbrannte sich die Pfoten und brummte beleidigt. Doch sein Unmut währte nicht lange, er versuchte es wieder, und dabei fiel der Kessel um. Der stieß nun gegen ein Hindernis, das vorher nicht da war. Eine fiebernde Stimme beklagte sich.

Und das war die größte Überraschung von allen. Ein kleiner Bär eilte hilfesuchend zur Mutter. Sie beschnupperte das Junge, leckte es ab und schob es beiseite.

An alles hatte ich gedacht, nur daran nicht. Der Fährte einer führenden Bärin war ich mehrmals begegnet, sie konnte ebensogut erscheinen wie der graue Grizzly. Aber wenn man einen bestimmten Besuch erwartet, denkt man nicht an einen anderen.

Es bedarf keiner Erwähnung, daß die Kugel im Lauf blieb. Erstens ist es verboten, eine Frau Grizzly zu erlegen, die Nachwuchs bei sich hat, zweitens wäre das eine Schande, und drittens bringt man es nicht übers Herz.

Von allen drei Gründen abgesehen, verschwand der Mond hinter Wolken. Es wurde stockfinster, die beiden Bären konnte ich noch eine Weile hören, aber nichts mehr von ihnen sehen.

Gerade wollte ich ein weithin leuchtendes Feuer entfachen, um Paul die Lage des Camps zu zeigen, als seine Taschenlampe aufblitzte.

»Vorhin hat noch was gebrannt«, sagte er, »aber dann war's aus. Dafür hat's furchtbar gestunken . . . ein Wegweiser für die Nase könnte man's nennen. Nur benützen Sie das nächste Mal bitte ein besseres Parfüm.«

Wie es ihm ergangen sei, wollte ich wissen.

»Je nachdem, wie man's nimmt. Der Widder ist über eine Wand gestürzt, und drunten hat ihn das Wildwasser fortgeschwemmt.«

Ich habe nicht gefragt, ob das Tier von einer Kugel getroffen wurde oder während seiner Flucht aus dem Felsen fiel. Ein Windstoß fegte von Norden heran, der

fast unser Zelt aus dem Boden riß. Doch es war nur der Vorbote eines gewaltigen Gewitters, das sich mit Blitz, Donner und prasselndem Regen entlud. Danach fiel Schnee in dichten Flocken.
»Das wär's für dieses Jahr«, meinte Kwaterowski, »ohne Hundeschlitten ist bis auf weiteres nichts mehr zu machen.«
Wann die nächste Maschine von Inuvik nach Edmonton abging, fragte ich den Piloten, als wir unsere Sachen gepackt hatten.
»Gegen vierzehn Uhr, die werden wir gerade noch schaffen. Wenn dann weiter alles klappt, können Sie morgen abend zu Hause sein.«
Von dem namenlosen See in den Mackenzie-Mountains bis nach München fliegt man nur vierundzwanzig Stunden.

NORTHWEST TERRITORIES
ARCTIC OCEAN
(NORDPOLARMEER)
QUEEN ELIZABET
PARRY ISLAN
BEAUFORT SEA
ALASKA
Nördl. Polarkreis
Herschel I.
Sachs Harbour
Castel B.
Hadley Bay
Bathur
District
Tuktoyaktuk
Old Crow
Aklavik
Inuvik
Arctic Red River
Holmann Island
Victoria Island
Cambridge Bay
Fort Good Hope
Coppermine
Coronation Gulf
YUKON
Mackenzie Mountains
Mackenzie R.
NORTHWES
Norman Wells
Great Bear Lake
Tree R.
Bathurst Inlet
Fort Norman
Contwoyto Lake
TERRITORY
District of Mackenzie
South Nahanin R.
Wrigley
Rawalpindi L.
Muskox L.
Fort Simpson
Rae
Great Slave Lake
Yellowknife
Jean Marie River
Reliance
Snowdrift
Fort Providence
Hay River
Fort Resolution
Fort Smith
BRIT.
COLUMBIA
Lake Athabasca
Slave River
ALBERTA
SASKAT-
CHEWAN

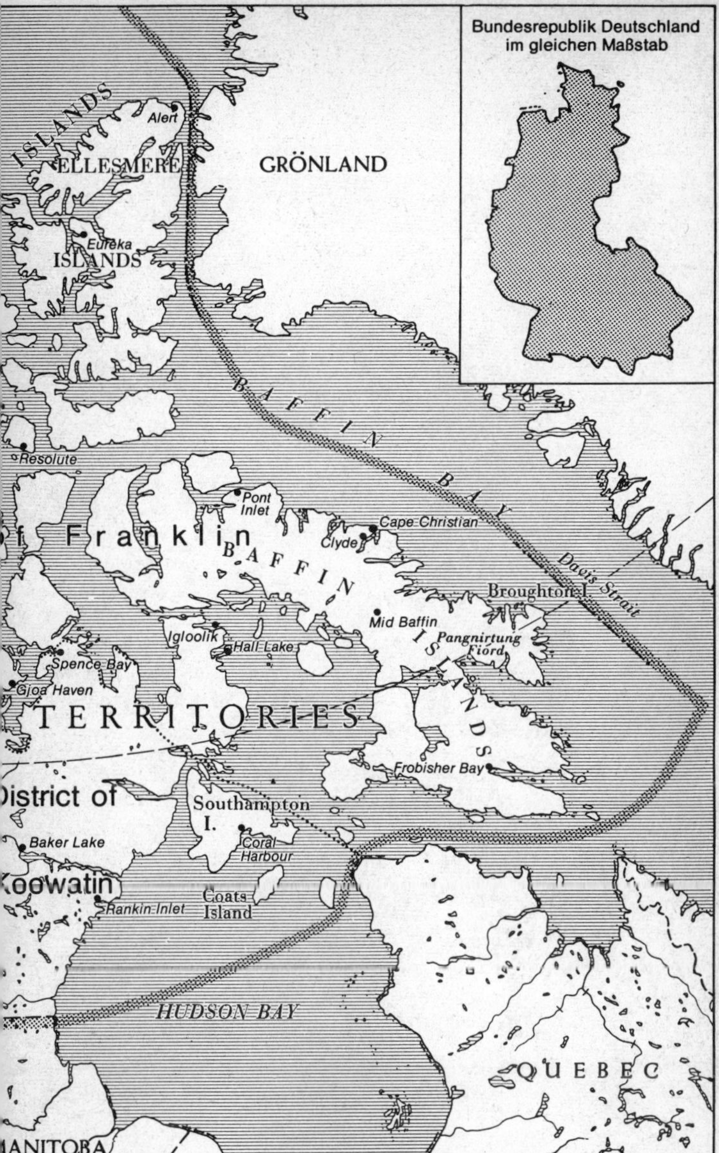

Bundesrepublik Deutschland
im gleichen Maßstab
ISLANDS
Alert
ELLESMERE
GRÖNLAND
Eureka
ISLANDS
BAFFIN BAY
Resolute
Pont Inlet
Cape Christian
Clyde
f Franklin
BAFFIN ISLANDS
Davis Strait
Broughton I.
Mid Baffin
Pangnirtung Fiord
Igloolik
Hall Lake
Spence Bay
Gjoa Haven
TERRITORIES
Frobisher Bay
District of
Southampton I.
Coral Harbour
Baker Lake
Koowatin
Coats Island
Rankin Inlet
HUDSON BAY
QUEBEC
MANITOBA
ONTARIO
0
200
400
600 km

Pullen Island
B E A U F O
Hopper Island
Hansen Harbour
MACKENZIE
BAY
HARRY CHAN
Swan
Channel
Burnt Ck
Big Lake
Seal
Island
Big Horn Pt.
Umiak Lake
RICHARDS
Nesb
Lake
Denis Lagoon
Fish
DENIS HIGH HILL
Grassy Lake
Crooked Lake
Willow Lake
Denis Lake
Island
DENIS PINGO
TRAPP HILLS
Cabin
Creek
Cabin
Camp Farewell
ISLAND
Mid Lake
MACKENZIE RIV
Grassy Lake
Pullen Lake
Lonsy Pt.
EAST CHANNEL
Cabin

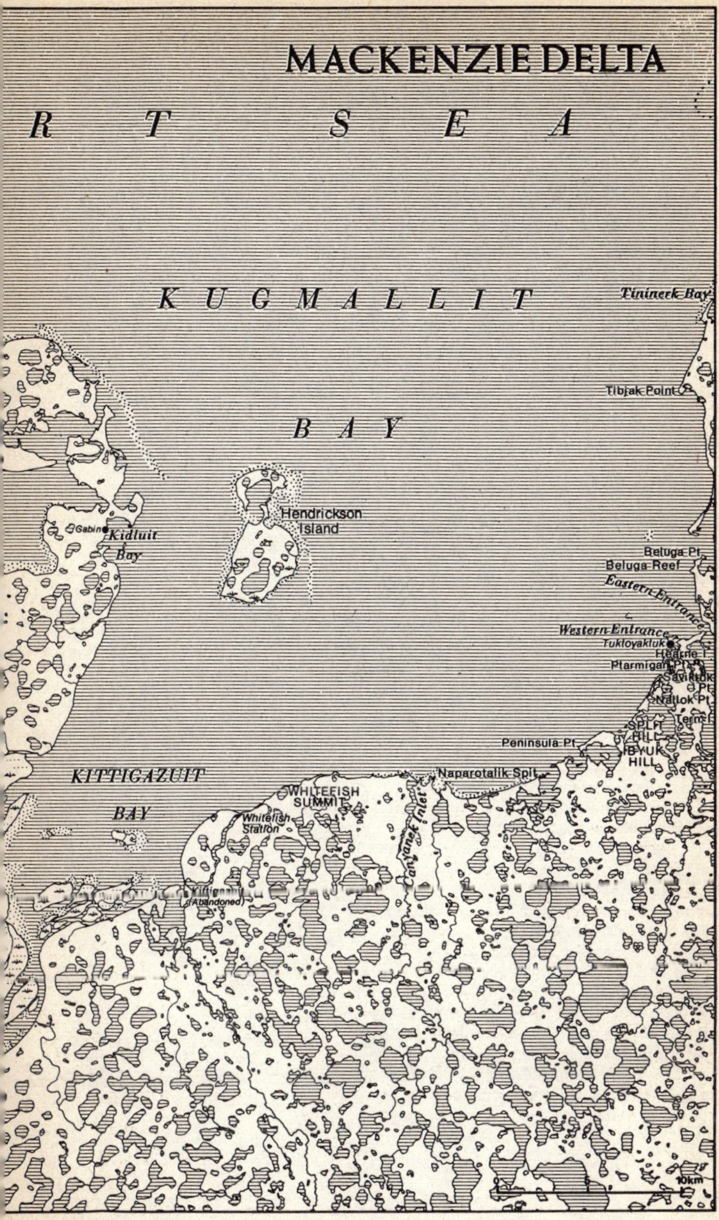
MACKENZIE DELTA
R T S E A
KUGMALLIT
BAY
Tininerk Bay
Tibjak Point
Hendrickson Island
Gabin
Kidluit Bay
Beluga Pt.
Beluga Reef
Eastern Entrance
Western Entrance
Tuktoyaktuk
Hearne I.
Ptarmigan Pt.
Saviktok Pt.
Nallok Pt.
Tern I.
SPLIT HILL
IBYUK HILL
Peninsula Pt.
Naparotalik Spit
KITTIGAZUIT
BAY
WHITEFISH SUMMIT
Whitefish Station
(Abandoned)
Canyanek Inlet
10km

Literatur

Advisory Committee on Northern Development: *Government Activities in the North,* Ottawa, 1967/68
Brandon, William: *Book of Indians,* New York, 1962
Calder, R.: *Das Land der Pioniere,* Düsseldorf, 1959

Chalmers, J. W.: *The Fur Trade Governor,* Edmonton, 1960
Collier, Eric: *Three against the Wilderness,* Toronto, 1959
Cook, Frederik A.: *Wo Norden Süden ist,* Hamburg, 1953
-- *Return from the Pole,* New York, 1951
-- *My Attainment of the Pole,* New York, 1911
Department of Ex. Affairs: *Kanada von Meer zu Meer,* Ottawa, 1964
Dichie, Donald: *The Great Adventure,* Toronto/Vancouver, 1950
Encyclopedia, The Canadian Pocket, 25th edition, Toronto, 1969
Farrar, F. S.: *Arctic Assignment,* Toronto, 1959
Freuchen, Peter: *Wandernder Wiking,* Hamburg, 1955
-- *Der Eskimo,* Berlin, 1949
Harrington, Richard: *Das Gesicht der Arktis,* Berlin, 1954
Hermann, Ernst: *Die Pole der Erde,* Berlin, 1959
-- *Das Nordpolarmeer,* Berlin, 1949
Hood, John E.: *Hunters of the North,* Toronto, 1966
Horn, Effie: *Das Pelzbuch,* München, 1968
Lamb, Kaye: *Simon Fraser,* Toronto, 1960
Larsen, Fred: *RCMP, Gütersloh, 1955*
Laut, A. C.: Pathfinders of the West, New York, 1906
Meissner, Hans-Otto: *Im Alleingang zum Mississippi,* Stuttgart, 1966
-- *Louisiana für meinen König,* Gütersloh, 1967
-- *Die überlistete Wildnis,* Gütersloh, 1967
-- *Blasse Sonne,* Bayreuth, 1964
-- *Jagd auf weiße Bären,* Stuttgart, 1959
-- *Bezaubernde Wildnis* (Alaska), Stuttgart, 1963

-- *In Alaska bin ich Zar*, Stuttgart, 1967
-- *Kundschafter am Lorenz-Strom*, Stuttgart, 1966
-- *Immer noch 1000 Meilen zum Pazifik*, Stuttgart, 1966
Mowat, Farley: *Gefährten der Rentiere*, Stuttgart, 1954
Munsterhjelm, Eric: *Im Reich der Karibu*, Zürich, Stuttgart, Wien 1959
Nickerson, E. B.: *Kayaks to the Arctic*, Berkeley, 1967
Pantenburg, Vitalis: *Arktis*, Düsseldorf, 1949
Patterson, R. M.: *The Dangerous River*, Victoria, 1966
Peake, Frank A.: *The Bishop who ate his boots*, Don Mills Ontario 1966
Phillips, R. A. J.: *Canada's North*, Toronto, 1967
Price, Rev. Ray: *Yellowknife*, Toronto, 1967
Pruitt, William O. jr.: *Animals of the North*, New, York, 1967
Scotter, George Wilby: *Wildlife Management Bulletin*, Ottawa, 1963–1968
Shuman, James B.: *Schneemenschen in den Rocky Mountains*, in: Das Beste, Nr. 3, 1969
Smith, Norman: *The Unbelievable Land*, Ottawa, 1966
Steensel, Maja van: *People of Light and Dark*, Ottawa, 1966
Stefansson, Vilhjalmur: *Unsolved Mysteries of the Arctic*, New York, 1956
Symington, Fraser: *Tuktu*, Ottawa, 1965
Tener, J. S.: *Muskoxen in Canada*, Ottawa, 1965
Valentine, Victor F. / Vallee, Frank G.: *Eskimo of the Canadian Arctic*, Toronto, 1968
Villiers, Alan: *Whalers of the Midnight Sun*, New York, London, 1936
Wassermann, Charles: *Das Land der Zukunft*, Gütersloh, 1960

Sowie Publikationen des Department of Indian Affairs and Northern Development, Ottawa, des Territorial Government, Yellowknife, des Game-Department, Yellowknife, und der Wochenzeitung »Drum«, Inuvik.

Register

Inhalt

Leseprobe aus

Robert Charroux

Das Rätsel der Anden

Im Herbst 1979

Die steinernen Bücher von Ica enthüllen in mehr oder minder klarer Form – z. T. genügt es, die Zeichnungen zu lesen, z. T. muß man sie interpretieren –, was die Bewohner von Atlantis oder jedenfalls diese unbekannten Vorfahren über Biologie, Naturgeschichte, Chirurgie, Geographie, Soziologie, Paläontologie sowie die meisten anderen wissenschaftlichen Disziplinen wußten. Ja, es ist nicht auszuschließen, daß diese Steine die ganze Geschichte der Welt sowie des Universums erzählen, auch wenn das uneingeweihte Auge die Symbole vielfach nicht zu entziffern vermag.

»Möglicherweise«, meinte Dr. Cabrera, »sind auch wir heute am Ende unserer Zeit angelangt, d. h. vielleicht stehen auch wir am Vorabend einer großen Sintflut, die weitsichtige Menschen bereits ahnen, haben die Amerikaner doch die wesentlichen Zeugnisse unserer Kultur in einer Rakete vergraben. Ganz ähnlich muß es wohl auch damals gewesen sein.«

Dann führte uns der Doktor durch die Säle, um uns einen Überblick über die *primhistorische Bibliothek* von Ica zu vermitteln. Wie in einem Film rollten vor unseren Augen Szenen ab, die sich vor Jahrmillionen in einer uns fremden Umwelt mit einer längst ausgestorbenen prähistorischen Flora und heute nur noch den Paläontologen bekannten Tieren (Dinosaurus, Brachiosaurus, Pteranodon, Tyrannosaurus, Brontosaurus, Protoceratops, Stegosaurus usw.[1]) abgespielt haben, beispielsweise Jagdszenen mit Menschen und Dinosauriern, darunter die Darstellung eines Mannes mit

[1] Aufgrund unserer mangelnden Vertrautheit mit diesen Arten könnte sich bei dieser Aufzählung unter Umständen der eine oder andere Fehler eingeschlichen haben.

einem Bündel Fischen auf dem Rücken, der einen Bogen auf einen Saurier anlegt.
Noch verwirrender aber sind die Zeichnungen, die – obwohl doch anscheinend ebenso alt wie die obenerwähnten – Tierarten darstellen, die der offiziellen Wissenschaft nach erst viel später aufgetreten sind: Strauße, Känguruhs, Pinguine, Reiher, Fledermäuse, Kamele etc.

Prähistoriker melden Zweifel an

Auch Dr. Cabrera überrascht die Gleichzeitigkeit von Tieren, die eigentlich Jahrtausende voneinander trennten, nicht so offensichtlich jedoch die Menschen, die die Steine gravierten und die es ja wohl besser gewußt haben müssen. Mögen die Fachgelehrten dieses Rätsel lösen!
Wir möchten hier nur in aller Bescheidenheit darauf hinweisen, daß der in der Kreidezeit, also zur gleichen Zeit wie der Tyrannosaurus lebende Sauropode große Ähnlichkeit mit dem Känguruh aufweist. Und hat man nicht präkolumbianische Darstellungen eines Paläotherium magnum gefunden, das eigentlich schon vor fünfzig Millionen Jahren hätte ausgestorben sein sollen?[1]
Außerdem war der ebenfalls in der Kreidezeit (also vor 80 bis 60 Millionen Jahren) lebende Stycosaurus ein Zwillingsbruder des Nashorns, dessen Vetter wiederum das Arsinoitherium war. Und das halb im Wasser lebende Moeritherium stand dem Flußpferd ebenso nahe wie der Aegyptopithecus-Affe dem Menschen, so daß sie auf einer jahrtausendealten Steinritzzeichnung sehr wohl durcheinandergebracht wor-

[1]Tatsächlich sind Toxodonten-Darstellungen auf den Töpferwaren von Tiahuanaco und den Stelen von Mexiko keine Seltenheit.

den sein könnten! Die klassischen Prähistoriker jedoch nehmen eben diese offenkundige Unstimmigkeit zum Anlaß, das ehrwürdige Alter der Steine von Ica zu bestreiten.
Um 1968 kam dem amerikanischen Professor N. A. John Rowe in Lima ein Stein aus der Sammlung Dr. Cabreras vor Augen. Er drehte ihn mehrmals in der Hand, beschnüffelte ihn und befand mit Kennermiene:
»Eindeutig gefälscht!«
Wie nicht anders zu erwarten, schlossen sich ihm die anderen Hohenpriester der Wissenschaft an und erklärten, ohne ein weiteres Gutachten einzuholen, die Bibliothek von Ica ihrer Aufmerksamkeit für unwürdig.
»Die klassischen Prähistoriker«, so der Kommentar Dr. Cabreras dazu, »sind Opfer ihrer Vorurteile und Scheuklappen. Schließlich findet man bereits seit fünfundzwanzig Jahren in der Umgebung von Ica gravierte Steine, und weitere Tausende harren noch ihrer Entdeckung. Nun behaupte ich gewiß nicht, alles erklären zu können, aber eines läßt sich doch wohl nicht bestreiten: Diese Steine gibt es, und zwar in solchen Mengen – wohl an die hunderttausend –, daß es absurd wäre, sie als Fälschung abtun zu wollen. Und wenn auf manchen ein Mensch einen Stegosaurus angreift, so mag das sehr wohl bedeuten, daß sich besagte vorgeschichtliche Tiere hier in Peru aufgrund besonderer ökologischer Bedingungen länger halten konnten als in anderen Regionen des Globus. War man nicht auch zutiefst davon überzeugt, daß der Coelacanthus seit dem Devon[1], also seit 300 Millionen Jahren, ausgestorben sei, und dennoch werden heute an der Ostküste Afrikas wiederholt lebende Exemplare gefangen! Wie es scheint, können auch klassische Prähistoriker irren.

[1]Devon: Rund 300 bis 280 Millionen Jahre zurückliegender Zeitabschnitt des Erdaltertums.

Wie der Geologe Neil Opdyke herausgefunden hat, sind zur Zeit der Verschiebung der Magnetpole gewisse Arten mariner Mikroorganismen – die Strahlentierchen – verschwunden. Und gewiß blieben auch die bereits durch ihr Riesenwachstum sehr verwundbaren Saurier der Vorzeit von den Auswirkungen dieser Verschiebung, die u. a. eine fünfzehnprozentige Erhöhung der Radioaktivität auf der Erdoberfläche zur Folge hatte, nicht verschont. Andererseits jedoch hat sich diese Polverschiebung nur auf bestimmte Zonen ausgewirkt. So hat man z. B. in Mammouth, Kalifornien, oder bei Oldway Felsen mit einer vom Normalen abweichenden, d. h. umgekehrten Kristallisation gefunden und dies in Zusammenhang mit dem Erdkern gebracht, dem dabei gewissermaßen die Rolle einer aus sich selbst getriebenen Kraft zufiele.
Aber ob die Dinosaurier nun wirklich aus diesem Grunde von der Erdoberfläche verschwunden, Wüsten fruchtbar und fruchtbare Landstriche zur Wüste geworden sind – eins jedenfalls steht fest: Die Auswirkungen machten sich nicht überall gleich stark bemerkbar, d. h. in bestimmten Zonen könnten die Saurier noch lange nach dem allgemeinen Aussterben der Art überlebt haben.

Lupe und Teleskop in primhistorischen Zeiten

Im *primhistorischen Museum von Ica*[1] finden sich noch andere, nicht minder erstaunliche Darstellungen, so z. B. sehr

[1] Prähistorie (Studium der vorgeschichtlichen Epochen) läßt an Höhlen, Eisen- und Bronzezeit sowie andere Irrtümer ihrer klassischen Hohenpriester denken und hat sich somit als Bezeichnung mehr oder weniger selbst disqualifiziert. Aus diesem Grund haben wir 1962 den Begriff *primhistorisch* geprägt, der im Grunde dasselbe bedeutet, aber die Vorstellung von Affenvorfahren ablehnt und statt dessen von untergegangenen Hochkulturen und höherentwickelten Vorfahren ausgeht.

sauber ausgeführte Zeichnungen, die eindeutig Menschen mit einer *Lupe* zeigen oder Astronomen, die den Himmel mit einem Fernrohr, das man sicher schon als *Teleskop* bezeichnen darf, beobachten. Das Auge ans Okular gepreßt, haben sie ihr Gerät auf einen Stern erster Ordnung bzw. auf einen Kometen mit einem riesigen leuchtenden Schweif gerichtet, dessen Kopf, wie offensichtlich zu allen Zeiten, als Kugel dargestellt ist.

Nun könnten diese Details den Verdacht aufkommen lassen, die Ritzzeichnungen seien womöglich in einer noch nicht allzu lange zurückliegenden Epoche entstanden. Aber sind Sterne nicht seit jeher als sechseckige Gebilde und Kometen als gehörnter Kopf mit glänzendem Lichtschweif dargestellt worden?[1]

Möglicherweise könnte der auf den Steinen von Ica dargestellte Riesenkomet auch Kohoutek sein, der unseren höherentwickelten Ahnen einen solch unauslöschlichen Eindruck gemacht hätte, daß sie die Erinnerung an ihn unbedingt wachhalten wollten. Damit wäre die Frage der Datierung der Bibliothek von Ica wesentlich erleichtert. Leider nur ist das Problem noch keineswegs gelöst. Für Kohoutek spricht immerhin, daß er auf der südlichen Hemisphäre, also auch in Peru, gut sichtbar ist.

Möglicherweise allerdings hat der Komet von Ica damals das »Ende der Welt« ausgelöst. Das heißt, es könnte sich um den »Kometen« Venus handeln, der vor rund 5000 Jahren auftauchte, oder auch um eine der 12 000 Jahre zurückliegenden großen allgemeinen Sintflut vorausgehende Himmelserscheinung.

[1] Kometen, gasartige Sterne, von denen es mehrere Milliarden gibt, kreisen in einem bestimmten, periodischen oder nichtperiodischen Rhythmus um die Sonne. Man denke nur an die »Venus mit dem Feuerschweif«, an die »Feuerschlange mit dem langen Schwanz« aller primitiven Völker!

Die Spinne, die Spirale und der Affe

Noch zutiefst beeindruckt von den *pistas,* bereiten wir uns in unserer Piper-cub auf die *grabados* vor, die man wohl als eine Art Illustrationen zu einer geheimen Schrift betrachten darf. Als erste taucht am Rande des Panam die sechsundvierzig Meter lange, stark stilisierte Spinne auf, die mit ihrem im Vergleich zum Hinterleib relativ großen Bruststück aus prähistorischen Zeiten stammen könnte. Vom Flugzeug aus gesehen scheint sie acht mit einem einzigen Strich gezogene Beine zu haben, während es sich in Wirklichkeit, wie wir tags darauf am Boden feststellen, jeweils um einen Doppelstrich handelt.

Nachdem wir dem Panamerican Highway eine Zeitlang gefolgt sind, drehen wir nach Westen ab, wo wir auf eine besondere Fülle größerer Zeichnungen stoßen.

Gleich am Anfang können wir vollkommene Spiralen und geometrische Figuren, die z. T. aus *líneas* und kleinen geraden Pisten zusammengesetzt sind, Parallelen, die den großen *pistas* folgen, sowie Kreuzungen von Linien verschiedener Dicke bewundern. Dann macht uns unser Pilot, Hauptmann Arboulou, aufmerksam: »Aufgepaßt, señor, der Affe«: Ein riesiges, 100 m langes Tier in voller Aktion, den langen Schwanz zur Spirale aufgerollt. Wir beeilen uns, zu knipsen und zu filmen, während die Piper in ein paar hundert Metern Höhe Schleifen zieht. Die Arme des Affen werden von einer *línea* durchschnitten. Von seinem Schwanz gehen zwei Parallellinien aus, die sich zu einer geometrischen Figur erweitern. Eine mysteriöse Angelegenheit. Aber es ist uns schon des öfteren aufgefallen, daß Zeichnungen, darunter recht bedeutende, anscheinend später mit einem Liniennetz überzogen wurden. Nicht so allerdings der 180 m lange Kondor, über den wir anschließend hinwegfliegen.

Edmond Wertenschlag allerdings sieht in diesem »Kondor« aufgrund seines langen Schnabels einen *picaflor* (Kolibri). Bekanntlich jedoch werden die Zeichnungen häufig durch dazustoßende *pistas* verlängert. In derselben Zone gibt es übrigens noch andere Kondore oder Vögel, darunter einen mit unmäßig langem, gewundenem Hals und Schnabel.
Das Symbol des Kondors würde, da dieser Vogel in den Anden als »Götterbote« gilt, außerdem zur Erklärung der *grabados* beitragen. In diesem Fall wären die riesigen Zeichnungen ein Akt der Huldigung bzw. eine Botschaft an höhere Wesen oder Götter im Himmel.
Vor Rätsel stellen uns dagegen nach wie vor die anderen Symbole wie die Papageien, Katzen, geflügelten Vierfüßer, die Saurier, Fische, Küken, Blumen, mehrköpfigen Schlangen und nicht näher definierbaren Objekte.
Auch die Bedeutung der beiden 6 km südlich von Palpa in einen Hügel gegrabenen, schon halb verwischten Gestalten mit der strahlenförmigen Aureole wird für immer im Dunkel bleiben. Möglich, daß es sich um eine Darstellung des Gottes Inti (der Sonne) handelt, aber mit Sicherheit wird man es nie herausfinden.
Dazu kommen noch Tausende durch Erosion unleserlich gewordene *grabados,* Spiralen, die an Steingravierungen bei Chavin erinnern, aber auch in allen übrigen Teilen der Welt Entsprechungen haben, abstrakte Zeichnungen mit griechischen Mäandern, rechtwinkligen Labyrinthen, Zickzacklinien . . .